徐州博物馆学人文丛

片云出岫

刘照建 / 著

科学出版社
北　京

内 容 简 介

徐州是汉高祖刘邦的故乡，汉文化遗存十分丰厚，考古发现汉墓和文物众多。本书是一部关于徐州汉文化遗存研究的文集，收录刘照建30篇研究性文章，对汉代楚王陵墓的墓葬形制、墓主序列、墓葬选址、防护系统、开凿技术等相关问题进行研究，分析了徐州地区汉画像石、陶俑艺术特色、跪坐俑性质以及秦汉兵马俑形体差异原因，并对徐州如何保护利用汉文化遗存等方面问题也有讨论和思考。

本书适合汉代历史学、考古学、博物馆学以及区域文化研究的学者和爱好者参考、阅读。

图书在版编目（CIP）数据

片云出岫 / 刘照建著. —北京：科学出版社，2019.10
（徐州博物馆学人文丛）
ISBN 978-7-03-062443-7

I. ①片… II. ①刘… III. ①墓葬（考古）- 中国 - 文集 ②文化史 - 中国 - 文集 IV. ① K878.84-53 ② K203-53

中国版本图书馆CIP数据核字（2019）第215392号

责任编辑：郝莎莎 / 责任校对：王晓茜
责任印制：肖 兴 / 封面设计：张 放

科学出版社 出版
北京东黄城根北街16号
邮政编码：100717
http://www.sciencep.com
中国科学院印刷厂 印刷
科学出版社发行 各地新华书店经销
*
2019年10月第 一 版 开本：889×1194 1/16
2019年10月第一次印刷 印张：20 1/4
字数：560 000

定价：188.00元

（如有印装质量问题，我社负责调换）

前　言

——“舞动汉风”应从源头发力

历史名城徐州是大汉王朝的发祥地，公元前209年刘邦带领一批丰沛子弟，从徐州出发，登上历史舞台，建立统一而强盛的汉朝。西汉初年，刘邦封其弟刘交回徐州（当时称彭城）为楚王，前后共传八代，中间支系发生变化，随后宣帝子刘嚣又传四代，两支十二代楚王是西汉楚国的同姓封王。东汉时期，徐州地区先后又分封楚（彭城）国和下邳国，两汉三个方国20余位诸侯王生活在彭城大地，死后均安葬徐州境内，留下大量汉文化遗存。

从1952年考古工作者在徐州发掘第一座汉墓开始，已陆续发现发掘近3000座汉墓。20世纪80年代徐州进入汉墓考古的黄金时代，发现发掘一大批西汉楚王大墓①，1981年2月发现第六代楚王刘注的龟山汉墓②，1982年12月发掘东洞山楚王墓③，1984年12月发现狮子山兵马俑坑④，1986年9—11月发掘北洞山楚王墓⑤，1989年11月至1990年5月发掘驮篮山楚王（后）墓⑥，1994年12月发掘狮子山西汉楚王陵⑦，徐州考古大发现达到顶峰，被评为1995年“全国十大考古新发现”之一，后来又入选中国社会科学院考古研究所评选的“中国20世纪 100项考古重大发现”。期间，徐州博物馆还组织调查了卧牛山、南洞山和楚王山汉墓；至今还在发掘着土山彭城王墓。一大批汉代历史文化遗存重见天日，极大地激起人们的研究热情，先后成立徐州市两汉研究会、汉文化研究所、沛县汉文化研究会等学术机构和团体，发表一批汉文化方面的学术研究成果。笔者1996年大学毕业后，回到徐州工作，主动参与徐州汉文化研究，本书收录的是

---

① 由于徐州地区多年来陆续发现多座汉代大型王（后）陵墓，故本书收录文章提到汉代大型王（后）陵墓数量，出现前后不一致的情况，应以最近的统计数据为准。另外，一些墓葬隶属关系也前后表述不同，主要原因是近年来区划调整较大，如铜山县撤县为区，九里区直接撤销，为尊重历史，一般不做修改。

② 南京博物院、铜山县文化馆：《铜山龟山二号西汉崖洞墓》，《考古学报》1985年第1期；尤振尧：《〈铜山龟山二号西汉崖洞墓〉一文的重要补充》，《考古学报》1985 年第3期；徐州博物馆：《江苏铜山龟山二号西汉崖洞墓材料的再补充》，《考古》1997年第2期。

③ 徐州博物馆：《徐州石桥汉墓清理报告》，《文物》1984年第11期。

④ 徐州博物馆：《徐州狮子山兵马俑坑第一次发掘简报》，《文物》1986年第12期。

⑤ 徐州博物馆、南京大学历史系考古专业：《徐州北洞山西汉墓发掘简报》，《文物》1988年第2期。

⑥ 邱永生、徐旭：《徐州市驮篮山汉墓》，《中国考古学年鉴（1991）》，文物出版社，1992年，第173页。

⑦ 狮子山楚王陵考古发掘队：《徐州狮子山西汉楚王陵发掘简报》，《文物》1998年第8期；韦正、李虎仁、邹厚本：《江苏徐州狮子山西汉墓的发掘与收获》，《考古》1998年第8期。

笔者一部分研究成果，集中体现在徐州汉墓的墓葬形制、出土文物和汉文化资源的如何保护利用三个方面。当然文中有些研究是徐州以外的内容，甚至涉及省外如河南永城梁王墓，但是使用材料与徐州汉文化相关，也一并收入，因此这本书堪称是徐州汉文化研究文集。

徐州地区西汉前期楚王墓学术价值重大，多年来已成为学术研究热点，自然也是笔者关注的学术重点，但是由于徐州楚王墓材料多未正式公开发表，学者们研究受到很大限制，对墓葬序列和墓主问题认识各不相同，有时出现截然相反的观点。最受关注的是狮子山和北洞山两座楚王墓，狮子山楚王墓正式报告尚未发表，近年来关于狮子山楚王墓研究文章已达20余篇，关于墓主有二代、三代之说，甚至有四代、五代之论；北洞山楚王墓正式报告已经发表，报告认为墓主是第五代楚王刘道，但是该报告一经出版，其结论便受到广泛质疑，多数学者认为其墓主应为第四代楚王刘礼，一些学者则认为是第二代楚王刘郢客，还有学者认为是第一代楚王刘交，彼此之间观点迥然不同，墓主问题距离历史真相越来越模糊。我深深卷入其中，写了一些文字，提出一些观点，但是随着学习研究的深入，逐步修正自己的主张；尤其是梁勇①、韦正②等先生对狮子山楚王墓出土印章的正确释读，刘瑞先生对北洞山楚王墓钱币的科学断代③，葛明宇先生对北洞山楚王墓“二代说”的坚持④，刘涛先生对楚王山刘交墓的质疑和否定⑤，都给笔者很大的启发。笔者对楚王墓演变规律有新的认识，对狮子山和北洞山楚王墓的墓主和时代提出新的观点，撰写了《徐州西汉前期楚王墓的序列、墓主及相关问题》一文⑥，在排出西汉前期楚王墓的顺序后，指出狮子山楚王墓墓主应为第一代楚王刘交，北洞山楚王墓墓主为第三代楚王刘郢（客），第三代谋反之王刘戊葬地则是驮篮山，并对徐州地区楚王墓发展演变的规律性提出“三期说”，进一步厘清历史发展的真实脉络。

该文发表后，结论得到较大范围认同，中国社会科学院考古研究所著名考古学家黄展岳先生认为：“刘照建的见解，冲破过去讨论的瓶颈，把徐州西汉楚王墓的序列认识提升了一大步，令人耳目一新。”⑦2014年10月在徐州召开的汉代陵墓考古与汉文化国际学术研讨会上，笔者观点被与会专家普遍认可，徐州汉画像石艺术馆馆长梁勇先生指出，以目前资料与研究动态看，刘照建先生关于狮子山、北洞山和驮篮山三座楚王墓是最早西汉同姓楚王墓先后顺序的论证是最具说服力的，并在其汉楚王与楚王墓研究过程的分期中，将该文发表作为第三阶段的标志⑧。原任徐州市文广新局文物处处长的夏凯晨先生也给笔者发来短信：“大作拜读，深感

---

① 梁勇：《徐州狮子山楚王墓出土印章与墓主问题的再认识》，《考古》2006年第9期。

② 韦正：《江苏徐州市狮子山西汉墓墓主的再认识》，《考古》2002年第9期。

③ 刘瑞：《徐州北洞山楚王墓墓主考》，《考古》2008年第10期。

④ 葛明宇：《徐州北洞山楚王墓年代与墓主探讨》，《考古》2009年第9期。

⑤ 刘涛：《西汉诸侯王陵墓形制的演变》，《汉代考古与汉文化国际学术研讨会论文集》，齐鲁书社，2006年，第172—193页。

⑥ 刘照建：《徐州西汉前期楚王墓的序列、墓主及相关问题》，《考古学报》2013年第2期。

⑦ 王恺：《叩开楚王陵——我的考古之路》，文物出版社，2014年，第4页。

⑧ 梁勇：《汉楚王墓群若干问题的思考》，《汉代陵墓考古与汉文化》，科学出版社，2016年，第95页。

惊叹，真知灼见，耳目一新，你的推论是正确的，吾有同感，望继续努力，把另外几位楚王的案子破了。"曾经在狮子山楚王陵从事考古发掘工作的邱永生先生，后来调到南京博物院工作，一天打来电话说："照建，我在徐州回南京高铁上，正在看你在《考古学报》发的那篇文章，狮子山墓主确实是第一代楚王刘交，没想到这个问题被你解决了。"2018年在徐州汉代玉文化国际学术研讨会上，邱永生先生又做了大会主旨发言，进一步论述狮子山墓主应为刘交的观点[①]。但是，不同观点也依然存在，长期从事狮子山楚王墓研究的葛明宇先生仍然坚持发掘之初的观点，认为墓主应是第三代楚王刘戊[②]。最近在第二届中国考古学大会上，李银德先生在秦汉考古专业委员会的学术研讨会上，根据近年来在狮子山北侧发现的羊鬼山王后墓、城西卧牛山发现的楚王和王后墓的新资料，通过对陶器的类型学研究、人骨鉴定和历史文献分析，对狮子山墓主问题重新考证和强调了过去许多研究者已经提出的观点[③]，做了题目为《论徐州狮子山西汉楚王墓墓主为楚夷王刘郢客》的发言[④]；这说明徐州楚王陵墓的研究，在没有确凿的证据出现之前，共识尚未形成，未来还有很长的路要走，因此本书的研究只是一个开端，争论还将继续……诸家观点究竟孰对孰错，尚需要证据和时间来检验。为了完整展现研究历程，笔者按照发表先后顺序，将个人关于徐州楚王陵墓研究的系列成果收录到一起，供学界参考。

文物研究在本书中篇幅较少，是笔者学术研究的一个短板。即使进行文物研究，也很少有对某一类文物进行综合研究，仅仅就其一个个体文物进行研究，先后讨论徐州地区汉画像石、陶俑艺术特色以及秦汉兵马俑形体差异探源，同时对于江苏邳州纪年东汉墓出土铜人造像、徐州狮子山兵马俑坑出土跪坐俑等器物的性质和功用进行了探析，相对于徐州博物馆馆藏丰富的两汉文物资源，这些研究实在是沧海一粟，需要在以后工作中加强。

在做好汉代考古文物研究的同时，笔者对汉文化的保护开发利用也一直关注，这里收录6篇文章，体现笔者对汉文化的关注和热爱。随着考古事业的发展，大量汉代墓葬和文物呈现，

---

① 卢小慧、邱永生：《徐州狮子山楚王墓的考古新得》，《汉代玉文化国际学术研讨会论文集》，科学出版社，2019年，第77页。

② 葛明宇：《狮子山楚王墓墓葬年代与墓主初考》，《两汉文化研究》（第二辑），文化艺术出版社，1999年，第205页；葛明宇：《徐州狮子山楚王陵墓主为刘戊考》，《东南文化》2012年第4期；葛明宇：《狮子山西汉楚王陵墓考古研究》，河北美术出版社，2018年，第305页。

③ 刘尊志：《西汉时期前三代楚王年龄及其墓葬初探》，《两汉文化研究》（第二辑），文化艺术出版社，1999年，第238页；耿建军：《试析徐州西汉楚王墓出土官印及封泥的性质》，《考古》2000年第9期；刘照建、张浩林：《徐州狮子山汉墓墓主考略》，《东南文化》2001年第7期；刘瑞：《狮子山楚王陵墓主考略》，《文博》2002年第6期；孟强：《从墓葬结构谈狮子山西汉墓的几个问题》，《东南文化》2002年第3期；刘尊志：《徐州狮子山楚王墓墓主再探》，《徐州师范大学学报》2005年第2期；孟强：《从随葬品谈徐州狮子山汉墓的墓主问题》，《考古》2006年第9期；梁勇：《徐州狮子山楚王墓出土印章与墓主问题的再认识》，《考古》2006年第9期；冉如波、陈海霞：《徐州狮子山楚王陵墓主身份及相关问题的初步研究》，《江汉考古》2007年第2期。

④ 李银德2018年10月22日在第二届中国考古学大会发言《论徐州狮子山西汉楚王墓墓主为楚夷王刘郢客》，《第二届中国考古学大会秦汉专委会"文化交流与融合视域下的秦汉考古"会议纪要》，《中国考古网》2018年11月15日，http://kaogu.cssn.cn。

徐州可以此为依托，建立一批以汉文化为主题的旅游景点，旅游界有识之士为扩大汉文化的影响力和知名度，及时提出“两汉文化看徐州”，口号简单明了，对于宣传推介徐州汉文化，确实起到巨大作用。然而在口号背后，徐州汉文化资源保护无力，研究不够深入，景点开发浅尝辄止等问题不够关注，笔者曾经就徐州汉文化的如何做大做强等相关问题作了系列研究，其中“汉文化何日看徐州”的呼吁发表后①，被时任市委书记徐鸣看到，专门批示市文化局，要求认真考虑并牵头组织实施，统筹推进汉文化的做大做强工作。然而我们遗憾的看到，与徐州丰富汉代文物资源相比，徐州潜在资源优势至今没有充分发掘发挥，撇开无法量化的指标不谈，单看门票收入一项，徐州所有汉文化景点门票收入总和不足亿元，尚不抵西安一个秦俑馆的1/10，可见与国内其他城市差距有多大。而且国家旅游权威部门资料表明，徐州是温点而非热点旅游城市，这都说明徐州市汉文化知名度不高，并未形成“两汉文化看徐州”的盛况。如果我们早些年本着可移动文物向不可移动文物靠拢的原则，建成大型连片汉文化博览区，建立高规格的管理运营机构，也早就形成了“两汉文化看徐州”的盛况。然而，历史无法假设，机遇不能重演，如何才能进一步扩大徐州汉文化影响，提高徐州汉文化在海内外知名度，已成为今天徐州文博旅游界面前不容回避的首要问题。

近年来，徐州市委市政府推出“舞动汉风”工程，围绕汉文化的做大做强做了大量工作，汉文化逐渐成为江苏文化的名片，当前江苏省的旅游口号是“吴韵汉风”并提。然而汉风确实偏弱，省委娄勤俭书记来徐州调研时，要求加快打造世界级汉文化名片，市委市政府也将弘扬大汉文化提上重要日程，社会各界纷纷行动起来，在深入调研的基础上提出各种做大做强汉文化方案。但是目前我们欠历史的旧账实在太多，基础研究的严重缺位，使得汉文化影响大打折扣。要改变这种局面，真正做到“舞动汉风”， 必须加大汉文化研究力度，重新梳理徐州汉代文物资源，将多年来未完成的工作完成，出版系列学术研究成果，将徐州汉文化内涵和意义阐释清楚，将徐州汉文化价值和影响力做出准确定位，为徐州汉文化的开发利用提供强有力的理论支撑，这才是“舞动汉风”的源头和抓手。如果我们搞不清家底，不了解汉文化的巨大价值，无异于源头活水消失，宣传必然流于形式，世人无法知晓其巨大价值，社会各界也无法跟进做大做强，汉文化影响力的扩大也就无从谈起。

习近平总书记提出“四个自信”，其中“文化自信”是更基础、更广泛、更深厚的自信，然而一些徐州人在文化上恰恰缺乏自信，有人认为徐州汉文化不过是一个区域文化，远不能与全国其他地方诸如两汉帝都的西安、洛阳相提并论，“两汉文化看徐州”的提法，将会引起西安、洛阳等城市的不满。造成这种社会认知误区，主要是由于对汉文化研究阐释的不够，对汉文化真实面目认识不清，这是一个文化从业者的悲哀。目前，徐州发掘汉文化遗存不少，但整理及研究远远不够，汉墓考古报告没有出版，大量文物在库房沉睡。正如多年以前原徐州市分管文化副市长丁养华在“徐州市第二届两汉文化学术研究会”会上所言：“目前研究工作还处于基础阶段，研究的深度、力度还不够。我们发掘了那么多有价值的汉墓，目前还没有一部专

① 刘知白：《汉文化何日看徐州》，《徐州日报》2003年7月7日第7版。

著；我们出土了那么多汉代文物珍品，至今还见不到一本拿得出手的图册……”[①]时至今日，这种现状没有改观，除了南京大学主持发掘的北洞山汉墓报告整理出版外[②]，其他所有楚王陵墓报告均未编写公布，尤其是狮子山楚王墓，被评为当年的十大考古发现，出土文物2000余件（组），备受世人关注，遗憾的是发掘报告迄今尚未出版，甚至一度被国家文物局列入督查项目。这使得与之相关的深入研究受到巨大限制，使得徐州汉文化仅限于徐州本地有影响，而国内外却知之甚少的局面，“两汉文化看徐州”成为徐州人自己的自娱自乐，并没有真正得到社会各界的广泛认可。

其实，一个地区文化遗存的多少，与该地区行政级别的高低和行政范围的大小不成正比，而与该地区历史上是否有丰富发达的文化，以及在历史长河中有无毁坏有密切关系，两者缺一不可，不能以行政级别的高低来界定文化遗存的多寡。西安洛阳作为汉代都城，汉文化遗存虽然丰富，但都埋在地下没有发掘，也许有一天，任何一座帝陵的打开，所发现文物可能是徐州所有汉墓出土文物的总和，徐州汉文化将顿时黯然无光。但是就目前而言，徐州汉文化资源总量在世界上无与伦比，考古出土汉代文物种类繁多。徐州发现发掘王级陵墓20余座，规模庞大，自成序列，是汉代王陵发现发掘最多的地区；出土汉代文物数量众多，玉器数量全国第一，拥有国内唯一“天工汉玉”展厅的博物馆，已成为全国玉雕人朝拜的圣地；徐州地区玺印封泥出土数量近5000枚，陶俑规模数量仅次于陕西西安地区；徐州汉画像石艺术馆收藏汉画像石1500余块，数量多质量高，在国内外享有盛誉。从整体上看，徐州已经呈现于世人面前汉文化遗存的总量和规模都是全国领先。2014年在徐州召开“汉代陵墓与汉文化国际学术研讨会”，与会学者一致认为：研究汉文化非来徐州不可[③]，可见对徐州汉文化的推宠。中国考古学会秦汉专委会原主任信立祥先生也大力推荐徐州汉文化，指出徐州汉代文物最具代表性，在一次讲座中说：“什么是大汉气象，徐州博物馆展览的汉代文物就是集中体现。”如果“两汉文化看徐州”提法有些勉强的话，那么放眼全国能否找到一个替代徐州的城市呢？综合而言，国内其他汉文化集中和较有名气的地方，其文物遗存的数量和质量和徐州均无法比拟，因此没有任何一个地方能够取代徐州。由于工作关系，笔者常接触一些来徐考察的学者，他们看完徐州汉文化景点后常感叹不已：想不到徐州汉文化景点这么多，想不到徐州汉文化这么好，但你们太不会宣传了。举世闻名的秦兵马俑，固然由于秦俑本身价值重大，但是“秦俑效应”的深层影响，首先是考古工作者公布了秦俑坑出土文物和研究成果，以后研究者的视线以秦俑为出发点而旁及秦代的政治、经济、军事、科技、艺术，几乎涉及到秦国社会的各个方面[④]，五年内集中出版《秦俑·秦文化》丛书30册，正是秦俑研究者的学术成果支撑，才使得秦俑进一步闻名遐迩。其实徐州汉文化博大精深，“西安秦朝

---

① 丁养华：《加强两汉文化研究　促进学术繁荣》，《两汉文化研究》（第二辑），文化艺术出版社，1999年，第2页。

② 徐州博物馆、南京大学历史学系考古专业：《徐州北洞山西汉楚王墓》，文物出版社，2003年。

③ 刘苏：《研究汉代考古　非来徐州不可——国内外专家聚焦徐州汉墓》，《徐州日报》2014年10月20日第5版。

④ 田静：《秦史研究论著目录》，陕西人民教育出版社，1999年，第1页。

俑，徐州汉代墓”，完全可以并称为陇海线上东西两颗明珠，因此徐州下一步应加强基础研究工作，推动学术研究的新进展，出版徐州汉文化系列专著或论文。徐州市有多个汉文化研究机构，徐州博物馆、徐州汉画像石艺术馆、徐州汉兵马俑馆和江苏师范大学均有一批汉文化研究者，将徐州市所有研究人员集聚整合，最大限度地发挥他们作用，才能在学术研究上有较大突破，改变长期以来研究滞后的局面，久久为功，徐州汉文化终将在国内外广为人知。

作为徐州汉文化集萃之地的徐州博物馆不做旁观者，积极响应市委市政府做大做强汉文化的号召，计划将多年该做而未做的学术专著、考古报告和文物图录编辑出版，为徐州两汉文化做大做强贡献力量。适值徐州博物馆创建国家一级馆，梳理创建各项指标，最大的短板是科研。有鉴于此，徐州博物馆新一届领导班子提出“学术立馆、科研强馆”的目标，将馆内资源进行整合，制定学术规划和科研奖励办法；启动汉墓资料抢救整理工程、馆藏文物大系编纂工程、汉文化海内外传播工程和基础理论研究工程等四大科研工程；规定凡是本馆工作人员，个人发表论文30万字以上，由馆里资助出版，并给予奖励。在这种背景下，笔者收集整理近年来发表的关于徐州汉文化研究成果，以“徐州博物馆学人文丛”的形式推出，作为文丛首部书稿的著者，能够为汉文化的传播贡献绵薄之力，也是令人十分欣慰的。马英九先生在台北故宫博物院宣布启动“大故宫”计划时说：“工程可以使一个城市变大，但只有文化才能使一个城市变伟大。”我们做的正是使一个城市变伟大的事业，“众人拾材火焰高”，衷心希望越来越多的学者加入到汉文化研究宣传推广行列。我们相信通过长期不懈努力，系列学术成果的持续出版，徐州汉文化在海内外知名度将得到显著提高，必将会形成“两汉文化看徐州”的盛况，到那时，“让徐州走向世界，让世界了解徐州”将变成可以触摸的现实。

2019年1月

目　　录

前言——“舞动汉风”应从源头发力

墓葬形制篇

徐州狮子山汉墓墓主考略 …… (3)
徐州地区大型崖洞墓初步研究 …… (11)
再葬画像石墓的发现与再研究 …… (21)
西汉楚王陵墓形制研究 …… (27)
江苏汉代王陵文化研究 …… (42)
徐州铜山县楚王山汉墓群考古调查 …… (58)
江苏徐州市狮子山西汉楚王墓天井成因考——兼谈西汉横穴崖洞墓的起源 …… (66)
西汉楚王陵墓制度研究 …… (78)
河南保安山二号墓凹槽作用考辨 …… (88)
也谈北洞山西汉楚王墓的墓主和时代 …… (93)
徐州楚王陵墓开凿技术综合研究 …… (99)
西汉崖洞墓防排水设施发现及研究 …… (108)
徐州楚王山汉墓时代和墓主考 …… (116)
徐州西汉前期楚王墓的序列、墓主及相关问题 …… (130)
西汉楚国第三代楚王刘戊葬地考辨 …… (165)
徐州狮子山西汉楚王墓墓主新考 …… (174)
徐州北洞山西汉楚王墓墓主再考 …… (187)
西汉楚王墓防护系统研究 …… (198)
徐州东洞山汉墓相关问题研究 …… (212)

文物研究篇

略论徐州汉代画像石的艺术特色 …… (227)
秦汉兵马俑形体差异探源 …… (233)
江苏邳州纪年东汉墓出土铜人造像考辩 …… (240)
徐州地区西汉陶俑的发现及初步研究 …… (243)
徐州狮子山兵马俑坑出土跪坐俑名实考 …… (250)

保护利用篇

关于徐州汉墓申报世界遗产问题的思考 …… (263)
徐州汉文化发展前瞻性探析 …… (269)
徐州汉文化发展战略研究 …… (275)
徐州西汉楚王墓发展战略研究——关于徐州西汉楚王墓的价值和保护途径的思考 …… (283)
略论“两汉文化看徐州” …… (291)
徐州汉文化做大做强之路探析 …… (301)

后记——写在学术边缘的话 …… (309)

墓葬形制篇

徐州狮子山汉墓墓主考略

墓主为西汉某代楚王的狮子山汉墓，1995年由南京博物院和徐州汉兵马俑博物馆联合发掘，取得了重要收获，出土文物达2000余件（套），被评为1995年全国十大考古发现之一。该墓材料公开发表后，学者们遂从不同角度对该墓的墓葬形制、出土文物发表了多种看法，其中讨论较多的墓主归属问题则一直悬而未决，韦正等同志认为以三代楚王刘戊为狮子山汉墓墓主的可能性较大①；王恺、邱永生二位同志则认为墓主应是第二代楚王刘郢（客）或第三代楚王刘戊（第二代楚王的名称史载不一，或曰“郢”或曰“郢客”）②；还有的学者则认为不排除为第一代楚王刘交的可能③。究竟狮子山汉墓墓主应为哪一代楚王呢？笔者在此不揣浅陋，拟从墓葬形制、随葬器物以及前三代楚王的生平身世等相关问题进行综合考察，以求教于方家。

一、墓葬形制

狮子山位于徐州市东郊，为一座东西向的小山包，海拔62.15米。山体为石灰岩，主峰上有人工覆土，表面裸露部分风化较甚。该墓位于徐州汉兵马俑博物馆东400米的狮子山主峰南坡，坐北朝南，墓向128°。总体结构采用轴对称布局，由外墓道、内墓道、天井、耳室、甬道、侧室、棺室、后室及陪葬墓等部分组成。墓室皆平顶，墓壁与顶部呈弧形自然衔接。该墓凿建粗糙，在墓道、耳室、侧室及后室等多处都可看到未完成的残迹。该墓总长117米，总面积851平方米，凿石量达5139立方米。甬道宽、高均为2米，甬道内置塞石四组，每组四块，双层双列排列。

狮子山汉墓多处具有西汉早期特征，其巨大天井更是徐州楚王陵墓所仅见，是西汉竖穴崖洞墓向横穴崖洞墓过渡的体现，具有明显的承上启下之特点。因此，如果通过墓葬形制考察墓主归属，必须将狮子山汉墓放在徐州楚王陵墓系列中进行比较研究。

目前，通过考古工作者努力，徐州共发现发掘8处15座西汉诸侯王及王后墓，它们分别

① 韦正、李虎仁、邹厚本：《江苏徐州市狮子山西汉墓的发掘与收获》，《考古》1998年第8期。

② 狮子山楚王陵考古发掘队：《徐州狮子山西汉楚王陵发掘简报》，《文物》1998年第8期。

③ 黄展岳：《汉代诸侯王墓论述》，《考古学报》1998年第1期。

是：楚王山2座[1]、狮子山1座、驮篮山2座[2]、北洞山2座[3]、龟山2座[4]、东洞山3座[5]、南洞山2座[6]、卧牛山1座[7]。这些墓葬只有龟山汉墓出土了表明墓主身份的印章，可以断定其墓主为第六代楚王刘注，其他陵墓皆缺少判定墓主的直接证据。不过，以龟山汉墓为界，根据墓葬形制及出土器物可以将以上汉墓分为前后两期。前期汉墓有楚王山汉墓、狮子山汉墓、驮篮山汉墓、北洞山汉墓。后期汉墓为东洞山汉墓、卧牛山汉墓、南洞山汉墓。前期4座汉墓分别属于一至五代楚王之一。

关于第一代楚王刘交葬地，文献有明确记载，《后汉书·郡国志》引《北征记》曰："（彭）城西二十里有山，山阴有楚元王墓。"《魏书·地形志》亦云：彭城有"楚元王冢"。《水经注·获水》则载有："获水又东迳（经）同孝山（即楚王山）北，山阴有楚元王冢，上圆下方，累石为之，高十余丈，广百余步，经十余坟，悉结石也。"多部文献记载楚王山有刘交墓，这些著述的成书年代距西汉较近，所言之事应有所本，可信度较高。梁勇同志也认为楚元王刘交知名度高，所载史料成书时间早，在没有可靠的证据前，此说轻易不能推翻[8]。另外，1997年楚王山北侧支脉上的一号墓被盗，考古人员前往勘察，对此墓又有较为深入了解。该墓为大型甲字形凿山为藏的石室墓，有斜坡墓道，墓道东向，宽度为4.4米，墓道两侧各发现两间耳室，墓道南壁开凿较细致。甬道较短，甬道后部有一主室，室顶为石砌券顶。墓中随葬器物较多，其中个别铜片上有"楚"等铭文。从墓葬形制、随葬器物综合考察，学术界普遍认为该墓墓主当属第一代楚王刘交，那么狮子山汉墓一代说则不能成立。我们将把狮子山汉墓与驮篮山、北洞山汉墓进行比较研究，以求确定墓主，为便于比较研究，现将驮篮山、北洞山汉墓情况略作介绍。

（1）驮篮山汉墓，共发掘两座。一号墓为楚王墓，二号墓为王后墓。两墓均南向，采用轴对称布局，有斜坡墓道，甬道内塞石为双层双列。一号墓长53.74米，斜坡墓道长26、宽4.6米，甬道宽2.04米，高2.13米。甬道两侧有六间耳室，为三组对称开凿。墓葬总面积为173.24平方米。二号墓长51.6米，结构布局与一号墓基本相同。两墓另有厕间、沐浴室等侧室，两墓雕凿规整，并涂澄泥3～5层，外敷朱漆，排水系统完善。墓顶结构多样，有平顶、两面坡顶、

---

① 资料现存徐州博物馆。

② 邱永生、徐旭：《徐州市驮篮山西汉墓》，《中国考古学年鉴（1991）》，文物出版社，1992年，第173、174页。

③ 徐州博物馆、南京大学历史系考古专业：《徐州北洞山西汉墓发掘简报》，《文物》1988年第2期。

④ 南京博物院、铜山县文化馆：《铜山龟山二号西汉崖洞墓》，《考古学报》1985年第1期；尤振尧：《〈铜山龟山二号西汉崖洞墓〉一文的重要补充》，《考古学报》1985年第3期；徐州博物馆：《江苏铜山县龟山二号西汉崖洞墓材料的再补充》，《考古》1997年第2期。

⑤ 徐州博物馆：《徐州石桥汉墓清理报告》，《文物》1984年第11期。

⑥ 资料存徐州博物馆。

⑦ 资料存徐州博物馆。

⑧ 梁勇：《西汉楚王墓的建筑结构及排列顺序》，《两汉文化研究》（第二辑），文化艺术出版社，1999年，第193页。

四面坡顶等。

（2）北洞山汉墓，墓葬位于徐州市北郊的一座小山上，墓道南向，墓道底部低平，总长近45米。墓室由主体建筑及附属建筑两大部分构成。主体建筑采用轴对称布局，有耳室、侧室、厕间等8间。附属建筑在中殁北部东侧，有府库、庖厨、武库、乐舞厅、仓房、水井、柴房、贮藏室、厕所等11间。主体建筑各室墙壁及顶部以石粉、黄泥等拌成的黏合土涂抹平整，外髹漆涂朱砂。甬道内有双层双列塞石二组。

既然楚王山汉墓为刘交墓，那么狮子山、驮篮山、北洞山只能为二至五代楚王所葬地之一，此三墓共同点颇多。第一，均采用墓道—甬道—前室—后室的中线为中轴，两侧墓室大致呈轴对称布局形式；第二，三者皆墓道长，甬道短，甬道高宽均在2米左右，甬道内塞石均为双层双列，每组四石。此外，三墓不同之处亦颇多，将在下文中详细叙述。相同之处表明三墓时代较为接近，不同之处又说明三者在时代上有彼此递进演化之关系。

狮子山、驮篮山汉墓皆为斜坡墓道，北洞山汉墓为平坡墓道，侧室中出现墓柱，这是后期楚王墓普遍采用的一种形式。且北洞山楚王墓在中轴线上的主体建筑外，又在前方构筑一大片附属建筑，这些在建筑学上都较狮子山和驮篮山楚王墓有较大进步。因此，北洞山汉墓在时代上较驮篮山、狮子山略晚，可能为四代或五代楚王。但是，北洞山汉墓与龟山汉墓相比，更多地表现出早期特点，而且北洞山汉墓出土文物与龟山汉墓相比似乎缺乏过渡。因此，北洞山汉墓应为第四代楚王刘礼墓。北洞山汉墓墓主一旦确定，那么狮子山、驮篮山汉墓墓主只能是二代或三代楚王之间选择，究竟二者孰先孰后，我们将从二墓的结构布局、建筑技术方面进行比较分析。

首先，狮子山汉墓平面布局比例失调，整体结构上存在重大缺陷，突出特点是“大天井、小洞室”，即墓道与天井规模宏大，主体建筑部分相对狭小，内外颇不对称，给人以头重脚轻之感。规模巨大的天井，有人认为是竖穴墓的遗风[1]，这种观点是正确的。不过，笔者更趋向于认同该墓当初实际上就是计划修建成一座竖穴岩坑墓，但在竖穴岩坑修好后，因某种原因而放弃，成为巨大而无用的天井，又以天井北壁为立面向里开凿洞室，各室功能尚不完全清晰，除庖厨、仓储、武库、钱库等功能有所体现外，没有乐舞、厕间、沐浴等墓室。整个墓室平面布局上缺乏规划，开凿上呈现出较大的随意性，表明狮子山汉墓正处于横穴崖洞墓肇始阶段。而驮篮山汉墓则布局严谨，结构匀称，除规模略小于狮子山汉墓外，规模庞大的天井已不再出现，洞室功能齐全，在狮子山汉墓原有各室的基础上，又新增加作为生活配套设施的洞室，如浴室、厕间等，几乎完全模仿现实生活中的地面建筑，充分满足墓主人“事死如生”的理想。这说明该墓在设计上已十分成熟，彻底摆脱了竖穴崖洞墓的窠臼，成为早期楚王修建横穴崖洞墓的典范。因此，狮子山汉墓时代当早于驮篮山汉墓。

其次，墓葬之间递进演变在开凿技术上也得到体现。狮子山汉墓凿制粗糙，除天井及外墓

① 梁勇：《西汉楚王墓的建筑结构及排列顺序》，《两汉文化研究》（第二辑），文化艺术出版社，1999年，第199页。

道经过打磨外，内墓道、耳室、侧室及后室等多处可见清晰的錾痕，特别是墓道前段，残石嶙峋，并有两块制作塞石的半成品和废弃品。此外，狮子山汉墓墓室顶部结构单一，皆为平顶结构，且墓壁与顶部呈弧形连接，说明在开凿技术上尚缺乏经验。驮篮山汉墓则制作精细，整座墓室均精工细雕、细细打磨，墓室墙壁光洁如大理石面。驮篮山汉墓室顶形制多样，有平顶、两面坡顶、四面坡顶等式样。尤需指出的是，驮篮山汉墓具有完善的排水系统，而狮子山汉墓则不见排水设施。

如果从平面布局的异同断定其先后顺序尚不明显的话，那么，从建筑技术发展变化中则可以清晰地看到狮子山—驮篮山—北洞山之间前后承接关系，根据这个序列，我们可以断定狮子山汉墓墓主为二代楚王刘郢（客）。

二、随葬器物

狮子山汉墓早年被盗，仅存内墓道三间耳室和外墓道北端的陪葬墓未受盗扰，但仍然出土了大量精美文物2000余件（套）。器物种类有玉器、青铜容器、铜铁兵器、银铜印章、封泥、钱币、陶器及陶俑、金银器等各种质地的文物，充分展示汉代楚国的政治、经济、社会生活各个方面，为确定墓主归属提供大量信息。因此，通过对典型器物的分析，狮子山汉墓墓主的身份将得到进一步确认。

钱币　主要出土于东二耳室的钱币库中，钱币数量多达17.6万余枚。这批钱币形式多样，通过分析研究，可以反映墓主时代。钱文皆为“半两”，其大小、厚薄、轻重不一，最大径达3.5、小者不足1厘米，背皆平素，内外无郭。据钱币学者研究：这批钱币既有典型的汉八铢半两和四铢半两，也有秦半两的造型，但此类钱币所占比例甚小，最多的则为榆荚半两，占总数的85%以上。这说明墓主人生活时代榆荚半两普遍使用，而大量使用榆荚钱时代为汉文帝五年以前。《汉书·食货志》载：“孝文五年，为钱益多而轻，乃更铸四铢钱，其文为‘半两’。除盗铸钱令，使民放铸。”前期二代楚王刘郢（客）恰好生活在此段时间，因此，从钱币方面考察墓主当为二代楚王刘郢（客）。但有人据此墓中出四铢半两，而刘郢（客）孝文五年卒，进而否认该墓主是二代刘郢（客），认为应是孝文五年后下葬之楚王。事实上，狮子山汉墓所出钱币绝大多数为荚钱，少数为四铢半两，恰说明其时为两种货币的过渡时期，即废荚钱而初行四铢之时。因此，墓中既有荚钱又有少量的四铢半两并不矛盾，且正是狮子山汉墓墓主为二代楚王刘郢（客）的有力证据①。

印章　狮子山汉墓200 余方印章集中出土于盗洞和西四耳室中，原应合放在一贮藏器中。这批印章均为铸造而成，质地为铜或银，银印章数量少绝大多数棱角完好，字划整齐，无使用

① 孟强：《西汉早期楚王墓排序及墓主问题的初步研究》，《两汉文化研究》（第二辑），文化艺术出版社，1999年，第181页。

痕迹，少数印章碎为数块，虽经粘接，棱角仍多磨损，字划不整，明显经过使用。发掘者认为西汉早期可能普遍存在诸侯王以所属职官官印的复制品随葬的现象。果如是，那么印章所反映地名当属楚王所辖区域，而楚王管辖区域变化具有明显的时代性。楚国初立时，《汉书·楚元王传》载："交为楚王，王薛郡、东海、彭城三十六县。"但在景帝二年楚国东海薛郡被削，仅余彭城一郡，从此入手将有助于确定墓主时代。

狮子山汉墓所出印章反映职官内容大致可分为三类：楚国宫廷职官、楚国军队职官、楚国地方职官。其中地方职官印中既有东海郡的"缯之右尉""兰陵丞印"，也有薛郡的"文阳之印"等，这说明墓主人拥有东海郡、薛郡，墓葬年代当在景帝二年以前。景帝二年以前下葬楚王只能是第一代或第二代，而第一代楚王葬在徐州西10千米楚王山，这在前文中已有论述。因此，狮子山汉墓墓主只能是二代楚王刘郢（客）。如果定为刘戊墓，墓中出现削郡以后不属自己属县的职官官印则令人费解。韦正等同志对此解释是景帝的削郡之诏最终可能未立即付诸实施，汉朝廷在"七国之乱"后可能对王国实行了怀柔政策[①]。这种解释未免牵强，我们从景帝对"七国之乱"其他成员国的处置上即可见一斑。"二月中，吴王兵既破，败走，于是天子制诏将军曰：'……击反虏者，深入多杀为功，斩首捕虏比三百石以上者皆杀之，无有所置。敢有议诏及不如诏者，皆要斩。'"即使是吴王兵败，退保东越，"汉使人以利啖东越，东越……即使人鏦杀吴王，盛其头，驰传以闻，吴王太子驹亡走闽越"，"胶东、淄川、济南王皆死，国除，纳于汉"，"赵王自杀"。胶西王刘印（刘肥之子）曾向汉将颓当请罪，哀求不死。颓当"乃出诏书为王读之。读之讫曰：'王其自图。'王曰：'如印等死有余罪。'遂自杀，太后，太子皆死"[②]。平叛过程中，景帝可谓大开杀戒，对叛王及其有关重要人员是绝不手软，哪里见到一点怀柔的影子。况且"七国之乱"斗争焦点即是削藩，在激烈斗争后，景帝怎么会不付诸实施呢？因此，狮子山汉墓出土薛郡、东海郡属县的印章最合理的解释是墓主人下葬在削藩之前，即墓主为第二代楚王刘郢（客）。

玉器　狮子山汉墓随葬玉器是随葬品的主要部分，数量较大，有二百余件，器形有玉璧、玉璜、玉玦、玉戈、玉环、玉龙形佩、玉冲牙、玉觿、心形玉佩、玉剑珌、玉耳杯、玉枕、玉棺、玉衣，这些玉器的用途大致可分为丧葬、礼仪、装饰及生活用玉等四个方面。该批玉器中相当部分与战国玉器相近，但在主要种类及造型、纹饰方面都形成了具有自己风格特点的汉玉，仅从玉器工艺、风格进行考察，能确定墓葬时代为西汉早期，但无助于解决墓主归属问题。如果我们从玉器所代表的文化内涵并结合墓主人身世生平进行考察，则能够较科学地确定墓主。玉在古人心目中具有崇高地位，玉是德行和操守的象征，到汉代经过统治阶级的系统化和神秘化，以玉为代表的殓葬组合成为等级和特权的标志。以玉衣为例，不同材料编缀而成的玉衣表示死者身份的高下等级，皇帝死后用金缕玉衣，诸侯王、列侯始封、贵人、公主使用银缕玉衣，大贵人、长公主使用铜缕玉衣，一般大臣或诸侯非经皇帝特赐不得用金缕玉衣，任

① 韦正、李虎仁、邹厚本：《江苏徐州市狮子山西汉墓的发掘与收获》，《考古》1998年第8期。

② （西汉）司马迁：《史记·吴王濞列传》，中华书局，1959年。

何人不得僭越[①]。狮子山汉墓出土精美的金缕玉衣，且有与之配套使用的豪华玉棺（此玉棺用2000余块玉版扣合而成，较满城汉墓所出之玉棺精美豪华），规格如此之高的殓葬玉器，说明墓主人地位显然十分尊崇，究竟是二代还是三代楚王更有资格享用呢?

二代楚王刘郢（客）自幼聪颖，被其父派往长安学习，由于文帝尊崇元王，其子也受到"爵比皇子"的待遇。高后二年（前186年）被任命为宗正（为九卿之一，掌管整个皇族的事务），封上邳侯[②]。郢（客）担任宗正期间，与朝廷接触较多，文帝对郢（客）是优厚尤加，宠信非常。刘交去世后，因其长子刘辟非早卒，遂由文帝做主由宗正刘郢（客）嗣楚王位。可见，郢（客）与文帝关系非同一般，且刘郢（客）死时正值当年，文帝为表达哀痛之情，赐之以玉衣、玉棺，厚礼葬之，当在情理之中。

相反，三代楚王刘戊，文帝前元六年（前174年）立，景帝前元三年（前154年）废，计21年。刘戊在位期间，与朝廷关系甚恶，如"王戊稍淫暴，二十年，为薄太后服私奸，削东海、薛郡，乃与吴通谋"[③]。二年削书到，刘戊串通吴王刘濞起兵反叛，即历史上有名的"七国之乱"，后兵败自杀。如此乱臣贼子，朝廷大概不会赐以玉衣，黄展岳先生也认为定狮子山为刘戊墓疑点甚大[④]。谋反之王刘戊是否能以玉衣殓葬，我们通过与济北王刘宽墓[⑤]、宛朐侯刘埶墓[⑥]随葬器物的分析比较中可以得出结论。

山东长清双乳山一号汉墓墓主推测为济北王刘宽，刘宽也曾参与谋反并自杀，此墓未被盗掘，发掘后并没有出土王级墓葬使用的银缕玉衣，其殓葬玉器仅有玉面罩、玉枕等，可见中央对谋反者死后葬制等级是大大降低的。

参加"七国之乱"的宛朐侯刘埶，该墓保存完好，徐州博物馆对其墓进行发掘后，仅出土有表明其身份的"宛朐侯埶"金印外，几乎没有殓葬玉器。与之形成鲜明对比的是，名不见经传的火山刘和墓则出土精美的银缕玉衣[⑦]。而景帝对刘埶的处理上确实采用了怀柔政策，景帝曾言："楚元王子埶等与濞等为逆，朕不忍加法，除其籍，毋令污宗室。"[⑧]然而，事实上刘埶连一件像样玉器也未享用，更不用说代表等级和特权标志的玉衣。可见无论是诸侯王还是列侯，只要参与谋反，将不再使用玉衣等殓葬玉器。刘戊作为"七国之乱"祸首之一，其谋反行为较刘宽及刘埶要严重得多，更不可能葬以玉衣。因此，狮子山汉墓墓主不能是刘戊，而应该是二代楚王刘郢（客）。

---

① （南朝宋）范晔、（晋）司马彪：《后汉书·礼仪下》，中华书局，1965年。

② （东汉）班固：《汉书·楚元王列传》，中华书局，1962年。

③ （东汉）班固：《汉书·楚元王列传》，中华书局，1962年。

④ 黄展岳：《汉代诸侯王墓论述》，《考古学报》1998年第1期。

⑤ 山东大学考古系、山东省文物局、长清县文化局：《山东长清县双乳山一号汉墓发掘简报》，《考古》1997年第3期。

⑥ 徐州博物馆：《徐州西汉宛朐侯刘埶墓》，《文物》1997年第2期。

⑦ 耿建军、盛储彬：《徐州汉皇族墓出土银缕玉衣等文物》，《中国文物报》1996年12月20日第1版。

⑧ （东汉）班固：《汉书·景帝纪》，中华书局，1962年。

其实，在徐州发现的早期汉墓中，驮篮山汉墓特点与谋反之王倒极为相称。该墓精雕细琢，豪华精致，堪称横穴崖洞墓之典范，说明墓主人在位时，有足够时间非常考究地制作自己的冥府。但是该墓随葬器物质量低下，不见王级陵墓常见的铜器、玉器，甚至钱币也用泥饼代替，能够明确没有使用玉衣。前期工程浩大隆重，后期入葬简单草率，反差如此之大，显然发生了重大变故，正符合三代楚王刘戊兵败自杀草草安葬之历史。

三、关于狮子山汉墓开凿时间的释疑

否定狮子山汉墓墓主为二代楚王刘郢（客）说所持证据是：二代楚王在位仅四年，无论如何都无法完成狮子山汉墓的巨大石方开凿量[①]。讨论狮子山汉墓的开凿时间，不能仅仅用今天标准作简单推测，必须结合汉代生产力发展状况，放在当时历史环境中进行全面考察。

首先，我们已知的三座楚王陵墓：狮子山汉墓、北洞山汉墓、驮篮山汉墓，其可能为二至五代楚王中的其中三位。二代刘郢（客）在位4年，三代刘戊在位21年，四代刘礼在位3年，五代刘道在位22年。依其说法，刘郢（客）、刘礼是不可能完成三座墓葬中任何一座的，只有刘戊、刘道在位时间长，才能够完成如比规模的墓葬，但是刘戊、刘道每人只能对应一座墓葬，剩下一座墓葬必定为刘郢（客）或刘礼之墓，也即是说三座墓中必定有一座是用3年或4年时间修成。因此，认为四年无法开凿成狮子山汉墓是没有科学依据的，在这里必须重新审视古人的开凿技术。

狮子山汉墓面积851平方米，凿石量5139立方米，开凿这样的一座汉墓到底需要多长的时间呢？与双乳山汉墓略作比较，我们即可得到答案。双乳山汉墓为目前发掘的规模巨大汉代诸侯王陵，墓葬面积1447.5平方米，凿石总量为8800立方米以上。据考证该墓墓主为末代济北王刘宽，刘宽于武帝天汉四年（前97年）继位，武帝后元二年（前87年）因谋反自杀，在位11年，按11年开凿8800立方米计算，平均每年凿石量为800立方米，考虑双乳山的石质结构好，硬度大，其开凿速度将低于一般墓葬。按照这个标准，狮子山汉墓至多需6 年多时间即可完成。

但是，我们从以下三个因素进行具体分析，可以看出狮子山汉墓并不需要6 年即可完成。首先，狮子山汉墓结构独特，有一巨大天井，即占整个墓室工程量的40%以上，而天井作业面大，据估计可以容纳百人以上共同作业。其次，该墓所在山体成岩情况差，石质松软，特别是下部，硬度几乎与硬泥相似，很容易开凿。以上两种情况大大加快了工程进度。另外，狮子山汉墓前半部分开凿质量高，后半部分质量低，墓室内仅有局部雕凿平整，大多数未经进一步加工，显得仓促、草率，甚至前堂后室之制也因未及完工而不得不改变。这种

① 王云度：《试析叛王刘戊何以能安葬在狮子山楚王墓》，《两汉文化研究》（第二辑），文化艺术出版社，1999年，第205页。

减少工程量、缩短工期的做法，也符合墓主在位时间短（早卒）的历史事实。如此算来，狮子山汉墓开凿4年时间是可能的。即使4年稍嫌紧张，但刘戊在位21年尚未完成这样一件半成品则更有悖于常理。

综上所述，笔者认为狮子山汉墓墓主定二代楚王刘郢（客）较为恰当。诚如是，对于揭示西汉横穴崖洞墓起源及促进徐州楚王陵形制序列演变的研究具有重要意义。

（原刊于《东南文化》2001年第7期）

徐州地区大型崖洞墓初步研究

大型崖洞墓即是文献记载的"因山为葬"的埋葬方式，目前在江苏、山东、河南、河北等地皆有发现，这批大型崖洞墓的材料对于研究汉代政治、经济、文化具有特殊意义。但是由于材料所限，大型崖洞墓研究工作一直没能顺利开展，大型崖洞墓的起源及发展问题也一直面目不清。近年来，经过考古工作者的努力，在徐州地区发现多座大型崖洞墓，迄今为止累计已达8处15座，占全国已发现大型崖洞墓数量的一半以上。这些崖洞墓产生时间早，延续时间长，个体建筑风格与建筑特点无一雷同，且集中分布于徐州地区，为全国所仅见，具有十分重要的学术意义。通过对徐州地区大型崖洞墓研究，能够揭示西汉一代大型崖洞墓的丰富文化内涵。基于此，笔者对徐州地区近年来发现发掘的大型崖洞墓作初步介绍，并就相关问题略作讨论，以期推动大型崖洞墓研究工作的进一步开展。

一、近年来徐州地区发现或发掘的大型崖洞墓

徐州地区自1972年正式发掘第一座崖洞墓以来，累计已发现发掘8处15座墓葬，它们分别是：楚王山2座、狮子山1座、驮篮山2座、北洞山2座、龟山2座、东洞山3座、南洞山2座、卧牛山1座。这些墓葬均分布于徐州周围的山上，一般不超过距现徐州市10千米的范围。以上墓葬除楚王山2座汉墓未经发掘，其余7处13座皆经过正式或非正式发掘，但是由于种种原因，这些墓葬除少数有简报发表或零星介绍，多数墓葬材料未向外界公布，这给大型崖洞墓的研究工作带来极大不便。现在笔者利用工作便利，踏勘了徐州地区所有大型崖洞墓，同时又得以查阅徐州博物馆馆藏资料，基本将该批崖洞墓有关情况调查清楚，兹将该批材料以墓葬为单位介绍如下。

（一）楚王山汉墓[①]

楚王山汉墓位于徐州市西10千米的铜山县大彭镇楚王山北侧，前临黄河故道。一号墓在楚王山主峰北坡，墓冢上有高大封土，封土南凿有宽3米的分水沟，以阻止山洪对封土的冲刷。

① 资料现存徐州博物馆。

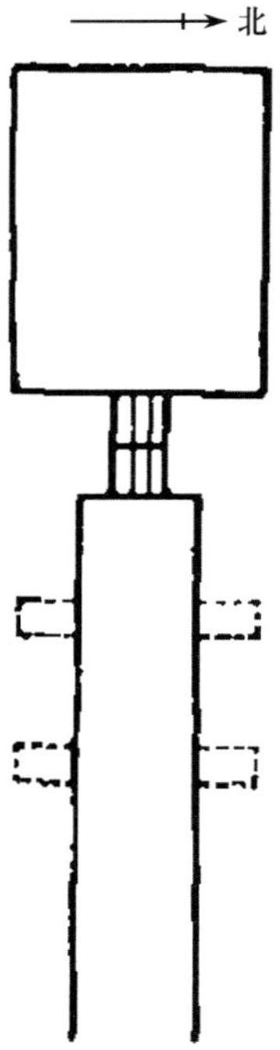

图一　楚王山汉墓平面示意图

目前该墓墓道已经出露，墓道东向，距山顶较近，结合山体东西较短，山头不大的特点，推测该墓为竖穴崖洞墓。1997年7月，该墓被盗后考古人员前往勘察，进一步证实该墓为“凿山为藏”的竖穴崖洞墓（图一），有斜坡墓道，墓道宽4米，墓道两侧各发现两间耳室，甬道较短，甬道后部有一主室，室顶为条石券顶。随葬器物较多，个别铜器上有“楚”等铭文。二号墓位于一号墓北侧，墓上有高大封土，墓室情况不清。

（二）狮子山汉墓①

位于徐州市东郊狮子山主峰的南坡。1994年12月至1995年4月由徐州汉兵马俑博物馆和南京博物院联合发掘。斜坡墓道南向，墓总长117米，总面积851平方米，凿石总量5100余立方米。由外墓道、内墓道、天井、耳室、甬道、侧室、棺室、后室及陪葬墓等部分组成，整体结构采用轴对称布局（图二）。墓室皆平顶，墓壁与顶部呈弧形自然衔接。甬道高宽均为2米，甬道内置塞石四组，每组四块双层、双列排列。该墓凿建粗糙，在墓道、耳室、侧室及后室等多处，可见未完工的残迹。墓内出土文物较为丰富，有2000余件（套），包括金、银、玉、铜、铁和陶等质地文物，较重要的有金缕玉衣、镶玉漆棺、钱币、印章、封泥等。

（三）驮篮山汉墓②

位于徐州市东郊驮篮山南麓。1989年11月至1990年5月发掘。两墓均南向，采用轴对称布局，有斜坡墓道，甬道内塞石为双层双列。一号墓总长53.74米，斜坡墓道长26、宽4.6米，甬道宽2.04、高2.13米，总面积为173.24平方米。甬道两侧有六间耳室，为三组对称开凿。前室长9.38、宽3.64、高2.98米，后室高3.4米（图三）。二号墓总长51.6米，斜坡墓道长30.4、宽3.68米，甬道宽2.12米，两侧有六间耳室，为两组对称开凿（图四）。两墓皆有厕间、沐浴室等侧室。两墓雕凿规整，并涂澄泥3—5层，外敷朱漆，排水系统完善。墓顶结构多样，有平顶、两面坡顶、四面坡顶、盝顶等式样。两墓均被盗掘，出土文物1000余件，有陶俑、磬、壶、钫、铜镜、玉璧等，其中陶俑最有特色。

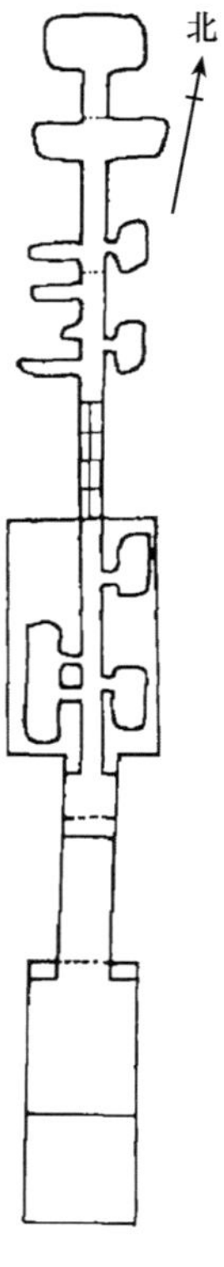

图二　狮子山汉墓平面示意图

① 狮子山楚王陵考古发掘队：《徐州狮子山西汉楚王陵发掘简报》，《文物》1998年第8期。

② 邱永生、徐旭：《徐州市驮篮山汉墓》，《中国考古学年鉴（1991年）》，文物出版社，1992年，第173、174页。

（四）北洞山汉墓[①]

位于徐州市东北10千米的铜山县茅村乡洞山村。1986年9—11月由南京大学考古专业与徐州博物馆联合发掘。该墓规模宏大，墓道南向，底部低平，总长达45米，总面积430平方米，由主体建筑和附属建筑两部分构成。主体建筑采用轴对称布局，有耳室、侧室、厕间及主室等计8间。附属建筑位于主体建筑左前方，有府库、庖厨、武库、乐舞厅、仓房、水井、柴房、贮藏室、厕所等室11间（图五）。主体建筑各室墙壁及顶部以石粉、黄泥等拌成黏合土涂抹平整，外髹漆涂朱砂。甬道内有双层双列塞石两组。该墓出土文物较丰富，重要的有金缕玉衣片、陶俑、铜器、钱币等。

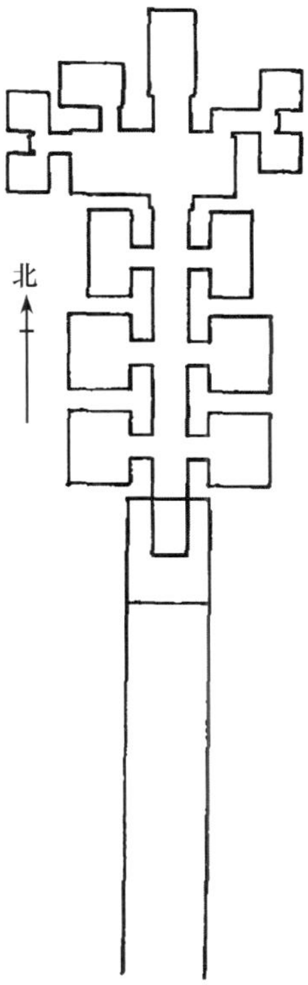

图三　驮篮山一号汉墓平面示意图

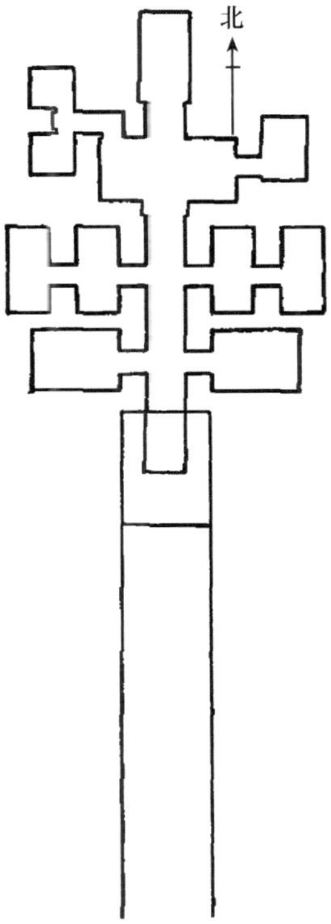

图四　驮篮山二号汉墓平面示意图

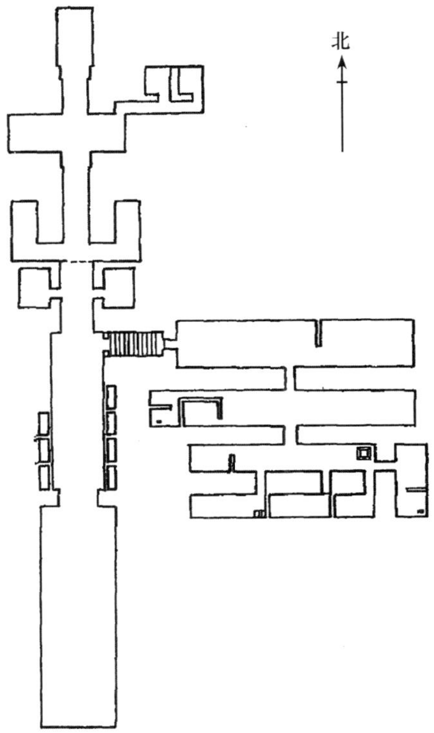

图五　北洞山汉墓平面示意图

（五）龟山汉墓[②]

位于徐州市西北9千米处九里区拾屯镇的龟山西麓。1981年11月发现后由徐州博物馆和铜

① 徐州博物馆、南京大学历史系考古专业：《徐州北洞山西汉墓发掘简报》，《文物》1988年第2期。

② 南京博物院、铜山县文化馆：《铜山龟山二号西汉崖洞墓》，《考古学报》1985年第1期；尤振尧：《〈铜山龟山二号西汉崖洞墓〉一文的重要补充》，《考古学报》1985年第3期；徐州博物馆：《江苏铜山县龟山二号西汉崖洞墓材料的再补充》，《考古》1997年第2期。

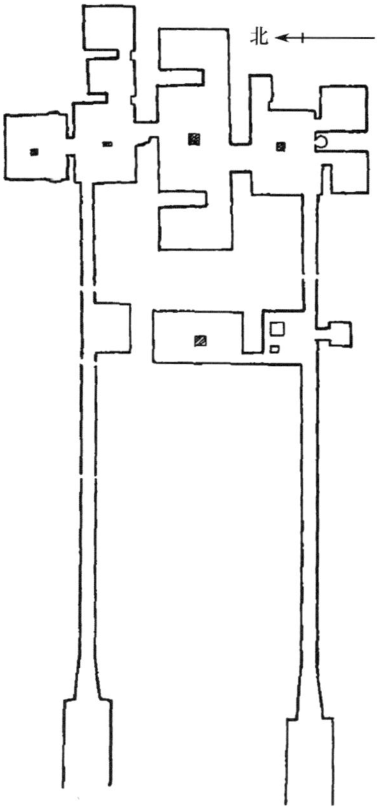

图六　龟山一号、二号汉墓平面示意图

山县文化局发掘，两墓均西向，结构大体相同，总长83米。二号墓位于一号墓左侧，与一号墓平行，间距约15米，墓道均宽4米，为喇叭形内收，甬道宽1米，中段有侧室。墓室呈不对称开凿，但结构较为完善，有前室、寝室、耳室、厕所、厨房、水井、车房（图六）。一号墓较小，有墓室5间，二号墓较大，有墓室10间。主要墓室室内高度达到4米，还出现边长1米的高大厅柱。墓顶结构复杂多样，有平顶、拱顶、两面坡顶、四角攒尖顶和盝顶。墓室内还拥有完善的排水设施。两墓主室之间还有一曲尺形壶门相通，是一处典型的夫妻同茔异穴合葬墓。两墓均被盗，但仍出土不少文物，重要的有表明墓主身份的龟纽银印。

（六）东洞山汉墓[①]

位于徐州市东郊下淀乡石桥村南东洞山西北麓，共计三座，三墓基本平行排列，二、三号墓分别位于一号墓北、南两侧，间距约10米。一号、二号墓在1982年10—11月发现清理（图七），三号墓1997年7月发掘。一号墓全长61米，最宽处16.5米。墓门前有长4.2米的斜坡状露天墓道，稍宽于墓门。甬道长46、宽1.2米，墓室主要有耳室、侧室、主室等构成，室内有擎天柱。二号墓长约25米，墓道已毁，情况不明，甬道宽1.1、长约20米，有墓室1间，平顶。三号墓与二号墓形制相同，只是规模更小。二号墓出土文物最为丰富，10余件刻有“明光宫”铭文的铜器较为重要，一号墓与三号墓皆被盗掘，出土文物甚少。

（七）南洞山汉墓[②]

位于徐州市东南10千米处的铜山县潘塘乡南洞山南麓。两墓均南向，相距约7米，大致平行，建筑面积约400平方米（图八）。一号墓总长80米，墓道长9、宽3.4、高7.5米，末端内收呈喇叭形；甬道长约40、宽1米。共有5间墓室，中部有一侧室，甬道尽头有前、后两间墓室，后室为主室，高2.5米，平顶，中有擎天柱，该室又分出两个小耳室。二号墓位于一号墓左侧，长约30米，墓道比一号墓窄而略长，与甬道成直角内收，墓室三间，后主室为穹隆顶，并有斜甬道与一号墓侧室相通。该处是已知墓葬中盗掘最为严重的一处，没有留下任何遗物。

① 徐州博物馆：《徐州石桥汉墓清理报告》，《文物》1984年第11期。东洞山M3材料现存徐州博物馆。

② 资料现存徐州博物馆。

（八）卧牛山汉墓[1]

位于徐州市西2千米处的卧牛山东北麓。1980年2月由徐州博物馆清理发掘，总长约40米，总面积100余平方米。墓道北向，呈喇叭状内收，外口宽2米。墓室三间，甬道前段有一侧室，后段为一间主室，长6.5、宽5.6、高4米（图九），室顶呈两面斜坡状，地面铺有石板，墓内原有瓦木结构建筑。该墓早年被盗，劫余后文物有玉器、兵器及王莽时期的“大泉五十”“大布黄千”等钱币。

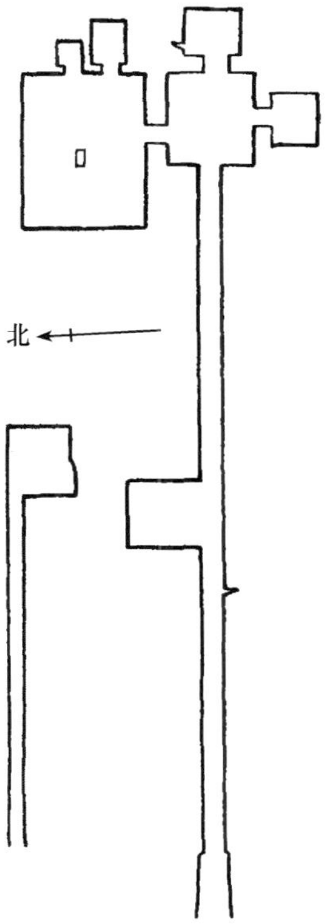

图七　东洞山一号、二号汉墓平面示意图

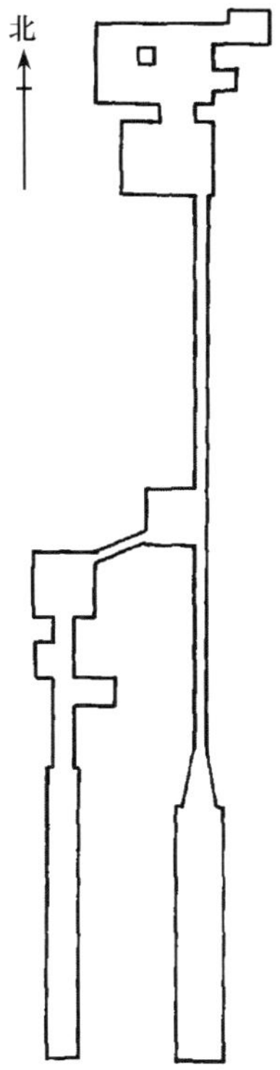

图八　南洞山一号、二号汉墓平面示意图

图九　卧牛山汉墓平面示意图

二、墓主身份及墓葬时代

有关徐州地区崖洞墓墓主身份及时代，过去人们多认同《论语》的记载，书中曰：“宋司马自为石椁，三年不成，不如速朽。”北魏郦道元的《水经注》亦沿袭此说：“泗水南经宋大夫桓魋冢西，山抗泗水，上而尽石，凿而为冢，今人谓之石椁者。”但是随着考古发掘工作的展开，大量具有西汉特点的文物，尤其是带“楚”等铭文的青铜器出土，表明徐州崖洞墓并非

① 资料现存徐州博物馆。

是文献所载的“桓魋石室”，而应是西汉楚国楚王的墓葬。

据文献记载，汉代分封于徐州的楚王有两个系统，一系是异姓诸侯王韩信。西汉初年，天下初定，刘邦迫于军事形势和政治需要，汉五年（前202年），以“齐王（韩）信习楚风俗，徙为楚王，都下邳（今江苏省徐州市睢宁县古邳镇）”①。次年，又以韩信谋反为由，降为淮阴侯；高帝十一年（前196年），韩信被吕后、萧何斩于长乐宫。故韩信楚国仅存一年，且都下邳，又死于长安，诸种情况说明韩信不会葬在徐州。另一系为同姓王楚国，按其不同祖系又可分为两支：一支为刘邦异母弟楚元王刘交，《汉书·楚元王传》载：“汉六年，既废楚王信，分其地为二国，立贾为荆王，交为楚王，王薛郡、东海、彭城三十六县，先有功也。”景帝三年（前154年），第三代楚王刘戊参加“七国之乱”兵败后自杀，楚国封地被削东海、薛郡，仅余彭城一郡，缩小为7县。宣帝地节元年（前69年），第八代楚王刘延寿谋反，兵败后国除为彭城郡。此即为前八代楚王，在位总计133年。另一支为宣帝子楚孝王刘嚣，宣帝黄龙元年（前49年），徙其子定陶王刘嚣为楚王，以彭城郡7县又置楚国，都彭城，至公元8年“王莽篡位，贬刘纡为公，明年废”②，刘嚣一系共传四代计57年。这两支十二代楚王是西汉楚国的同姓封王。

按照汉代制度，诸侯有封地者，死后葬于封地。楚国十二代楚王皆封于楚，都彭城，因此这些楚王应该葬于楚地范围内。而以上发现的8处15座陵墓皆分布于距古代彭城10千米范围内，未超过汉代楚国的范围，这些陵墓工程浩大，只有楚王能有巨大的人力物力营建如此规模庞大的墓室，况且西汉等级森严，统治者对墓葬形制大小、封土高低都有严格规定，普通人即使拥有巨额资产也不能营建超越其等级、身份的墓葬。因此，这些墓葬应属西汉楚国刘氏家族的墓葬。

8处15座墓葬，有的1处多达3座墓葬，是否1处存在多位楚王呢？我们认为1处只能为一代楚王葬地。因为从西汉帝陵到河南永城梁国王陵，尚未发现有两代墓葬距离如此之近，而且同在一处的墓葬明显有主次之分、大小之别，且形制相近，显然系同一时代。所以一处多座墓葬的合理解释是埋葬一代楚王及其陪葬墓。至此，我们可以认定发现的8处墓葬的主人应为分封于徐州12代楚王中的8代刘姓楚王，墓葬时代从文帝元年（前179年）至初始元年（公元8年）。

三、墓葬形制和分期

分布于徐州地区8处15座墓葬，一般以一山一二墓居多，墓上或有封土或无封土，墓葬特点均为“凿山为葬，斩山为廓”的大型崖洞墓。这批墓葬虽经发掘，但出土遗物甚少，墓主归属问题长期悬而未决，其次还有四处楚王陵墓没有找到，以至徐州地区大型崖洞墓分期断代

① （西汉）司马迁：《史记·高祖本纪》，中华书局，1982年。

② （东汉）班固：《汉书·宣元六王传》，中华书局，1962年。

研究一直没有进展。不过已经发现的8处15座墓葬中，龟山汉墓出土了能够表明墓主身份的印章，可以断定其墓主为第六代楚王刘注，因此我们以龟山汉墓为坐标，根据墓葬形制及出土文物可以将8处15座汉墓分为前后两期六式。

前期：时代大致从汉初到武帝元狩五年（前118年），此期墓葬普遍开凿规整，打磨细致，极力通过墓室本身的完美来达到模仿地面建筑的目的，是崖洞墓产生、发展阶段，墓葬个体差异较大，形制变化较为激烈，但彼此之间承进变化十分明显。随葬器物有时代特征显著的半两钱。依据形制特点可分为四式。

Ⅰ式：竖穴式崖洞墓，仅发现楚王山汉墓一座，斜坡墓道，甬道较短，甬道两侧有二耳室，主室顶部用条石起券而成。

Ⅱ式：带天井的横穴崖洞墓，以狮子山汉墓为代表。斜坡式墓道，墓道可分为前后两段，墓室呈轴对称布局，但整体结构存在重大缺陷，突出特点是“大天井，小洞室”，即墓道与天井规模宏大，主体建筑却相对狭小，内外颇不对称。墓室凿刻草率，壁面也未及凿平，且所凿洞室在功能上尚不完全清晰，除庖厨、仓储、武库、钱库等功能有所体现外，没有乐舞、厕间、沐浴等墓室，尤其是怪异的天井表明该墓仍具有竖穴墓的遗风。墓道长，甬道短，甬道内塞石均为双层双列，每组四石。

Ⅲ式：不带天井以轴对称布局的横穴崖洞墓。以驮篮山一号墓、二号墓为代表。特点是巨大的天井消失，斜坡墓道较长较宽，墓室平面呈轴对称布局，各室完全模仿地面建筑开凿，洞室较多，功能齐全，室顶形制多样，有平顶、两面坡顶、四面坡顶、盝顶等，室内墙壁均经打磨、修整，并涂澄泥3—5层，外髹漆涂朱砂，且出现完善的排水系统。

Ⅳ式：带有附属建筑且主体建筑仍呈轴对称布局的横穴崖洞墓。以北洞山汉墓为代表，特点是台阶式水平墓道，墓道由外向内逐段变窄。墓室主体呈轴对称分布，但在主体洞室的左前方出现一大片附属建筑，打破了早期楚王墓皆以轴对称布局的方式，而且建筑采用几个平面逐次降低的设计方法，使这组庞大的地下建筑主次分明，层次清晰。整个洞室既有墓主生活起居的主室，又有武库、仓库、乐舞厅、凌阴、厨房、水井、柴房、厕所等配套设施，完全是一处搬到地下的宫殿建筑，功能十分齐全。主体建筑各室墙壁及顶部以石粉、黄泥等拌成的黏合土涂抹平整，外髹漆涂朱砂。侧室为出现墓柱。

后期：时代从武帝到王莽时期，墓葬有龟山汉墓、东洞山汉墓、南洞山汉墓、卧牛山汉墓。该期墓室开凿普遍潦草粗糙，墙壁均不再打磨，直接以室内修建瓦木结构的建筑来模仿地面建筑。洞室规模普遍缩小，注重洞室的实用功能。墓道由宽变窄，由长变短，甬道由短变长，防盗功能更强。可分为二式。

Ⅰ式：偏侧式不对称布局，以龟山汉墓、东洞山汉墓为代表。与前期相比，墓葬形制发生明显变化，平面布局由对称改为不对称，墓道或甬道两侧耳室减少；墓上封土、排水沟消失；墓道由长变短，由早期30—40米缩短约10米，同时甬道加长，由早期的10米左右加长为40—60米。甬道由宽变窄，塞石双层单列，使墓葬更趋隐蔽性。墓顶增加拱顶、双拱顶、四面攒尖顶等式样，壁面不在涂抹处理。墓内各室除耳室外均置木构瓦顶房屋，主要墓室内出现边长1米的高大厅柱，是西汉大型崖洞墓开始衰落的阶段。另外，该式墓葬的特点是楚王、王后均为同茔异穴合葬，两墓相距一般为10米，两墓间有的还凿有壶门相通。

Ⅱ式：仍呈偏侧式不对称布局，以南洞山汉墓、卧牛山汉墓为代表，特点是墓室规模相对较小，出现穹隆顶和檐枋等结构。

前后两期六式汉墓，形制及结构变化明显，这与汉代建筑技术的发展密切相关，是汉代地面建筑发展状况的缩影， 而且与汉代社会经济发展也有关系。我们可以看出，横穴崖洞墓于早期产生，经过一个摸索形成的阶段，但一经形成，便出现了像前期Ⅲ式驮篮山汉墓这样典范之作的墓葬，随之就走向衰落，如龟山汉墓显然以建筑体现装饰，但作为横穴崖洞墓本身却走向衰落。主要原因大概如同史书所载的那样，武帝死前十来年，由于四边开拓不已，挥霍无度，文景时期积累的财富已消耗殆尽，整个社会经济实力下降，遂无力营建像驮篮山汉墓、北洞山汉墓这样的大型崖洞墓了。

四、关于起源与传播问题的一点探讨

大型崖洞墓可分为竖穴和横穴两种，竖穴崖洞墓起源于先秦竖穴土坑墓，学者一般无甚异议。但是，关于横穴崖洞墓的起源问题长期以来则说法不一，宋治民先生认为这类墓是在“横穴砖室墓”兴起和流行的基础上发展起来的[①]，而罗二虎先生则认为与当时崖坑式“黄肠题凑”墓有密切关系[②]，前者仅从二者的墓道皆为横向修建的共同特点进行比较，后者则由个别横穴崖洞墓的迴廓结构与“黄肠题凑”形制相同而得出结论，二者皆未能与横穴崖洞墓的发展沿革联系起来进行考察。其实无论从“黄肠题凑”，还是从“横穴砖室墓”，在时间和空间上都找不到一条向横穴崖洞墓过渡的路线。相反，我们从徐州地区大型崖洞墓早期形式演变中，则可以清晰地看到一条竖穴崖洞墓向横穴崖洞墓演变的轨迹。例如，Ⅰ式汉墓为“凿山为藏”的崖洞墓初始阶段，其整体风格仍与先秦大型竖穴土坑墓相近，只是竖穴移到山上；Ⅱ式墓有所发展，已具备横穴崖洞墓的基本特点，但怪异的天井表明该墓仍有竖穴墓的遗风；Ⅲ式墓在此基础上又有更大的发展，成为横穴崖洞墓的典范之作。从以上发展演变中可以看出横穴崖洞墓是由竖穴崖洞墓发展而来，其产生的原因及契机在另文中已有详细讨论[③]，兹不再赘述。

至于横穴崖洞墓产生后，又究竟如何向全国传播的，有人据文帝“霸陵山川因其故，无有

---

① 宋治民：《战国秦汉考古》，四川大学出版社，1993年，第153页。

② 罗二虎：《试论西汉时期中原地区的崖墓》，《考古与文物》1991年第3期。

③ 刘照建：《江苏徐州市狮子山西汉楚王墓天井成因考——兼谈西汉横穴崖洞墓的起源》，《考古》2006年第3期。

所改”，遂以为各地崖洞墓皆效仿霸陵[①]。其实，崖洞墓非自文帝始，在文帝霸陵以前楚国已经开始使用此种葬制，文帝霸陵之产生当与楚国有很深的渊源关系。

楚国第一代楚王刘交葬于徐州西郊楚王山，文献有明确记载，应无多大疑义[②]。第二代楚王刘郢（客），其墓葬归属尚存在争论，有狮子山汉墓[③]和北洞山汉墓[④]两种说法，两座墓葬都是典型横穴崖洞墓，因此关于墓主归属问题虽然存在分歧，但并不影响我们对问题的讨论。这两代楚王分别下葬于前179年和前175年，皆比文帝下葬时间（前157年）早，文帝的葬俗理念不能不受二者影响，这一点我们可以从两代楚王与文帝之间的关系略作探讨。

楚元王刘交为刘邦同父异母弟，秦末战争中随刘邦征战南北，立下汗马功劳，被封为文信君，是刘邦贴身心腹，“常侍上，出入卧内，传言语诸内事隐谋”[⑤]。汉六年（前201年）封为楚王，都彭城，辖彭城、薛郡、东海三郡三十六县。元王在西汉早期地位极为尊崇，享有崇高威望，以至代王刘恒（文帝）即皇帝位时，还辞让说：“奉高帝宗庙，重事也。寡人不佞，不足以称。愿请楚王计宜者，寡人弗敢当。”[⑥]而且元王之子刘郢（客）也受到“爵比王子”的待遇，常侍于文帝左右，高后二年（前186年）被任命为宗正，掌管整个皇族的事务。刘郢（客）于文帝二年（前178年）嗣楚王位，也是由文帝做主的。可见，无论第一代楚王还是第二代楚王与文帝关系皆非同一般。

两代楚王均使用“因其山，不起坟”的崖洞墓，这种葬制既充分满足当时“深埋厚藏”的防盗需求，又极尽模仿地面建筑之能事，因此一经出现，便得到普遍认同，并迅速被各地诸侯王所袭用。这一切无疑也深深地影响到文帝，因此文帝“凿山为藏”并非空穴来风，其风源当在楚，正是在楚的影响下，文帝才产生“以北山石为椁，用纻絮斫陈其间，岂可动哉”的念头[⑦]，而且徐州地区地处黄河中下游，秦汉时期这一地区政治、经济、文化十分发达，许多新事物都是首先从这里开始，然后影响到全国各地，诸如汉代玉枕、玉棺等皆是从徐州兴起，然后向全国传播的，横穴崖洞墓自不例外。

因此，关于西汉时期横穴崖洞墓的发展传播问题，我们可以得出与前人迥异的观点，它不是通常的上行下效，而是先从下面诸侯国——徐州地区楚国兴起，后被中央朝廷所认同，继而

① 中国社会科学院考古研究所、河北省文物管理处：《满城汉墓发掘报告》，文物出版社，1980年，第10页；黄展岳：《汉代诸侯王墓论述》，《考古学报》1998年第1期。

② 关于第一代楚王刘交葬地，文献有明确记载，《后汉书·郡国志》引《北征记》曰：“彭城西二十里有山，山阴有楚元王墓。”《魏书·地形志》亦云：彭城有“楚元王冢”。《水经注·获水》则载有：“获水又东迳（经）同孝山北，山阴有楚元王冢，上圆下方，累石为之。高十余丈，广百许步，经十余坟，悉结石也。”多部文献记载楚王山有刘交墓，这些著述的成书年代距西汉较近，所言之事应有所本，可信度较高。

③ 刘照建、张浩林：《徐州狮子山汉墓墓主考略》，《东南文化》2001年第7期。

④ 邱永生、茅玉：《徐州北洞山西汉王陵考略》，《徐州师范学院学报》1989年第3期；邱永生、茅玉：《徐州北洞山西汉王陵考略（续）》，《徐州师范学院学报》1989年第4期。

⑤ （东汉）班固：《汉书·楚元王传》，中华书局，1962年。

⑥ （东汉）班固：《汉书·文帝纪》，中华书局，1962年。

⑦ （东汉）班固：《汉书·文帝纪》，中华书局，1962年。

再向全国推广。研究表明，西汉初期礼仪葬制尚不完备，各地诸侯王为满足自己“事死如生”的愿望，积极探索新的葬式葬法，以至汉代虽然统一，但墓葬形制却差别较大，有的学者也认为：汉代虽然是一个等级森严的社会，但在武帝之前，各诸侯国的墓葬形制及墓葬制度可能经历了一段相对自由的发展时期①。正是在这种历史条件下，徐州的楚王结合本地区实际情况，创新出横穴崖洞墓这一新的葬制，其时间最早可追溯到第二代楚王刘郢（客）卒年——前175年，这较之全国其他地区发现的横穴崖洞墓时代均偏早，诸如河北满城汉墓②，墓主为中山靖王刘胜卒于武帝元鼎四年（前113年），河南永城梁国王陵中的第一代梁王刘武卒于景帝中元六年（前144年）③，曲阜九龙山汉墓墓主序列虽未确定④，但其第一代鲁王卒于元光六年（前129年），文献则有明确记载，皆在西汉文帝之后，更晚于徐州地区楚王墓，这也进一步印证了我们推论的正确性。以上是笔者对横穴崖洞墓起源及发展问题的初步思考，至于横穴崖洞墓的开凿方法、建筑特点、消失原因等诸多问题，则待相关详细材料公布后再作进一步研究。

（原刊于《东南文化》2004年第5期）

① 韦正、李虎仁、邹厚本：《江苏徐州市狮子山西汉墓的发掘与收获》，《考古》1998年第8期。

② 中国社会科学院考古研究所、河北省文物管理处：《满城汉墓发掘报告》，文物出版社，1980年。

③ 河南省文物考古研究所：《永城西汉梁国王陵与寝园》，中州古籍出版社，1996年。

④ 山东省博物馆：《曲阜九龙山汉墓发掘简报》，《文物》1972年第5期。

再葬画像石墓的发现与再研究

东汉时期，以画像石筑造墓室盛行，到后期则出现画像石再次利用的现象，再次利用的用途较多，有的再次利用来铺路修桥（此种情况发生时间较近，不在本文讨论之列），有的则再次利用来筑造墓室，学者称之为再葬画像石墓，对于此类墓葬，已有学者进行较为深入的甄别研究①，但笔者觉得似乎意犹未尽，关于再葬画像石墓的墓葬形制、墓主身份、分布区域、延续时间及产生原因等诸多问题尚不完全清晰，有进一步讨论之必要。而且近年来，又不断有新的再葬画像石墓被发现，丰富了再葬画像石墓的研究内容，为此，笔者拟结合近年来发现发掘的再葬画像石墓材料，对相关问题再略作考析，尚望有识之士读后有以教我。

一、近年来发现的再葬画像石墓

再葬画像石墓的筑造，情况较为复杂，有的仅用原墓的部分石块，有的则为整墓沿用，整墓沿用又有原地补建和异地重建两种类型，但这些画像石有着区别于原画像石墓的共同特点，就是再葬画像石墓的石块摆放位置不符合常规，原为封门石块却用在墓顶，原为前室的用在后室，而且还有画像内容颠倒，人物头下脚上的现象，尤其突出的是，许多画像石的图案均经过打磨或用白灰涂抹，这说明画像石上的内容已失去原有意义，此时画像石仅仅是作为铺路修桥一样使用的建筑材料而已。另外，还有一种情况，是后人干脆以原有墓葬葬入后死者，或异地迁建时，石块位置摆放准确，完全与原墓一样榫卯相扣，几乎没有错位现象，此类墓葬仅从画像石上难以区分，但是随葬器物却呈现出不同的时代特点，也能认定其为再葬画像石墓。当然，如果再葬画像石墓发生时间较早，与原葬时代接近，确实难以区分，这类墓葬理论上应该存在一定的数量。目前，经过考古工作者努力，能够甄别认定的墓葬已发现10余座，它们分别是：山东邹城高李村画像石墓②、邹城面粉厂画像石墓③、山东嘉祥纸坊画像石墓④、山东嘉祥

---

① 周保平：《徐州的几座再葬汉画像石墓研究——兼谈汉画像石墓中的再葬现象》，《文物》1996年第7期。

② 邹城市文物处：《山东邹城高李村汉画像石墓》，《文物》1994年第6期。

③ 刘培桂、郑建芳、王彦：《邹城出土东汉画像石》，《文物》1994年第6期。

④ 嘉祥县文管所：《山东嘉祥纸坊画像石墓》，《文物》1986年第5期。

宋山画像石墓[①]、嘉祥五老洼画像石墓[②]、山东苍山元嘉元年汉画像石墓[③]、河南南阳十里铺汉画像石墓[④]、南阳东汉许阿瞿画像石墓[⑤]、南阳西关画像石墓[⑥]、河南南阳东关画像石墓[⑦]、贾汪佛山汉画像石墓[⑧]、新沂瓦窑汉画像石墓[⑨]、邳州市白山故子汉画像石墓[⑩]、铜山汉王纪年汉画像石墓[⑪]和铜山大庙汉画像石墓[⑫]。

二、再葬画像石墓的形制

再葬画像石墓形制多样，依据室的多少，大致可分为三型。

A型　单室，典型代表有南阳东汉许阿瞿墓、山东邹城画像石墓、嘉祥五老洼画像石墓、南阳西关汉画像石墓、南阳东关汉画石墓。此类墓葬一般墓室长2.5、宽1.5米左右，有的为单椁室，有的带有墓道、墓门、甬道，所使用画像石数量较少，一般10块左右，南阳地区石块数量更少，仅用3块盖顶，墓室四壁及甬道均用长30、宽15、厚5厘米的小砖砌成。

B型　前后室，此类墓葬数量较多，典型代表有山东邹城高李村画像石墓、嘉祥宋山画像石墓、江苏新沂瓦窑汉画像石墓、邳州市白山崮子画像石墓、山东苍山元嘉元年画像石墓，形制也较为复杂，又可分为四式。

Ⅰ式：前后室结构，以嘉祥纸坊画像石墓及嘉祥宋山画像石墓为代表，这类墓葬一般由墓道、墓门、前室和后室组成，除墓道外，墓室平面呈“凸”字形，全用石块砌成，前室一般呈横长方形，长宽与前室相仿，前室地面均比后室低约50厘米，地面也用石板平铺，甚至铺地石中也有画像石，嘉祥宋山的画像石上下全用厚度约0.5厘米的石灰抹平，涂盖了一部分画像。此种形制画像石数量较多，一般为20—30块。

Ⅱ式：前室双后室，典型墓葬有山东邹城高李村画像石墓和江苏新沂瓦窑汉画像石墓。由前室、双后室构成，双后室其实质是后室中间用一墙隔为南北二室，瓦窑汉墓中间隔墙下尚有二孔相通，墓室皆为全石结构，前者墓葬前室顶部为叠涩交错式做法，采用三级转角石，层

---

① 济宁地区文物组、嘉祥县文管所：《山东嘉祥宋山1980年出土的汉画像石》，《文物》1982年第5期。

② 朱锡禄：《嘉祥五老洼发现一批汉画像石》，《文物》1982年第5期。

③ 山东省博物馆、苍山县文化馆：《山东苍山元嘉元年画像石墓》，《考古》1975年第2期。

④ 南阳地区文物工作队、南阳县文化馆：《河南南阳县十里铺画像石墓》，《文物》1986年第4期。

⑤ 南阳市博物馆：《南阳发现东汉许阿瞿墓志画像石》，《文物》1974年第8期。

⑥ 王儒林：《河南南阳西关一座古墓中的汉画像石》，《考古》1964年第8期。

⑦ 河南省文化局文物工作队、南阳市文物管理委员会：《河南南阳东关晋墓》，《考古》1963年第1期。

⑧ 刘尊志：《贾汪佛山汉画像石墓》，《中国考古学年鉴（1998年）》，文物出版社，2000年。

⑨ 徐州博物馆、新沂县图书馆：《江苏新沂瓦窑汉画像石墓》，《考古》1985年第7期。

⑩ 南京博物院、邳县文化馆：《江苏邳县白山故子两座东汉画像石墓》，《文物》1986年第5期。

⑪ 徐州博物馆：《徐州发现东汉元和三年画像石》，《文物》1990年第9期。

⑫ 徐州博物馆：《江苏徐州大庙晋汉画像石墓》，《文物》2003年第4期。

层叠砌，上有正方形藻井顶，后室则直接采用横向长条石盖顶；后者墓顶全用石板拼合平铺覆盖。该型墓室一般通长4—5、宽3米左右，用石10余块。

Ⅲ式：为前后室结构，但有附带耳室，此类墓葬形制仅见于邳州市白山崮子。墓葬由前室、后室、耳室组戍。前室东西长2.96、南北宽2.8米，后室东西长3.32、南北宽2.41米。耳室位于北壁中部偏西处，东西宽1.3、南北进深1.27、高0.99米。砌筑方法是先以条石砌地基，然后在上面竖立石为墓壁，在墓壁上叠砌横额，再用叠砌方法构砌墓顶，后用石板压盖封闭顶口。除墓底采用青砖铺砌外，其余全用青石叠筑，共用石刻画像8块。

Ⅳ式：为双主室的前后室结构，山东苍山元嘉元年画像石墓为典型代表，墓室由墓门、前室、双主室及侧室五个部分组成，平面近方形。墓室内全长5.46、宽2.94、高2.48米。前室东西长2.02、南北宽1.66、通高2.48、四壁高1.8米，地面低于主室0.24米，室地铺石，室顶用四块三角形石交错叠涩构成方形的藻井，侧室分上下两层，平面呈凹形，顶层高0.46、宽1.28、深0.44米。主室内正中以一界墙相隔，而分为东西二室。二室各长3.02、宽1.84、高1.1米。隔墙中部留有二穿洞，墙后留有过道。室底铺石3块，顶用10块石铺盖成平顶。共用60块石灰岩石料砌成。

C型　前中后三室，代表墓葬为河南南阳十里铺汉画像石墓，由墓道和墓室两部分组成，墓道呈斜坡状，水平长2.5、宽1.1米。墓圹略呈长方形，墓室长6.72、宽2.29、高1.98米，分为前、中、后三室，三室均有石门封墙，三道墓门均由门楣、二门柱、槛石组成。前室呈横长方形，宽1.26、进深1.26、高1.72米；中室略呈横长方形，宽1.84、进深1.4、高1.7米；后室呈纵长方形，宽、高与中室相同，进深3.46米。前、中、后三室墓壁均用长条砖砌筑，砌法相同，均为二平一竖或三平一竖。砌砖的高度与柱端相平。在砖壁和柱端上面东西向顺放石材，最后在顶部盖石板或石条。前室铺地砖为人字形平铺，中、后室则为顺砖错缝平铺。全墓共用石40块，其中有画像石26方，共有画像57幅。

三、再葬画像石墓的分布区域及延续时代

中国画像石墓起源于西汉末东汉初期，到东汉中期达到高峰，在全国范围内形成四个中心区，分别为山东和苏北区、河南南阳区、四川地区、陕北地区，其他地区如浙江、山西等地也有发现，但数量较少，故不讨论。这些画像石墓均以石材建墓或砖石混合构筑墓室，在墓门或墓壁上刻凿出画像，可以说是雕刻出来的壁画①。而再葬画像石墓则凿刻抹去画像石的画像，仅使用原墓的石材，这种行为需以原葬画像石墓为基础。因此，此种现象出现范围当与原葬画像石墓分布区域大致相当。但我们从上文列举的已发现再葬画像石墓分析后可以看出，并非所有流行画像石墓的地区皆有再葬画像石墓，即使中心区也不例外，仅见于山东、江苏北部以及

① 宋治民：《战国秦汉考古》，四川大学出版社，1993年，第124页。

河南三地，而三地又以河南南阳、江苏北部徐州、山东南部区域最为集中，即大致分布在人们常说的中原地区，而四川、陕北等地则未见，一方面可能与发掘数量少，尚未进行甄别研究有关；另一方面可能是各地区自然环境、历史传统不同所导致。

关于再葬画像石墓出现及延续时间，由于多数再葬画像石墓没有明确纪年，故学者的观点尚不一致，有的认为再葬画像石墓的入葬年代一般来说应晚于画像石墓消失的年代，具体说为193年以后，究其下限当在魏晋之间①。但是随着新材料的不断发现，我们认为此说尚有商榷的余地。已发现再葬画像石墓中，除山东苍山元嘉元年汉画像石墓和河南南阳东关画像石墓中有典型南朝遗物出土，能够明确断定为魏晋时期重新利用外，其他多座墓葬发掘者根据出土文物均定其时代为东汉晚期，因此我们认为再葬画像石墓的出现，是伴随着画像墓的衰落，在东汉晚期即开始出现。至于其消失时间则更为悠长，山东出土的再葬画像石墓中即发现政和通宝、赭釉陶罐等器物，时代约在北宋末年②。这说明再葬画像石墓消失时间延续到以石筑墓丧俗的废弃，从山东画像石墓出土材料可以初步认定在北宋末年。

四、再葬画像石墓的墓主身份

画像石墓的墓主身份，已有学者作初步研究，南阳学者据画像内容，如持节画像、车马出行执綮戟、执盾、执刀、执剑、材官蹶张、拜谒、执笏、执金吾、阙、拥彗画像，认为南阳汉画像石墓的主人绝大多数在生前是有品秩的，其品秩大约是太守或县长，其中大部分应是县长或县令级官吏及世代袭爵的官宦人家，还有少数应为巨富之家③。诚然，墓葬是死者生前生活在地下的缩影，但同时也是生者对来世的幻想，因此汉画像石上画面内容更多的有虚构成分，包含祈祷或祝愿的理想因素，所以仅凭画像石上的内容来认定墓主身份是有一定问题的。李银德同志显然意识到这一问题，他从文字题记、墓葬形制及随葬器物等方面进行综合考释，以徐州地区汉画像石墓为例，将墓主身份大致分为列侯、二千石以下官吏、商贾巨富和一般平民四类④。这应该是正确的。古代人“事死如生”，认为“凡生人所需之，死后亦需之”，一方面模仿地面建筑大规模营建墓室，另一方面则以丰富的殉葬品陪葬，根据墓葬规模大小和随葬品的多寡基本能够认定墓主身份的高低。然而，考察以上所介绍的再葬画像石墓，多数皆已盗掘，文物劫掠一空，墓室内也没有发现带有铭文题记的画像石，因此认定再葬画像石墓主身份有一定难度，仅能从墓葬形制方面略作推定，在前文中我们已进行分型研究，大致可分为单室、前后室、前中室三室的三种类型，这三种墓葬形制规模均不大，即使是前中后三室的河南

① 周保平：《徐州的几座再葬汉画像石墓研究——兼谈汉画像石墓中的再葬现象》，《文物》1996年第7期。

② 南阳地区文物工作队、南阳县文化馆：《河南南阳县十里铺画像石墓》，《文物》1986年第4期。

③ 柴中庆：《南阳汉画像石墓墓主人身份初探》，《汉代画像石研究》，文物出版社，1987年，第49页。

④ 李银德：《徐州汉画像石墓墓主身份考》，《中原文物》1993年第2期。

南阳十里铺汉画像石墓，长6.72、宽2.29米，不过与李文中所列举Ⅲ类墓主所拥有墓室规模大致相当，因此我们初步认定再葬画像石墓墓主当为下等官吏、商贾富户和平民，列侯及二千石以上的官吏经济雄厚，一般不会用旧墓石安葬，当然，异于流俗者也可能例外。

五、再葬画像石墓出现的原因

汉画像石是雕刻艺术在墓中体现，与汉代葬俗的发展密切相关，随着葬俗的变化也经历了一个产生、发展、消亡的过程，符合事物发展的一般规律，但是后期出现再次利用的现象则较为独特，对于此现象，有的学者进行甄别，有的学者对画像石重新使用状况进行分类总结，然而对画像石重新利用建墓的原因却鲜有论及。笔者以为，任何新事物的产生都离不开所处的社会环境，因此再葬画像石墓出现与当时社会政治、经济、文化发展密切相关，归纳起来大致有以下三种原因。

（1）画像石墓的葬式为再次使用提供物质基础。东汉时代，画像石墓盛行，墓葬一般建在山麓坡地或平地上，离地面较浅，有的甚至就是平地起建，然后上覆以封土，如徐州地区发现的拉犁山一号墓①、拉犁山二号墓②。其次与画像石墓配套的还有地面建筑——祠堂，建筑特点也与墓葬基本相同。这类建筑遗存在以江苏徐州为中心，北至山东肥城、嘉祥、曲阜、邹县、滕州、金乡，南至安徽宿州的广大区域内，发现数量较多，且形制式样多变，信立祥先生还将其划分为四种类型③。其实，祠堂形制虽然不一样，但实质皆是各种形状不同的条石构建的“石屋子”。这样的“石屋子”和墓葬天长日久，随着水土的流失，便暴露于地面，无疑为以后重新利用提供便利条件。另外，画像石墓及祠堂建筑的构建，仅靠石块之间的榫卯相扣合，没有其他特殊的粘固措施，十分容易拆卸，这在客观上也使重新利用成为可能。因此，随着时代的变迁，当画像石墓原有意义丧失后，后人将其重新利用，自然也在情理之中。

（2）社会动荡、经济凋敝是再葬画像石墓出现的直接原因。东汉末年，水旱蝗虫灾害不断，农村经济遭受严重破坏；另外，贪官污吏盛行，至灵帝时，宦官专政，政治腐败达到极点，甚至出现按官爵高低明码标价卖官的情况，买官后的官吏又疯狂剥削农民，农民生存弥艰，又加上连年歉收，导致“贫者无立锥之地”。许多农民到处流亡，到桓帝永兴元年（153年），竟达数十万户，失去土地的农民走投无路，到处暴动，据史书记载，早在安帝永初三年（109年），就有张伯路领导流民几千人，活动于沿海九郡。顺帝阳嘉元年（132年），章和领导农民在扬州六郡暴动，纵横四十九县。汉安元年（142年），广陵人张婴领导农民，在徐

① 李银德：《徐州市屯里拉犁山东汉石室墓》，《中国考古学年鉴（1986年）》，文物出版社，1987年，第123、124页。

② 耿建军：《徐州市拉犁山二号东汉石室墓》，《中国考古学年鉴（1990年）》，文物出版社，1991年，第208、209页。

③ 信立祥：《论汉代墓上祠堂及建筑》，《汉代画像石研究》，文物出版社，1987年，第186页。

扬一带举行暴动，此起彼伏，前后达10余年之久[①]。尤其是钜鹿人张角带领下发动的黄巾大起义，更是惊天动地，纵横整个黄河流域，各地军阀打着镇压黄巾起义的旗号纷纷起兵，使大半个中国陷入动荡不堪的境地，这又给农村经济造成更大的灾难，一度出现“千里无鸡鸣，白骨露于野”的局面，整个社会经济遭到毁灭性的打击。而画像石制作需要一定的人力物力和安定的社会环境，但由于社会动荡不安，使得人们无暇制造新的画像石，但是死人的事又是经常发生，且传统葬俗依然存在影响，于是利用旧画像石建新墓或干脆在原画像石墓再葬死者现象，在东汉末至魏晋时期便顺理成章的出现。

（3）丧葬习俗的改变也是再葬画像石墓出现的重要因素。当厚葬之风劲吹不止时，与之相左的薄葬思想便产生了，尤其是东汉以来下层士人对死更是有清醒认识，如坚持无神论的王充认为“死人无知，厚葬无益”，他说：“辩士文人有效验，若墨家之门杜伯为据，则死无知之实可明，薄葬省财之教可立也。”[②]这些思想对当代及后世产生积极影响，使世人对厚葬之弊有清醒的认识。魏晋时期，即使统治者本人，丧事也极为俭薄。曹操在生前特下诏曰：“古之葬者，必居贫瘠之地……敛以时服，无藏金银珠宝。”[③]其子曹丕认识更加深刻，明令一切丧事从简，并留下终制中云：“无施苇炭，无藏金银铜铁，一以瓦器，合古涂车，刍灵之地。”[④]如此一来，薄葬蔚然成风，此种情况下，对墓室的筑造当然也不考究，如果想既节俭又省事的话，无疑扒现存画像石块，砌建墓室是最省事之举。因此，我们认为正是由于丧葬习俗改变，薄葬之风盛行，使得再葬画像石墓出现，这是一个不容忽视的重要因素。当然，其他如玄学兴起、升仙思想的没落，使汉画像石赖以生存的土壤不复存在，也是导致再葬画像石墓出现的原因，因篇幅所限，本文在此从简，在思想领域所产生的影响将在以后作进一步研究。

（原刊于《东南文化》2005年第1期）

① 翦伯赞：《中国历史纲要》，人民出版社，1983年，第210页。

② （东汉）王充：《论衡·薄葬篇》，上海人民出版社，1974年。

③ （晋）陈寿：《三国志》卷一《魏书·武帝纪》，中华书局，1982年。

④ （晋）陈寿：《三国志》卷二《魏书·文帝纪》，中华书局，1982年。

西汉楚王陵墓形制研究

考古发现到今日，我们已经具备了综合研究西汉诸侯王陵墓的基本条件。就全国而言，目前发现、发掘的西汉诸侯王陵墓有40多座，主要有江苏徐州西汉楚王陵墓群①、河北满城中山靖王刘胜夫妇墓②、山东曲阜九龙山汉鲁王墓群③、广州南越王墓④、河南永城汉梁王墓群⑤、湖南马王堆汉墓群⑥、北京大葆台汉墓等⑦。

这些陵墓以丰富多彩的丧葬形式展示着汉代劳动人民的聪明才智，向人们述说着这一时代的发展轨迹和社会风俗。其中尤以徐州西汉楚王陵墓发现最多、最具系统性、最能反映这一时代诸侯王陵墓的变化，在考古学中具有十分重要的学术意义。本文试通过对西汉楚王陵墓形制的研究来探讨西汉诸侯王崖洞墓的发展变化，以就正于方家。

一

首先，我们要就汉代崖洞墓加以说明。我们所说的西汉诸侯王崖洞墓，是指西汉时期诸侯王在山上岩石内开掘的竖穴或横穴的墓葬，它与东汉时期四川一带发现的在悬崖上建造的崖洞墓是两个概念。其实从严格意义上讲，西汉诸侯王在山上岩石内开掘的竖穴或横穴的墓葬，不能称为崖洞墓，应称为岩坑墓、岩洞墓比较适宜。不过目前考古界一般习惯于称其为崖洞墓，我们姑且这样称呼。

---

① 狮子山楚王陵考古发掘队：《徐州狮子山西汉楚王陵发掘简报》，《文物》1998年第8期；韦正、李虎仁、邹厚本：《江苏徐州市狮子山西汉墓的发掘与收获》，《考古》1998年第8期；王恺、邱永生：《博大精深，蔚然壮观——徐州西汉楚王陵考古发掘侧记》，《中华文化画报》1996年第3、4期。

② 中国社会科学院考古研究所、河北省文物管理处：《满城汉墓发掘报告》，文物出版社，1980年。

③ 山东省博物馆：《曲阜九龙山汉墓发掘简报》，《文物》1972年第5期。

④ 广州市文物管理委员会、中国社会科学院考古研究所、广东省博物馆：《西汉南越王墓》，文物出版社，1991年。

⑤ 河南省文物考古研究所：《永城西汉梁国王陵与寝园》，中州古籍出版社，1996年；郑清森：《芒砀山西汉梁国王陵墓葬相关问题初探》，《考古与文物》2001年第3期。

⑥ 湖南省博物馆、中国科学院考古研究所编：《长沙马王堆一号汉墓》，文物出版社，1973年；湖南省博物馆、中国科学院考古研究所：《长沙马王堆二、三号汉墓发掘简报》，《文物》1974年第7期。

⑦ 北京市古墓发掘办公室：《大葆台西汉木椁墓发掘简报》，《文物》1977年第6期。

墓葬是人类文明进程发展到一定程度的产物，是出于人们对死亡的理解。古人认为，人死后他的灵魂没有死亡，并将永存，所以要采取墓葬的形式把他的尸体保存起来。根据迄今的调查发掘，中国至迟在旧时器时代晚期已有墓葬。到新石器时代，墓葬已形成一定的制度，墓圹一般为长方形或方形的竖穴土坑。有些地区已使用木棺作葬具，构成木椁。商代，氏族和统治阶级的权力反映到墓葬中，墓葬的阶级、等级差别加大，出现了大型的统治阶级陵墓。其形制多样，有四面各有一个墓道的“亚”字形墓，两面各有一个墓道的“中”字形墓，还有一面只有一墓道的“甲”字形墓。但商代绝大多数墓葬都是没有墓道的长方形竖穴土坑墓。西周的墓制承袭商代，诸侯、贵族墓葬的形制主要有“中”字形和“甲”字形，但也是绝大多数墓都仅有长方形的墓室，不设墓道，墓葬等级进一步制度化。贵族夫妻合葬的方式为夫妻分别葬在两个互相紧邻的墓坑中，即所谓的“异穴合葬”。到了春秋、战国时代，这种异穴合葬的制度更为常见。

从春秋晚期开始，中国进入了铁器时代。随着铁器的使用，人们对土壤和山石开掘与搬运的速度加快，墓葬的形制也随之产生一定的变化。这一时期的墓葬在地面以上出现了坟丘，坟墓之实终于落定[①]。首次出现了开凿在丘陵岩石中的墓葬（如湖北曾侯乙墓），此墓规模甚大，没有墓道，墓室的形制也不规整[②]。重棺继续流行。值得注意的是，这一时期在关中、中原地区战国晚期的小型墓中，出现了横穴式的土洞墓，意味着商周以来的传统竖穴墓葬形制发生了变化。

西汉前期，横穴墓渐被使用，到西汉中期普遍流行，从此以后通行于整个古代社会。

据目前的考古调查与发掘所知，“依山为陵”的崖洞墓首先兴起于西汉的诸侯王陵墓[③]，并很快从竖穴发展到横穴，终西汉一代而消失。至东汉，诸侯王不再“依山为陵”，而是“平地起坟”。

西汉楚国是西汉诸侯王中封国最早、沿袭时间最长、国力最强、与中央关系最密切的封国之一。自高祖六年（前201年）刘邦立其同父异母弟刘交为楚王，至孺子婴初始元年（8年）王莽废西汉最后一代楚王刘纡，国除，共历12代楚王，存在210年（表一）[④]。西汉初年，高祖刘邦杀白马为誓，在位时共封了11个同姓王。这些王国中，初以齐国的地位最为显赫。齐王刘肥是刘邦儿子中年龄最长的一个，其封国最大，位置最重要。据《汉书・高五王传》载，当时的齐国“王七十余城，民能齐言者皆属齐”，并以中央军功最高的曹参为齐相，统以重兵。楚国的地位仅次于齐国。秦末，刘交随同刘邦一起参加反秦，后又历经楚汉战争，至刘邦即帝位，刘交是刘邦的贴身心腹，“常侍上，出入卧内，传言语诸事隐谋”。

---

① 《礼记・檀弓上》郑玄注：“土之高者曰坟。”扬雄《方言十三》：“葬而无坟谓之墓。”

② 湖北省博物馆：《曾侯乙墓》，文物出版社，1989年，第9页。

③ 徐州楚王山楚王墓为第一代楚王刘交的墓葬，刘交下葬于汉初孝文元年（前179年）。此墓为竖穴式崖洞墓，也是目前所知最早的崖洞墓，它比文帝“因其山，不起坟”的霸陵（前156年）要早20多年。

④ 汉高祖五年（前202年），刘邦封韩信为汉第一代楚王，在位仅一年，是为异姓王，在此不计。

当时的楚国“王薛郡、东海、彭城三十六县”[①]，四十城，楚国的封地虽只有齐国的一半，但刘邦死后，齐国被一分再分，尽失原来的强大。西汉初年，梁孝王时梁国的国力也曾盛极一时，但仅一代而终，梁孝王死后其国一分为五，实力大减[②]。而楚国在高祖刘邦死后，文景二帝“尊崇元王，子生，爵比皇子。景帝即位，以亲亲封元王宠子五人……”[③]。所以在汉初，楚国一直在诸王封国中拥有显贵的地位。后虽有刘戊参与吴楚“七国之乱”、刘延寿叛乱，其封地略被减削，国一度被除，但其封国一直延续到西汉末。这是西汉任何一个封国所无法比肩的。

表一　西汉楚国（刘氏）世系年表

序号	楚王	在位年限	在位时间	谥号
1	刘交	23年	高祖六年至孝文元年（前201—前179年）	元王
2	刘郢（客）	4年	孝文二年至孝文五年（前178—前175年）	夷王
3	刘戊	21年	孝文六年至孝景三年（前174—前154年）	
4	刘礼	3年	孝景四年至孝景六年（前153—前151年）	文王
5	刘道	22年	孝景七年至元光六年（前150—前129年）	安王
6	刘注	12年	元朔元年至元鼎元年（前128—前116年）	襄王
7	刘纯	16年	元鼎元年至天汉元年（前116—前100年）	节王
8	刘延寿	32年	天汉元年至地节元年（前100—前69年）	
9	刘嚣	25年	黄龙元年至阳朔元年（前49—前24年）	孝王
10	刘文	1年	阳朔元年至阳朔二年（前24—前23年）	怀王
11	刘衍	21年	阳朔二年至元寿元年（前23—前2年）	思王
12	刘纡	10年	元寿元年至初始元年（前2—公元8年）	

注：刘注以前依《史记·汉兴以来诸侯王年表》；刘注以后依《汉书·诸侯王表》。

二

西汉楚国共封袭12代楚王，到目前为止，在徐州市周围已发现发掘了8处楚王和王后墓，都是石室崖洞墓。对于这8处楚王陵墓的先后及墓主，许多专家和学者经过从多个角度研究和探讨，意见基本一致（表二）。这些系列崖墓跨越了210年，使我们能清楚地看到它们的形制变化。

① （东汉）班固：《汉书·楚元王传》，中华书局，1962年。

② 《史记·梁孝王世家》载：“其后梁最亲，有功，又为大国，居天下膏腴也。地北界泰山，西至高阳，四十余城，皆多大县。”又载：“多作兵器弩弓矛数十万，而府库金钱且百巨万，珠宝玉器多于京师。”

③ （东汉）班固：《汉书·楚元王传》，中华书局，1962年。

表二　发现发掘的西汉楚王墓序列表

序号	墓葬名称	发掘时间	所在地点	墓主	王后墓	备注
1	楚王山楚王墓	尚未发掘	徐州市西郊大彭镇	元王刘交		有陪葬墓3座
2	狮子山楚王墓	1994年12月—1995年4月	徐州市东郊狮子山办事处	夷王刘郢（客）		其西北羊鬼山似为王后墓
3	驮篮山楚王墓	1989年11月—1990年5月	徐州市东郊金山桥开发区	刘戊	1座	
4	北洞山楚王墓	1986年9月—1986年11月	徐州市北郊铜山县茅村乡	安王刘道		其西南所谓司马桓魋墓疑为王后墓
5	龟山楚王墓	1981—1982年	徐州市北郊九里区	襄王刘注	1座	
6	东洞山楚王墓	1982年	徐州市东郊金山桥开发区		2座	其南侧王后墓已毁
7	南洞山楚王墓	未经科学发掘	徐州市南郊城南开发区		1座	
8	卧牛山楚王墓	1980年2月	徐州市西郊大彭镇	刘纡		未发现王后墓

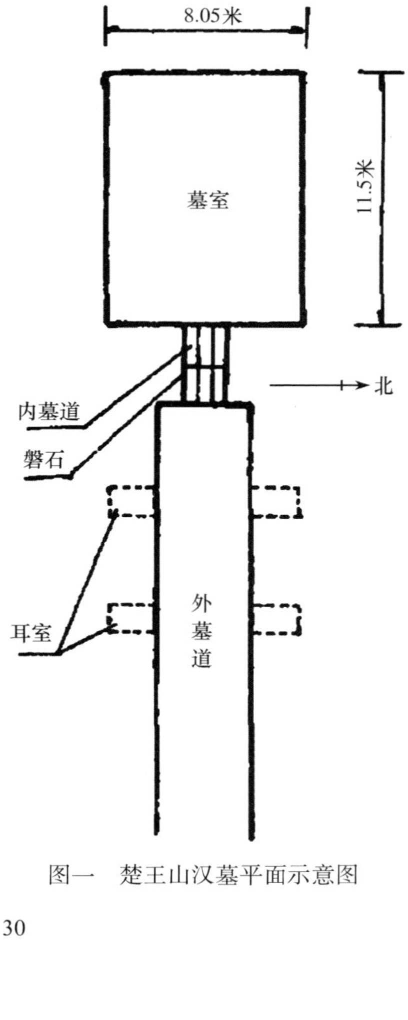

图一　楚王山汉墓平面示意图

（一）从竖穴到横穴

竖穴墓的历史前文已作简述。西汉初诸侯王仍沿用竖穴墓葬，在有条件的地方出现竖穴岩坑墓。但很快发生了变化，由竖穴发展到横穴。这从徐州楚王陵墓中看得非常清楚。徐州市西郊楚王山北坡的楚王墓是第一代楚王刘交的陵墓。《后汉书・郡国志》引《北征记》曰：“（彭）城西二十里有山，山阴有楚元王墓。”《魏书・地形志》亦曰：彭城有“楚元王冢”。《水经注・获水》：“获水又东迳同孝山北，山阴有楚元王冢，上圆下方，累石为之，高十余丈，广百许步，经十余坟，悉结石也。”按，同孝山即楚王山，当地人称之为霸王山，山阴有一凿山为藏的主墓葬，周围现有三座陪葬墓。从外观上看，主墓墓道东向，坐落在半山腰，墓上有高大的封土堆，其南面有人工开凿以防止山洪冲刷封土的拦水沟。此墓未经发掘，但考古工作者曾对此墓的基本结构进行过初步勘察，该墓整体上为一从商周“甲”字形墓发展而来的竖穴崖洞墓（图一），分为内外墓道、耳室、主墓室几部分。楚元王刘交是在公元前179年前后下葬的，此后不久，楚王墓的形制即发生了变化。

1994年底至1995年初发掘的狮子山楚王墓，为一竖穴与横穴相结合的崖洞墓[①]，由内外墓道、天井（竖穴）、耳室、甬道、墓室（横穴）等组成（图二）。这座崖洞墓被普遍认为是第二代楚王刘郢（客）的墓葬，刘郢（客）死于公元前175年，与第一代楚王的下葬年代仅差4年[②]。但从墓葬形制看，此墓显然是竖穴崖洞墓向横穴崖洞墓过渡的一个特例。其所谓的“天井”即为竖穴，墓室即为横穴。在随后的楚王墓中既没有竖穴崖洞墓，也没有这种带“天井”的墓葬形制出现。因此我们认为，西汉诸王崖洞墓从竖穴到横穴的演变发生于西汉孝文元年至孝文五年，即公元前179—前175年。这个变化是非常快的。狮子山楚王墓是迄今发现最早的横穴崖洞墓，远比河南永城梁孝王墓、广州南越王墓、河北满城中山靖王墓、山东曲阜九龙山鲁王墓早得多。

图二　狮子山楚王墓墓道与天井发掘现场

（二）墓道的变化

墓道出现于商代，一开始可能是出于下葬方便的需要，后来形成等级制度。经过西周、春秋战国，到了西汉，墓道已经成了一些大型墓葬固定的重要组成部分。西汉楚王崖洞墓墓道的变化主要表现在以下几个方面。

① 狮子山楚王陵考古发掘队：《徐州狮子山西汉楚王陵发掘简报》，《文物》1998年第8期；韦正、李虎仁、邹厚本：《江苏徐州市狮子山西汉墓的发掘与收获》，《考古》1998年第8期；王恺、邱永生：《博大精深，蔚然壮观——徐州西汉楚王陵考古发掘侧记》，《中华文化画报》1996年第3、4期。

② 有的同志认为狮子山楚王墓为第三代楚王刘戊的墓葬，依此说，此墓与第一代楚王下葬的年代相差也不过25年。

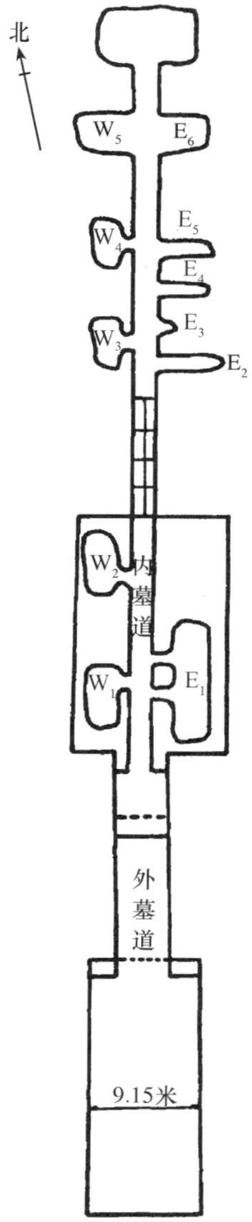

图三　狮子山汉墓平面示意图

1. 长度的变化

我们从第一代楚王刘交墓可以看出，其墓道分内外两段，内墓道较外墓道稍有收缩，墓道紧连着墓室，塞石在内墓道中。但由于此墓未经正式发掘，墓道确切长度我们不得而知[1]。狮子山楚王墓是经过科学发掘的，给出了墓葬各个方面比较准确的数据。狮子山楚王墓全长117、斜坡墓道全长67.1米（图三、图四）。其后各楚王墓墓的长度与墓道的长度分别是：驮篮山一号墓全长53.74、斜坡墓道长26米；二号墓全长51.6、斜坡墓道长28.5米[2]（图五、图六）。北洞山楚王墓全长77.65米，平行墓道分三段，从前至后依次内收，全长56米[3]（图七）。龟山楚王墓全长83米，北墓道呈前宽后窄的喇叭状，长10.5米，南墓道与北墓道相仿[4]（图八）。东洞山一号楚王墓全长61米，斜坡墓道长4.2米，二号墓墓道已毁，长度不清[5]（图九）。南洞山一号楚王墓全长80米，平行墓道长26.4米；二号墓

图四　发掘后的狮子山楚王墓甬道

图五　驮篮山一号汉墓的斜坡墓道

① 梁勇、梁庆谊在《两汉文化研究》（第二辑）的《西汉楚王墓的建筑结构及排列顺序》一文中给出的楚王山楚王墓（一号汉墓）墓道的长约25米；周学鹰在《徐州汉墓建筑——中国汉代楚（彭城）国墓葬建筑考》一书中说此墓的“墓道坐西朝东，宽3米，长80余米”，又说此墓为“横穴崖洞墓”，似不确。笔者曾多次到此墓调查，据目测，此墓的墓道不可能有80米。

② 驮篮山楚王夫妇墓的考古发掘报告尚未发表，材料散见于1991年《中国考古学年鉴》第173、174页《徐州市驮篮山西汉墓》等。

③ 徐州博物馆、南京大学历史系考古专业：《徐州北洞山西汉墓发掘简报》，《文物》1988年第2期。

④ 南京博物院、铜山县文化馆：《铜山龟山二号西汉崖洞墓》，《考古学报》1985年第1期；尤振尧：《〈铜山龟山二号西汉崖洞墓〉一文的重要补充》，《考古学报》1985年第3期；徐州博物馆：《江苏铜山县龟山二号西汉崖洞墓材料的再补充》，《考古》1997年第2期。

⑤ 徐州博物馆：《徐州石桥汉墓清理报告》，《文物》1984年第11期。

图六　驮篮山二号汉墓的斜坡墓道

图七　北洞山汉墓的水平墓道发掘现场

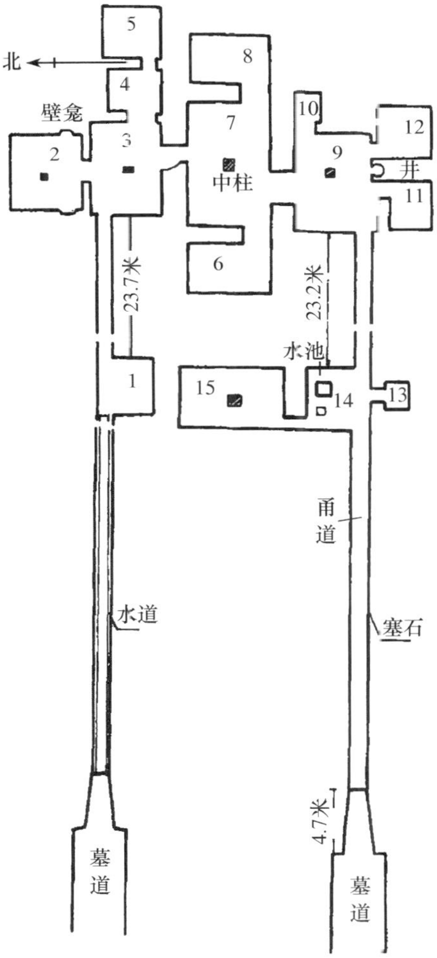

图八　龟山一号、二号汉墓平面示意图

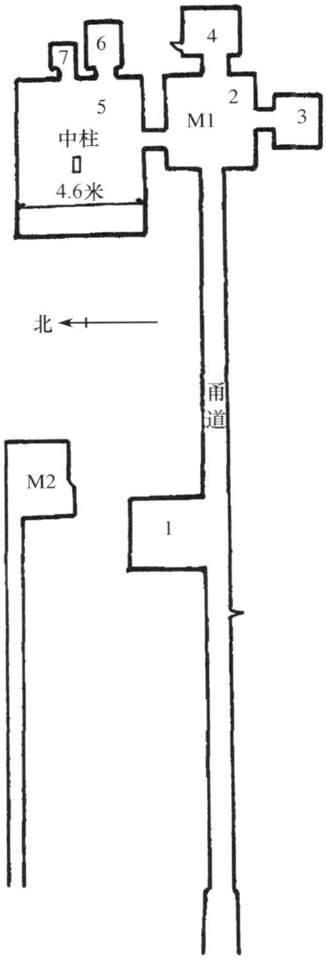

图九　东洞山一号、二号汉墓平面示意图

全长约40、平行墓道长26.1米[①]。卧牛山楚王墓全长约40、墓道长18米[②]。从以上数据看，西汉楚王横穴崖洞墓的墓道有由长变短的特征。

2. 宽度的变化

楚王山楚王墓墓道宽4.5米。狮子山楚王墓墓道三段分别宽9.15、3.45、2.07米。驮篮山一号墓墓道宽4.6、二号墓墓道宽4.68米。北洞山楚王墓的平行墓道分前、中、后三段，宽度依次为5.83、3.65、2.4米。龟山楚王墓北墓道呈喇叭状，宽4—1.2米，南墓道与北墓道相仿。东洞山一号楚王墓墓道宽1.6米。南洞山一号楚王墓墓道宽3.4米。卧牛山楚王墓墓道呈喇叭状，宽2—1米。以上数据表明，徐州西汉楚王墓墓道的宽度，从早期到晚期有由宽变窄的趋向。

（三）甬道的变化

从中国墓葬的发展看，甬道出现较晚，大约在西汉初期，与横穴墓同时出现。以徐州楚王陵墓为例，第一代楚王刘交的墓葬——楚王山楚王墓因为是竖穴崖洞墓因而没有出现甬道。到第二代楚王刘郢（客）的墓葬——狮子山楚王墓，是一座由竖穴向横穴过渡形式的墓葬，随着横穴的出现，首次出现了甬道，从此形成定制，并不断发展变化。

1. 长度的变化

狮子山楚王墓甬道长35.6米。驮篮山一号楚王墓甬道长17.22、二号王后墓甬道长10.58米。北洞山楚王墓甬道分前后两段，全长11.14米。龟山楚王墓北甬道长51.2米，南甬道与北甬道相仿，是西汉横穴崖洞墓中甬道较长的一座。东洞山一号楚王墓甬道长46米。南洞山一号楚王墓甬道长48.2米，二号王后墓甬道长11.75米。卧牛山楚王墓甬道长约15.4米。从以上数据分析，徐州西汉楚王墓的甬道约产生在孝文五年（前175年），前期的甬道与墓道相比相对较短。到汉武帝元狩六年（前117年）的龟山楚王墓，甬道明显变长。与墓道相反，甬道整体上经历了一个由产生到逐渐变长的过程。但是由于自然、经济、政治诸因素的影响，变化并不十分规则。

2. 宽度的变化

宽度的变化从早到晚经历了一个从宽到窄的过程，变化较简单。狮子山楚王墓的甬道宽2米。驮篮山一号楚王墓甬道宽2.04、二号王后墓甬道宽2.12米。北洞山楚王墓甬道前段宽2.14、后段宽2.07米。龟山楚王墓北甬道宽1.06米，南甬道与北甬道相仿。东洞山一号楚王墓甬道宽1.2米。南洞山一号楚王墓甬道宽1.1、二号王后墓甬道宽1.1米。卧牛山楚王墓甬道宽

---

① 南洞山楚王墓早年被盗掘一空，未经科学发掘，一些数据散见于文物档案及一些文章中。

② 卧牛山楚王墓的发掘报告尚未发表，数据散见于文物档案及一些文章中。

1.05米。我们看到，在汉武帝元狩六年（前117年）以前，甬道一般宽2米左右；从汉武帝元狩六年（前117年）以后即从龟山楚王墓开始，甬道的宽度变为1米左右，直到西汉末。

3. 关于塞石

塞石是用来封堵墓室的，最初的目的可能是隔绝阴阳两界，保护墓主不受鬼魅的侵犯，并不完全是为了防盗墓。据目前所知，最早出现塞石的墓葬似为楚王山楚王墓，约在西汉初年的孝文元年（前179年）。但这时的塞石形制较小，还不太规整（图一）。到了狮子山楚王墓，由于甬道的出现，塞石已比较规整。狮子山楚王墓的塞石放在墓门处——甬道的最前端。共4组，每组4块，呈双层双列放置，计16块。驮篮山一号楚王墓的塞石分5组，每组4块，双层双列，计20块；二号王后墓分3组，每组4块，双层双列，计12块。北洞山楚王墓前段塞石为一组，三层三列，共9块；后段塞石为2组，每组4块，双层双列，共8块。到了汉武帝元狩六年（前117年）下葬的龟山楚襄三墓，塞石的置放发生了变化。龟山楚王墓由于甬道变窄、变长，塞石也随之发生变化，南北两墓道的塞石均为13组，每组2块，双层单列，各26块。东洞山一号墓塞石的情况不清，二号墓仅有一组塞石，双层单列，计2块。之后的南洞山、卧牛山楚王墓的塞石情况亦不清，但从狭窄的甬道看，如有塞石，只有双层单列放置。

以上情况表明，塞石的变化以汉武帝初年为契点，此前由于甬道较短、较宽，壅塞也较短较宽。塞石一般是双层双列，组数1—5组。此后，由于甬道变长、变窄，塞石也随之变化，变双层双列为双层单列，组数最少的1组，最多的达13组。总的发展趋势是从双层双列到双层单列。但需要说明的是，从西汉早期到晚期，塞石的体量变化不大。一般都是长方体，两端为正方形，边长在1米左右，棱长2米左右。甬道的高度也变化不大，一般在2米左右。

（四）墓室的变化

各个楚王崖洞墓的墓室是仿照地面现实生活中的建筑而造，其功用也与地面建筑相仿。主要有前堂、后室、侧室、耳室等。但随着西汉国力的兴衰、科技的进步，楚王墓的墓室结构也在发生着明显的变化。主要表现在以下几个方面。

1. 墓室内瓦木结构建筑的出现

在西汉大型横穴崖洞墓中，较大的墓室内常发现有瓦木结构的建筑，如河北满城中山靖王刘胜夫妇墓、徐州西汉楚王墓等。从徐州的楚王墓看，汉武帝以前的楚王墓如楚王山楚王墓、狮子山楚王墓、驮篮山楚王墓、北洞山楚王墓等，墓室内没有发现瓦木结构的建筑，棺椁是直接安放在石室中的。其中较晚的北洞山楚王墓，主体建筑的甬道和各室的室顶及墙面，均以石粉、黄泥等拌成黏合泥浆抹平，外髹漆，涂抹朱砂，整个墓室壁面极尽奢华。这种装饰实际上是使墓室更加接近地面建筑，是随后出现的室内瓦木结构建筑的前奏。从汉武帝元狩六年（前117年）的龟山楚襄王刘注墓开始，横穴石室内出现了瓦木结构的房屋。龟

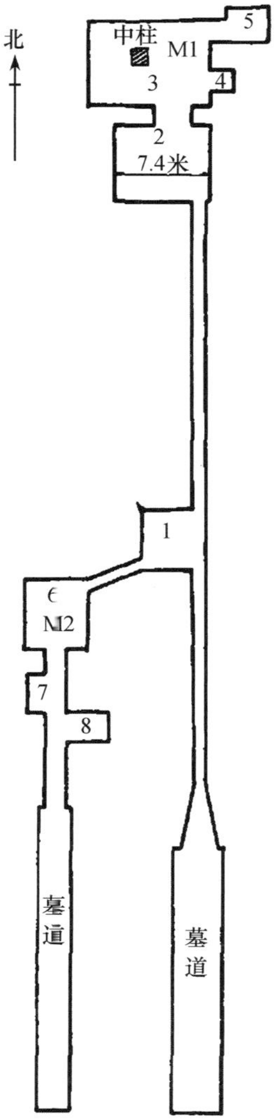

图一〇　南洞山一号、二号汉墓平面示意图

山楚王墓以后的南洞山楚王墓、卧牛山楚王墓都发现有瓦木建筑结构的痕迹。河北满城中山靖王刘胜夫妇墓的下葬年代在汉武帝元鼎四年（前113年），后室有用石板搭建成的房屋，南北耳室、中室中也有瓦木结构一类的建筑[①]。这一年代与龟山汉墓十分相近，也证明横穴崖洞墓内出现瓦木结构的建筑应在汉武初年。横穴崖洞墓内的瓦木结构建筑的出现，实际上是开启了后代建筑明器之先河。到西汉末期的卧牛山楚王墓，墓中不但出现了明器建筑，还出现了建筑明器——陶猪圈，标志着明器建筑向建筑明器的转变出现在西汉末年。

2. 墓柱的出现及变化

在西汉楚王崖洞墓中，墓柱亦出现在汉武帝初年的墓葬中，这就是北洞山楚王墓。北洞山楚王墓被学者普遍认为是第五代楚安王刘道的墓葬，刘道葬于汉武帝元光六年（前129年）。此墓中墓柱仅用于墓道近门处东西两侧的两间耳室，两耳室长、宽均为3.28、2.35米，室内各有一截面长0.36、宽0.22米的长方体墓柱。而其他一些较大的墓室则无墓柱，可见墓柱的运用还在初始阶段。

在北洞山以后的各楚王墓中，墓柱的使用普遍起来，并更加科学、趋于装饰性。例如，紧随其后的龟山楚王、王后墓中有五个较大的主要墓室使用了墓柱（图八），这些墓柱既起到了支撑墓顶的作用，又有一定的装饰作用。墓柱均是在开凿墓室时根据山石预留的，最大的墓柱在楚王墓的前堂，前堂面积为64.33平方米，是此墓中最大的一间墓室，墓柱位于墓室中间，截面为边长近1米的方形，高4米，棱为直棱。王后墓的墓柱较小，前堂的墓柱截面为矩形，墓柱两头大中间小，棱为抛物线状，既起到了支撑室顶的作用又颇具装饰性。东洞山一号墓主室的墓柱其截面亦呈矩形，边长1、宽0.4米，外形同龟山楚王王后墓的墓柱相似，四棱呈抛物线状，只是弧度更大，墓柱的中间部分显得更加纤细，装饰性更强。南洞山楚王墓的墓柱与东洞山相仿，不再赘述。

3. 墓室的顶部

第一代楚王刘交的楚王山楚王墓由于是竖穴崖洞墓，其主室顶部为石砌拱券顶，这是我国迄今发现的最早的石拱券顶实例。狮子山楚王墓的墓室为横穴崖洞墓，顶部均为抹角平顶。驮篮山楚王、王后墓的墓室顶部有两面坡顶、四面坡顶、盝顶和平顶四种，呈现出多样化的特

① 中国社会科学院考古研究所、河北省文物管理处：《满城汉墓发掘报告》，文物出版社，1980年，第15—23页。

征。北洞山楚王墓主体建筑墓室的顶部有平顶、两面坡顶、四面坡顶三种；附属建筑皆为条石砌筑的两面坡顶。在龟山楚王、王后墓中，楚王墓的墓顶多为两面坡顶，其他还有平顶、四角攒尖顶、盝顶；王后墓多为拱形顶，其他有双拱形顶、平顶。两面坡顶显得刚阳有力，拱形顶显得圆润柔美，两相对照，极具艺术表现力。东洞山一号楚王墓、二号王后墓的墓室全为平顶。南洞山楚王墓中，一号楚王墓的甬道为“凸”形顶，前耳室为拱形顶，其他各室为平顶。卧牛山楚王墓墓室的顶部为两面坡顶和平顶两种。

值得注意的是，南洞山二号王后墓主室的穹隆顶，这在徐州西汉楚王陵墓中极为少见。在河北满城中山靖王刘胜墓中，其南北耳室、后室均为穹隆顶；山东曲阜九龙山三号鲁王墓东室也是穹隆顶。中山靖王刘胜墓葬于汉武帝元鼎四年（前113年），山东曲阜九龙山三号鲁王墓最早也只能到汉武帝元光六年（前129年），南洞山楚王墓应为西汉末期某一代楚王墓，其年代远远晚于上述两墓，相对来说，穹隆顶的发现较晚，但就我国整个建筑史而言，南洞山楚王墓中穹隆顶的出现也是较早的实例之一，对于研究我国建筑史有着极其重要的意义。

4. 墓室的平面结构

墓室平面结构变化主要表现在由中轴线对称到不对称，变化时间约在西汉汉武初年。楚王山楚王墓为一竖穴崖洞墓，是从商周时期的“甲”字形墓演化而来，墓道两边凿有对称的耳室，是绝对的中轴对称结构。狮子山楚王墓也是完全采用中轴对称的结构形式。驮篮山楚王、王后墓的各室几乎完全沿中轴线对称，尤其是墓葬的前部严格对称，后部在对称之中略有变化。北洞山楚王墓采用相互垂直的两条轴线，呈不完全对称布局，率先表现出灵活多样的布局特征。龟山楚王、王后墓已经由中轴对称变为不对称（图八），在北墓道，只有南侧设有耳室。楚王、王后墓的主室均在甬道的一侧，不在甬道的中轴线上。在其后的东洞山楚王、王后墓，南洞山楚王、王后墓以及卧牛山楚王墓都采用灵活多变的平面结构，不再讲求中轴对称，这在中国建筑史上是一个值得注意的现象（图一一至图一三）。

5. 墓室功能的变化

其一，尽量模仿地面建筑。楚王山楚王墓的墓室结构比较简单，只有耳室和主墓室，与地面建筑的功用相去甚远。到狮子山楚王墓，除耳室、后室外，出现了前堂。以后的驮篮山楚王、王后墓，北洞山楚王墓，都是模仿地面宫殿的前堂后室为主的建筑结构。北洞山楚王墓还将主体建筑与附属建筑分开，体现出地面建筑的等级制度。至龟山楚王墓开启了前、中、后三室的布局，象征现实生活中的前厅、中堂、后寝。

其二，功能愈来愈齐全，更加生活化。狮子山楚王墓以前堂、后室为主。驮篮山楚王墓墓室内出现了厕所，还有浴室。厕所有蹲坑、踏板、靠背、扶栏及握手组成；沐浴室内砌有方形抹角浅池，二号墓的浴池旁还雕有几何花纹。整个墓室雕凿细致平整，功能齐全。北洞山楚王墓主体建筑中厕所分为男女两间，附属建筑设施齐全，有四进院落，13个房间，房间功能有警卫室、器物库、洗盥间、更衣室、乐舞厅、厨房、水井、仓储等（图一四）。龟山

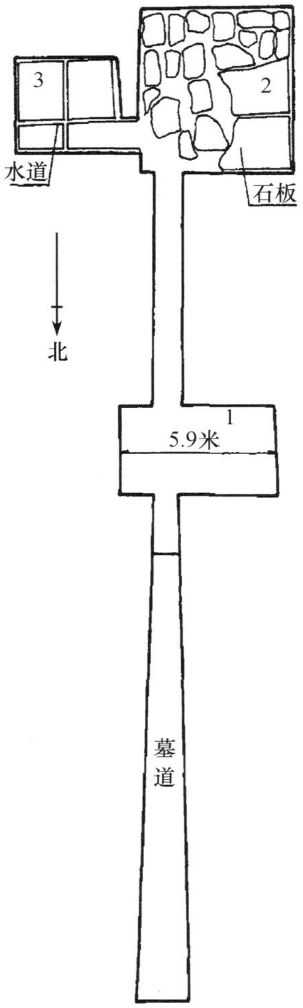

图一一　卧牛山汉墓
平面示意图

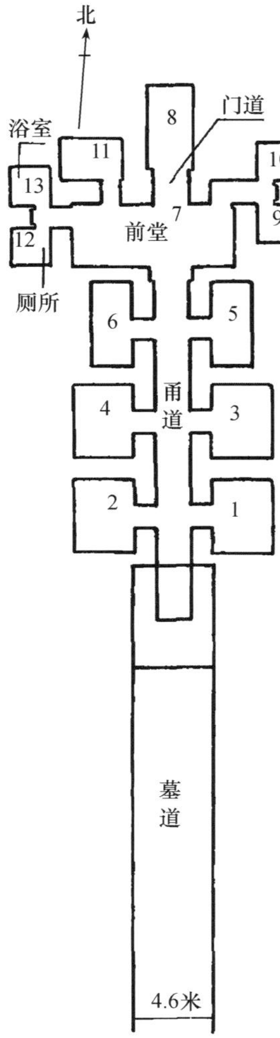

图一二　驮篮山一号墓
平面示意图

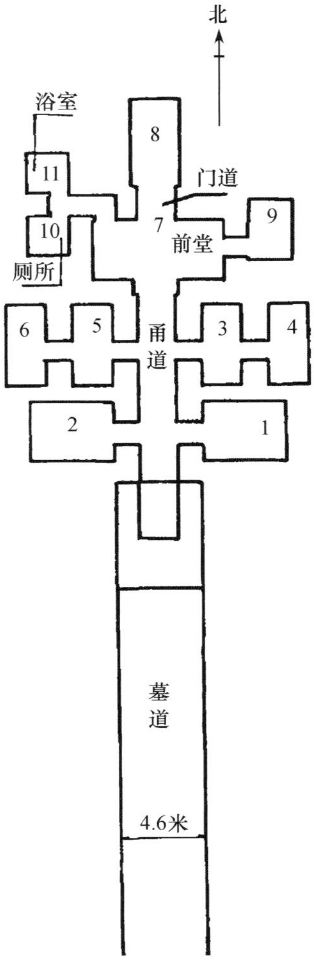

图一三　驮篮山二号墓
平面示意图

楚王墓除上述功能外，还有车库。但是，在龟山以后的楚王墓中，墓室功能明显减少，这可能与楚国的国力衰微有关。

（五）墓葬的排水系统与楚王、王后墓间距离的变化

在西汉楚王陵墓中，一开始就十分重视水对墓葬的影响。早期的楚王山楚王墓为防止水对封土的冲刷，在南面凿有宽2米多、长20余米的挡水沟。狮子山楚王墓虽未见排水系统，但此墓为未竟之作，如果如期完成，是否有排水系统还不得而知。虽然没有排水系统，但也考虑到了防水，如棺椁室、礼乐室的地面都高出甬道，这是比较原始的防水方法。从驮篮山楚王墓起，墓室内出现了非常科学的排水系统：一号楚王墓的排水主次分明、深浅有序、明暗结合，水由次线流入主线，然后沿主线流入石隙；二号王后墓因地制宜，根据墓中石裂隙较多

的特点，采取分散排水的方法，分两个系统将水排入石隙。两墓的排水槽都设在甬道、侧廊、墓室的侧边。这种排水系统在离徐州不远的山东曲阜九龙山鲁王墓中也有发现。驮篮山楚王墓被多数学者认为是第三代楚王刘戊的陵寝，刘戊在位时间为前174—前154年，这比迄今发现的其他设有排水系统的永城梁王墓、满城中山靖王墓、曲阜九龙山鲁王墓早得多。其后的北洞山楚王墓中，排水与墓葬中的水井相结合，水顺着排水系统流进水井，不但可以排水而且可以储水，构思日趋成熟。

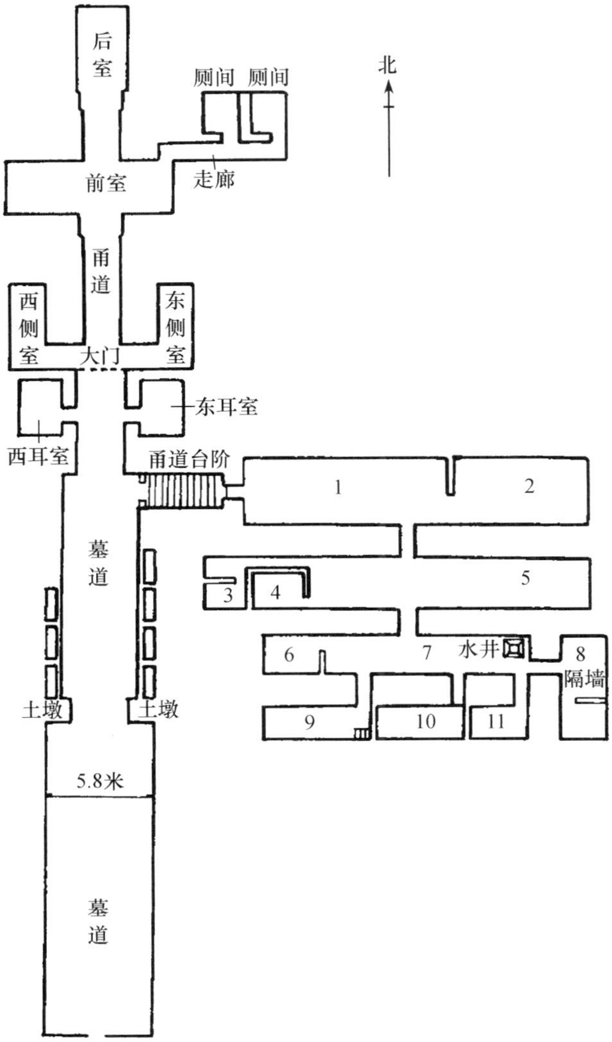

图一四　北洞山汉墓平面示意图

龟山楚王墓的排水系统更加科学，两墓道在距甬道口约5米处凿有渗水井，水井与甬道两边宽、深各10厘米排水槽相连，甬道的排水槽又与墓室的排水槽相接，且整个墓室后高前低，从而构成整个墓葬的排水系统，渗水向前或向中汇集，沿着这些排水槽悄无声息的流入渗水井中。王后墓的地面呈北高南低的倾斜状，利于墓室的排水。南洞山一号楚王墓内没有排水沟，排水系统是由地面的高低落差构成的，整个墓的地面前低后高，甬道地面低于墓室，墓室内地面前低后高，向甬道方向倾斜，形成墓室—甬道—排出墓外的排水系统；二号墓也是通过地面的高低落差来排水的。卧牛山楚王墓整个墓室底部均凿有排水沟，沟宽10、深4厘米，纵横交错，通往墓道。

排水系统的出现与变化是一种渐变，除楚王山第一代楚王刘交墓未发掘外，其他从狮子山楚王墓起一直到最后一代楚王的卧牛山楚王墓，都十分注重墓室内的排水问题，只是随着时间的推移，排水更加科学、系统、合理，标志着西汉横穴崖洞墓的建造技术日臻成熟，也是我们辨别此类墓葬早晚的主要依据之一。

新石器时代亦有不少合葬墓，夫妻合葬最迟在大汶口文化、齐家文化已出现，但合葬墓的流行还是西汉以后的事。

在第一代楚王刘交的楚王山楚王墓北，有一大型覆斗状封土堆墓葬，一般认为是刘交夫人墓，两墓不在一个山头下，相距约120米，属“异茔异穴”葬制。狮子山楚王墓西北约150米，有一小山叫羊鬼山，可能是狮子山楚王夫人墓，如果是，也是“异茔异穴”葬制。驮篮山楚王夫妇墓同在一座山的两个山头，两墓相距140米。北洞山楚王夫人墓至今未发现，有学者认为距此墓东南约200米司马桓魋墓为楚王夫人墓，但亦有不同看法。假若此说成立，两墓为“异茔异穴”葬制。

从龟山楚王、王后墓起，楚王夫妇墓由“异茔异穴”葬制变为“同茔异穴”葬制。龟山楚王、王后墓同在一山头下，墓道相距14米，墓室以壶门相连。这种葬制在其后的楚王陵墓中成为惯例。东洞山一号楚王墓与二号王后墓南北相距10米。南洞山楚王、王后墓相距仅8米。卧牛山附近至今没有发现楚王夫人墓。这种葬制在全国其他地区的西汉诸王墓中也有发现，如河南永城西汉梁王墓，梁孝王夫妇的保安山一、二号墓相距200米，其后的夫子山两墓相距100米，到铁角山两墓的距离缩小到10米。这说明西汉诸王夫妇墓葬的距离，从早期到晚期有由远到近的变化规律。

徐州西汉楚王陵墓，还有其他一些值得注意的地方，如横穴崖洞墓一般都是楚王、王后墓，其他即使是侯一级也不使用横穴崖洞墓，只用竖穴崖洞墓。换句话说，横穴崖洞墓在徐州一带只有楚王与王后才能使用。这一现象在全国范围内的其他王墓中亦有共同之处。

三

纵观徐州发现的西汉楚王墓，第一代楚王墓为竖穴崖洞墓，但从第二代起即变为横穴崖洞墓，从此贯穿于整个西汉一代。楚王墓一开始就注意到了防水，早期楚王墓中即出现了非常科学的排水系统。从西汉中期汉武帝初年起，楚王墓发生了一系列变化：墓道明显变短，甬道变长、变窄；塞石由双层双列变为双层单列；墓柱、墓室中的明器建筑出现，等等。因此，我们在研究这一类墓葬时，可以以汉武帝初年为界，将西汉楚王墓划分为前后两个时期，前期视为“周制”的遗脉，后期视为“汉制”的形成，并以这些变化作为断代依据来断定此类墓葬的大体年代，这无疑对我们的考古工作是大有裨益的。

徐州西汉楚王陵墓在汉武初年发生这么多的变化，从大的方面看，与汉武初年西汉王朝的兴盛与汉文化的形成有关。众所周知，西汉前期由于实行一系列休养生息的宽松政策，封建经济迅速发展起来。到汉武帝时，又进一步采取了一些政治和经济措施，同时“罢黜百家，独尊儒术”，在思想上确立儒家的统治地位，封建专制制度进一步加强，进入中国封建社会的第一个鼎盛时期。在这一时期，许多文化现象形成了汉代大一统的风格，楚王陵墓也不例外，即从所谓的“周制”过渡到“汉制”①。

从楚国本身看，也有一定的原因。发生变化最早、最多的龟山楚王墓是西汉第六代楚襄王刘注及其王后的合葬墓。刘注于汉武帝元朔元年（前128年）登楚王位，汉武帝元狩六年（前

---

① 俞伟超：《汉代诸侯王与列侯墓葬的形制分析——兼论“周制”、“汉制”与“晋制”的三阶段性》，《先秦两汉考古学论集》，文物出版社，1985年，第117—124页。

117年）去世，在位12年，死后谥襄王。《史记·楚元王世家》索引称“文襄继立，世挺才英”。在这一时期，不但整个西汉帝国达到了它的发展顶峰，楚国也同样到了综合国力最强盛的时期。龟山汉墓历史上曾多次被盗，陪葬物品数量与质量我们不得而知，但还是能通过考古发掘得到一些信息。在该墓南甬道一方塞石的一端有44字的刻铭，曰：“楚古尸王通于天述葬棺郭不布瓦鼎盛器令群臣已葬去服毋金玉器后世贤大夫幸视此书□目此（？）也仁者悲之。”该刻铭主要是记述西汉楚夷王刘郢（客）提倡死后薄葬的“遗训”[①]，并说明墓中无什物。这实际上是“此地无银三百两”，正说明墓中埋藏丰富，也证明当时楚国的富强。

此外，西汉楚王墓的形制变化反映出墓葬有更加隐蔽和进一步模仿地面宫殿建筑的趋向。从先秦时期起，按儒家礼制的要求，为死者营建的地下墓室必须在建筑形制上模仿生人的住宅。战国晚期的儒家代表人物荀子认为：“丧礼者，以生者事死者也，大象（像）其生以送其死也。”他非常重视墓室和坟丘的形制，主张“故圹垅，其貌象（像）室屋也”[②]。就是说，为死者建造的墓室和坟丘，在形制结构上应与生人住宅一样，墓葬就是死者在冥间的居住空间。墓道由长变短，使墓葬的露天部分减少；甬道由短变长，使墓室深藏于山腹之中，更加隐蔽。墓室功能的多样化，墓室顶部的多样化，室内瓦木结构建筑的出现，这都是汉代人“事死如事生，事亡如事存”的思想在墓葬中的反映[③]，这些变化是为了使整个墓室的功能更接近地面宫殿建筑的功能，给墓主营造一个更加舒适的居住空间，使地下宫殿建筑更加雄伟壮观。另外，墓室的变化也反映了丧葬制度的变化以及随葬品的多寡。就模仿地面建筑而言，在中国丧葬史上，再也没有比西汉诸侯王大型崖洞墓更加相像的了，我们似乎可以从中窥见汉代诸侯王宫阙的影像。

需要说明的是，尽管徐州西汉楚王崖洞墓在全国同类墓葬中具有一定的代表性，但由于西汉诸王国的政治背景、经济实力、地理环境不同，在全国范围内同为崖洞墓，其形制变化也不尽相同。楚王崖洞墓是由竖穴向横穴变化的，但从河南永城梁王墓看，与楚王墓相反，首先出现的梁孝王墓是横穴，到后来由横穴变为竖穴，这种现象应与梁国的国力衰微，没有能力修建大型横穴墓有关。由于这种原因，梁王墓群与楚王墓群的许多变化并不一致。比如楚王墓墓道由长变短，甬道由短变长，这种现象在河南永城梁王墓中，由于该墓群是由横穴向竖穴变化，所以墓道与甬道、早期与晚期的比例与楚王墓群正好相反。也就是说，徐州西汉楚王崖洞墓的变化在某些方面并不能代表其他诸王崖洞墓的变化，需要根据考古发掘的实际情况区别对待。

（原刊于《中国历史文物》2005年第6期）

① 尸、夷二字古音通假，刻铭中的“尸王”即“夷王”。第二代楚王刘郢（客）死后谥夷王。

② （唐）杨倞注，耿芸标校：《荀子》，上海古籍出版社，1996年。

③ （唐）杨倞注，耿芸标校：《荀子》，上海古籍出版社，1996年。

江苏汉代王陵文化研究*

汉文化是中国文化的主体，近年来，对汉文化的研究越来越受到人们的普遍关注，目前在国家严格控制汉代帝陵发掘的情况下，对汉代诸侯王陵的研究成为探索汉文化的主要途径，先后发掘出一大批汉代诸侯王陵墓，如河北满城汉中山靖王刘胜夫妇墓[①]、湖南长沙马王堆汉墓群[②]、广州象岗西汉南越王墓[③]、河南永城汉梁王墓[④]、北京大葆台汉墓[⑤]、江苏高邮天山汉墓[⑥]、江苏徐州楚王陵墓[⑦]、山东济北王陵墓[⑧]、江苏徐州土山东汉彭城王墓[⑨]、江苏扬州汉广陵王墓[⑩]等。其中河北满城汉墓、长沙马王堆汉墓、广州西汉南越王墓等在研究和开发上均取得了优异的成果，产生了良好的社会效益。相比而言，江苏汉代王陵发掘上拥有显著优势，然而在研究开发上则明显滞后，亟待进行系统的综合研究。

江苏汉代王陵的发现和发掘，无论在数量还是质量在国内都是首屈一指的，如徐州地区的汉楚王陵即发现8处16座之多，从西汉初期一直延续到西汉末期，是我国汉代诸侯王陵中保存最完整的一个系列，出土文物丰富精美，被评定为中国20世纪100项考古重大发现之一。已经发现和发掘的江苏汉代王陵，代表着江苏各地汉代诸侯王国的最新生产力发展水平和文化水准，全面反映了江苏两汉时期的政治、经济、文化和社会发展的诸方面。本文通过对发现江苏汉代王陵的分布情况、结构和类型、随葬器物特点和陵园布局特点的分析，比较江苏地区不同类型诸侯王陵

---

* 江苏省哲学社会科学规划基金重点课题，项目号：N1_003，名称：江苏汉代王陵文化研究。

① 中国社会科学院考古研究所、河北省文物管理处：《满城汉墓发掘报告》，文物出版社，1980年。

② 湖南省博物馆、中国科学院考古研究所编：《长沙马王堆一号汉墓》，文物出版社，1973年；湖南省博物馆、中国科学院考古研究所：《长沙马王堆二、三号汉墓发掘简报》，《文物》1974年第7期。

③ 广州市文物管理委员会、中国社会科学院考古研究所、广东省博物馆：《西汉南越王墓》，文物出版社，1991年。

④ 河南省文物考古研究所：《永城西汉梁国王陵与寝园》，中州古籍出版社，1996年。

⑤ 北京市古墓发掘办公室：《大葆台西汉木椁墓发掘简报》，《文物》1977年第6期；大葆台汉墓发掘组、中国社会科学院考古研究所：《北京大葆台汉墓》，文物出版社，1989年。

⑥ 梁白泉：《高邮天山一号汉墓发掘侧记》，《文博通讯》1980年第8期。

⑦ 刘照建：《徐州地区大型崖洞墓初步研究》，《东南文化》2004年第5期。

⑧ 山东大学考古系、山东省文物局、长清县文化局：《山东长清双乳山一号汉墓发掘简报》，《考古》1997年第3期。

⑨ 南京博物院：《徐州土山东汉墓清理简报》，《文博通讯》1997年第9期。

⑩ 资料现存徐州博物馆。

系列的异同，探讨江苏汉代王陵区域文化特征，确认其特殊的地域性及形成各自特点的承传因素，进而从江苏汉代王陵的研究中找出其中特定的内在规律性，及其与汉帝陵之间存在的相互影响和作用的重要因素，以便较为全面揭示汉代帝王陵寝的葬俗和礼制等相关问题。

一、江苏汉代王陵发现和分布情况

江苏汉代王陵是指两汉时期分封于江苏境内诸侯王留下的墓葬，两汉时期江苏境内封王众多，留下王陵数量可观，但是我们知道，由于种种原因，部分王陵尚未找到，有的虽然已经发现，国家也是禁止随意发掘，因此本文研究的江苏汉代王陵的范围是已经发现或发掘的在江苏境内的东西两汉的诸侯王陵，主要包括今天徐州境内的西汉楚王陵、东汉土山彭城王陵和扬州境内的广陵王陵，至于近年来发现发掘的泗水王陵，本文也有涉及，但是由于材料尚未公布，不可能做深入的研究，因此本文研究的重点是徐州和扬州境内的诸侯王陵，徐州地区的楚王陵，均为“因山为葬”的大型崖洞墓，扬州广陵王陵则为“黄肠题凑”埋葬方式，恰好是汉代特别典型两种墓葬的代表类型，所以本文研究也就具有相当的普遍意义。

徐州地区两汉王陵发现和发掘的较多，自1972年正式发掘第一座崖洞墓以来，累计已发现发掘8处16座西汉楚王（后）的墓葬[①]，它们分别是：楚王山2座、狮子山2座、驮篮山2座、北洞山2座、龟山2座、东洞山3座、南洞山2座、卧牛山1座。这些墓葬均分布于徐州周围的山上，一般与现在徐州市距离不超过10千米。以上墓葬除楚王山2座汉墓和狮子山之王后墓未经发掘，其余7处13座皆经过正式或非正式发掘。另外，还有发现于土山的东汉彭城王（后）墓。

（一）楚王山汉墓[②]

楚王山汉墓位于徐州市西10千米的铜山县大彭镇楚王山北坡，楚王山周围一片平原，前临黄河故道（古泗水）。一号墓在楚王山主峰北坡，与主峰浑然一体，墓冢上有高大封土，封土南凿有宽3米的分水沟，以阻止山洪对封土的冲刷。目前该墓墓道已经出露，墓道东向，距山顶较近，结合山体东西较短，山头不大的特点，推测该墓为竖穴崖洞墓。目前共发现王（后）及陪葬墓4座，墓群呈东西排列。

① 此处狮子山2座墓，包括狮子山以北150米的羊鬼山汉墓，过去对羊鬼山究竟是否有墓和墓的性质一直不能确定，现在根据最近出版的《徐州景观》介绍，羊鬼山汉墓坐北朝南，南北长20、东西宽18、顶高3.5米，有大小墓室9间，面积150米，结构布局与驮篮山汉墓二号墓相似，均为“因山为陵”的横穴崖洞墓，羊鬼山汉墓如此形制规模，毫无疑问是狮子山楚王之王后墓，这样徐州地区的西汉楚国王陵的发现数量也由以前的8处15座，增加到8处16座。

② 资料现存徐州博物馆。

（二）狮子山汉墓[①]

位于徐州市东郊狮子山主峰的南坡，斜坡墓道南向，山南一片平原。其北是羊鬼山，西北是绣球山，西北600米处是当地最大的骆驼山。西2千米处为黄河故道（古泗水），由西北向东流过。1994年12月至1995年4月由徐州汉兵马俑博物馆和南京博物院联合发掘。

（三）驮篮山汉墓[②]

位于徐州市东郊驮篮山南麓。1989年11月至1990年5月发掘。驮篮山有东西两个并列的山头，两墓均南向，山体呈东北至西南走向。西南1.5千米处有东洞山汉墓，南约1千米处有蟠桃山，东距京杭大运河3千米。

（四）北洞山汉墓[③]

位于徐州市东北10千米铜山县茅村乡洞山村洞山南坡。北洞山是一座海拔54米的石灰岩小山，其西、南临京杭运河（古泗水）隔河与九里山余脉青山头相望，东与秦梁洪为邻，东南隅为恒山。1986年9—11月由南京大学考古专业与徐州博物馆联合发掘。该墓规模宏大，墓道南向，底部低平，总长达45米，总面积430平方米，由主体建筑和附属建筑两部分构成。

（五）龟山汉墓[④]

位于徐州市西北9千米处九里区拾屯镇的龟山西麓，坐东朝西。龟山为一海拔73.5米的石灰岩山丘，因南北呈椭圆形起伏，形状似龟，故名。龟山东南为小孤山，西南为大孤山和绵延不断的九里山，龟山东西北三面地势平坦，十分开阔。两墓均西向，结构大体相同，1981年11月发现后由徐州博物馆和铜山县文化局发掘。

---

① 狮子山楚王陵考古发掘队：《徐州狮子山西汉楚王陵发掘简报》，《文物》1998年第8期。韦正、李虎仁、邹厚本：《江苏徐州市狮子山西汉墓的发掘与收获》，《考古》1998年第8期，第173页。

② 邱永生、徐旭：《徐州市驮篮山西汉墓》，《中国考古学年鉴（1991年）》，文物出版社，1992年，第173、174页。

③ 徐州博物馆、南京大学历史系考古专业：《徐州北洞山西汉墓发掘简报》，《文物》1988年第2期。

④ 南京博物院、铜山县文化馆：《铜山龟山二号西汉崖洞墓》，《考古学报》1985年第1期；尤振尧：《〈铜山龟山二号西汉崖洞墓〉一文的重要补充》，《考古学报》1985年第3期；徐州博物馆：《江苏铜山县龟山二号西汉崖洞墓材料的再补充》，《考古》1997年第2期。

（六）东洞山汉墓[①]

位于徐州市东郊下淀乡石桥村南东洞山西北麓，共计三座，皆坐西朝东，三墓基本平行排列，二、三号墓分别位于一号墓北、南两侧，间距约10米。东洞山周围地势平坦，其西偏北500米是碧螺山，南侧1000米有一列东西走向山丘，分别为广山、羊山、黑头山、老龙潭山和爬山等，东北为蟠桃山、陶家山、驮篮山。一号、二号墓在1982年10—11月发现清理，三号墓1997年7月发掘。

（七）南洞山汉墓[②]

位于徐州市东南10千米处的云龙区潘塘办事处段山村南洞山（即段山）南麓。山北为连接东南到西北的王山、曹山、拖龙山，各山及附近均有汉墓发现，南面是大片平原。南洞山汉墓开凿在山南半山腰处，墓前有大量开凿墓葬时遗留的碎石子堆积，形成一小的平台。附近还发现许多残碎的汉代绳纹板瓦、筒瓦。两墓均南向，东西并列，中间有门道相通，相距约7米，大致平行，两墓结构基本相同，东墓规模较大。

（八）卧牛山汉墓[③]

位于徐州市西2千米处的卧牛山东北麓，坐南朝北。卧牛山为一东西呈弧形的山丘，山体向南弧出，山北为两侧前伸、中间内凹的簸箕凹形，山东部为韩山，东北为小山子，其上均有汉墓发现，山南侧为韩山和云龙湖，隔湖群山连绵，北坡地势平坦，山北部不远即为黄河故道（古汴水）。1980年2月由徐州博物馆与铜山县图书馆联合清理发掘。

（九）土山彭城王墓[④]

位于徐州市南郊云龙山的余脉东北麓，是一座人工夯筑的封土墓，与西汉楚王陵依山为陵的气势相比，土山彭城王墓显得简单得多，土山南为云龙山，北不远处为户部山（即传说中的项羽戏马台），土山的西、东、西北为平原，地势高旷，东1000米是黄河故道。1969年居民在

① 徐州博物馆：《徐州石桥汉墓清理报告》，《文物》1984年第11期；孟强：《徐州东洞山三号汉墓的发掘及对东洞山汉墓的再认识》，《东南文化》2003年第7期。

② 资料存徐州博物馆。

③ 资料存徐州博物馆。

④ 南京博物院：《徐州土山东汉墓清理简报》，《文博通讯》1997年第9期。

土山西北隅取土，发现了一号墓，1970年由南京博物院清理发掘；1978年考古人员对土山进行勘探，在山南部发现二号墓，该墓规模庞大，占据山体的主要位置，墓主应为彭城王；2002年11月徐州中医院进行病房楼建设时，又在土山北发现三号墓，另外又据当地百姓介绍，在土山西侧也发现三四座汉墓，由此可见土山是一座东汉彭城王的家族墓地。

扬州地区两汉王陵数量不多，先后发现的有高邮天山汉墓[①]、邗江甘泉山汉墓[②]。高邮天山汉墓两墓东西并列，坐北朝南，坟丘残高5—6米；邗江甘泉山汉墓位于扬州西北郊约12千米，在甘泉镇的北偏西3千米的地方，当地人称之为双山，其实是两座大型封土堆，直径约60、原高约13米，由南京博物院于1975年和1980年先后发掘，后因发现“广陵王玺”而确定为东汉广陵王墓。另外在泗水境内大青墩发现一座大型汉墓[③]，初步推断为西汉时期分封于泗水国的泗水王陵。

综观西汉时期江苏境内王陵分布特点，徐州与扬州两地有很大不同，扬州以平原为主，广陵王采用“黄肠题凑”的葬制，徐州地区多山，楚王陵墓均采用“因山为陵”的埋葬方式，皆分布在徐州周围的山上，它们在空间环境中表现出若干的共同特点，诸如陵墓所在的山体，通常都是局部区域的中心，被周围若干山体所环抱，形成众星捧月之势；陵墓方向不固定，一般根据山势地形确定，陵墓前面地势开阔，远处正前方多有山，犹如墓之屏障；左右两侧常有阙山，遥相呼应；陵墓周围一般有水环绕，形成山水相依的地形地貌，非常符合历来被视为风水说经典语录的有关内容，如《郭璞古本葬经》书中云：“气乘风则散，界水则止，古人聚之使不散，行之使有止，谓之风水。”“风水之法，得水为上，藏风次之。”《青乌先生葬经》中说：“内气萌生，外气成形，内外相乘，风水自成。”汉代已经产生堪舆理论和形法理论，然而这些理论应用于坟墓的记载较少，因此一般认为作为风水相地的葬术开始是魏晋时期，但是楚王陵墓在选址上，已经明显有风水理念，如位于楚王山北麓楚王山汉墓群，西5千米有义安山，山体呈东西向，周围是平原，地势异常开阔，北侧古汴水（汉时为古获水）自西而来，绕山而东行，在楚王山北麓形成山水相依的地势，楚王山汉墓群即处于古获水南的楚王山北麓，楚王山汉墓群正处于山水之间，形成枕山面水之势，与汉代“藏风聚气”的墓葬选址理念十分吻合。

二、江苏汉代王陵结构和类型

江苏汉代王陵发现数量较多，结构和类型多样，总体上可分为以下几种类型：崖洞墓、黄肠题凑墓、砖石混筑墓、砖室墓、竖穴土坑木椁墓。

---

① 梁白泉：《高邮天山一号汉墓发掘侧记》，《文博通讯》1980年第8期。

② 南京博物院：《江苏邗江甘泉二号汉墓》，《文物》1981年第11期。

③ 目前该墓材料尚未正式发表。

（1）崖洞墓：主要集中于徐州地区，又可分为竖穴崖洞墓和横穴崖洞墓两种类型。

竖穴崖洞墓：楚王山汉墓位于徐州市西10千米的铜山县大彭镇楚王山北侧，目前该墓墓道已经出露，墓道东向，距山顶较近，山体东西较短，山头不大，显然为竖穴崖洞墓。1997年7月，该墓被盗后考古人员前往勘察，进一步证实该墓为“凿山为藏”的竖穴崖洞墓，有斜坡墓道，墓道宽4米，墓道两侧各发现一间耳室，甬道较短，甬道后部有一主室，室顶为条石券顶。随葬器物较多，个别铜器上有“楚”等铭文。二号墓位于一号墓北侧，墓上有高大封土，墓室情况不清。

横穴崖洞墓：发现数量较多，主要分布于徐州地区，有狮子山2座、驮篮山2座、北洞山2座、龟山2座、东洞山3座、南洞山2座、卧牛山1座，共计7处14座墓葬，墓葬特点均为“凿山为葬，斩山为廓”的大型崖洞墓，一般以一山一二墓居多，墓上或有封土或无封土，由外墓道、内墓道、天井、耳室、甬道、侧室、棺室、后室及陪葬墓等部分组成。这批墓葬虽经发掘，但多数墓主归属问题长期悬而未决，不过已经发现的7处14座墓葬中，龟山汉墓出土了能够表明墓主身份的印章，可以断定墓主为第六代楚王刘注，因此我们以龟山汉墓为坐标，根据墓葬形制及出土文物可以将7处14座汉墓分为前后两期六式[①]。

前期：代表墓葬有狮子山汉墓、驮篮山汉墓、北洞山汉墓，时代大致从汉初到武帝元狩五年（前118年），此期墓葬普遍整体结构采用轴对称布局，墓室数量较多，功能较为复杂，以前堂后室为中心，设置有功能各样的耳室、侧室，墓顶结构多样，有平顶、两面坡顶、四面坡顶、盝顶等式样。该期墓葬开凿规整，有的壁面经过细致打磨，极力通过墓室本身的完美来达到模仿地面建筑的目的，是崖洞墓产生、发展阶段，墓葬个体差异较大，形制变化较为明显，但彼此之间承进变化十分明显。墓道较宽较长，甬道较短，塞石为双层双列，防盗功能不强，墓葬排水设施开始出现。随葬器物有时代特征显著的半两钱。

后期：此类墓发现较多，主要有龟山汉墓、东洞山汉墓、南洞山汉墓、卧牛山汉墓，时代从武帝到王莽时期。该期墓室布局不再讲求严格中轴对称，平面结构灵活多变，象征现实生活前庭、中堂、后寝的前中后三室的建筑布局形成，室顶增加穹隆顶等新的式样，该期墓室开凿普遍潦草粗糙，墙壁均不再打磨，直接以室内修建瓦木结构的建筑来模仿地面建筑。洞室规模普遍缩小，注重洞室的实用功能。墓道由宽变窄，由长变短，甬道由短变长，塞石由双层双列变为单层单列，防盗功能更强，墓葬排水系统完善发达。

（2）黄肠题凑墓：以扬州高邮天山汉墓为代表，高邮天山共发现3座西汉大墓，已经发掘的2座都是“黄肠题凑”式的大型木椁墓。其中一号墓中出土有金缕玉衣片、木牍、封泥、铜器、漆器等，一块木构件上有“广陵”之名，推测是广陵王刘胥之墓。

广陵王墓坑深18、东西宽23、南北长达28、墓道长60米。木构建筑长16.65、宽14.3米。墓坑用楠木制成，规模庞大，构造严谨。该墓最大特色是椁壁结构为“黄肠题凑”，这是西汉帝王诸侯才能享用的特殊墓葬形制。棺椁为三椁两棺，用柏木做成，四周有高约4米的椁壁，这

① 刘照建：《徐州地区大型崖洞墓初步研究》，《东南文化》2004年第5期。

种结构在我国是首次发现。棺椁正中南北长13.46、东西宽11.2米，四周都是92—94厘米长的方木积叠为七层的椁壁，高度计3米，方木的头都向内聚，接角的地方呈放射形。此座墓的木椁为井干结构，面积有221平方米，共用木头545立方米。木椁分正藏椁和外藏椁，正藏椁用857根方木垒叠而成的“黄肠题凑”式椁壁，下面有两三层方木铺地，上用两层44厘米见方的大木头盖顶。正藏棺东、西两侧有外藏椁环抱，椁室内放置随葬品。在正藏棺内壁，东西两侧椁藏各被分为五处，每处有一独扇门，内有随葬物品，三重棺的前部有便房，后部是棺室。外棺髹黑漆，内髹朱漆，棺面仍光亮可鉴。棺底两侧各装铜轮三只，这是下棺滑行时用的，至今仍滚动自如。内棺盖上有彩绘的纺织品，另有28颗鎏金铜纽点缀。棺盖前头放着一块卷云纹玉璧，整个棺椁不用一根铁钉，全用榫、铆、槽、扣相连，每一部件都可拆装，且标之以名称、方位和尺寸。

（3）砖石混筑墓：典型代表是徐州土山彭城王墓，土山一号墓为砖石结构，平面呈十字形，东西长86、南北宽39米，由墓道、甬道、前室、后室等部分组成，该墓先是在土山西侧二层台地开凿石塘，再以砖石砌筑，墓室砌好后再覆以封土。墓墙以长条砖二横一竖砌成，室顶用楔形砖并列券顶，砖间勾抹白灰，室内地面铺青砖，地面中间高，两侧低，便于排水。楔形砖长48、宽29—39厘米。在墓葬的封土墙、甬道及室顶分别砌有黄肠石，石宽70、厚33.5厘米，长度不一，最长者90、最短者仅32厘米，石面皆精工凿制，六面抛光，一些石的立面还有刻铭文字，多为采石人或工匠的姓名。

（4）砖室墓：以江苏邗江甘泉山广陵思王刘荆夫妇墓为代表，M2出土了“广陵王玺”龟纽金印，确定墓主为明帝永平元年（58年）由山阴王徙封为广陵王的刘荆，属东汉前期，该墓为大型砖券墓，由墓道、甬道、墓门、前室、二棺室和回廊组成，前室为横长方形，与二棺室、回廊之间无间隔；二棺室在中部偏后，砌筑两个砖券室，后面无间隔；在二棺室的前中后三面形成回廊。此墓与同期墓葬形制相同，主要特点是东汉前期诸侯王是外围没回廊的前后砖券墓。

（5）竖穴土坑木椁墓：以泗阳县三庄乡大青墩汉墓为代表，墓穴规模庞大，长宽约21米，从底部到顶端的高度超过13米，棺椁结构复杂，外部均用贵重的金丝楠木制成，该王陵的外藏椁中埋藏一座巨大的木质建筑模型。

三、江苏汉代王陵随葬器物的特点

两汉时期，厚葬盛行，多部文献均有记载，分封在江苏境内的两汉诸侯王自不例外，近年来的考古发掘的两汉诸侯王墓葬，出土了大量的精美文物，其中狮子山西汉楚王墓虽经过盗掘，仍然出土文物2000余件，被评为1995年度全国十大考古新发现之一，但是由于汉代是漫长的封建社会的肇始阶段，尚未像周制那样形成明确的制度，如《礼记》《仪礼》规定：天子九鼎、诸侯七鼎、大夫五鼎、士三或一。也未像后来唐代写入典册，如“三品以上九十事，五品以上七十事，九品以上四十事”[①]。然而汉代随葬制度又绝不是自由随意的，有着严格的等级界限，已有学者将其归纳为“汉制”[②]. 通过对江苏汉代王陵随葬器物的特点分析，或可进一步明晰汉代葬制的有关问题。

江苏汉代王陵的随葬品形制复杂，数量众多，有实用器物和殉葬明器两大基本类别，随葬器物按质地来分有铜器、玉器、陶器、釉陶器、瓷器、铁器、漆器及其他杂器，随葬器物的名称繁多，铜礼器有鼎、盒、壶（钫）、盘，实用铜器有熏、灯、带钩、剑、箭头、弩机、印章、车马器，仿铜陶礼器有鼎、盒、壶、钫、盘等和模型明器仓、灶、井、磨、猪圈、甑、盆、熏，铁器有兵器剑、刀、戟、盔甲和生产生活工具凿、锸、斧、镢、锤、炉、灯、勺、镇，玉石器有玉衣（套）、面罩、枕、璧、佩、璋、璜、琀、蝉、塞、玉具剑的饰件和其他玉件。另外墓葬中还瘗葬钱币，钱币有实用的半两、五铢和陶麟趾金。

这些随葬器物有着鲜明的时代风格和地域特点，两汉400年之间，江苏诸侯王陵在不同时期墓内的随葬器物呈现出不同的时代特点，随葬器物文化面貌、组合特点也不断发生变化。西汉早期随葬器物精美，大型实用器物数量多，仿铜陶礼器仍占重要地位，这一时期还有浓厚的周秦文化的烙印，殓葬玉器十分发达，出现完整的玉衣和玉棺，不过未形成定制，大量随葬钱币，北洞山汉墓出土7万余枚，狮子山楚王陵出土多达17万余枚，以半两钱为主，以陶俑随葬也是本期的重要特色，印章封泥出土较多，封泥有楚国宫廷职官、楚国军队职官、楚国属县职官[③]，这是西汉早期诸侯国力强盛，在王国内享有铸币、军事和官吏任免权等在丧葬领域的深刻反映。另外，狮子山楚王陵内还出土了斯基泰文化因素的金带扣和具有吴越风格的青铜剑[④]，说明当时文化之间交流广泛，体现诸侯王国文化发达和开放。西汉中后期由于景帝实行“削藩策”，使得王国经济实力显著下降，尤其是“七国之乱”之后，诸侯王国的权力受到进一步削弱，诸侯王陵的随葬器物档次和质量有所降低，以俑坑形式随葬现象已经不见，玉衣葬制继续使用，但范围已经缩小，广陵国由于厉王刘胥的特殊地位，保持了较高的葬制水准，继续使用车马殉葬之制。

东汉以降，江苏境内发现王陵不多，仅有邗江甘泉山汉墓、土山彭城王墓两座，墓葬规模较小，仿铜礼器已彻底消失，模型明器占据主导地位，一些实用器物如铜灯、铜熏、铜镜仍然流行，随葬器物的王室色彩不明显，除保持玉衣葬制外，其他随葬器物与同时期高级官吏已没有区别，这主要由于东汉以来，豪强地主的庄园经济获得空前发展，地方势力、豪强大族俨然是独立王国，拥有庞大的庄园，并且拥有私人的部曲武装，当然也有能力像诸侯王一样随葬各种器物，但是用玉殓葬仍然是本期葬俗中重要内容，且在玉衣使用上还形成完整的等级制度，不同材料编缀而成的玉衣表示死者身份的高下等级。皇帝死后用金缕玉衣，诸侯王、列侯始

---

① （唐）杜佑：《通典》卷八六，中华书局，1984年。

② 俞伟超：《汉代诸侯王与列侯墓葬的形制分析——兼论“周制”、“汉制”与“晋制”的三阶段性》，《先秦两汉考古学论集》，文物出版社，1985年 第117—124页。

③ 王恺：《狮子山楚王陵出土印章和封泥对研究西汉楚国建制及封域的意义》，《文物》1998年第8期。

④ 邹厚本、韦正：《徐州狮子山西汉墓的金扣腰带》，《文物》1998年第8期。

封、贵人、公主使用银缕玉衣，大贵人、长公主使用铜缕玉衣，一般大臣或诸侯非经皇帝特赐不得用金缕玉衣[①]。诸侯王如西汉前期那样使用金缕玉衣的现象已不再发生。

江苏境内王陵虽然多集中在长江以北，距离仅300千米左右，但是由于各个王国的经济、文化发展水平不一样，在随葬器物上也表现出鲜明的地域特色，分布于现代徐州境内的西汉楚国玉殓葬发达，形成一套完整的玉器组合系列，陶俑种类繁多，成为全国范围内仅次于咸阳的又一处陶俑富集区[②]，且在使用上形成了鲜明的地区特点，扬州广陵王墓发现三辆车马殉葬，这与楚王陵墓有很大不同，徐州地区发掘的八处楚王陵墓，除狮子山附近发现一处从葬坑有明器车外，尚未发现一处真车马殉葬的情况。

大量随葬玉器是西汉楚国的重要特征，并形成完善而又复杂的玉殓葬组合。随葬玉器种类有礼仪用玉、装饰用玉、生活用玉、丧葬用玉，玉殓葬组合有玉衣、玉棺、玉枕、玉塞、玉豚，以玉殓葬在大汶口文化墓葬中已经出现，并在良渚文化中获得重大发展，商周一些地区也一直继续使用，但是真正形成以玉衣为中心的玉殓葬组合则是西汉时期的楚国，近年来在楚国故地徐州附近发掘的狮子山汉墓、北洞山汉墓均随葬玉衣及其相关的殓葬玉器，流风所及，甚至一些诸侯王级别以下的墓葬如火山刘和墓也有玉衣随葬[③]，目前已经发现的殓葬玉器中以狮子山汉墓出土的玉衣、玉棺最为精美。

总体来看，江苏汉代王陵随葬器物普遍档次高，质量精美，有些器物本身就是中央朝廷所赐，汉制规定："诸侯王、列侯、始封贵人、公主薨，皆令赠印玺，玉柙银缕。"[④]《汉书·霍光传》："赐金钱、缯絮、绣被百领，衣五十箧，璧珠玑玉衣……"《后汉书·梁商传》："赐银镂黄肠玉匣什物二十八种。"东洞山二号墓出土铭文"明光宫"的铜器10件，明光宫在长安城内，铭文铜器显然是宫廷用器。当然更多的随葬器物还是由当地制作的，各个诸侯王国也如同中央朝廷一样，有自己专门制作随葬器物手工业作坊，各个诸侯王国随葬器物的鲜明地域特点即是最好的说明，即使玉衣可能也不例外，目前全国发现的玉衣尚没有相同的两件，况且近年来发掘表明，诸侯国内治玉业发达，拥有独立的治玉手工业作坊，完全有能力自己制作玉衣，《后汉书·刘英传》也有东汉初楚王刘英在彭城"作金龟玉鹤，刻文字以为符瑞"的记载。因此我们认为部分汉代诸侯王使用的玉衣，由中央朝廷赐予使用权后，可能由地方诸侯王治玉手工业作坊所制造。

至于随葬器物放置地点问题，由于多室墓的出现和发展，使得墓主人按照自己意愿摆放随葬器物成为可能，一般放置在墓主人周围的器物为殓葬用品，包括玉衣、玉璧、玉佩、玉握等，而政治军事生活中的实用用品和殉葬明器则按照室的功能放置，以北洞山汉墓为例，北洞山汉墓由主体建筑和附属建筑两部分构成，主体建筑有耳室、侧室、厕间及主室等计8间，附

---

① （南朝宋）范晔、（晋）司马彪：《后汉书·礼仪下》，中华书局，1962年。

② 张玉、刘照建：《徐州地区西汉陶俑的发现及初步研究》，《东南文化》2002年第11期。

③ 耿建军、盛储彬：《徐州汉皇族墓出土银缕玉衣等文物》，《中国文物报》1996年12月20日第1版。

④ （南朝宋）范晔、（晋）司马彪：《后汉书·礼仪下》，中华书局，1962年。

属建筑位于主体建筑左前方，有府库、庖厨、武库、乐舞厅、仓房、水井、柴房、贮藏室、厕所等室11间，在乐舞室摆放形态各异的舞俑、乐俑及编钟、编磬、排箫、玻璃杯等，再现了墓主人生前歌舞娱乐的乐舞厅场景，柴房内则堆满木炭，在一间比其他室低1.4米的房间里发现大量炭化粮食，则表明是贮藏粮食的仓库；狮子山楚王陵放置甑、釜、灶等炊具，象征厨房，甚至设置专门的房间放置钱币、武器，象征钱库、武器库，正是由于这些大量随葬器物，才生动形象地体现出各个墓室的用途。

四、江苏汉代王陵陵园布局特点

江苏两汉王陵发现众多，但是到目前为止，尚未发现如河南永城那样规模庞大、布局完整的西汉梁国王陵与寝园[①]，以致有些学者怀疑江苏两汉王陵的陵园是否存在，其实有关文献记载和近年来考古发现表明，江苏两汉王陵陵园的存在是毋庸置疑的。据了解高邮天山广陵王陵墓地遍布汉代瓦片，推测原应有陵园、寝殿之类建筑[②]，徐州地区的楚国王陵更是发现大量建筑遗迹，基本能够梳理出楚国王陵的大致组成，因此本文重点探讨楚国王陵的构成情况。

西汉楚国王陵的陵园概况，以前未见文献记载，历次踏勘也未发现线索，关于陵园布局、规模更是一无所知，这主要由于历经2000余年，西汉楚国王陵地貌和周围环境已发生很大变化，尤其是金代以来，黄河多次夺淮入海，400年间大大抬高了徐州一带的地势。考古资料表明，徐州市区明代地层在现代地表以下4.5米，汉代地层则在8米以下。徐州周围地表为黄河淤沙地，沙土地厚约5米，即使有陵园遗迹也都在5米以下。

西汉楚国王陵不会是一座单独的墓室，而应如同河南西汉梁国王陵一样，肯定存在陵园，虽然形制规模不清晰，但通过近年来的调查能约略知其大概。以楚王山调查材料为例，楚王山一共发现四座汉墓，从西向东依次编号为M1—M4，除M2以外，其余三座汉墓均有墓垣，墓垣用青条石垒砌而成，后被村民破坏，据当时参与扒石的村民介绍：当时目测M3封土北侧墓垣石七八层，高度3—4米，东西两侧存四五层，高度1—2米，南边仅存一二层，高不过1米，M1、M4与M3情形大致相同，墓垣石长宽一般均为1、厚0.4米左右。在M1、M3、M4墓道上有条石垒砌的踏步，踏步两侧有石制扶手。M1踏步位于封土东侧，推测墓葬封土顶部可能有享堂之类的建筑。在M1的封土南侧18.5米处，还发现一长46、宽3.8—4.2米的排水沟，此沟系人工有意开凿，历经千年凿痕犹清晰可辨，此沟为特意设置的防水设施，它能有效阻断主峰下流的洪水，保护M1墓顶封土，功能与西安秦始皇陵防洪大堤相同[③]。

其次在其他楚王陵墓附近也发现大量的建筑遗迹现象。1984年以来，在狮子山周围相继

① 河南省文物考古研究所：《永城西汉梁国王陵与寝园》，中州古籍出版社，1996年。

② 黄展岳：《汉代诸侯王墓论述》，《考古学报》1998年第1期。

③ 段清波、张颖岚：《“穿三泉”与秦陵地宫排水系统》，《考古与文物》2002年增刊。

发现大量的汉代建筑遗存，出土的建筑遗物有瓦当、筒瓦、绳纹板瓦，在狮子山西坡还出土了直径18.5厘米陶质筒管两节，筒管端部有便于套接的子母口，显然是陵园内排水设施。在南洞山的顶部，有南北长约60、东西宽30米的比较平坦的地面，周围有断续的石墙遗存，石墙以石块垒砌，仅存基础，西北角保存稍好，在山坡上采集到汉代瓦片和陶器残片，多为饰绳纹泥质灰陶，这些遗物和遗迹应与陵园建筑有关。在徐州驮篮山二号墓也发现排水沟[①]，开凿于二号墓墓道上部及西侧，两沟大致成直角相交，交点偏于墓道西北。西侧排水沟与墓道平行或偏西南，长13.3、距墓道9.4米。北侧排水沟稍偏向东南，长13.5米，距墓道第一层台阶北壁6.4米。沟口上宽1.9、底宽0.92、深1、总长26.8米，用于排泄山顶雨水，避免流入山体内的墓室，因年代久远，沟内多被泥土填满，排水系统已经失去作用。另外，驮篮山二号墓南还发现石砌基础，推测应为陵寝建筑的遗迹，惜未进行正式的考古调查。

陵园内重要的设施丛葬坑近年来发现较多，1984年在狮子山楚王陵以西400米发现兵马俑坑[②]，计有各类俑坑6条，各类陶俑4000件，其中一、二、三号俑坑东西长28、南北宽22米，呈平行排列，每坑间距4.9米；四号坑在一、二、三号俑坑东，陶俑取出后封存；五号坑为马俑坑，马俑取出后淹水塘中；六号坑已被毁坏。已发掘的一、二、四号坑，出土各类陶俑2200余件，有马俑、骑兵俑、车兵俑等。

近年来在羊鬼山以东及其附近的区域发现大小俑坑和各类器物坑10余处[③]，2004年8月在配合江苏省高速公路指挥部建设的考古调查中，发现2处坑，一号坑呈南北向，长3.4、宽2.4米，东西还各有一个小耳室，坑内有大陶瓮、陶俑、陶匜、漆耳杯等，二号坑有陶俑143个，大部分为仪卫俑，少部分为官吏俑。

2004年在驮篮山汉墓附近地表的调查中，考古工作者在驮篮山一号墓南约100米的台地上，发现3条丛葬坑[④]，呈正南北方向，坑上原有瓦片覆盖，出土器物有乐俑、侍俑、官吏俑、陶磬、陶鼎、铁夯、铁锸等。

陵区内陪葬墓也多有发现，楚王山发现4座汉墓，其中M1规模庞大，M2在其北50米，距离较近，应为王和王后墓，M3、M4在M1、M2以东，相对距离较远，规模较小，应为陪葬墓，据《水经注·获水》记载“获水又东迳同孝山北，山阴有楚元王冢。上圆下方，累石为之，高十余丈，广百许步，经十余坟，悉结石也。”说明过去陪葬墓的数量更多，陵园规模十分可观。近年来，先后在狮子山汉墓、北洞山汉墓、龟山汉墓距离附近发现绣球山汉墓[⑤]、后楼山汉墓群[⑥]、丙长翁主墓[⑦]，均为竖穴崖洞墓，这种形制为列侯以下葬制，时代与附近王陵较

① 驮篮山楚王墓资料现存徐州博物馆。

② 徐州博物馆：《徐州狮子山兵马俑坑第一次发掘简报》，《文物》1986年第12期。

③ 夏凯晨、刘玉芝：《徐州景观》，中华书局，2005年，第57页。

④ 夏凯晨、刘玉芝：《徐州景观》，中华书局，2005年，第62、63页。

⑤ 徐州博物馆：《徐州绣球山西汉墓清理简报》，《东南文化》1992年第3、4期。

⑥ 徐州博物馆：《徐州后楼山西汉墓发掘报告》，《文物》1993年第4期。

⑦ 南京博物院：《铜山小龟山西汉崖洞墓》，《文物》1973年第4期。

为接近，应为楚王陵墓的陪葬墓。

发现众多的遗迹现象表明，每一座西汉楚王墓都存在独立的陵园区，陵园规模庞大，园内设施众多，主要有兵马俑坑、器物坑、陪葬墓、排水沟、封土、墓垣等，所包涵内容与帝陵大致相同。另外，南朝傅亮作《为宋公修楚王山墓教一首》①记载，宋武帝免除楚王山陵墓附近五户人家的赋税，由他们洒扫陵园，依时祭奠，这说明南朝时地表尚有陵园遗存。狮子山楚王陵和土山汉墓出土“北平邑印”封泥，有学者根据龟山汉墓的铜器有“北平园”的铭文，认为“北平邑”是楚元王自立的陵邑②，虽然没有直接证据证明，但也说明当时楚王陵墓确实设有陵园。下一步在条件具备的情况下，我们将逐步开展对楚王陵墓附近的考古调查，以求彻底搞清楚西汉楚王陵园的形制原貌。

西汉楚国王陵陵园布局特点深受历史传统影响，并与西汉帝陵关系密切，汉代礼俗以西为上，《风俗通义》佚文称“俗说以西为上”，《论衡·四讳篇》：“夫西方长老之地，尊者计立也，尊者在西，卑幼在东。”位于徐州市西郊楚王山汉墓群，主墓所占山体最为高大，且陪葬墓数量多，自古以来都认为是第一代楚元王刘交墓，位置在已发现诸陵中最靠西，与文献记载相吻合。其次已经发现楚王与王后合葬的诸陵，多数也是王陵在西，王后陵在东，位于徐州市东郊驮篮山南麓驮篮山汉墓，驮篮山有东西两个并列的山头，两墓均南向；北洞山汉墓位于徐州市东北10千米洞山南坡，东南隅为桓山。这种布局和排列方法几乎与西汉帝陵一致，西汉王朝11陵，以渭水为界，文帝霸陵、宣帝杜陵在渭水以南，其余帝陵均在渭水以北咸阳塬上，一般帝陵在西，后陵在东，布局已经形成定制。由此可见，西汉楚国王陵陵园深受帝陵影响，其布局特点几乎模仿帝陵，只是规模形制略小，距离更近。西汉楚国王陵与后陵之间的距离有一个从早期到晚期逐渐发展靠近的过程，从早晚顺序看，驮篮山楚王墓与王后墓分立两个山头，相距140米，北洞山楚王墓与王后墓也分立两个山头，应属同茔而不同陵，龟山楚王墓与王后墓、东洞山楚王墓与王后墓、南洞山楚王墓与王后墓同在一个山头，两墓相距分别为20、10、8米③，龟山、南洞山楚王墓与王后墓之间还有连接通道，应属同陵异穴，完整展现了西汉合葬墓从同茔异陵向同陵异穴发展的过程。

五、江苏汉代王陵文化特征分析

两汉时期江苏境内诸侯王国封国众多，西汉初年，天下初定，刘邦迫于军事形势和政治需要，汉五年，以“齐王（韩）信习楚风俗，徙为楚王，都下邳（今江苏省徐州市睢宁县古邳

① （梁）萧统编，（唐）李善注：《文选》，中华书局，1977年，第506、507页。

② 黄盛璋：《徐州狮子山楚王墓墓主与出土印章问题》，《考古》2000年第9期。

③ 梁勇、梁庆谊：《西汉楚王墓的建筑结构及排列顺序》，《两汉文化研究》（第二辑），文化艺术出版社，1999年，第200页。

镇）”[①]。又以韩信谋反为由，汉六年春“废楚王信，囚之，分其地为两国。……立刘贾为荆王，王淮东五十二城；高祖弟交为楚王，王淮西三十六城”[②]。这样西汉时期封国主要有以徐州为中心的楚国，以扬州中心的荆国、吴国、广陵国、江都国，以及与广陵国立、废国时间大体相近的泗水国，东汉时期封国有下邳国、彭城国、广陵国等，东西两汉前后封国10余个，每个封国的诸侯王又世代相传若干代，徐州地区楚国即延续相传12代。按照汉代制度，诸侯有封地者，死后葬于封地，因此这些分封于江苏境内诸侯王，应该葬于今天江苏地域范围内，当然谋反者可能例外。

综观目前江苏境内发现墓葬，西汉时期徐州地区流行“因山为陵”的崖洞墓，扬州地区则采用“黄肠题凑”的葬制，东汉时期的诸侯王墓普遍使用砖石结构的葬制，分为前、中、后三室，这一时期崖洞墓彻底消失，“黄肠题凑”的葬制仍有所保留，如徐州地区彭城王墓甬道、墓道设置黄肠石，邗江甘泉山二号墓的回廊，但是地方区域特点已经消失，与全国各地流行的三室墓基本相同，其中原因大概正如有的学者所言“经过两百年的移风易俗过程，使西汉后期原有的八方殊俗异彩纷呈的风俗渐渐地趋于六合同风的单一化形态，因此密集的多元的风俗文化区已经消失”[③]。然而西汉时期，江苏境内的徐州和扬州距离很近，文化面貌却呈现如此显著区别，有必要进行深入比较研究。

徐州地区“因山为陵”的崖洞墓较之全国其他地区发现崖洞墓时代均偏早，崖洞墓应首先产生于徐州地区，西汉初期礼仪葬制尚不完备，各地诸侯王为满足自己“事死如生”的愿望，积极探索新的葬式葬法，正是在这种历史条件下，徐州的楚王结合本地区实际情况，创新出横穴崖洞墓这一新的葬制，关于此笔者在以前文中已有论述[④]，但是对横穴崖洞墓产生的原因和时代背景则鲜有论述。

过去有些学者推测“因山为陵”应与祭坛建筑建在高处，以缩短人与天距离，便于巫觋与上天沟通这样的寓意在内，认为这对后世的“因山为陵”应有着相当大的影响[⑤]。其实认真比较一下徐州地区发现的楚王陵墓在山体的位置，便可发现此说缺少科学依据。徐州周围多山，海拔高低不等，但是楚王陵墓选址却并不在高山之上，一般选择低矮的小山丘，一般海拔在100米以下，多数为50米左右，如驮篮山海拔69、狮子山海拔61、北洞山海拔54、东洞山海拔86.5米；楚王山主峰较高，但楚王陵却选址在山体尾部的一个小山头，连封土海拔仅54.1米；有的虽然海拔稍高，如南洞山海拔高度128米，但是墓室营建却并非选择在山顶，而是在山的半腰。如果想离天较近的话，应选择在高山的顶部，所以此说证据不足。一种新事物的产生，有其复杂和深刻的历史文化背景，探讨西汉楚国崖洞墓的起源问题，首先要搞

---

① （西汉）司马迁：《史记·高祖本纪》，中华书局，1982年。

② （西汉）司马迁：《史记·荆燕世家》，中华书局，1982年。

③ 周振鹤：《从“九州异俗”到“六合同风”——两汉风俗区划的变迁》，《中国文化研究》1997年冬之卷（总第18期）。

④ 刘照建：《徐州地区大型崖洞墓初步研究》，《东南文化》2004年第5期。

⑤ 周学鹰：《“因山为陵”葬制探源》，《中原文物》2005年第1期。

清楚崖洞墓的两个根本特点，一是墓穴修建在山上，二是墓穴为多室的洞室墓。根据这两个显著的文化因素，笔者认为应到先秦时期去梳理寻找历史的源头，才能搞清楚“因山为陵”崖洞墓产生的真正原因。

徐淮一带为南北文化交流之走廊，多种文化在此汇集碰撞，早在新石器时代，位于徐州东100千米的花厅遗址，发现大量的良渚文化的遗存，表明徐淮一带文化交流历史悠久[①]。春秋末年，楚惠王时期“是时越王灭吴而不能正汇淮北，楚东侵，广地至淮上”[②]。楚国势力已达到泗水以北，战国时期，《淮南子·兵略训》载：“昔楚人之地，南卷沅湘，北绕颖泗，西包巴蜀，东裹郯邳。”说明楚人势力东北境已达到山东南部，徐州即在楚境范围内。周简王十三年，楚郑联合伐宋，夺取宋之彭域，周宣王甚至曾封楚将为彭城君。战国后期由于受到西部强秦的打击，楚人的中心东移到江淮地区，一度将寿春作为（今安徽寿县）作为都城，这样徐州地区更是深受楚文化的影响，以至汉代初期徐沛一带人们的文化活动也都留下楚文化的烙印，长期生活在沛郡的刘邦，在其回乡酒宴上，吟唱广为流传的《大风歌》：“大风起兮云飞扬，威加海内兮归故乡，安得猛士兮守四方。”“兮”字反复出现，这是楚辞的典型表现形式，由此可见楚文化影响之深远。

作为文化的重要组成部分丧葬习俗同样也深受楚文化影响，近年来从徐州汉墓中出土器物可以略知一二，如徐州地区早期汉墓出土的陶器组合鼎、盒、壶、钫，与中晚期楚墓中常见的仿铜陶礼器组合鼎、敦、盒、壶、钫形制基本接近，彩绘陶器的文饰色彩与楚墓出土的器物也十分相似，铜器组合鼎、盒、盘、匜、鉴与战国晚期楚墓组合也极为相似，很大一部分器物保持着楚文化的传统，两者的继承关系是明显的[③]。西汉楚国“因山为陵”同样也深受楚文化的影响，长期以来，入“土”为安是古人根深蒂固的愿望，但是在楚国却将墓葬移到小山上，出现以石坑为墓穴的现象。墓主为战国国君曾侯乙的墓葬[④]，位于湖北随州市擂鼓墩，墓葬建在一座小山冈上，为一座竖穴崖坑墓，墓口已被破坏，墓葬平面呈不规则形，墓口东西长21、南北最宽16.5米，墓葬由东、北、西、中四室构成，实际是将地面建筑布局移入地下。这种葬法影响到西汉楚国，西汉楚国“因山为陵”的崖洞墓与曾侯乙葬法如出一辙，只是规模更大，室的意义更明显罢了，这应是西汉楚国崖洞墓最早的源头。

另外，战国时期兴起于关中的土洞墓也对徐州地区崖洞墓产生起到作用，当时楚国经济发达，国力雄厚，文化也获得空前发展，就是在这双重因素的影响下，才使得徐州地区产生了“因山为陵”的崖洞墓。有的学者根据徐州西汉早期王陵墓室均涂朱砂、漆或细泥，甬道均以塞石封堵的诸多特征，与秦始皇陵“致以丹漆，塞以纹石”和“以石棺为游馆”文献记载相一

① 南京博物院：《花厅——新石器时代墓地发掘报告》，文物出版社，2003年，第194—196页。

② （西汉）司马迁：《史记·楚世家》，中华书局，1982年。

③ 盛储彬：《徐州地区楚文化及其对两汉文化的影响》，《两汉文化研究》（第一辑），文化艺术出版社，1996年，第149页。

④ 湖北省博物馆：《曾侯乙墓》，文物出版社，1989年，第7页。

致，从而认为西汉楚国崖洞墓与秦始皇陵二者之间可能有渊源关系[①]，此说颇有见地，这也正说明徐州地区西汉楚国崖洞墓，不是由一种文化影响而形成，而是在深受南方和北方文化影响的基础上，结合本地的实际情况，综合提炼创新的结果。

楚国地区经济文化发达，国内政治局面长期相对稳定，也为“因山为陵”崖洞墓的产生提供了必要条件。高祖六年（前201年）封刘交为楚王，都彭城，辖彭城、薛郡、东海三郡三十六县。刘交为刘邦同父异母弟，好读书，多才艺。少年时期与曾与秦朝有名儒生浮丘伯学《诗》，刘交就职彭城后，以穆生、白生、申公为中大夫，大力发展彭城经济文化，重修彭城城墙，修筑王宫、武库、御府等，尤其重视发展文化，他派遣其子郢客到长安学习。元王本人也好诗，诸子皆读诗，他还亲自注解《诗经》，称《元王诗》。在刘交大力推动下，徐州区域文化在西汉时期高度发达[②]，为西汉楚国的发展打下良好基础。虽然中间略有变化，如景帝三年（前154年）第三代楚王刘戊参加“七国之乱”兵败后自杀，楚国封地被削东海、薛郡，仅余彭城一郡，缩小为7县。宣帝地节元年（前69年），第八代楚王刘延寿谋反，兵败后国除为彭城郡。后宣帝黄龙元年（前49年），徙其子定陶王刘嚣为楚王，但这两支十二代楚王是西汉楚国的同姓封王，政治形势相对稳定，从而培育了徐州地区发达地域文化，这也为崖洞墓的产生奠定了坚实的物质文化基础。

当然，西汉楚国冶铁业发达也为徐州地区崖洞墓产生提供了必要的技术支撑。徐州是我国重要的铁矿产地，西汉时期汉武帝就在徐州设置大铁官，近年来考古工作者在徐州发现了铜山利国驿[③]和睢宁冶铁遗址[④]，在北洞山汉墓、狮子山汉墓出土大批铁器，其中有成套的凿、錾、锤等开山凿石工具，北京科技大学冶铁与材料史研究所通过对狮子山汉墓出土铁器的金相实验研究发现[⑤]，多件铁器是经过渗碳处理的炒钢制品，这是迄今为止发现最早的炒钢制品，说明当时工匠对钢铁制品的认识达到了较高水平。在山体岩石上开凿和修建规模庞大的墓室，钢铁技术的发达和钢铁工具质量的提高起到巨大作用，没有高质量的钢铁工具，完成这些大规模的工程几乎是不可能的。

扬州与徐州距离较近，但是历史文化上却有很大不同，扬州虽然拥有盐铜之利，经济上较为发达，但政治上极不稳定，自荆王刘贾立国始，中间屡有变化，先后经历荆国、吴国、江都国、广陵国，王国更替频繁，其间战乱不断，绝嗣事件多次发生。高祖十一年秋，荆王贾为淮南王黥布反所杀。十二年，立沛侯刘濞为吴王，王故荆地。景帝三年六月发生了以吴、楚为首的七国之乱。平定后，景帝于前元四年（前153年），废吴国，另置江都国，封其子刘非

① 李银德：《徐州汉墓的形制和分期》，《徐州博物馆三十年纪念文集（1960—1990）》，北京燕山出版社，1992年，第124页。

② 王建：《徐州与传统文化》，《两汉文化研究》（第三辑），文化艺术出版社，2004年，第179—198页。

③ 南京博物院：《利国驿古代炼铁炉的调查及清理》，《文物》1960年第4期。

④ 南京博物院、徐州博物馆：《1991年徐州考古调查简报》，《东南文化》1997年第4期。

⑤ 北京科技大学冶铁与材料史研究所、徐州汉兵马俑博物馆：《徐州狮子山西汉楚王陵出土铁器的金相实验研究》，《文物》1999年第7期。

为江都王，“治吴故国”。前121年，因江都王刘建阴谋叛乱，江都国被废，改为广陵郡。汉武帝元狩五年（前118年），改广陵郡为广陵国，封其子刘胥为广陵王，都广陵，又因刘胥有谋反之意，广陵国一度被废除，刘胥在广陵的诸王子也被废为庶人。到汉元帝初元二年（前47年），复封刘胥太子刘霸为广陵王，以奉刘胥之祀，此即为广陵孝王。刘霸死后传位给他的儿子广陵共王刘意，刘意传给儿子广陵哀王刘护。刘护死后无子继位，广陵王国再度绝嗣。6年后成帝又封广陵孝王刘霸的儿子刘守为第五任广陵王，即广陵靖王。刘守死后传位给儿子刘宏。王莽篡汉后，广陵王刘宏被废为庶民，广陵王国也被取消。虽然广陵国传四代六王，时间相对较长，但是经过多次削夺封域，仅辖广陵、江都、高邮、平安等四县，兼有江南的鄣郡，国力大不如前，文化上毫无建树，更不能形成本国独具特色的文化，这一点与西汉楚国显然无法相提并论，由于文化上没有深厚积淀，故不可能在葬制上有所创新，只能因循守旧沿袭前代，广陵王使用“黄肠题凑”也就在情理之中。

扬州的地理环境也决定了崖洞墓不可能产生。江苏是全国地势最低平的省区，绝大部分在海拔50米以下，平原占全省总面积68%，少数低山丘陵集中在徐淮平原的北部和省西南境的宁镇地区。扬州与徐州两地距离虽然不远，但地貌差别较大，扬州地区几乎全是平原，只有起伏舒缓的小山冈，营建规模庞大的崖洞墓，受到一定的局限。徐州市地质结构由平原和山丘组成，为鲁中南低山丘陵南沿地段，城区周围多山，山地约占30%，海拔高度为100—250米，古泗水从城东流过，如今徐州还有海拔100米左右的小山80余座，这些小山山体规模适中，恰好能够在山腹中营建较大规模的墓室，崖洞墓产生于徐州地区并非偶然。西汉楚国崖洞墓并不是薄葬的产物，而是楚国诸侯王吸取战国时代王陵被盗掘的教训，想方设法防止盗掘的结果，后来曹操不设陵冢，目的也是如此，这种“因山为陵”的葬制既充分满足当时“深埋厚藏”的防盗需求，又极尽模仿地面建筑之能事，迎合了世俗的需要，受到诸侯王国的普遍认可，梁国、鲁国、济北王国、中山国等也相继使用。由于徐州楚王与文帝关系密切，西汉楚王修建陵墓的方式，也影响到文帝，修建文帝霸陵时就采用“因山为陵”的墓葬形制，西汉楚国崖洞墓埋葬方式，在全国产生广泛影响，但是由于这种葬制地域性极强，当地的地形地貌必须多山，因而受到很大局限，不可能在全国范围内广泛流传，然而这种葬制还是具有强大生命力，它满足了诸侯王的“事死如生”的要求，在西汉楚国流传200余年，其间不断发展完善，进一步增强防盗效果，这种葬制对后代的陵墓建筑产生广泛影响，至唐代，乾陵、昭陵等陵墓仍然采用“因山为陵”的埋葬方式。

江苏境内王陵地区之间差别很大，“因山为陵”的崖洞墓在西汉时期徐州地区产生，扬州地区则采用“黄肠题凑”的葬制，随葬器物各有特色，并不是一种因素所造成，而是由西汉时期各诸侯王国当时的政治背景、经济实力、地理环境、文化传统和风俗习惯所决定。

（原刊于《东南文化》2005年第5期）

徐州铜山县楚王山汉墓群考古调查

楚王山汉墓群位于徐州市铜山县大彭镇闸口村南，主墓规模庞大，陪葬墓数量众多，且保存较为完好，对于研究汉代楚国王陵制度具有十分重要的价值。1956年该墓群被江苏省人民政府列为省级文物保护单位，1996年国务院公布徐州（铜山）汉楚王墓群为全国重点文物保护单位，楚王山汉墓为其中之一。2001年4月，铜山县人民政府为有效保护这一文物资源，决定以楚王山汉墓群为依托，建立一个大型遗址公园。为彻底摸清楚王山汉墓群遗存现状，徐州博物馆会同铜山县文化广电新闻出版与体育局对楚王山汉墓群进行了较为全面的调查，对楚王山汉墓群的封土墓垣概况、陵园结构布局及陪葬墓情况均有初步了解。

一、楚王山汉墓群历史地理概况

楚王山东距国家级历史文化名城徐州城市零公里标志10.5千米，处于徐砀公路、徐商公路夹角内，北3千米有黄河故道和陇海铁路，交通十分便利（图一）。楚王山是徐州西部一座独立山峰，主峰高195.4米，略作东北—西南走向，楚王山为徐州历史名山，自古以来多部文献均有记载，早在《后汉书·郡国志》引《北征记》里就提到："（彭）城西二十里有山，山阴有楚元王墓。"以后历代不绝于书，如《魏书·地形志》《水经注·获水篇》《金史·地理志》《徐州府治》和《铜山县治》等均有记载，纵览诸书关于楚王山的记载，时代不同山名有不同变化，以时代为序，大致有同孝山、楚王山（楚山）、赭土山和霸王山诸名。霸王山这一称谓沿袭至今，这可能因为时代久远，后人将家喻户晓的西楚霸王混同于西汉楚王了。

历经2000余年，楚王山汉墓群地貌和周围环境已发生很大变化，楚王山西5千米有义安山，北侧则有古汴水（汉时为古获水）自西而来，绕山而东行。汴水原指河南荥阳西南的索河，由河南商丘至徐州这段河流当时称获水，春秋晚期魏开汴河，在商丘北与获水相接，这样获水成为汴水下游，晋以后，从荥阳至徐州这条河流称为汴水。汴水经开封、民权、商丘、砀山、萧县至徐州北入泗水，在楚王山北麓形成山水相依的地势。但是金章宗明昌五年（1194年），黄河在河南武阳决口，其南支在砀山以下夺汴河入淮，汴河成为黄河水道，至此400年间，黄河频繁泛滥，带来大量泥沙，抬高了楚王山周围特别是以北一带的地势。明天启四年（1624年）开始，徐州城被洪水淹没3年，淤沙堆积达2.5米，也大大抬高了楚王山以北一带的地势。考古资料表明，徐州市区明代地层在现代地表以下4.5、汉代地层则在8

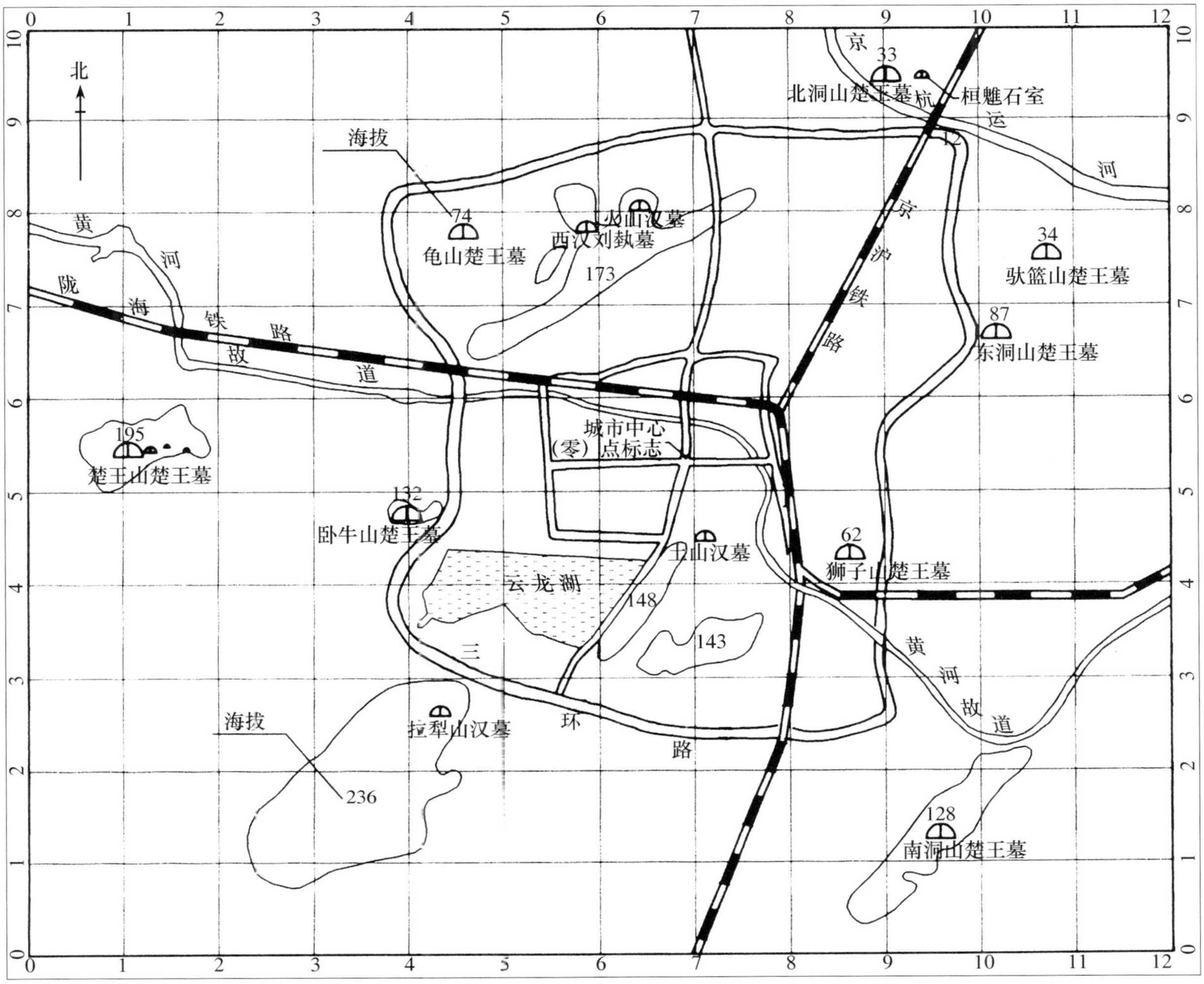

图一　徐州主要汉墓位置示意图

米以下[①]。楚王山以北地表为黄河淤沙地，沙土地厚约5米，说明楚王山北侧的淤积已厚达5米，即使有汉代遗迹也都在5米以下。

为了解楚王山汉墓群及其周围的植被和地貌变化情况，我们曾多次召集楚王山附近村里老人座谈，并进行实地勘察。楚王山为石灰岩山体，山上土质极薄，山腰以上植被极少，有金疙瘩、鸡草苗、茅草及20世纪50年代种植的柏树，生长状况极差，山腰以下有柏、槐、栎、石榴等树木，局部成林。据老人们回忆20世纪50年代以前，山上除柏树较多外，与现在情况接近，山腰以下布满石榴树，愈往下愈密集，封土及周围最是稠密。

徐州地区为低矮山丘与平原地貌，古代河道往往较为宽阔，楚王山北原有河道非常宽阔，河道上有古闸、码头，山下闸口村村名即源于此。山体呈东西向，周围是平原，地势异常开阔，北望古获水，楚王山汉墓群即处于古获水南的楚王山北麓，古闸、码头距楚王山也仅300—400米，可以想见当年楚王山一带高山大河是非常壮观，景色异常美丽，楚王山汉墓群正

① 徐州博物馆：《徐州富庶街明代遗址的发掘》，《考古学报》2004年第3期。

处于山水之间，形成枕山面水之势，与汉代“藏风聚气”的墓葬选址理念十分吻合。

二、封土、墓垣概况

楚王山汉墓群位于楚王山北麓，墓葬特征和分布概况《水经注》有确切记载：“获水又东迳（径）同孝山（即楚王山）北，山阴有楚元王冢，上圆下方，累石为之，高十余丈，广百许步，径十余坟，悉结石也。”现经过调查，明确为墓葬的有四座，编号为CWSM1—CWSM4（图二），现分别将其概况介绍如下。

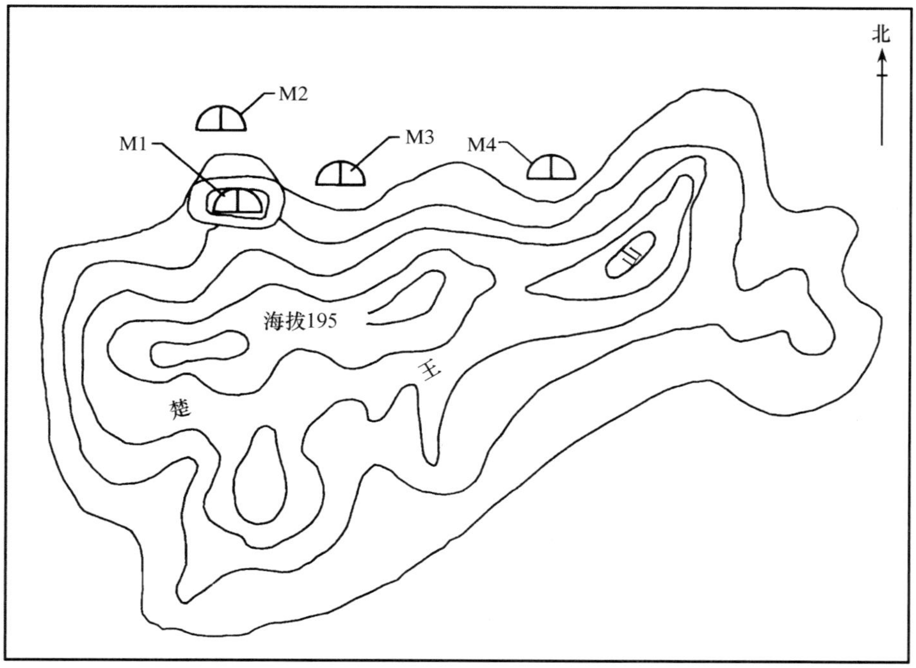

图二　楚王山汉墓位置示意图

M1位于楚王山西北尾部山顶上，规模最为庞大，由山体和封土两部分组成，连封土高54.08米。封土高7米，呈覆斗状，且从下至上可分为十分明显的三层，第一层南北长54、东西宽40、高1米；第二层南北长44、东西宽31.5、向内收10、高差为3米；第三层南北长25、东西宽15、内收15、高差3米。三层皆为土质纯净的红色黏土，且皆经过夯打，夯层厚0.2米左右。由于长年的水土流失，该墓的墓道已经出露，呈东向，宽4.4、最深达18米。在墓的封土南侧18.5米处，还发现一长46、宽3.8—4.2米的排水沟，此沟系人工有意开凿，历经千年凿痕犹清晰可辨，因此我们认定此沟为特意设置的防水设施，它能有效阻断主峰下流的洪水，保护M1墓顶封土，功能与西安秦始皇陵防洪大堤[①]、徐州驮篮山楚王墓排水沟相似[②]。

① 段清波、张颖岚：《“穿三泉”与秦陵地宫排水系统》，《考古与文物》2002年增刊。

② 驮篮山楚王墓资料现存徐州博物馆。

M2位于M1北侧30米处一低矮小山包上，墓葬亦为“因山为陵”的竖穴崖洞墓，该墓的封土下有一低矮小山，墓葬位于小山西部山头，应为与M1相同的葬制，从山体走向及东北侧堆积大量石片可知，该墓墓道东向，亦与M1相同。封土形状较为独特，呈卧琵琶状，东西长，西部起一圆形土丘，但无明显的层次，总高26.12、底面周长336 米。

M3位于M2东侧240米处，较M2略小，系平地起坟的封土墓，封土高大，呈覆斗形，底面周长240、高11.38米，从下到上可分为三层，第一层高3.5、南北长60米；第二层南北长31、内收3.5、高差3.5米；第三层南北长24、内收5、高差1.5米。由于当地长期取土烧砖，该墓东部大半已被削去，封土东西长度已无法测量。另外，在M3东侧6.5米有一方形台地，系人工夯筑而成，残高0.5米左右，长宽均为21米。

M4位于M3以东约1500米，中间隔一座山头，故M4形成一个相对独立的单元，但与M2、M3大致在东西向一条直线上。封土保存完好，亦呈覆斗形，与M3构筑方式相同，皆为平地起坟的葬制，规模亦与M3相当。封土现高11.13、周长240米，封土从下至上三层十分明显，第一层南北长53、东西宽50米；第二层南北长34、东西宽33、内收3、高差2米；M4封土的北侧5米发现两个东西对称的台地，东西两台地相距3米，西侧台地边长25、高2米；东侧台地边长21、高近1米；在西侧台地的西北角发现部分板瓦碎片。从M4东、南、西三面皆被群山包围的情形看，M4墓道方向可能朝北，这与M1、M2、M3是迥然不同的，因此我们推测M4的时代可能略晚于前三座墓葬。

调查得知，楚王山四座汉墓，除M2以外，其余三座汉墓均有墓垣，墓垣用石灰岩青条石垒砌而成，这与《水经注》记载“经十余坟，悉结石也”“上圆下方，累石为之”的记载相吻合。这些墓垣石保存了2000余年，直到1969年，因当地村民扒墓垣石卖钱而遭到破坏。据当时参与扒石的村民介绍：当时目测M3封土北侧墓垣石七八层，高3—4米，东西两侧存四五层，高1—2米，南边仅存一二层，高不过1米，M1、M4与M3情形大致相同，墓垣石长宽一般均为1、厚0.4米左右。我们还在楚王山下闸口村一村民家中发现一墓垣石上刻“曾”字，大篆书体，字体古拙（图三）。尤为重要的是，据村民介绍：M1、M3、M4墓道上有条石垒砌的踏步，踏步两侧有石制扶手，调查时在M1墓道南侧发现镶嵌扶手的凹槽，证明踏步确实存在。M1踏步位于封土东侧墓道上方，且有两次转折；M3踏步在封土东侧，与东台地相接；M4踏步在封土北侧，介于两侧高台之间。

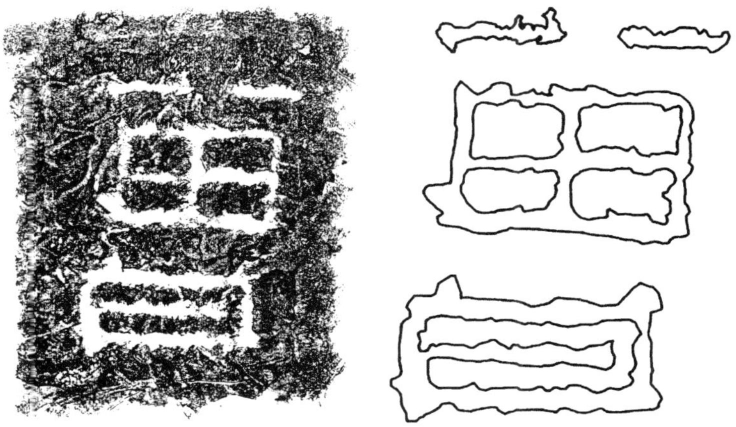

图三　楚王山汉墓群墓垣石刻字“曾”拓本

三、陵园建筑

楚王山汉墓的陵园概况，以前未见文献记载，历次踏勘也未发现线索，关于陵园布局、规模更是一无所知。不过据文献记载，汉代帝陵皆有陵园，出土的汉代印章封泥也能佐证，如“康陵园令”“霸陵园丞”[①]。依照汉代诸侯国“宫室百官，同制京师”的制度，汉代各诸侯国王陵可能也建有陵园，河南永城梁孝王陵园的发现和发掘已经证实，分封于徐州的汉代楚国亦不例外，近日徐州土山汉墓（东汉彭城王墓）封土中出土1500余方西汉楚国封泥，其中“楚夷园印”“楚文园印”便是证据[②]。“楚”指西汉楚国，“夷”是第二代同姓楚王刘郢（客）的谥号，“园”即陵园；“文”是第四代同姓楚王刘礼的谥号，“楚文园印”是楚文王刘礼陵园的官印。西汉楚王、王后墓已发现发掘8处，尽管大类相同，差异却是明显的，西汉楚王、王后陵园的形制与规模与其他各地诸侯王的陵园相比，可能会有所不同。因为在汉代前期，各地诸侯王的葬制存在一个自由发展的阶段，诸侯王墓室形制有别，陵园建筑也应各有特色。此次调查中，我们在墓葬北侧铜山县水泥八厂前面麦地中，发现一轮状凸起，当地村民介绍此为故黄河南岸大堤，从地形位置来看，我们推测可能此即为陵园北墙；M1封土南侧有一大型排水沟，如有陵墙当亦在排水沟以北；至于陵园西墙，由于闸口村紧邻墓葬西北侧，世代繁衍于此的居民早已将地表改造得面目全非，陵园建筑遗迹被毁坏殆尽，未能发现陵墙迹象，陵园东墙也未发现任何痕迹。

陵园内主要建筑群为“寝园”，“寝园”名称始于西汉，寝园中主体建筑包括寝殿、便殿等。寝园位置，据蔡邕言：“古不墓祭，至始皇出寝，起于墓侧，汉因而弗改。”[③]这说明寝园当位于墓侧，梁孝王陵的寝园即位于墓之左侧[④]。我们在楚王山汉墓调查中，发现M1左侧亦有南北狭长台地，台地南北长约90、东西宽40米左右，呈从南向北降低的趋势，台地大小与梁孝王寝园规模相当。调查时，适逢当地大批动迁楚王山汉墓保护区的现代墓葬，我们在台地上又发现数量较多的板瓦、筒瓦碎片，其中以台地西南部最为集中。此外，从东侧流水冲刷断面可以看出，此台地系人工夯筑而成。综上所述，我们初步推断此台地即为楚王山汉墓群的主体建筑——寝园的遗址。分封于徐州的西汉楚王世代相传12代，按照汉制，诸侯王有封地者，死后葬于封地，因此徐州境内共有12处王陵，目前经过徐州考古工作者努力，已发现发掘8处王陵，但是这8处王陵，唯有此处与南洞山楚王墓的原始环境保存较为完好[⑤]，此次发现的陵园遗

---

① 华光普：《中国历代印章目录》，中国民族摄影艺术出版社，1998年，第109页。

② 杨洁、古人等：《土山汉墓新发现300余方封泥和两处盗洞，专家详释——盗墓之谜》，《都市晨报》2005年2月16日第A2版。

③ （东汉）班固：《汉书·明帝纪》，中华书局，1962年。

④ 河南省文物考古研究所：《永城西汉梁国王陵与寝园》，中州古籍出版社，1996年，第23页。

⑤ 南洞山楚王墓资料现存徐州博物馆。

址，距离市区较远，原始风貌保存较好，如果能够科学地开展试掘工作，对于揭示汉代楚国陵园面貌具有重要的价值。

四、楚王山一号墓及相关问题的推测

徐州发现发掘的8处楚王陵墓，除龟山汉墓出土印章表明墓主为第六代楚王刘注外①，其他陵墓墓主皆不能推定，楚王山汉墓群规模庞大，陪葬墓数量多，且形制迥异于其他7处王陵，认定其墓主对于研究西汉楚王墓序列演变及汉代墓葬建筑发展具有重要意义。

关于楚王山一号墓墓主问题，《后汉书·郡国志》引《北征记》曰："（彭）城西二十里有山，山阴有楚元王冢。"《魏书·地形志》亦云彭城有"楚元王冢"。《水经注·获水》则载有"获水又东迳同孝山北，山阴有楚元王冢。上圆下方，累石为之，高十余丈，广百许步，经十余坟，悉结石也"。多部文献明确记载楚王山有刘交墓，这些著述成书年代距西汉较近，所言之事应有所本。

1997年楚王山一号墓遭到严重盗掘，考古人员随即进入墓室调查，因而对墓室结构和随葬品有了较为深入的了解②。该墓为凿山为葬的大型"甲"字形石室竖穴墓（图四、图五），由墓道、耳室与主墓室三部分组成，墓道为斜坡墓道，分内外两段。外墓道长30、宽4.5、最深深度18米；内墓道长4.5、宽3.1、高6米；墓道南壁内收0.7米为甬道口，甬道有塞石封堵，塞石伸出内甬道口约0.24米，塞石做工较为平整。甬道充满塞石，塞石4列10余层，塞石尺寸约为长1.1、宽0.75、厚0.4米。外墓道两侧发现3间耳室（应为4个耳室），东南耳室底平，东西宽1.55、南北进深2.1、高1.75米；耳室口向南进深0.55米，顶部平而规整，其南顶部略粗糙，且呈弧形状内收到底；耳室东南侧原有小隙，后雕凿成小龛，龛深0.4米。东北耳室不规整，东西宽1.2、南北进深2.4米。墓道南壁凿刻细致，内墓道较短，内墓道后部有一主室，主室规模庞大，东西长11.05、南北宽8.05、高约9米，面积88.95平方米。室顶用大条石券筑而成，券顶条石东西排列，每列11块，每块长1.2、宽0.22、厚

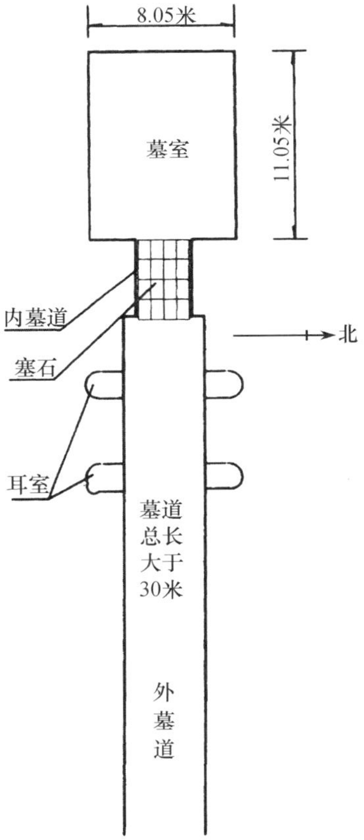

图四 楚王山一号墓

① 南京博物院、铜山县文化馆：《铜山龟山二号西汉崖洞墓》，《考古学报》1985年第1期；尤振尧：《〈铜山龟山二号西汉崖洞墓〉一文的重要补充》，《考古学报》1985年第3期；徐州博物馆：《江苏铜山县龟山二号西汉崖洞墓材料的再补充》，《考古》1997年第2期。

② 楚王山一号墓出土文物及相关资料现存徐州博物馆。

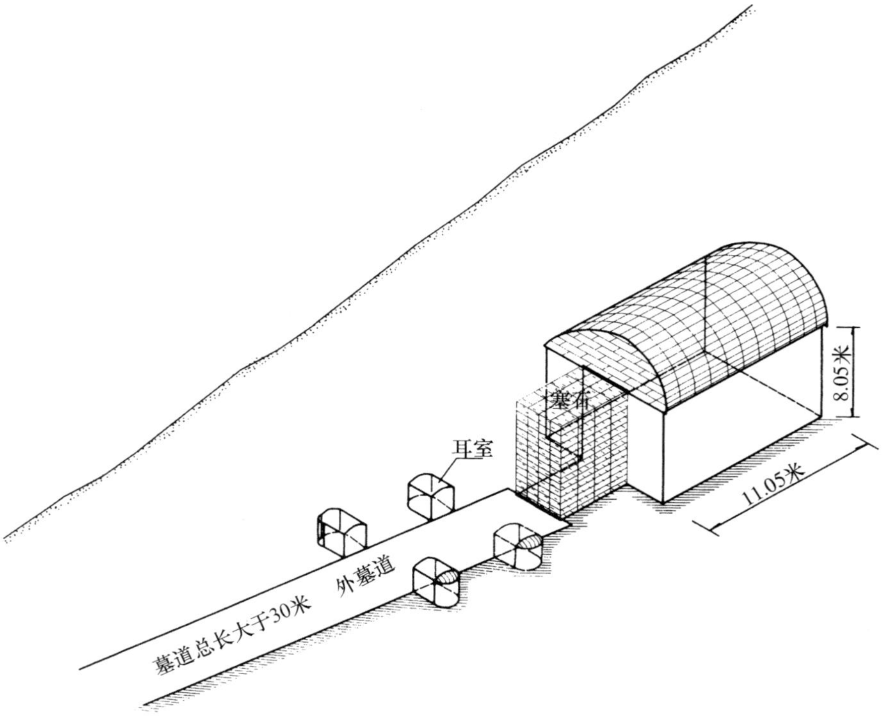

图五　楚王山一号墓透视图

0.3米。出土的随葬器物有铜、铁、陶瓷、漆器等，陶器分加砂绿釉陶与灰陶两种，个别铜器上带有“楚”字铭文，所见出土的随葬器物分布于外墓道和耳室内。距墓道1.8米高度处发现厚0.02—0.03厘米的木板灰痕，灰痕较长，应为覆盖随葬品木板之痕迹。从墓室结构可以看出，该墓具有西汉早期楚王墓的诸多特征，如墓葬主室规模庞大，有斜坡墓道，甬道短、墓道宽，附属墓室少，墓室简易，仅发现3个耳室（应为4个耳室），其在山顶上营建竖穴崖坑的方式，与其他地区汉代早期竖穴土坑墓形制相同；墓内出土的铜、铁、陶瓷、漆器等文物，均具有西汉早期的特征，个别铜器上带有“楚”字铭文，表明楚王山一号墓墓主为西汉早期楚王。此外，楚王山汉墓群所占山体最为高大，位置在已发现诸陵中最靠西，古人以西为上，可见墓主生前地位显赫，唯有楚元王刘交与之相称。楚元王刘交系高祖刘邦同父异母少弟，与刘邦一起征战多年，汉六年刘邦封其为西汉楚国第一代楚王，王薛郡、东海、彭城等三郡三十六县。当时楚国经济发达，国力雄厚，楚元王刘交在朝中地位也举足轻重，以致文帝即位时，还谦让曰：“奉高帝宗庙，重事也。寡人不佞，不足以称，原请楚王计宜之，寡人弗敢当。”[①]因此，楚王山汉墓墓主为第一代楚王刘交可能性较大，时代为公元前179年。

本次考古调查，由于时间较为仓促，必要的试掘工作未能开展，只是就楚王山汉墓群外部情况做些工作，所获信息仅是地表信息与当地人反映；1997年进入该墓室调查主要是配合破

① （东汉）班固：《汉书·楚元王传》，中华书局，1962年。

案，也很仓促，数据与结论需要核实确认；如要彻底搞清楚楚王山汉墓群的历史原貌，还有待于更深入的调查试掘工作。

附记：楚王山汉墓群封土的高度由铜山县水利站提供，其他数据由徐州博物馆考古部刘尊志、刘照建、梁勇等测量，插图由梁勇、梁庆谊绘制。

（原刊于《汉代考古与汉文化国际学术研讨会论文集》，齐鲁书社，2006年）

江苏徐州市狮子山西汉楚王墓天井成因考

——兼谈西汉横穴崖洞墓的起源

一

狮子山西汉楚王墓位于徐州市东郊狮子山主峰南坡。该墓坐北朝南，由外墓道、内墓道、天井、耳室、甬道、侧室、棺室、后室及陪葬墓等部分组成，出土遗物有2000余件（套），是1995年全国十大考古发现之一[①]。该墓材料公布后，其奇特的墓室结构引起国内外考古学者的广泛关注。与已发掘的满城陵山汉墓[②]、永城保安山汉墓[③]、徐州北洞山汉墓[④]、驮篮山汉墓[⑤]相似，狮子山汉墓也是"凿山为藏"的横穴崖洞墓[⑥]。但是，该墓的外墓道北端内墓道上部，有一长18.65、宽13.2、南端深8.45、北端深10.9米的宽敞天井（图一），这样的天井从未见于其他汉墓。天井的设置原因及功用，发掘者在简报中未能论及，其他研究者也说法不一，较有代表性的看法有以下三种。

第一种认为是因为墓主猝死，而墓室尚未修好，开凿规模宏大的天井，能够扩大作业面，加快施工进度[⑦]。但此说笔者甚为怀疑，狮子山汉墓凿石总量为5160立方米，而庞大天井却占2/5的工程量，也就是说，开凿一座3000余立方米的墓室，为加快进度凿建2000余立方米的作业面（即天井），这样恐怕只会延缓而不会加快进度。况且如此耗时耗力开凿的天井，倘若仅仅是因为施工需要，四壁又何必打磨平整光洁呢?

① 狮子山楚王陵考古发掘队：《徐州狮子山西汉楚王陵发掘简报》，《文物》1998年第8期；韦正、李虎仁、邹厚本：《江苏徐州市狮子山西汉墓的发掘与收获》，《考古》1998年第8期。

② 中国社会科学院考古研究所、河北省文物管理处：《满城汉墓发掘报告》，文物出版社，1980年。

③ 河南省文物考古研究所：《永城西汉梁国王陵与寝园》，中州古籍出版社，1996年。

④ 徐州博物馆、南京大学历史系考古专业：《徐州北洞山西汉墓发掘简报》，《文物》1988年第2期。

⑤ 邱永生、徐旭：《徐州市驮篮山汉墓》，《中国考古学年鉴（1991年）》，文物出版社，1992年，第173页。

⑥ "崖洞墓"最早是指西南地区分布在江河岸边山崖上的墓葬。徐州及周围地区发现的墓葬，虽然也是在山上，但特点与西南地区墓葬有很大不同，称为岩洞墓较为恰当。但是长期以来，人们已经习惯崖洞墓的称呼，为避免混淆，本文沿用崖洞墓的叫法。对于没有洞室的，本文称为竖穴岩坑墓。

⑦ 梁勇、梁庆谊：《西汉楚王墓的建筑结构及排列顺序》，《两汉文化研究》（第二辑），文化艺术出版社，1999年，第195页。

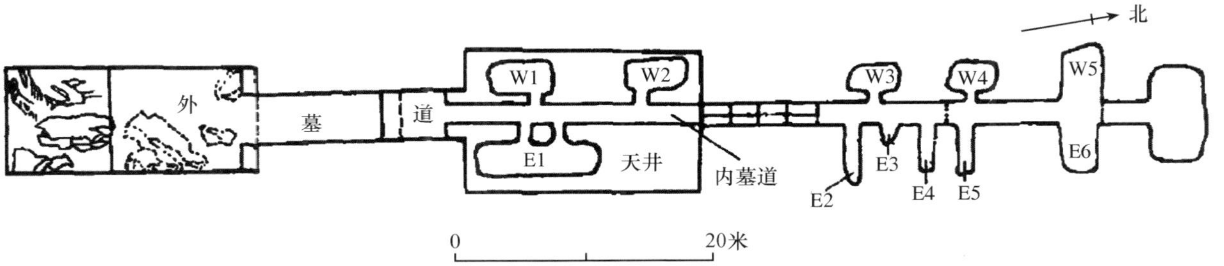

图一　狮子山汉墓平面图

第二种认为设置规模宏大的天井是为了防盗[①]。然而，用土石回填的宏大天井与周围山石裸露的自然地表迥然不同，这无异于为盗墓者设立指向标记，远不如将墓室开凿在山腹内岩层深处，仅留一个小通道（甬道或墓道）伸向山外的埋葬方式隐蔽。事实上，墓主下葬不久，盗墓者就从天井打一盗洞进入墓室。

第三种认为这是“前朝后寝”制度的反映，“天井”代表前厅，象征着朝廷中的议事厅[②]。然而，天井与洞室不在一个平面上，从天井底部到洞室底部有6米左右的高差，如果两者分别代表“前厅”和“后寝”，实在不合常理。而且，将狮子山汉墓的布局与驮篮山汉墓、北洞山汉墓前后室的格局相比较，便会发现狮子山汉墓的W5和E6是一个整体，如果墓内布局确实反映“前朝后寝”制度，则把W5和E6视为狮子山汉墓的前厅将更为合理。因此，天井是“前朝后寝”制度的反映的说法也难以成立。

笔者认为天井的出现有更深层的原因，它极有可能是墓室结构嬗变的产物。这就需要从古代陵墓修筑过程谈起，将天井与整体墓室结合起来进行综合考察。

墓葬的形制、规模是墓主人身份和级别的象征，修筑陵墓是历代帝王政治生活中的一件大事。在修筑陵墓时，帝王一般亲自过问，委托重臣主持，从选址到施工营建有一整套严格的规章制度。《汉旧仪》记载“（始皇）使丞相李斯将天下刑人隶徒七十二万人作陵”，“凿以章程”（即按照一定的规划设计施工）。在施工前要设计出图纸，图纸上的墓室结构布局，充分体现墓主本人的意愿，图纸具有法律效力，施工人员不能随意更改。河北省平山县中山王陵中曾出土一块刻有陵园建筑设计规划方案的铜版，其上诏令铭文曰：“王命赒为兆乏（法）阔狭大小之制，有事者官图之，进退迈（违）法死如赦，不行王命者殃连子孙。其一从，其一藏府。”[③]帝王陵墓修筑要求之高，由此可见一斑。经过如此慎重复杂的程序修筑的帝王陵墓，结构及各部分功能一定都较为合理，且最大限度地满足墓主的要求。狮子山楚王陵的修筑程序亦当如此。

但是，考察狮子山汉墓平面布局，不难发现其比例严重失调，整体结构的突出特点是“大

① 徐国健先生在2000年12月徐州市第三届两汉文化学术研讨会上的发言。

② 田静：《“秦汉兵马俑比较暨两汉文化研讨会”综述》，《秦汉文化比较研究》，三秦出版社，2002年，第714页。

③ 河北省文物管理处：《河北省平山县战国时期中山国墓葬发掘简报》，《文物》1979年第1期。

天井、小洞室”，即墓道与天井规模宏大，主体建筑却相对狭小，内外颇不相称。“事死如事生”的楚王不可能允许设计伊始就出现这么严重的偏差。

仔细观察狮子山汉墓，笔者发现，如果将墓室的主体部分撇开，仅将天井与外墓道结合起来看，该墓完全是一座典型的带斜坡墓道的“甲”字形竖穴岩坑墓，天井的规模正好相当于墓室，且外墓道与天井长宽比例合理。这种在山坡或山顶上开凿竖穴岩坑作为主体墓室，并带有一斜坡墓道的“甲”字形墓葬，在全国已发现不少，如长清双乳山一号墓（图二）[①]、长沙象鼻嘴一号墓[②]、咸家湖西汉曹嫘墓（图三）[③]。稍有区别的是，长沙象鼻嘴一号墓和咸家湖西汉曹嫘墓的竖穴内使用“黄肠题凑”葬制。另外，狮子山汉墓天井距主峰约30米（图四），

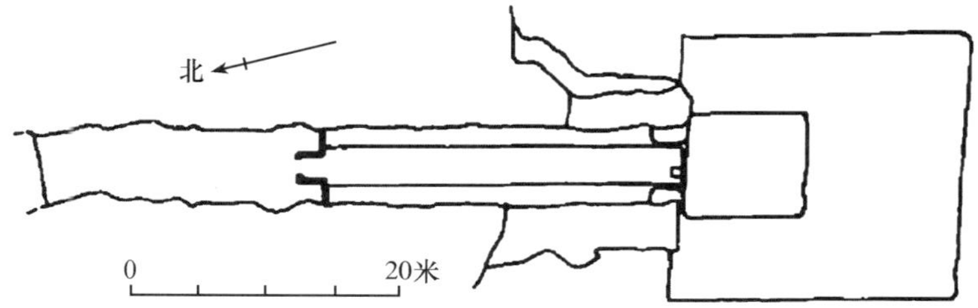

图二　双乳山一号汉墓平面图

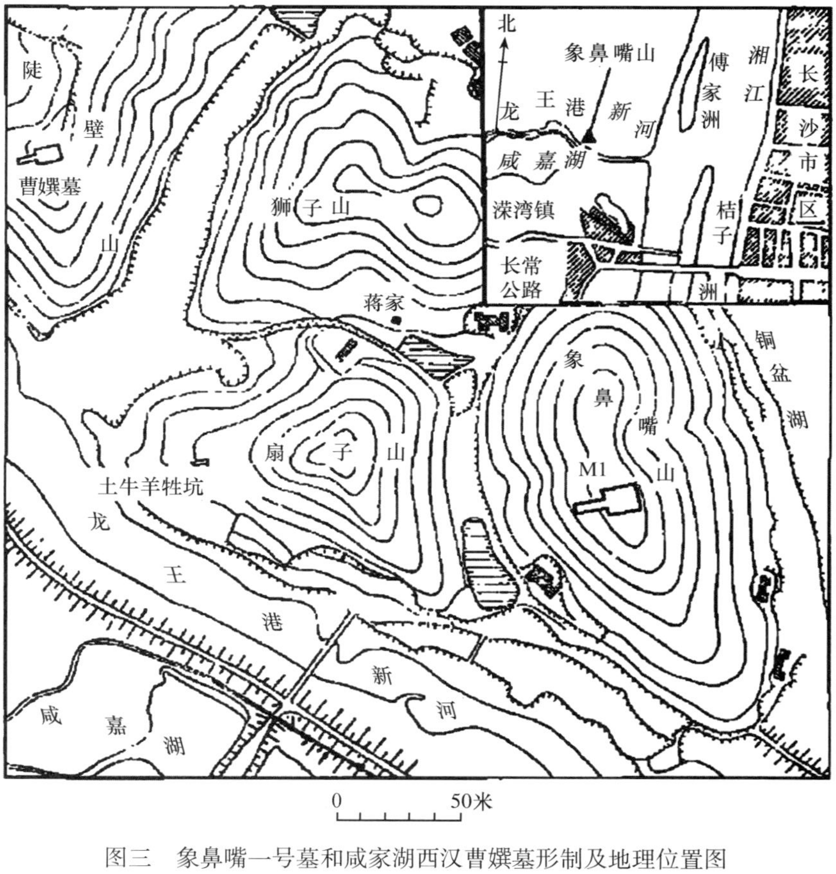

图三　象鼻嘴一号墓和咸家湖西汉曹嫘墓形制及地理位置图

① 山东大学考古系、山东省文物局、长清县文化局：《山东长清县双乳山一号汉墓发掘简报》，《考古》1997年第3期。

② 湖南省博物馆：《长沙象鼻嘴一号西汉墓》，《考古学报》1981年第1期。

③ 长沙市文化局文物组：《长沙咸家湖西汉曹嫘墓》，《文物》1979年第3期。

也与象鼻嘴一号墓、咸家湖西汉曹嫘墓所处的位置极为相似。相反，如果我们撇开天井，仅看天井下的侧室、外墓道与主体洞室，该墓又是一座完整的横穴崖洞墓，布局与徐州的驮篮山一号墓（图五）、驮篮山二号墓（与一号墓形制相同，如无特殊说明，驮篮山汉墓皆指一号墓）及北洞山汉墓的主体建筑相似（图六），区别只是狮子山汉墓布局缺乏规划，开凿比较随意，且所凿洞室功能不明确、不齐全，除庖厨、仓储、武库、钱库等功能有所体现外，没有乐舞、厕间、沐浴等洞室。但是不可否认，该墓已经完全具备横穴崖洞墓的特点。

另外，狮子山汉墓天井的开凿质量远高于墓室：天井四壁打磨平整，不见凿痕，裂隙处亦用特制的石料砌填；而主体洞室则凿得粗糙草率，壁面未凿平，许多石头未清除。发掘者对

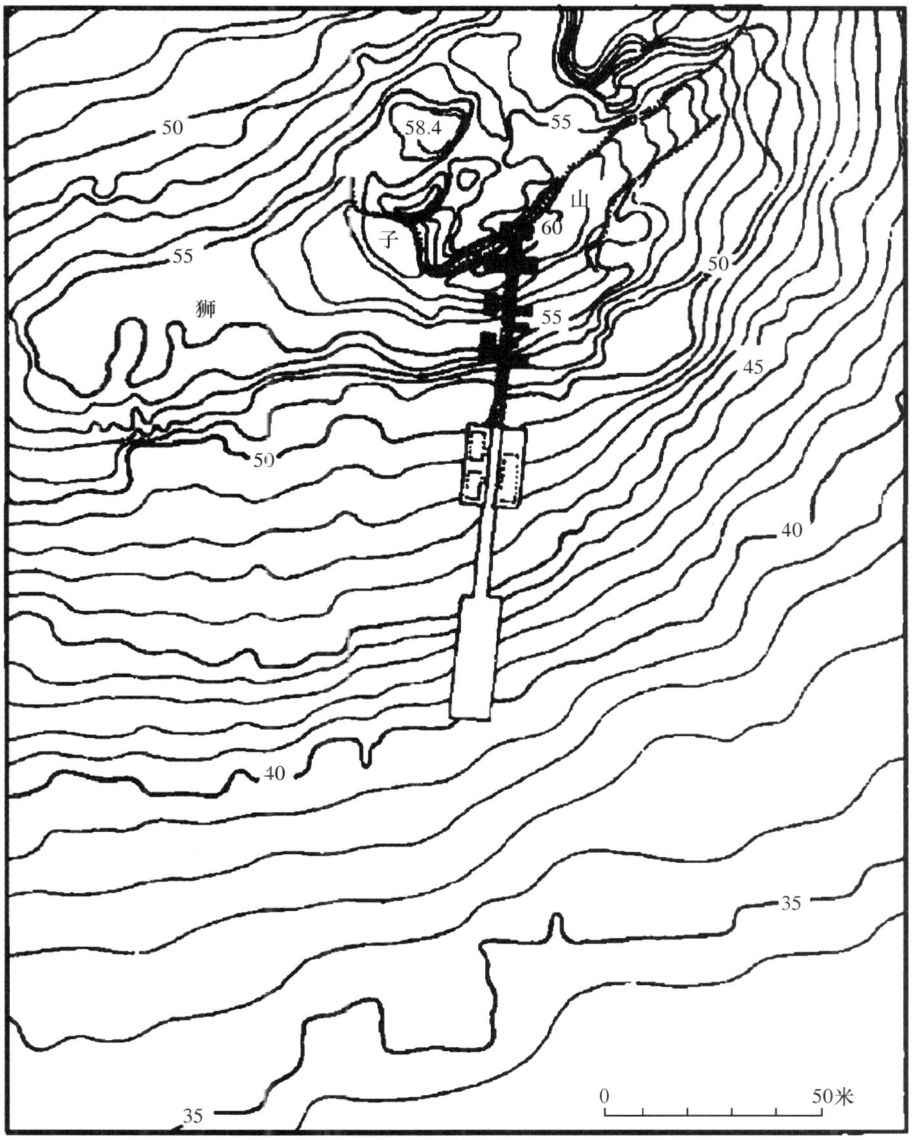

图四　狮子山汉墓地理位置图

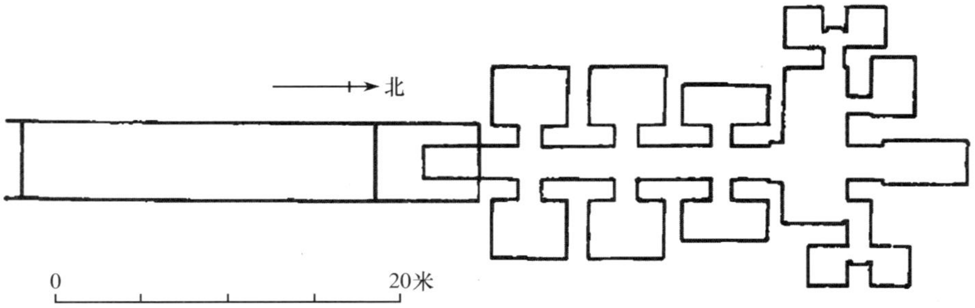

图五　驮篮山一号墓平面图

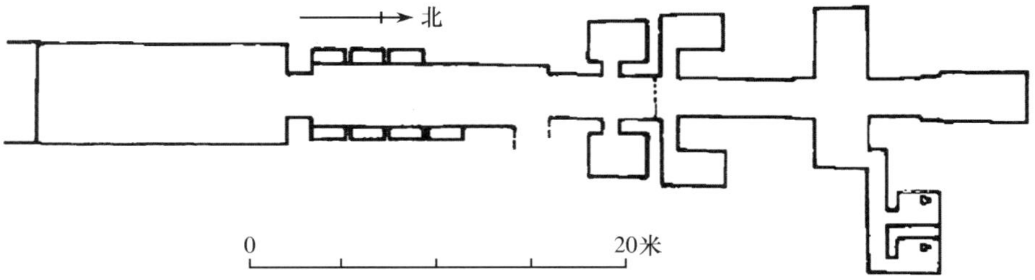

图六　北洞山汉墓平面图（附属建筑略）

此现象的解释是墓主猝死，该墓没能按照原设计要求凿完所造成[①]。这种解释经不起推敲。一般来说，营造一座这样的墓，需要开凿和打磨两道工序，具体施工时两道工序又可分为同步和不同步两种情况。如果该墓凿建时，开凿与打磨同步进行，则只要有足够时间开凿洞室，就有足够时间来打磨洞室，因为打磨并不影响开凿。如果时间紧张，至多是最后一个洞室受开凿作业面限制而没法打磨，而不会是整个主体洞室皆未打磨。反之，如果该墓修建时两道工序是不同步进行的，即彻底开凿完再打磨，则在第一道工序结束后，如果时间不多，常规是应先打磨主体洞室，而不应是先打磨天井。因此，如果天井与主体洞室确是一个整体，则以上两种情况都不会呈现出天井质量远高于主体洞室，那种认为墓主猝死，没有足够时间营建，造成“天井质量高，主体洞室质量低”的说法不成立。笔者认为，该墓的修筑应是经历了两个阶段，即先以天井作为主体墓室进行兴建，但在按原设计要求即将完工时，墓主或施工者发现不能达到既定的愿望或要求，遂在已修好天井的基础上，向里开凿若干洞室。开凿洞室属于前所未有的创举，所以各室的结构布局、形制式样具有随意性和不确定性，显得粗糙草率。

考虑以上两种因素，笔者认为狮子山汉墓当初可能是计划修建一座大型竖穴岩坑墓，即先在山坡岩体上凿一石坑，然后在坑内用木板或石块构筑墓室。但是在竖穴岩坑即将修好之际，修墓者可能发现某种重大缺陷而放弃初衷，于是更改图纸，二次施工，利用天井北壁已形成的垂直崖面，改竖直为水平，向山体内开山凿石，营建墓室。天井的质量甚高，恰恰印证了该墓当初实际上是想修建成一座竖穴岩坑墓。

究竟是什么原因使造墓者放弃已经打磨好的竖穴岩坑，而向里开凿狭小洞室作为主体墓

① 狮子山楚王陵考古发掘队：《徐州狮子山西汉楚王陵发掘简报》，《文物》1998年第8期。

室呢?根据发掘简报介绍，天井上部和南壁同一平面上凿有一周大小相似的长方形小石龛，北壁5个，东壁4个，西壁4个，四角各1个，一般宽25、高35、进深30厘米，底面平整，内壁斜刹，个别方洞内发现垫铁①。过去人们对上述现象一直无法理解。如果结合上文对天井成因的推测，这些小龛或为砌建岩坑石室券顶的基点，修墓者企图利用长条石或石板砌筑一个巨大石室，宛如北洞山汉墓的附属建筑②。但是，当工程进行至此，问题才开始显现，比如竖穴四壁成岩情况差，石质松软（硬度几乎与硬泥相似）③，四壁无法承托条石的压力，根本不能起券，更达不到“深埋厚藏”的防盗目的，等等。但是工程已进行大半，只好弃竖穴而求洞室。这样，带有废弃的竖穴岩坑的横穴崖洞墓出现了，这也就是今天我们看到的“大天井、小洞室”的平面格局。

综上所述，笔者认为狮子山楚王墓是目前已发现的唯一一座经过二次施工的诸侯王墓，天井是既定设计方案改变的产物，是竖穴岩坑墓在横穴崖洞墓中的孑遗。如果以上推论不谬，那么横穴崖洞墓起源或许与此有关。

二

横穴崖洞墓是指选择山腰或山麓向山腹内开凿，在山体里营造洞室的埋葬方式。目前在江苏、山东、河南、河北等地皆有发现，持续时间较长，贯穿西汉一代。这种墓葬一般一山开凿一两座墓，墓室面积多在100平方米以上，墓主身份为西汉诸侯王或王后。关于横穴崖洞墓的起源，主要有以下三种说法。《满城汉墓发掘报告》编写者认为是效仿文帝霸陵④，黄展岳先生从其说⑤；罗二虎先生认为与当时崖坑式“黄肠题凑”墓有密切关系⑥；宋治民先生则认为这类墓的出现和“横穴砖室墓”有关⑦。

“霸陵说”主要依据《史记·文帝本纪》所载文帝遗诏：“霸陵山川因其故，毋有所改。”但实际上文帝的“以山为陵”是从平地上挖坑，用石条砌成墓室，并非“凿山”⑧。况且霸陵的年代比西汉楚国横穴崖洞墓出现时间晚，即使其确为横穴崖洞墓，也与这种墓的起源无关。“黄肠题凑”说因个别回廊式结构崖洞墓与“黄肠题凑”结构相似就得出结论，“横穴砖室

① 狮子山楚王陵考古发掘队：《徐州狮子山西汉楚王陵发掘简报》，《文物》1998年第8期。

② 徐州博物馆、南京大学历史系考古专业：《徐州北洞山西汉墓发掘简报》，《文物》1988年第2期。

③ 资料存徐州市文物管理委员会。

④ 中国社会科学院考古研究所、河北省文物管理处：《满城汉墓发掘报告》，文物出版社，1980年，第10页。

⑤ 黄展岳：《汉代诸侯王墓论述》，《考古学报》1998年第1期。

⑥ 罗二虎：《试论西汉时期中原地区的崖墓》，《考古与文物》1991年第3期。

⑦ 宋治民：《战国秦汉考古》，四川大学出版社，1993年，第149页。

⑧ 刘庆柱先生在狮子山楚王陵出土文物座谈会上的讲话。见李春雷：《狮子山楚王陵出土文物座谈会纪要》，《文物》1998年第8期。

墓”说则仅因“横穴砖室墓”的“横穴”凿法与横穴崖洞墓相似就将两者联系起来。这两种说法都停留在简单比较墓室结构的层面上，未能从横穴崖洞墓的演变规律和发展沿革着眼进行综合考察，所以均没有说服力。

讨论“横穴崖洞墓”的起源，首先必须全面梳理已有的与此类墓葬有关的资料，按时代早晚排序，对墓葬形制特征进行比较分析。目前全国发现的横穴崖洞墓有：河南永城梁孝王夫妇墓（2座）①、河南永城柿园村汉墓②、河北满城中山靖王刘胜夫妇墓（2座）③、山东曲阜九龙山鲁王墓（5座）④和江苏徐州楚王陵墓（7处14座）⑤，共24座（表一）。除满城汉墓外，以上墓葬集中分布在苏北、鲁南、豫东一带，呈现出以徐州为中心的特点，且徐州地区有多座横穴崖洞墓营建于西汉文帝以前，另外三地的横穴崖洞墓年代皆在文帝以后。徐州地区发现的14座楚王陵墓，产生年代早，延续时间长，且形制各不相同，搞清其年代先后及内在发展规律，对于西汉横穴崖洞墓的研究将具有标尺意义。

表一　西汉横穴崖洞墓的墓主、卒年统计表

墓葬名称	墓主	卒年
河北满城陵山M1	中山靖王刘胜	武帝元鼎四年（前113年）
河北满城陵山M2	中山靖王王后窦绾	晚于刘胜若干年
曲阜九龙山M1	某代鲁王或王后	元光六年至建平三年（前129—前4年）
曲阜九龙山M2	某代鲁王或王后	元光六年至建平三年（前129—前4年）
曲阜九龙山M3	某代鲁王或王后	元光六年至建平三年（前129—前4年）
曲阜九龙山M4	某代鲁王或王后	元光六年至建平三年（前129—前4年）
曲阜九龙山M5	某代鲁王或王后	元光六年至建平三年（前129—前4年）
河南永城保安山MI	梁孝王刘武	景帝中元六年（前144年）
河南永城保安山M2	梁孝王之王后	武帝建元元年至武帝元朔六年（前140—前123年）
河南永城柿园村汉墓	某代梁王	西汉中期
徐州狮子山汉墓	某代楚王	西汉前期
徐州羊鬼山汉墓	某代楚王之王后	西汉前期
徐州北洞山汉墓	某代楚王	西汉前期
徐州桓山汉墓	某代楚王之王后	西汉前期
徐州驮篮山M1	某代楚王	西汉前期
徐州驮篮山M2	某代楚王之王后	西汉前期
徐州龟山M1	楚襄王刘注	武帝元鼎元年（前116年）
徐州龟山M2	楚襄王之王后	武帝元鼎元年前后

① 河南省文物考古研究所：《永城西汉梁国王陵与寝园》，中州古籍出版社，1996年。

② 河南省文物考古研究所：《永城西汉梁国王陵与寝园》，中州古籍出版社，1996年。

③ 中国社会科学院考古研究所、河北省文物管理处：《满城汉墓发掘报告》，文物出版社，1980年。

④ 山东省博物馆：《曲阜九龙山汉墓发掘简报》，《文物》1972年第5期。

⑤ 目前徐州地区已发现8处16座楚王（王后）陵墓。第一代楚王刘交墓为竖穴岩坑墓，王、后墓未发掘，因此，能确认为横穴崖洞墓的有7处14座。

续表

墓葬名称	墓主	卒年
徐州东洞山M1	某代楚王之王后	武帝太初四年至初始元年（公元前101—公元8年）
徐州东洞山M2	某代楚王	武帝太初四年至初始元年（公元前101—公元8年）
徐州东洞山M3	某代楚王之王妃	武帝太初四年至初始元年（公元前101—公元8年）
徐州南洞山M1	某代楚王	武帝太初四年至初始元年（公元前101—公元8年）
徐州南洞山M2	某代楚王之王后	武帝太初四年至初始元年（公元前101—公元8年）
徐州卧牛山汉墓	某代楚王	武帝太初四年至初始元年（公元前101—公元8年）

注：已经发现但未正式发掘的横穴崖洞墓还有河南永城的夫子山一号、二号墓，铁角山一号、二号墓和南山墓，这些墓葬所属墓主时代能够确认晚于梁孝王刘武，不影响我们对横穴崖洞墓起源的讨论，故本表从略

徐州发现的14座横穴崖洞楚王墓分别是：狮子山2座（包括羊鬼山汉墓1座[①]）、驮篮山2座、北洞山2座（包括桓山汉墓1座[②]）、龟山2座[③]、东洞山3座[④]、南洞山2座[⑤]和卧牛山1座[⑥]。根据《史记·汉兴以来诸侯王年表》和《汉书·诸侯王表》记载，受封于徐州的楚王一共有12代（表二），依照汉制，诸侯有封地者死后葬于封地，因此，这7处楚王陵墓应分属7代楚王。这7处楚王陵墓，只有龟山汉墓出土过表明墓主身份的印章，能够确定墓主为第六代楚王刘注[⑦]，其余陵墓多被盗掘或为空墓，缺少判定墓主的直接证据，为确定墓葬顺序带来一定难度。不过，以龟山汉墓为界，可以将以上7处汉墓分为前后两期。狮子山汉墓、驮篮山汉墓和北洞山汉墓属前期；龟山汉墓、南洞山汉墓、东洞山汉墓和卧牛山汉墓属后期。前期墓室普遍开凿工整，极力模仿地面建筑；后期洞室开凿变得潦草粗糙，在室内修建瓦木结构的建筑来模仿地面建筑，是横穴崖洞墓的衰落阶段。因此，搞清楚前期楚王墓排列顺序，将十分清晰地看到横穴崖洞墓的产生和发展轨迹。

---

① 羊鬼山汉墓在狮子山以北150米。2004年该墓被盗后，考古工作者进入墓室，对羊鬼山汉墓有较为全面的了解。该墓坐北朝南，南北长20、东西宽18、高3.5米，有9间墓室，面积150余平方米，结构与驮篮山汉墓相似。从该墓的形制和规模看，其墓主很可能是狮子山汉墓所葬楚王之王后。

② 桓山汉墓位于北洞山汉墓东近200米处。长期以来，学者根据《水经注》认为其乃桓魋石室，后经梁勇等先生考证，该墓应为北洞山楚王之王后墓。

③ 南京博物院、铜山县文化馆：《铜山龟山二号西汉崖洞墓》，《考古学报》1985年第1期；尤振尧：《〈铜山龟山二号西汉崖洞墓〉一文的重要补充》，《考古学报》1985年第3期；徐州博物馆：《江苏铜山县龟山二号西汉崖洞墓材料的再补充》，《考古》1997年第2期。

④ 徐州博物馆：《徐州石桥汉墓清理报告》，《文物》1984年第11期；孟强：《徐州东洞山三号汉墓的发掘及对东洞山汉墓的再认识》，《东南文化》2003年第7期。

⑤ 南洞山汉墓位于徐州市云龙区段山南麓。徐州博物馆曾于20世纪80年代早中期先后对该墓进行两次考古调查。资料现存徐州博物馆。

⑥ 卧牛山汉墓位于徐州市九里区火花村南卧牛山北坡。1982年2月发现，徐州博物馆会同铜山县图书馆进行清理发掘。资料现存徐州博物馆。

⑦ 尤振尧：《〈铜山龟山二号西汉崖洞墓〉一文的重要补充》，《考古学报》1985年第3期。

关于第一代楚王刘交葬地，文献有明确记载。《后汉书·郡国志》引《北征记》曰："（彭）城西二十里有山，山阴有楚元王墓。"《魏书·地形志》亦云：彭城有"楚元王冢"。《水经注·获水》则载："获水又东迳（经）同孝山北，山阴有楚元王冢，上圆下方，累石为之，高十余丈，广百许步，经十余坟，悉结石也。"这些著述的成书年代距西汉较近，记载应有所本，可信度较高。1997年7月，楚王山汉墓被盗，考古人员前往勘察，发现该墓为大型甲字形"凿山为藏"的石室墓，具有西汉早期楚王墓的诸多特征，如斜坡墓道，墓道长，甬道短，墓室不发达，附属墓室少等，墓中丰富的随葬器物也多具西汉早期特点，个别铜片上有"楚"等铭文，再加上该墓所占山体最为高大，位置在已发现诸陵最西，所以可确认该墓即为文献所载的刘交墓[①]。

第一代楚王刘交葬地既明，则狮子山、驮篮山和北洞山汉墓只能属于第二至第五代楚王。狮子山汉墓的形制在前文已详细论述过，为便于排列比较，现对驮篮山汉墓、北洞山汉墓的概况也略作介绍。

驮篮山汉墓为同茔不同陵的夫妻合葬墓，斜坡墓道，墓道南向，墓道长，甬道短，两侧有对称耳室。甬道内塞石为双层双列。墓室凿刻规整，墓顶形制多样，排水系统完善。北洞山汉墓墓道南向，墓室主体采用轴对称布局，左前方有一大片附属建筑。甬道较短，内有双层双列塞石。主体建筑各室涂抹平整，外髹漆并涂朱砂。这2座墓葬和狮子山汉墓的共同点颇多。首先，皆为"凿山为藏"的横穴崖洞墓。其次，均采用以墓道、甬道、前室、后室为中线，两侧墓室大致对称的布局。再者，三者皆墓道长、甬道短，甬道高宽均在2米左右，甬道内塞石均为双层双列，每组四石。三者究竟孰先孰后，下文将结合墓葬形制、出土遗物及墓主生平略作考证。

狮子山汉墓平面布局比例失调，各室功能不明确，开凿较为随意，皆体现横穴崖洞墓肇始阶段的特征，大天井更是早期楚王墓中所仅见，可能是竖穴墓在横穴墓中的孑遗，这些情况表明狮子山汉墓年代较早。但是，其墓主归属问题一直有争议。有的学者认为可能是第三代楚王刘戊[②]，有的学者认为应是第二代楚王刘郢（客）[③]，有的学者则认为刘郢（客）和刘戊都有可能[④]，还有的学者认为墓主应该是第五代楚王刘道或第四代楚王刘礼[⑤]。上述最后一

① 刘照建、梁勇：《徐州市铜山县楚王山汉墓群考古调查》，《汉代考古与汉文化国际学术研讨会论文集》，齐鲁书社，2006年，第253页。

② 韦正、李虎仁、邹厚本：《江苏徐州市狮子山西汉墓的发掘与收获》，《考古》1998年第8期；宋治民：《狮子山西汉楚王陵的两个问题》，《考古与文物》2000年第1期。

③ 耿建军：《试析徐州西汉楚王墓出土官印及封泥的性质》，《考古》2000年第9期；耿建军：《徐州狮子山西汉楚王墓开凿时间考析》，《东南文化》2000年第3期；梁勇：《从西汉楚王墓的建筑结构看楚王墓的排列顺序》，《文物》2001年第10期。

④ 狮子山楚王陵考古发掘队：《徐州狮子山西汉楚王陵发掘简报》，《文物》1998年第8期；韦正：《江苏徐州市狮子山西汉墓墓主的再认识》，《考古》2002年第9期。

⑤ 黄盛璋：《徐州狮子山楚王墓墓主与出土印章问题》，《考古》2000年第9期。

种观点的断代依据仅是墓内出土的“楚祠祀印”，学者多不认可。事实上《汉书·百官公卿表》记载有误，崔大庸先生已结合章丘洛庄汉墓出土的印章做了更正[①]。对于“楚祠祀印”的相关问题，也有学者进行过专门研究[②]，故本文不展开讨论。结合墓内出土遗物，我们认为狮子山汉墓墓主应为第二代楚王刘郢（客）。首先，该墓随葬器物质量高、数量多，仅玉器就出土200余件，既有精美的金缕王衣，又有与之配套使用的豪华玉棺，葬玉规格如此之高，显然墓主地位十分尊崇。第三代楚王是参加“七国之乱”的祸首，且兵败畏罪自杀，根据汉代法律对谋反诸王丧葬制度的规定，刘戊没有资格享用这样的殓葬玉器。而第二代楚王刘郢（客），自幼被其父派往长安学习，高后二年被任命为宗正（为九卿之一，掌管整个皇族的事务），封上邳侯，深得文帝宠信，且死时在位仅4年，文帝为表达哀痛之情，赐以玉衣、玉棺，厚礼葬之，正在情理之中。其次，该墓出土的钱币多为文帝五年以前的榆荚半两，这也暗示墓主生活在文帝五年以前（文帝五年始铸四铢半两）。另外，墓内出土的印章、封泥表明墓主拥有东海、薛郡，而根据《汉书·楚元王传》记载，景帝二年楚国被削东海郡、薛郡，仅余彭城一郡，又说明墓葬时代是在景帝二年以前，景帝二年以前在位的楚王是第一代和第二代，而第一代楚王刘交已确认葬于楚王山，因此狮子山汉墓墓主只能为第二代楚王刘郢（客）[③]。

驮篮山汉墓则布局严谨，结构匀称，各种功能的洞室配备齐全，开凿精工细致，室顶形制多样，且墓内具有完善的排水设施。整体来看，该墓的设计和修筑已十分成熟。但是该墓随葬器物规格低下，不见王级陵墓常用的玉器、铜器，甚至用泥饼代替钱币。前期工程浩大隆重，后期入葬简单草率，正符合第三代楚王刘戊兵败自杀，草草安葬的情况。因此，驮篮山汉墓墓主很可能就是第三代楚王刘戊。

北洞山汉墓规模与狮子山汉墓、驮篮山汉墓相当，但其形制却有新的发展，墓道由斜坡改为平底，侧室内出现墓柱，此皆为西汉后期楚王墓普遍采用的筑造形式，如龟山汉墓、东洞山汉墓、南洞山汉墓等。另外，北洞山汉墓在主体建筑外，又在左前方构筑一大片附属建筑，打破早期楚王墓轴对称的布局模式，而且附属建筑采用几个平面依次降低的设计，使这组庞大的地下建筑群主次分明、错落有致，较狮子山汉墓、驮篮山汉墓有较大进步。以上种种因素说明该墓时代较晚，墓主可能为第四代或第五代楚王。

至此，4座早期楚王墓顺序已大致排定，依次为楚王山汉墓、狮子山汉墓、驮篮山汉墓、北洞山汉墓。尽管目前对这4座汉墓分别对应的墓主存在一定争议，但是它们的先后排序已得

① 崔大庸：《“吕大行印”可证〈汉书·百官公卿表〉记载不确》，《中国文物报》2001年1月31日。

② 梁勇：《徐州狮子山楚王墓出土印章封泥与墓主的几个问题》，《秦汉文化比较研究》，三秦出版社，2002年，第714页；韦正：《江苏徐州市狮子山西汉墓墓主的再认识》，《考古》2002年第9期。

③ 其实，即使定狮子山汉墓墓主为第三代楚王刘戊，其下葬年代是景帝三年（前154年），也比目前发现的所有横穴崖洞墓开凿时间早，因此无论是第二代还是第三代，都不影响我们对起源问题的讨论。

到学者的普遍认同[1]。这4座墓葬形制的演变，清晰地展示出竖穴岩坑墓向横穴崖洞墓发展的轨迹。楚王山汉墓为“凿山为藏”的崖洞墓初始阶段，整体风格仍与先秦大型竖穴土坑墓相近，只是竖穴移到山上。狮子山汉墓有所发展，已具备横穴崖洞墓的基本特点，但主体洞室开凿粗糙，布局不合理，其天井仍具有竖穴墓的遗风。驮篮山汉墓在此基础上有较大发展，室顶形制多样，墓壁打磨光洁，出现完善的排水设施，成为横穴崖洞墓的典范。而北洞山汉墓在建筑上又突破驮篮山汉墓的限制，出现新的特点，墓道由斜坡改为平底，室内出现墓柱，且在左前方出现附属建筑，酝酿着向后期汉墓形制演化。

从目前已发掘的西汉诸侯王陵墓看来，其开凿有两种形式。一种是在山顶上开凿竖穴岩坑，然后在坑内构筑墓室；另一种则是沿山坡立面水平地向山腹内开凿洞穴，然后在洞内营建墓室。这两种不同的凿山造墓方法，都可以达到“凿山为藏”的目的。从全国范围来看，后一种出现的时间比前一种略晚，而从徐州地区楚王山汉墓向狮子山汉墓发展的过程中，可以看出后者就是由前者演变而来。因此，笔者认为西汉横穴崖洞墓起源于竖穴岩坑墓。

最后，结合汉代葬俗及狮子山汉墓天井成因对横穴崖洞墓产生的契机略作推论。首先，汉代盛行“事死如生”“深埋厚藏”的葬俗，但厚葬引起盗墓的盛行，为防止盗掘，楚王将建在平地上的竖穴土坑墓移到山上，营建成竖穴岩坑墓，使得横穴崖洞墓的产生具备了间接条件。其次，汉代兴建墓葬时，极力模仿地面建筑，而竖穴岩坑墓无法很好地满足这种要求，如前文已有论述的狮子山楚王墓，原本打算修成一座竖穴墓，且为了达到充分模仿地面建筑的需要，竖穴开凿尽可能高大宽敞，但是，宽敞的竖穴开凿后，却无法砌建室顶或者根本达不到理想的防盗效果，遂以天井北壁为立面向山体内开凿，这样横穴崖洞墓便产生了。因此，笔者认为横穴崖洞墓产生的契机是在汉代“事死如生”的观念支配下，在竭力模仿地面建筑营建墓室的过程中，受到自然条件和建筑技术影响而突然勃兴的。当然，一种新的葬制产生的原因非常复杂，它受到各诸侯国的政治背景、经济实力、地理环境、文化传统和风俗习惯等综合因素的影响，本文仅就墓葬本身进行初步探讨，不妥之处望专家指正。

表二　西汉楚王世系年表

序号	楚王	在位年限	在位时间	谥号
1	刘交	23年	高祖六年至孝文元年（前201—前179年）	元王
2	刘郢（客）	4年	孝文二年至孝文五年（前178—前175年）	夷王
3	刘戊	21年	孝文六年至孝景三年（前174—前154年）	
4	刘礼	3年	孝景四年至孝景六年（前153—前151年）	文王
5	刘道	22年	孝景七年至元光六年（前150—前129年）	安王
6	刘注	12年	元朔元年至元鼎元年（前128—前116年）	襄王

[1] 孟强、钱国光：《西汉早期楚王墓排序及墓主问题的初步研究》，《两汉文化研究》（第二辑），文化艺术出版社，1999年，第185页；梁勇、梁庆谊：《西汉楚王墓的建筑结构及排列顺序》，《两汉文化研究》（第二辑），文化艺术出版社，1999年，第196页；周保平：《徐州西汉楚王陵墓序列及墓主浅说》，《两汉文化研究》（第二辑），文化艺术出版社，1999年，第216—230页。

续表

序号	楚王	在位年限	在位时间	谥号
7	刘纯	16年	元鼎元年至天汉元年（前116—前100年）	节王
8	刘延寿	32年	天汉元年至地节元年（前100—前69年）	
9	刘嚣	25年	黄龙元年至阳朔元年（前49—前24年）	孝王
10	刘文	1年	阳朔元年至阳朔二年（前24—前23年）	怀王
11	刘衍	21年	阳朔二年至元寿元年（前23—前2年）	思王
12	刘纡	10年	元寿元年至初始元年（前2—公元8年）	

注：刘注以前依《史记·汉兴以来诸侯王年表》；从刘注以后依《汉书·诸侯王表》

（原刊于《考古》2006年第3期）

西汉楚王陵墓制度研究*

西汉初年，汉高祖刘邦统一天下，为巩固统治大封同姓王，公元前201年以韩信谋反为由，“废楚王信，囚之，分其地为两国。……立刘贾以为荆王，王淮东五十二城；高祖弟交为楚王，王淮西三十六城”①。从此，以徐州为中心的西汉楚国建立，自刘交始世代相传12代楚王，按照汉代制度，诸侯有封地者，死后葬于封地，因此这些分封于徐州境内诸侯王，一般均葬于今天徐州境内。近年来，经过考古工作者的努力，先后发现发掘一批墓室规模庞大、出土文物精美的西汉楚王陵墓群，全面展现西汉时期徐州政治、经济、文化和社会发展的诸方面，反映西汉诸侯王国的最新生产力发展水平和最高文化水准，被评定为中国20世纪100项重大考古发现之一，对于研究汉代政治、经济、文化具有特殊的意义，引起海内外学者广泛关注。

但是，多年来学者多注重墓葬形制和出土文物的研究②，对于西汉楚王陵墓制度及相关问题则鲜有论及。然而，陵墓制度的研究具有重要的意义，首先西汉楚王在制度层面有许多创新和变革，这是政治伦理制度在丧葬方面的反映，对于从新的视角研究汉代历史，加深对中国古代文明的认识，具有十分重要的意义；其次对于西汉帝王陵墓制度研究工作的开展也具有巨大促进作用，徐州西汉楚王陵墓体现制度层面诸多问题，构成西汉陵墓制度重要一环，探讨徐州楚王陵陵墓制度区域特征，确认其形成特殊的地域性承传因素，找出其中特定的内在规律性，进而能够为全面揭示汉代帝王陵寝的葬俗和礼制等相关问题提供有益参考；另外，研究西汉楚国陵墓制度，搞清楚西汉楚王陵墓发展演变的规律性，对于今后未发现的4处楚王陵墓的寻找，也具有十分重要的理论指导意义。籍于此，笔者拟结合已发现发掘的西汉楚王陵墓的相关资料，对西汉楚王陵墓制度方面的诸问题作初步讨论，不正之处尚望方家指正。

一、西汉楚王陵墓选址制度

近年来，徐州地区西汉楚国王陵发现和发掘的较多，自1981年正式发掘第一座楚王

* ［基金项目］本文为江苏省“六大人才高峰”第三批高层次人才资助项目“西汉楚王研究”阶段性成果之一。

① （东汉）班固：《汉书·楚元王传》，中华书局，1962年。

② 梁勇：《从西汉楚王墓的建筑结构看楚王墓的排列顺序》，《文物》2001年第10期；刘照建：《徐州地区大型崖洞墓初步研究》，《东南文化》2004年第5期；周保平、刘照建：《西汉楚王陵墓形制研究》，《古代文明》（第4卷），文物出版社，2005年。

墓——龟山汉墓以来，到目前为止，徐州地区累计已发现和发掘8处16座西汉楚王（后）陵，无论数量还是质量都居于国内前列，时代从汉初一直延续到汉末。已发现8处16座墓葬分别是：楚王山2座、狮子山2座、驮篮山2座、北洞山2座、龟山2座、东洞山3座、南洞山2座、卧牛山1座，除楚王山2座汉墓和狮子山之王后墓未经发掘，其余7处13座皆经过正式或非正式发掘。这些墓葬分布在徐州城的东、南、西、北方向，彼此之间距离远近不等，规模大小不同，均分布在徐州周围的山上，最远的楚王山汉墓位于徐州市西10千米的铜山县大彭镇楚王山北坡，最近的位于徐州市东郊狮子山主峰的南坡，一般与徐州市距离不超过10千米，围绕徐州呈环状分布，具有较强规律性，这与徐州周围多山的地理环境相一致，也是徐州楚王陵墓选址的首要特点。

徐州西汉楚王陵墓的选址在整体上有一定规律性，但是众多楚王陵墓之间排列顺序无章可循，缺乏统一规划，长期盛行的“昭穆之制”也并未体现。所谓“昭穆之制”，《礼记·中庸》曰：“宗庙之礼，所以序昭穆也。”简单地讲就是古代宗庙或墓地的辈次排序，其基本特征就是父子分列、孙祖同列，如《汉书·韦玄成传》所载“父为昭，子为穆，孙复为昭”的制度。究竟西汉时代是否实行昭穆制度，过去已有较多学者进行研究，有的学者根据文献记载认为西汉实行严格昭穆制度①，有的学者则断然否认②。考察徐州已经发现的8处楚王陵墓，或许能有助于问题的解决，试以西汉前期四座楚王陵墓为例说明。四座墓葬墓主归属尚存在疑义，但是其时代先后顺序则得到一致认同，一般认为其先后顺序为楚王山、狮子山、驮篮山、北洞山，其墓主分别可能是楚王山为第一代楚王刘交墓，狮子山为第二代楚王刘郢（客）墓，驮篮山为第三代楚王刘戊墓，北洞山可能为第四代刘礼或五代刘道楚王墓，四墓分别分布在徐州的西、北、东、东南方向，墓道朝向有东、南两种，从大的方位来看，这四座楚王墓不在一个版块，墓室朝向也各不相同，无法与昭穆之制相符合，显然不具备昭穆关系。因此从徐州西汉楚王埋葬特点来看，昭穆制度在西汉楚国确实并未实行。过去曾有同志按照“昭穆之制”的排列顺序，对已发现的楚王墓葬时代和墓主身份进行甄别断代，所得结论的科学性值得怀疑③。

徐州西汉楚王陵墓在选址上虽然没有整体规划，但是具体到每一位楚王的每一座单体墓葬，它们在空间环境中却表现出若干的共同特点。

第一，陵墓所在的山体，通常都是局部区域的中心，被周围若干山体所环抱，形成众星捧月之势；陵墓方向不固定，一般根据山势地形确定，陵墓前面地势开阔，远处正前方多有山，犹如墓之屏障；左右两侧常有阙山，遥相呼应，犹如陵墓两侧的门阙；陵墓周围一般有水环绕，形成山水相依的地形地貌。位于楚王山北麓楚王山汉墓群，西5千米有义安山，山体呈东

---

① 沈睿文：《西汉帝陵陵地秩序》，《文博》2001年第3期。

② 雷依群：《论西汉帝陵制度的几个问题》，《考古与文物》1998年第6期；黄展岳：《西汉陵墓研究中的两个问题》，《文物》2005年第4期。

③ 刘尊志：《西汉前三代楚王年龄及其墓葬浅析》，《两汉文化研究》（第二辑），文化艺术出版社，1999年，第238页。

西向，周围是平原，地势异常开阔，北侧古汴水（汉时为古获水）自西而来，绕山而东行，在楚王山北麓形成山水相依的地势，楚王山汉墓群即处于古获水南的楚王山北麓，正处于山水之间，形成枕山面水之势，与汉代“藏风聚气”的墓葬选址理念十分吻合，其他诸如狮子山、北洞山等楚王陵墓的地理情况大致相同，非常符合历来被视为风水说经典《郭璞古本葬经》《青乌先生葬经》等书记载的有关内容。汉代已经产生堪舆理论，然而这些理论应用于坟墓的记载较少，因此过去一般认为作为风水相地的葬术开始是魏晋时期，但是通过对楚王陵墓选址特点的分析，楚王陵墓的选址特点几乎就是这些葬经在实际生活中的运用，我们认为当时已经明显具有风水理念，并且在墓葬选址中已开始实际运用。

第二，我们注意楚王陵墓的选址另一特点是并非山体越大，墓室规模越大，相反是强调小山大墓，往往是不起眼的一座小山丘，山体内部恰恰埋藏着庞大的地下宫殿，几乎掏空了整个山体。徐州属丘陵地带，境内山峦起伏，海拔高低不等，一般山体不高，最高峰大洞山海拔才361米，但是楚王陵墓选址却并不在高山之上，一般选择低矮的小山丘，海拔一般在100米以下，多数50米左右，如驮篮山海拔69、狮子山海拔61、龟山海拔73.5、北洞山海拔54、东洞山海拔86.5米；楚王山虽然主峰较高，但墓葬却选址在山体尾部的一个小山头，连封土海拔仅54.1米；有的虽然海拔稍高，如南洞山海拔128米，但是墓葬却并非选择在山顶，而是在山的半腰营建墓室。这些山体并不高大的小山，在地形地貌上均符合上文提到的风水理论，遂成为楚王的首选目标，所以楚王陵墓在选址制度上并非注重山体高大，而是重视山体周围的环境。

第三，西汉楚国王陵选址特点还深受历史传统影响，并与西汉帝陵关系密切。汉代礼俗以西为上，《风俗通义》佚文称“俗说以西为上”，《论衡·四讳篇》云：“夫西方长老之地，尊者计立也，尊者在西，卑幼在东。”西汉王朝十一陵，以渭水为界，文帝霸陵、宣帝杜陵在渭水以南，其余帝陵均在渭水以北咸阳塬上，一般帝陵在西，后陵在东，布局已经形成定制。徐州楚王陵墓选址和布局方式与帝陵呈现出颇多相似特征，如位于徐州市西郊楚王山汉墓群，主墓所占山体最为高大，且陪葬墓数量多，自古以来都认为是第一代楚元王刘交墓，位置在已发现诸陵中最靠西，与文献记载相吻合。另外，已经发现楚王与王后合葬的诸陵，多数也是王陵在西，王后陵在东，位于徐州市东郊驮篮山南麓驮篮山汉墓，驮篮山有东西两个并列的山头，两墓均南向，其中西侧为楚王墓，东侧为王后墓；北洞山楚王墓位于徐州市东北10千米洞山南坡，其王后墓位于东南隅恒山，这种布局和排列方法几乎与西汉帝陵一致。

综上所述，西汉楚国王陵选址和布局方式深受帝陵影响，其布局特点几乎模仿帝陵，只是墓葬规模形制略小，彼此之间距离更近，同时根据徐州地区周围多山的特点，又在墓葬选址和营建上有所创新和发展，一般将陵墓营建在山上，每一座单体的陵墓所处空间环境都是经过精心选址规划，并且风水意识已经渗透其间，但是整体布局的特点是缺乏规划，长期盛行的昭穆制度消失。

二、西汉楚国王陵陵墓形制

徐州地区楚王陵墓均为“因山为陵”崖洞墓，多采用横穴之制，横穴崖洞墓是指选择山腰或山麓位置面对山冈横向开凿，在山体里营造洞室，模仿地面建筑布局及结构的埋葬方式。目前，在江苏、山东、河南、河北等地皆有发现，持续时间较长，贯穿西汉一代。此种形制的墓葬一般一山开凿一二墓居多，墓上或有封土或无封土，墓葬特点均为“凿山为葬，斩山为廓”的大型崖洞墓，墓室的营造是模仿地面现实生活中建筑，宅地化倾向明显，如同营建在山体里的地下宫殿。墓葬面积一般在100平方米以上，一般由前堂、后室、侧室、耳室等部分组成，墓室平面布局特征是早期追求中轴线对称结构形式，后期楚王墓的平面结构则灵活多变，不再讲求中轴对称，以求更加符合实际需要。墓室的顶部形制多样，有石砌拱券顶、抹角平顶、两面坡顶、四面坡顶、四角攒尖顶、拱形顶、盝顶和平顶几种，呈现出多样化的特征。

西汉楚国王陵一般为模仿地面宫殿的前堂后室为主的建筑结构，各个墓室的功用也与地面建筑相仿。北洞山汉墓由主体建筑和附属建筑两部分构成，这种主体建筑与附属建筑分开的做法，体现出地面建筑的等级制度，主体建筑有耳室、侧室、厕间及主室等计8间，附属建筑位于主体建筑左前方，有四进院落，有府库、庖厨、武库、乐舞厅、仓房、水井、柴房、贮藏室、厕所等11室13间，整个洞室既有墓主生活起居的主室，又有武库、仓库、乐舞厅、凌阴、厨房、水井、柴房、厕所等配套设施，功能十分齐全，完全是一处搬到地下的宫殿建筑。其次在北洞山楚王墓的主体建筑的甬道和各室的室顶及墙面还有二次装饰，均以石粉、黄泥等拌成黏合泥浆抹平，外髹漆抹朱砂，在墓室刚打开时，墓室四壁红彤彤的一片，整个墓室壁面极尽奢华。驮篮山楚王墓墓室内出现了厕所、浴室，厕所有蹲坑、踏板、靠背、扶栏及握手组成，沐浴室内砌有方形抹角浅池，浴池旁还雕有几何花纹，整个墓室雕凿细致平整，功能愈来愈齐全，更加生活化。龟山楚王墓开启了前、中、后三室的布局，出现了象征现实生活中的前厅、中堂、后寝，在甬道前端左侧还出现车马室。

另外，为生动形象地体现出各个墓室的用途，还在各室放置相应的器物，北洞山汉墓在乐舞室摆放形态各异的舞俑、乐俑及编钟、编磬、排箫、玻璃杯等，再现了墓主人生前歌舞娱乐的乐舞厅场景，柴房内则堆满木炭，在一地下室里发现大量炭化粮食，则表明是贮藏粮食的仓库；狮子山楚王墓侧室里放置甑、釜、灶等炊具，象征厨房，甚至设置专门的房间放置钱币、武器，象征钱库、武器库，正是由于这些大量随葬器物的存在，才充分表达出墓室的实际功用。

仿照宫室营建墓室的现象，东周以来开始出现，如《吕氏春秋·安死篇》言：“世之为丘垄也，其高大若山，其树之若林，其设阙为宫室，造宾阼也，若都邑。”《荀子·礼论》：“故圹垅，其貌象室屋也。”秦始皇陵甚至出现以“以水银为百川江河大海，机相灌输。上具天文，下具地理”[①]的地下宏大建筑。但是从古到今，建筑技术有一个从简单到复杂、从不完善到完善的逐步演变过程，有它自己特殊的发展规律，即使在帝陵建设中，陵墓的形制、规模、结构、材料、施工方法，也不能突破当时社会生产和工程技术的最高界限，因此东周以来的设想直到西汉楚国王陵才成为可能。

西汉初期礼仪葬制尚不完备，各地诸侯王为满足自己“事死如生”的愿望，积极探索新的葬式葬法，以致汉代虽然统一，但墓葬形制却差别较大，诸侯王使用的墓葬形制有横穴和竖穴两种类型，具体形制又有横穴崖洞墓、竖穴土坑墓、“黄肠题凑”墓等多种形制，这说明汉代虽然是一个等级森严的社会，但在武帝之前，各诸侯国的墓葬形制及墓葬制度可能经历了一段相对自由的发展时期[②]。正是在这种历史条件下，分封于徐州的楚王结合本地区实际情况，创新出横穴崖洞墓这一新的墓葬形制。目前尚未发现诸侯王以下的列侯使用这一葬制，因此能够认定横穴崖洞墓的埋葬方法是西汉诸侯王特有葬制。

关于横穴崖洞墓的起源问题，长期以来学者说法不一，有人据文帝“霸陵山川因其故，无有所改”，遂以为各地崖洞墓皆效仿文帝霸陵[③]。其实，崖洞墓非自文帝始，在文帝霸陵以前楚国已经开始使用此种葬制，文帝霸陵之产生当与楚王有很深的渊源关系。

楚国第一代楚王刘交葬于徐州西郊楚王山，文献有明确记载，应无多大疑义。第二代楚王刘郢（客），其墓葬归属尚存在争论，有狮子山汉墓[④]和北洞山汉墓[⑤]两种说法，两座墓葬都是典型横穴崖洞墓，因此关于墓主归属问题虽然存在分歧，但并不影响我们对其起源问题的讨论。这两代楚王分别下葬于前179年和前175年，皆比文帝下葬时间（前157年）早，文帝的葬俗理念不能不受二者影响，这一点我们可以从两代楚王与文帝之间的关系略作探讨。

楚元王刘交为刘邦同父异母弟，秦末战争中随刘邦征战南北，立下汗马功劳，被封为文信国君，是刘邦贴身心腹，“常侍上，出入卧内，传言语诸内事隐谋”[⑥]。高祖六年被封为楚王，都彭城，辖彭城、薛郡、东海三郡三十六县。元王在西汉早期地位极为尊崇，享有崇高威望，以致代王刘恒（文帝）即皇帝位时，还辞让说：“奉高帝宗庙，重事也。寡人不佞，不足以称。愿请楚王计宜者，寡人弗敢当。”[⑦]而且元王之子刘郢（客）也受到“爵比王子”的待遇，常侍于文帝左右，高后二年（前186年）被任命为宗正，掌管整个皇族的事务。刘郢（客）于文帝二年（前178年）嗣楚王位，也是由文帝做主的。可见，无论第一代楚王还是第二代楚王与文帝关系皆非同一般。

---

① （西汉）司马迁：《史记·秦始皇本纪》，中华书局，1982年。

② 韦正、李虎仁、邹厚本：《江苏徐州市狮子山西汉墓的发掘与收获》，《考古》1998年第8期。

③ 中国社会科学院考古研究所、河北省文物管理处：《满城汉墓发掘报告》，文物出版社，1980年，第10页。

④ 刘照建、张浩林：《徐州狮子山汉墓墓主考略》，《东南文化》2001年第7期。

⑤ 邱永生、茅玉：《徐州北洞山西汉王陵考略》，《徐州师范学院学报》1989年第3期；邱永生、茅玉：《徐州北洞山西汉王陵考略（续）》，《徐州师范学院学报》1989年第4期。

⑥ （东汉）班固：《汉书·楚元王传》，中华书局，1962年。

⑦ （东汉）班固：《汉书·楚元王传》，中华书局，1962年。

两代楚王均使用“因其山，不起坟”的崖洞墓，这种葬制既充分满足当时“深埋厚藏”的防盗需求，又极尽模仿地面建筑之能事，因此一经出现，便得到普遍认同，并迅速被各地诸侯王所袭用。这一切无疑也深深地影响到文帝，因此文帝“凿山为藏”并非空穴来风，其风源当在楚，正是在楚的影响下，文帝才产生“以北山石为廓，用纻絮斫陈其间，岂可动哉”的念头[①]。而且徐州地区地处黄河中下游，秦汉时期这一地区政治、经济、文化十分发达，许多新事物都是首先从这里开始，然后影响到全国各地，诸如汉代玉枕、玉棺等皆是从徐州兴起，然后向全国传播的，横穴崖洞墓自不例外。

西汉楚王陵墓采用“因山为陵”的葬式葬法，产生时间早，延续时间长，形成完整序列，但随着西汉国力的兴衰、科技的进步，楚王墓的墓室结构也在发生着明显的变化，主要原因大概如同史书所载的那样，武帝死前十来年，由于对四边开拓不已，挥霍无度，文景时期积累的财富已消耗殆尽，整个社会经济实力下降，遂无力营建像驮篮山汉墓、北洞山汉墓这样的大型崖洞墓了。但是西汉楚王开创的横穴崖洞墓葬制，却对后代帝王陵墓的营建产生了深远的影响，在唐代18座帝王陵墓中就有14座采用“因山为陵”葬式[②]，一直到明清，帝陵依山傍水的建筑方式还是西汉楚国“因山为陵”的延续和发展。

三、西汉楚国王陵器物随葬特点

西汉时期厚葬盛行，除了修建宫室一样的地下宫殿外，还随葬大量的器物，《礼记·中庸》记载：“事死如事生，事亡如事存，孝之至也。”近年来考古发掘的西汉楚王墓葬，出土了大量的精美文物，其中狮子山楚王墓虽经过盗掘，仍然出土文物2000余件，被评为1995年十大考古发现之一，西汉楚国厚葬由此可见一斑。但是由于汉代是漫长的封建社会的肇始阶段，尚未像周制那样形成明确的器物随葬制度，然而汉代随葬制度又绝不是自由随意的，有着严格的等级界限，通过对徐州西汉楚王陵墓随葬器物的特点分析，或可进一步明晰汉代葬制的有关问题。

西汉楚王陵墓的随葬品形制复杂，数量众多，有实用器物和殉葬明器两大基本类别，随葬器物按质地来分有铜器、玉器、陶器、釉陶器、瓷器、铁器、漆器及其他杂器，西汉200余年里，这些随葬器物在不同时期文化面貌、组合特点也不断发生变化。首先，西汉早期随葬器物精美，大型实用器物数量多，仿铜陶礼器仍占重要地位，这一时期还有浓厚的周秦文化的烙印；其次，大量随葬钱币，北洞山汉墓出土5万余枚，狮子山楚王陵出土有17万余枚，以半两钱为主；以陶俑随葬也是本期的重要特色，陶俑大小不一，种类繁多，有兵马俑、仪仗俑、乐

① （东汉）班固：《汉书·文帝纪》，中华书局，1962年。

② 刘向阳：《唐代帝王陵墓》，三秦出版社，2003年。

舞俑等；印章封泥出土较多，封泥有楚国宫廷职官、楚国军队职官、楚国属县职官[①]，这是西汉早期诸侯国力强盛，在王国内享有铸币、军事和官吏任免权等在丧葬领域的深刻反映。西汉中后期由于景帝推行削藩政策，使得楚王国经济实力显著下降，尤其是七国之乱之后，楚国的权力受到进一步削弱，楚国王陵的随葬器物档次和质量有所降低，以俑坑形式随葬现象已经不见，但“以玉殓葬”的现象一直延续，成为西汉楚国王陵的重要特征，并形成完善而又复杂的玉殓葬组合，构成鲜明的地域特色。

以玉殓葬在大汶口文化墓葬中已经出现，并在良渚文化中获得重大发展，商周时期一些地区也一直继续使用，但是真正形成以玉衣为中心的玉殓葬组合则是西汉时期的楚国。玉殓葬在楚国出现并流行，有着深刻的社会背景和思想背景，首先由于玉石具有特殊的物理性质，玉质温润缜密，外表晶莹剔透，其外表和内涵符合古代人审美和思想情趣，成为上古“绝地天通”的中介，到汉代，又受儒家“贵玉”思想影响，披上一层神秘外衣，随着对玉认识的逐步深入，西汉刘向《说苑》提出玉有“六美”之说，东汉许慎在《说文解字》提出了玉有仁、义、智、勇、洁五种德的“五德说”，对先秦以来形成的贵玉思想进行归纳和总结，体现了汉代贵玉的思想观念具有广泛社会基础。还有由于玉具有难以磨损和腐烂的特点，人们认为将玉和死者放在一起，能够保持尸体的长鲜不朽，如《后汉书·刘盆子传》记载赤眉军曾发掘西汉诸陵，“有玉匣殓者率皆如生”，虽然事实并非如此，但正说明汉代对玉的迷信和崇拜；《西京杂记》云：“汉帝送死，皆珠襦玉匣，匣形如铠甲，连以金缕。武帝匣上皆缕为蛟龙鸾凤龟鳞之象，世谓为蛟龙玉匣。”这都充分说明以玉殓葬在汉代的盛行和普及。另外，西汉时期楚国国力雄厚，经济文化十分发达，一度处于全国领先地位，为楚王丧制的变革提供雄厚的物质基础，有条件将先进的生产技术和加工工具应用到玉器的制作上，产生精美绝伦的玉衣和玉棺，形成以玉衣为中心的玉殓葬制度，用玉的质量和数量达到无以复加的地步，将发源于新石器时代的葬玉制度推向顶峰。

近年来，在徐州附近的发掘的狮子山楚王墓、北洞山汉墓均随葬了玉衣及其相关的殓葬玉器，徐州的西汉楚王随葬玉器种类有礼仪用玉、装饰用玉、生活用玉、丧葬用玉，玉殓葬组合有玉衣、玉棺、玉枕、玉塞、玉握。其中最富有特色是玉衣，所谓玉衣，即是用玉片连缀而成的衣服，专门为死者殓葬时穿着，其外形和人体形状一样，分上下两身，由头部、上衣、裤筒、手套和鞋五大部分组成，流行于两汉，使用者一般汉代皇帝和高级贵族，是玉殓葬发展的高峰之作，成为汉代最富有特色的葬玉。玉衣在使用中，往往与其他殓葬玉器配套使用，《抱朴子内篇·对俗》云：“金玉在九窍，则死者为之不朽。”徐州出土玉衣数量较多，有金缕、银缕、铜缕等不同种类，目前已经发现的玉衣以狮子山楚王墓出土最为精美，玉片的角上穿孔，用黄金制成的丝缕把它们编缀，故称“金缕玉衣”，玉衣总共用玉片4248片，穿缀玉片用的金丝1576克，堪称世界上最精美的玉衣。流风所及，甚至一些诸侯王级别以下的墓葬如火山刘和墓也用玉衣殓葬。楚王使用制作玉衣作为殓葬衣服，并以玉衣为中心，形成一套完备的玉

---

① 王恺：《狮子山楚王陵出土印章和封泥对研究西汉楚国建制及封域的意义》，《文物》1998年第8期。

殓葬制度，改变长期盛行的殓葬习俗，反映了汉代丧葬礼俗及仪节发生了很大的变化。

西汉楚国殓葬玉器十分发达，玉衣产生时间早，在诸侯国中处于领先地位，从早到晚经历了一个发展变化过程，早期出现完整的玉衣和玉棺，不过未形成定制，狮子山楚王陵随葬的能够明确是金缕玉衣。但是驮篮山汉墓却一片玉片也没有发现，这说明西汉中期以后（甚至早期偏晚），由于诸侯王国的叛乱和削藩制的推行，诸侯王国的玉衣殓葬制度也发生了很大改变，玉衣的使用范围受到严格控制，西汉后期虽然玉衣葬制继续使用，但范围已经缩小。

西汉楚王使用的玉衣殓葬之制，对当代和后世都产生了深远的影响，用玉殓葬一直是两汉葬俗中重要内容，全国各地也相继出现数量较多、质地不同的玉衣，发展到东汉，在玉衣使用上还形成完整的等级制度，不同材料编缀而成的玉衣表示死者身份的高下等级，《后汉书·礼仪志》记载皇帝死后用金缕玉衣，诸侯王、列侯始封、贵人、公主使用银缕玉衣，大贵人、长公主使用铜缕玉衣，一般大臣或诸侯非经皇帝特赐不得用金缕。

四、西汉楚国王陵陵园制度

陵园是陵墓的地面建筑，起源于何时，文献没有明确记载，但是大约在春秋战国时期，在全国许多地方开始出现，进入汉代，除继承原有的陵园建制外，又出现许多新的特点。

徐州地区的楚国王陵发现众多，但是到目前为止，尚未发现如河南永城那样规模庞大、布局完整的西汉梁国王陵与寝园[①]，不过近年来在楚王陵墓附近也发现大量的建筑遗迹现象，表明陵园建筑确实存在。至于陵园形制规模和整体布局特点，可能会与帝陵和其他诸侯王陵有所不同，在汉代前期，诸侯王墓室形制有别，陵园建筑也应各有特色。目前徐州地区的楚国王陵附近发现大量遗迹现象，尚不能完全复原其形制规模，但基本能够梳理出楚国王陵陵园的布局和包含内容，因此本部分重点探讨西汉楚王陵园内的几个重要组成部分的发展演变特点，以求初步把握西汉楚王陵园制度特点。

陵园内主要建筑群为"寝园"，"寝园"名称始于西汉，寝园中主体建筑包括寝殿、便殿等。寝园位置，据蔡邕言："古不墓祭，至始皇出寝，起于墓侧，汉因而弗改。"《汉官仪》也说："古不墓祭，秦始皇起寝于墓侧。"这说明寝园当位于墓侧，梁孝王陵的寝园即位于墓之左侧。徐州博物馆在楚王山汉墓调查中，发现M1左侧亦有南北狭长台地，台地南北长约90、东西宽40米左右，呈从南向北降低的趋势，台地大小与梁孝王寝园规模相当。在调查时适逢当地大批动迁楚王山汉墓保护区的现代墓葬，在台地上又发现数量较多的板瓦、筒瓦碎片，其中以台地西南部最为集中。此外从东侧流水冲刷断面可以看出，此台地系人工夯筑而成，初步推断此台地即为楚王山汉墓群的主体建筑——寝园的遗址。另外，驮篮山二号墓南侧还发现石砌基础，推测应为陵园建筑的遗迹，惜未进行正式的考古调查。

① 河南省文物考古研究所：《永城西汉梁国王陵与寝园》，中州古籍出版社，1996年。

陵园的另一个重要组成部分是从葬坑，从葬坑一般分布在陵园内外，如秦始皇陵陵园四周，分布大量从葬坑，内容丰富，形制多样，是现实生活的真实写照。西汉楚王陵园内从葬坑近年来发现较多，1984年在狮子山楚王陵以西400米发现兵马俑坑，计有各种俑坑6条，各类陶俑4000件[①]。近年来，在羊鬼山以东及其附近的区域发现大小俑坑和各类器物坑10余处，2004年8月在配合江苏省高速公路指挥部建设的考古调查中，发现2处坑，坑内有大陶瓮、陶俑、陶匜、漆耳杯等，大部分为仪卫俑，少部分为官吏俑。2004年在驮篮山汉墓附近地表的调查中，考古工作者在驮篮山一号墓南约100米的台地上，发现3条从葬坑，呈正南北方向，坑上原有瓦片覆盖，出土器物有乐俑、侍俑、官吏俑、陶磬、陶鼎、铁夯、铁锸等[②]。楚国王陵从葬坑规模虽然大为缩小，但是内容较为丰富，尤其以兵马俑形式随葬，还是诸侯王国中较为少见的现象，体现楚王国实力不同凡响。从葬坑早期普遍存在，中期以后楚王陵园内消失，但是在中小墓葬中产生影响，俑坑随葬范围不限于王陵，在徐州顾山汉墓等中小墓葬中也有发现。

西汉一代，陪葬现象流行，陪葬墓一般位于陵区附近，并辟有专门茔地，能够在帝王陵区陪葬是一种特殊的荣耀，帝陵一般分布在东司马道南北两侧，少数在帝陵以北，墓主多为功臣或贵戚，这种特点在西汉楚国早期陵园建制中得到高度模仿。早期第一代楚元王刘交陵位于徐州西郊楚王山北麓，经过考古调查发现4座汉墓，其中M1规模庞大，位于山体尾部，M2在其北50米，距离较近，应为王和王后墓，M3、M4在M1、M2以东，相对距离较远，规模较小，应为陪葬墓，陪葬墓分布在陵园以北以东，方位特点与帝陵一致，其布局规划几乎是帝陵的翻版。近年来，先后在狮子山汉墓、北洞山汉墓、龟山汉墓附近发现绣球山汉墓、后楼山汉墓群、丙长翁主墓，均为竖穴崖洞墓，这种形制为列侯以下葬制，时代与附近王陵较为接近，应为楚王陵墓的陪葬墓，墓主多为楚王家族成员或近臣。但是这些墓葬分布规律已经发生了很大变化，不在按照原来帝陵以东的规律分布，主要原因是楚国王陵方向不固定，当然陪葬墓也不可能与传统保持一致。另外，我们注意到，在实际工作中，有些同志发现在某座小墓出土了刘氏印章，即与附近某位楚王相联系，认为是楚王墓的陪葬墓，其实这样简单推定有些牵强，因为陪葬墓分布范围一般在陵园内外，相隔距离不会太远。

墓上建筑在商及战国墓葬上曾出现，但是汉代墓上建筑的有无，一直存在疑义，根据西汉楚王墓的发现情况推断，我们认为墓上建筑应该存在，并且是陵园建筑的一个组成部分，但不是所有的墓葬都存在。以楚王山调查材料为例，楚王山从西向东一共发现四座汉墓（编号为M1—M4），除M2以外，其余三座汉墓均有墓垣，墓垣用青条石垒砌而成，后被村民破坏，据当时参与扒石的村民介绍：在M1、M3、M4墓道上有条石垒砌的台阶，台阶两侧有石制扶手，M1台阶位于封土东侧，这些台阶显然是供登临墓顶之用，而且墓葬顶部平坦，具备修造墓上建筑的可能，推测墓葬封土顶部可能有享堂之类的建筑。近年考古调查在楚王山M1顶部还发现瓦片，在M1墓道一侧还发现镶嵌扶手的凹槽，进一步证明墓上建筑存在。但是我们也注意到，更

① 徐州博物馆：《徐州狮子山兵马俑坑第一次发掘简报》，《文物》1986年第12期。

② 夏凯晨、刘玉芝：《徐州景观》，中华书局，2005年，第63页。

多的楚王陵墓采用“因山为陵”的葬制，以山体作为坟丘，山顶山石嶙峋，崎岖不平，又没有覆盖封土，根本不具备建筑的条件，显然不可能存在墓上建筑。因此，我们认为汉代甚至以前，墓上建筑应该存在，但不是普遍现象。

至此我们可以总结出楚王陵园制度上一些特点，诸如每一座西汉楚王墓都存在独立的陵园区，彼此之间距离较大，没有两位楚王共处一个陵园区的现象，陵园规模庞大，园内设施众多，主要有兵马俑坑、器物坑、陪葬墓、排水沟、封土、墓垣等，所包涵内容与帝陵大致相同，但随着时代发展而不断变化，早期陵园规模庞大，陵园内设施众多，从葬坑、陪葬墓、墓上建筑均一应俱全，中期以后逐渐减少，甚至消失。虽然陵园建筑是都城宫殿的忠实翻版，但是西汉楚国陵园并没有按照面南背北这一传统模式，相反西汉楚国陵园在方向选择上没有固定格式，主要原因是选择“因山为陵”构建墓葬，在选择上受到地形限制，只能以风水是否优越为主要前提，放弃面南背北的大原则，这是西汉楚国在陵园制度上因地制宜的灵活运用。

以上通过对西汉楚王陵墓选址、形制特点、随葬器物、陵园制度等四个方面的研究，我们发现西汉时期分封于彭城的楚王在陵墓制度上既有继承又有创新，已经形成鲜明的时代风格和地域特点，并对当时和后世产生了深远的影响，这是我们对西汉楚王陵墓制度的初步认识，事实上陵墓制度非常复杂，包含内容十分丰富，诸如包括祭祀管理、陵邑体制、守陵制度等许多问题，但是由于徐州地区的楚王陵墓除北洞山发掘报告出版外，其余陵墓仅有简报发表或零星介绍，多数墓葬材料未向外界正式公布，使得综合研究受到极大限制，因此本文仅就西汉楚国王陵制度层面相关问题作初步探讨，所得到结论也有一定的局限，以后随着楚国王陵相关详细资料的公布，我们将再进一步作具体深入的讨论，以求彻底搞清楚西汉楚国王陵陵墓制度的相关问题。

（原刊于《徐州师范大学学报》2008年第6期）

河南保安山二号墓凹槽作用考辨

位于河南省永城市芒山镇的保安山二号汉墓，墓主为西汉梁国的梁孝王或王后，1992年9月河南省文物考古研究所对该墓实施考古发掘，由于墓葬屡经盗掘，出土遗物甚少，但是该墓规模庞大，结构复杂，墓室数量众多，对于汉代建筑学的研究具有十分重要意义。1996年河南省文物考古研究所编辑出版《永城西汉梁国王陵与寝园》（本文所引用保安山二号墓资料，如无特殊说明，均出自该书）一书①，书中对保安山二号墓墓内各室的名称和功能进行详细考证，笔者以为是科学合理的，但是文中对墓室中三个凹槽作用的认定，则值得商榷。

三个凹槽分别位于墓室的前庭、前室、后室（图一），在整个墓室中位置显著，且面积较大，认定其性质对于此类大型横穴崖洞墓营建过程复原研究具有重要意义。为便于叙述，分别将前庭凹槽编号为A1，前室凹槽编号为A2，后室凹槽编号为A3。A1平面形状较特殊，呈“凸”字形，东西长13.05—13.2、南北宽4.7—4.8、深1.3米（图二），其中西部凸出部分东西长2.15—2.25、南北宽3.15—3.2、深0.45米，底部东段呈东高西低的斜坡状，坡长3.25米，坡度14°，坡底有西南—东北向的自然裂隙。A2位于前室地面中西部，呈长方形，四壁较直，平底，东西长5.6、南北宽4.4、深0.4米（图三）。A3位于后室的中西部，平面呈长方形，东西长5.15—5.2、南北宽4.35—4.4、深0.5—0.55米，四壁垂直，底部低平。

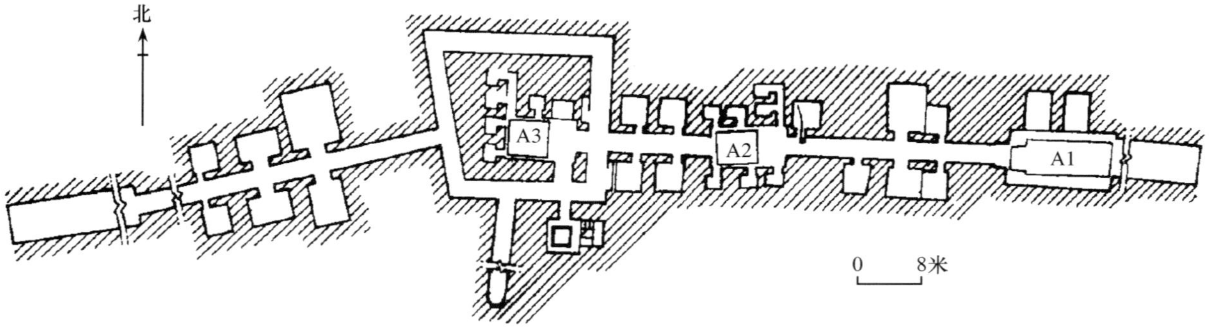

图一　保安山二号墓前庭凹槽A1、前室凹槽A2、后室凹槽A3位置示意图

根据汉代宫室建筑的布局特点，编者将A1、A2、A3所在的各室，分别定名为前庭、前

① 河南省文物考古研究所：《永城西汉梁国王陵与寝园》，中州古籍出版社，1996年。

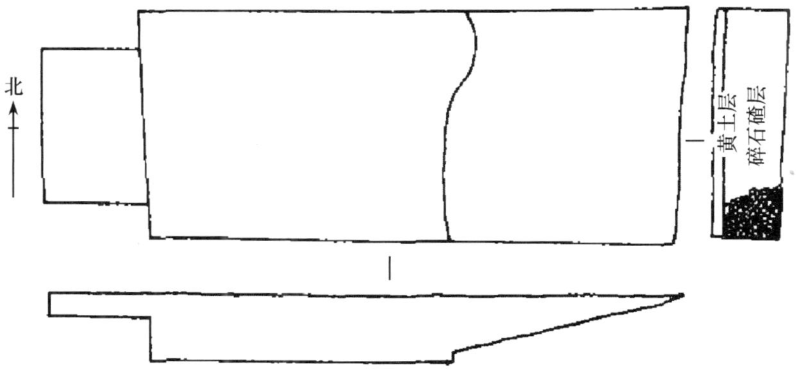

图二　保安山二号墓前庭凹槽平、剖面图

图三　保安山二号墓前室凹槽平、剖面图

室、后室，笔者对此无甚疑义，但是编者在文中进而对三个凹槽的作用推断则似乎欠妥，认为A1即为象征迎送宾客的踏道，东半部的斜坡应为出入庭院的踏道，西端突出部分是进入墓室（宫殿）的台阶；A2则象征墓主人接待宾客、宴饮和生活场所——堂；A3则未作说明。此种提法较为牵强，有进一步讨论之必要。

诚然，汉代信奉“事死如生”的丧葬观念，认为人“生前所需之，死后亦需之”，在修墓时模仿地面建筑的做法盛行，横穴崖洞墓能够最大程度模仿地面建筑，充分满足墓主人之需要，因此西汉一代的中山国、梁国、楚国、鲁国均流行此种形制的墓葬，已经发掘的墓葬有河北满城汉墓[①]、曲阜九龙山汉墓[②]、徐州西汉楚王墓[③]，这些墓葬均采用“依山为陵”方式修建规模庞大的横穴崖洞墓，在山体深处开凿巨大空间，营建功能清晰完善的墓室，有起居室、乐舞厅、柴房、仓库、厨房、厕所一应俱全，犹如一座修建在山腹中的宫殿。有的墓葬为充分体现墓室的功能，还在墓室中放置一些具有象征意义的器物，如狮子山的侧室E1中放置灶、釜、甑、勺等象征厨房[④]，龟山汉墓南甬道耳室中放置跽坐俑、车马器象征车马室[⑤]，北洞山汉墓附属建筑第五室中放置乐舞俑、乐器象征乐舞场所[⑥]，甚至还有在墓室内搭建建筑来模拟地面建筑的现象[⑦]，但是目前在全国已发现的崖洞墓中，尚未发现有开凿凹槽来表达象征意义的做法，即使在横穴崖洞墓发展十分成熟完善的徐州地区，也未发现这种现象。况且，如果凹槽确实具备象征意义，那么已经开凿的偌大空间，完全能够起到象征前庭、前室、后室的作用，全国各地横穴崖洞墓亦确实多是采用如此做法，根本没必要多此一举再挖凹槽，纯属画蛇添足。再者，如果硬要绝对地模仿地面建筑的话，也不应凿成凹槽状，而应该预留高台，这样的模仿才更为逼真地接近现实，因为先秦至汉盛行高台建筑，地面建筑——堂即建在高出地面的台基上。所以书中认为凹槽象征作用的说法不准确，A1、A2、A3作用并不是仅仅具有象征意义。

此外，我们注意到凹槽内堆积具有一定规律性，A1堆积分为上下两层，上层厚0.17米，为黄色细土，经过夯打，夯层厚0.07—0.1米，夯窝直径0.07米；下层为碎石块和石碴，大小不一，可能是营建此墓时的废石料填充在这里，碎石层下有一层厚0.07米的黄土垫底。A2、A3内堆积与A1基本相同。从上层经过夯打，下层为废弃的废石碴堆积来看，说明是刻意为之，如果凹槽具备编者所言的象征意义，根本就不应该回填。这就给我们传递这样信息，三个凹槽在墓室修建结束后，在整个墓室中已不具备任何实用功能，甚至连象征意义也不具备，至少在修墓者看来，三个凹槽已成为多余无用的摆设，且有碍观瞻，于是修墓者才统一组织回填，以保持室内整齐。有意地回填处理，也反证三个凹槽并不具备编者所言的象征意义，因此，关于三个凹槽性质，我们认为确实系有意为之，但并非如编者所言，起到象征前庭、堂、后室的作用，而是另有他用，是在墓室修筑过程中起到防排水作用的辅助设施。

我们知道，古代帝王厚葬现象突出，修建陵墓规模庞大，所用时间很长，一般即位后便开始修筑陵墓，《晋书·索琳传》云“汉天子即位一年而为陵……”，秦始皇为自己修建陵园，

---

① 中国社会科学院考古研究所、河北省文物管理处：《满城汉墓发掘报告》，文物出版社，1980年。

② 山东省博物馆：《曲阜九龙山汉墓发掘简报》，《文物》1972年第5期。

③ 刘照建：《徐州地区大型崖洞墓初步研究》，《东南文化》2004年第5期。

④ 狮子山楚王陵考古发掘队：《徐州狮子山西汉楚王陵发掘简报》，《文物》1998年第8期。

⑤ 南京博物院、铜山县文化馆：《铜山龟山二号西汉崖洞墓》，《考古学报》1985年第1期；徐州博物馆：《江苏铜山县龟山二号西汉崖洞墓材料的再补充》，《考古》1997年第2期。

⑥ 徐州博物馆、南京大学历史系考古专业：《徐州北洞山西汉墓发掘简报》，《文物》1988年第2期。

⑦ 中国社会科学院考古研究所、河北省文物管理处：《满城汉墓发掘报告》，文物出版社，1980年；狮子山楚王陵考古发掘队：《徐州狮子山西汉楚王陵发掘简报》，《文物》1998年第8期。

征集七十多万民工，前后延续了三十余年[①]。始皇陵尚且为竖穴土坑墓的葬制，而开凿于山腹中崖洞墓更是费时费力，在生产力水平低下的汉代，绝非短期内所能完成的浩大工程。在长期的施工过程中，天上雨水、岩隙渗水无疑常常会给施工带来极大不便，严重影响工程进展速度，为保证顺利施工，施工人员会想方设法排除水的干扰，在这种情况下，A1、A2、A3便次第出现于崖洞墓中。我们以A1为例进一步论证，当工程开工一段时间后，斜坡墓道已经形成，这时再进一步向里开凿时，东高西低的地理环境使积水时时汇集在施工人员附近，施工人员为解决水的困扰，在斜坡底部挖一个凹槽，将降水及渗水收拢汇集于凹槽内，随后沿裂隙渗流出墓室，如果积水太多，则可以使用汲水工具往外舀运，这样便能够有效阻止进入墓室的积水到处渗流，保持作业面整洁干燥，极大方便施工，即使汛期也不影响。A2、A3与A1功能完全相同，区别是A2、A3收集室内岩隙渗水，而A1在收集室内岩隙渗水同时还能阻止降水由斜坡墓道进入墓室。至于A1呈独特的“凸”字形，则是由于A1为适应其所处位置（墓道宽，甬道窄）的灵活变通，因此我们认为A1、A2、A3是在墓葬修筑过程中，起到辅助作用的防排水设施，犹如盖楼需要搭脚手架一样，在岩层里开凿施工，必须有计划地提前处理好防水的问题，这一点有农村生活经验的人们尤其深有体会，如兴修水利过程中，将河床加宽加深时，常常在河床一侧挖一个蓄水池，将水汇到一起，再想法集中排出，以保证整个作业面的干燥，为施工提供方便。

另外，编者在文中介绍A1、A2、A3的情况时，曾提到A1、A2底部均有裂隙，A3底部情况编者未作介绍，可能是发掘时认为A3与A1、A2堆积相同，未清理到底。但从结构上分析，A3所处室的地平面比周围各室低，且周围各室均有排水道与A3相连，因此A3底部应有裂隙，否则水汇集于A3后无法排泄。凹槽底部裂隙也是A1、A2、A3实质为三个大型的排水池的最直接最有力的证据。有凹槽设置的墓葬其实近年来已有发现，如柿园汉墓斜坡墓道底端的凹槽，发掘者即认为是起到蓄水作用的石坑[②]；徐州地区的驮篮山汉墓、龟山汉墓亦有类似凹槽[③]，都是十分明显起到防排水作用的辅助设施，这也进一步印证了我们对A1、A2、A3功用的解释。龟山汉墓是目前我国发现防排水设施最完善最科学的墓葬，墓内有排水沟、排水池、渗水井，沟井相连，构成完善的排水系统，将墓室的积水源源不断地排出墓室。龟山汉墓的凹槽，长宽均为1米左右，深0.2米，上下两端与排水沟相连，且不是位于墓室中央，被认定为排水池，一般无疑义，而保安山二号墓三个凹槽，面积较大且位置居中，与龟山汉墓排水池相比，形制悬殊较大，所以引起发掘者的误读。其实，我们结合保安山二号墓具体情况，则不难得出正确答案。首先，三个凹槽长宽规模大，因为保安山二号墓墓室空间大，与周围山体接触面广，渗水量大，因此在墓内的渗水池必须面积巨大，在排水的同时还能够起到蓄水的作用，缓解积水过多的压力，使多余的水不到处溢流，保持施工现场整洁，保证正常开展施工；其次，为了利用

① （西汉）司马迁：《史记·秦始皇本纪》，中华书局，1982年。

② 阎根齐：《芒砀山西汉梁王墓地》，文物出版社，2001年，第97—100页。

③ 刘照建：《徐州地区大型崖洞墓初步研究》，《东南文化》2004年第5期。

天然裂隙排水，凹槽必须依据裂隙而凿，而三个裂隙处于墓室中部，在此凿一个不甚规则的坑状排水池显然有碍观瞻，修墓者因此将A1、A2、A3开凿十分规整，四边几乎与墓壁平行，如此凹槽在起到排水作用的同时，又形成较好的视觉效果，以致发掘者认为有特殊象征意义，如果处于三室中凹槽呈不规则状且面积较小，则很容易认定为排水池，正如该墓18号室内的不规则凹槽，发掘者即认定为排水池。

至于三个具有排水作用的凹槽又被回填的原因，主要是墓葬修筑完毕后，新的排水系统已经建立，三个凹槽不再发挥任何作用，成为巨大而无用的摆设，且有碍观瞻，修墓者遂统一组织回填。这正如秦始皇陵园内发现一组平面呈"Z"字形的明井暗渠排水系统，在施工过程中，及时有效地阻挡和排除来自地宫南侧和东侧的地下水，但是当地宫开挖工程结束后，完善系统的阻排水工程已经建成，于是也进行了人工回填①。因此，笔者认为河南保安山二号墓内的三个凹槽，并不是如编者所言是前庭、前室、后室的象征，而是在修筑墓葬过程中，修墓者为排除积水而特意开凿的排水设施——排水池。

（原刊于《中国历史文物》2009年第2期）

① 段清波、张颖岚：《"穿三泉"与阻排水系统》，《考古与文物》2002年增刊。

也谈北洞山西汉楚王墓的墓主和时代

徐州北洞山西汉楚王墓的发掘，对于西汉诸侯王墓的研究具有十分重要的意义，由徐州博物馆和南京大学历史学系考古专业共同编写的《徐州北洞山西汉楚王墓》出版后①，引起一些学者的关注和思考，葛明宇、孙凤娟先生发表《徐州北洞山西汉楚王墓墓主应为夷王刘郢客》（以下简称葛文，北洞山西汉楚王墓简称北洞山汉墓）②，从墓葬形制和出土文物对墓主时代进行重新考定，认为墓主应为第二代楚夷王刘郢客；近日刘瑞先生撰文（以下简称刘文）认为北洞山汉墓的墓主应为第一代楚王刘交③；而报告的编写者则认为墓主是第五代楚王刘道。本来北洞山汉墓发掘23年以来，相关讨论和研究文章已很多，墓主和时代问题已逐渐清晰，但是时至今日却变得模糊起来，考虑“北洞山作为首部公开发表的西汉楚王墓考古发掘报告，必将在今后相关研究和材料的使用中产生巨大影响”④，为此笔者不避重复之嫌，撰文一篇，供学界同仁参考。需要说明的是，由于刘文是对葛文观点认同基础上的深入研究，利用材料主要也是墓葬形制和钱币、印章，因此本文重点以葛文为对象进行商讨，兼及刘文谈到的一些问题。

徐州地区已经发现发掘8处16座西汉楚王及王后墓，均为“因山为陵”的大型崖洞墓，虽然目前排序尚有分歧，但以墓主身份明确的龟山汉墓为坐标，可以将所有的楚王墓分为前后两个阶段，并且所有论者都一致认为狮子山汉墓、驮篮山汉墓、北洞山汉墓墓主应为西汉早期五代楚王中的三位，因此笔者拟将这三座楚王墓放在一起进行比较研究，排出三座墓葬时代的早晚，从而确定北洞山汉墓的墓主身份和时代。三座墓葬时代均为西汉早期，存在许多共同特征，个体差异也非常明显，形制变化并不十分规则，单从墓葬建筑结构来认定墓葬的年代难免失之偏颇，如果从建筑技术发展特点入手，再结合墓葬形制和出土器物特征进行综合考察，则能够比较准确断定其时代先后顺序。

三座墓葬时代先后首先在开凿装饰技术方面得到体现。狮子山汉墓开凿粗糙，除天井及外墓道经过打磨外，内墓道、耳室、侧室及后室等多处可见清晰的凿痕；狮子山汉墓墓室顶部结构单一，皆为平顶结构，且顶部与侧壁呈弧形连接，墓室给人的感觉是“洞”而非“室”，这说明在开凿技术上尚缺乏经验，在“室”的营建中理念尚不成熟。而驮篮山汉墓、北洞山汉墓

① 徐州博物馆、南京大学历史学系考古专业：《徐州北洞山西汉楚王墓》，文物出版社，2003年。

② 葛明宇、孙凤娟：《徐州北洞山西汉楚王墓墓主应为夷王刘郢客》，《中国文物报》2004年11月19日第7版。

③ 刘瑞：《徐州北洞山楚王墓墓主考》，《考古》2008年第10期。

④ 葛明宇、孙凤娟：《徐州北洞山西汉楚王墓墓主应为夷王刘郢客》，《中国文物报》2004年11月19日第7版。

则开凿技术成熟，墓室墙壁及顶部皆经过打磨，并以石粉、黄泥等拌成的黏合土涂抹平整，外髹漆涂朱砂；墓顶形状复杂多样，有平顶、两面坡顶、四面坡顶、盝顶等式样，突破了狮子山汉墓墓室单一平顶的形式，两墓墓室更具有“室”的概念和特征，崖洞墓的开凿和营造理念更加成熟，显示出开凿及装饰技术的高度发达，是崖洞墓发展更高阶段的生动写照。

其次，设计理念和结构布局也能反映出三墓的先后顺序。狮子山汉墓突出特点是“大天井，小洞室”，即墓道与天井规模庞大，主体建筑相对狭小，内外颇不对称，在平面布局上比例失调，给人头重脚轻之感，这说明狮子山汉墓设计理念尚不成熟[①]。虽然狮子山汉墓墓室众多，但各室功能尚不完全清晰，除庖厨、仓储、武库、钱库等功能有所体现外，没有乐舞、厕间、沐浴等配套生活设施，而且整个墓室在平面布局上缺乏规划，仅在中轴线两侧开凿洞室，且开凿的随意性较大，有的仅开凿成龛状，便莫名其妙地放弃，有的开凿出凹槽，也不知是否有进一步开凿的意向，种种情况表明狮子山汉墓正处于横穴崖洞墓的肇始阶段。而北洞山汉墓、驮篮山汉墓则布局严谨，墓室分布疏密有致，除规模略小于狮子山汉墓外，规模庞大的天井已不再出现，洞室功能齐全，在狮子山汉墓原有各室的基础上，又新增加作为配套生活设施的洞室，如浴室、厕所、乐舞厅、水井等，几乎完全模仿现实生活中的地面建筑，充分表达了墓主人“事死如生”的理想，洞室的设置也不再仅限于中轴线两侧，出现布局复杂的“套间”，这说明两墓在设计上十分成熟，已彻底摆脱狮子山汉墓的窠臼，发展成为典型的横穴崖洞墓。此外，墓葬封堵防护措施也能体现墓葬时代的先后，三墓除用大块塞石封堵墓道、甬道外，还为墓室设置墓门，而且在门的封堵设置上则体现技术上的演进发展，狮子山汉墓虽然安装墓门，但是与门相关的配套设施不发达，相反，北洞山汉墓、驮篮山汉墓墓门封堵方法则十分先进和科学，每扇门都有门槛、门扉、封门器和门轴窝，这也说明二墓时代晚于狮子山汉墓。

北洞山汉墓与驮篮山汉墓时代先后，则可以从以下几个方面讨论。首先，北洞山汉墓墓道底部低平，墓道开口在山脚下，墓室中出现墓柱，这均为后期楚王墓普遍采用的形式。其次，北洞山汉墓主体洞室虽然呈轴对称分布，但又在主体洞室左前方构筑一大片附属建筑，打破了早期楚王墓皆轴对称布局的方式，而且整个建筑采用几个平面逐次降低的设计方法，使这组庞大的地下建筑群主次分明，层次清晰，这是设计思想高度成熟的产物。而狮子山汉墓、驮篮山汉墓皆为斜坡墓道，墓道开口均在山腰中部，且墓室均呈轴对称分布，具备早期楚王墓的诸多特点，这说明北洞山汉墓时代晚于狮子山汉墓、驮篮山汉墓。

最后，参照王后墓的形制特征也能确定三座墓的先后顺序。徐州地区早期楚王夫妇合葬，均同茔异穴，相距百余米，分立于两个山头，由于楚王夫妇死亡有先后，故墓葬形制也有明显早晚变化。狮子山楚王的王后墓位于其北侧羊鬼山上，据考古调查，墓葬形制与驮篮山汉墓完全相同，这说明狮子山汉墓与驮篮山汉墓时代接近，且前后有承进演变关系。北洞山汉墓东侧

---

① 刘照建：《江苏徐州市狮子山西汉楚王墓天井成因考——兼谈西汉横穴崖洞墓的起源》，《考古》2006年第3期。

有“桓魋石室”，系北洞山楚王之王后墓[①]，与龟山二号墓形制非常接近，已具备西汉后期墓葬特征，这说明北洞山汉墓时代接近龟山汉墓，因此北洞山汉墓时代晚于狮子山汉墓、驮篮山汉墓。

关于第一代楚王刘交的葬地，《后汉书·郡国志》引《北征记》曰：“（彭）城西二十里有山，山阴有楚元王冢。”《魏书·地形志》亦云彭城有“楚元王冢”，《水经注·获水》则载有“获水又东迳同孝山北，山阴有楚元王冢。上圆下方，累石为之，高十余丈，广百许步，经十余坟，悉结石也”。多部文献明确记载楚王山有刘交墓，这些著述成书年代距西汉较近，所言之事应有所本。近年来，我们在对楚王山汉墓调查中，发现该墓具有西汉早期楚王墓的诸多特征，如墓葬主室规模庞大，有斜坡墓道，甬道短、墓道宽，附属墓室少，墓室简易，仅发现3个耳室（应为4个耳室），其在山顶上营建竖穴崖坑的方式，与其他地区汉代早期竖穴土坑墓形制相同；墓内出土的铜、铁、陶瓷、漆器等文物，均具有西汉早期的特征，个别铜器上带有“楚”字铭文，表明楚王山一号墓墓主为西汉早期楚王。此外，楚王山汉墓群所占山体最为高大，位置在已发现诸陵中最靠西，古人以西为上，可见墓主生前地位显赫，唯有楚元王刘交与之相称，因此楚王山汉墓墓主为第一代楚王刘交可能性较大[②]。

综上所述，考虑楚王山汉墓的存在，北洞山汉墓墓主不可能为第一代楚王刘交，三座楚王墓的墓主应该分别是二、三、四、五代4代楚王之一，其排列先后顺序为狮子山汉墓、驮篮山汉墓、北洞山汉墓，因此北洞山汉墓墓主只可能是四代或五代楚王。

至于葛文中关于墓葬建筑结构的分析排列，虽然听起来颇为合理，但实质存在重大问题。葛文将墓葬建筑结构作为判断墓主身份及时代的重要依据，指出北洞山汉墓复杂的外部结构、三重内收的外墓道、2米见方的三墓门及甬道、前堂后室的主体墓室结构，无不显示出西汉早期楚王墓特有的时代特征，然而这几点均为西汉早期三墓共有的特征，根本不能作为确定三墓顺序的依据，更不能因为北洞山汉墓具有这些特征，而认定其为二代楚王墓。葛文却用一段文字讨论北洞山汉墓为西汉早期以后，进而将墓葬时代定在汉初文帝时期，显然对西汉早期的时间段的理解有误，我们通常说的西汉早期是指高祖刘邦建汉至武帝元狩五年（前118年）这段时间，北洞山汉墓具备西汉早期特征，只能将其时代定在公元前118年以前。

葛文强调“北洞山汉墓凿砌结合的构筑方式，更明显表现了西汉楚王墓形成和发展初期的不成熟性，考古发掘表明，徐州地区西汉楚王崖洞墓的形成，经历了一个由凿砌结合到完全开凿的过程”。事实上，北洞山汉墓的凿砌结合形式，在徐州地区楚王墓中仅是个孤例，根本不能谈过程，也没有任何考古发掘能够证明存在这样发展过程，相反米山汉墓群[③]、后楼山汉墓群[④]等大量竖穴崖洞墓的发掘，则表明凿砌结合构筑方式从早到晚都存在。其实，砌筑墓室的

① 梁勇：《从西汉楚王墓的建筑结构看楚王墓的排列顺序》，《文物》2001年第10期。

② 刘照建、梁勇：《徐州铜山县楚王山汉墓群考古调查》，《汉代考古与汉文化国际学术研讨会论文集》，齐鲁书社，2006年，第253页。

③ 徐州博物馆：《江苏徐州市米山汉墓》，《考古》1996年第4期。

④ 徐州博物馆：《徐州后楼山西汉墓发掘报告》，《文物》1993年第4期。

做法倒接近龟山汉墓墓内搭建建筑的做法，因为砌筑结合是追求墓室更完善、美观的表现，是建筑技术高度发达的产物，可以视同龟山汉墓发展的前奏，事实表明北洞山汉墓附属墓室凿砌结合的构筑方法，是非常先进和科学的，直到今天墓壁和墓室顶部还没有任何移位或坍塌，因此凿砌结合的做法不是偏早而是偏晚，更不能因此将墓葬时代定在西汉初年文帝时期。

另外，葛文认为北洞山汉墓时代靠前的原因与狮子山汉墓相似的地方颇多，如两墓均有三重墓道，都有庞大外部结构，墓门之外皆有耳室建筑，从而认定两墓之间具有一定的前后承继关系，但葛文并未讨论两墓孰先孰后，仅在段尾指出北洞山汉墓出土大量文物时代早于狮子山汉墓，而草率定其早于狮子山汉墓，事实上两墓之间虽然存在相似之处，但内涵却并不相同，这从对两墓所处具体环境分析中便一目了然。狮子山汉墓墓道开凿伊始，由于石质差而被迫放弃，形成多重墓道，而北洞山汉墓墓道两侧以阙的形式出现，则是为了更加真实地模仿地面建筑，表达庄严肃穆的效果，与狮子山汉墓三重墓道意义完全不同；狮子山汉墓外部结构庞大，但并不复杂，墓室布局有着简单、随意的特点，天井占整个工程量2/5，却是巨大而无用的摆设，在整个墓室中不起任何作用，体现出崖洞墓早期的诸多原始特征。而北洞山汉墓外部结构的处理则十分高明，墓门以外耳室已缩减为长1.9、宽0.9、高0.9—1米的小龛，这与狮子山汉墓的耳室已有很大不同；位于主体建筑东南的附属建筑群虽然复杂，但入口处理得非常巧妙，仅由长4.6、宽1.82、下降深度达2.98米的楼梯形甬道相连，甬道入口又用石块严密封堵，这种处理方法的隐蔽性显然并不逊色在甬道以内设置侧室，配套建筑群虽在主体墓室的甬道外，但实际内涵已超过简单在甬道两侧开凿侧室，虽然在外但已有“内”的意味，因此两墓外部结构虽然有些相似，但本质上却有很大不同，葛文将北洞山汉墓定在狮子山汉墓之前非常欠妥，尤其是以狮子山汉墓规模大作为时代晚于北洞山汉墓的证据之说更不可取，因为墓室规模大小与时代早晚没有必然联系，而是与墓主个人喜好及在位时间长短密切相关。至于出土文物的时代特征，更不能证明北洞山汉墓早于狮子山汉墓，笔者将在下文通过对三墓出土的时代特征明显的陶俑的比较中作进一步论述。

最能准确断定墓主身份的是墓主本人的印章，龟山汉墓出土的龟纽银印，毫无疑义地将龟山汉墓墓主锁定为第六代楚王，如果没有表明墓主身份的印章，其他具有纪年意义的钱币等文字材料也颇受研究者青睐。葛文就是从随葬的钱币和印章等其他相关材料入手，对墓主考证做出颠覆性的推断，但是需要指出的是，随葬钱币等相关材料断代有较大局限，仅能将墓葬时代界定在不早于某种钱币或印章出现的年代，即仅能确定墓葬时代的上限，而不能准确断定墓葬时代。我们注意到葛文存在问题是将钱币、印章的时代与墓葬时代等同，且以钱币、印章出现时代认定墓葬的下限。

葛文通过对北洞山汉墓半两钱的研究，仅从北洞山汉墓所出四铢半两与制作规整的标准文帝四铢半两有差别，从而断定这批钱币绝非文帝四铢半两，并将其定为战国末年和西汉初年铸行的轻劣小半两和减重八铢半两，显然过于简单。刘文的分析研究则更为深入，指出报告中C型钱币分型混乱，分型标准不具有排他性等问题，但二者皆忽略这样一个重要史实，文帝时期实行钱币放铸政策，《汉书·食货志》载：“孝文五年（公元前175年），为钱益多而轻，乃更铸四铢钱，其文为‘半两’。除盗铸钱令，使民放铸。”正是这种“便民放铸”政策，使得造币单位多，标准不统一，钱质良莠不齐、粗劣不规整现象难免出现，尤其是在郡国四铢半两未界定的情况下，不能由于北洞山汉墓半两钱与文帝标准钱有差别而因此否认其不是四铢半两。

葛文将钱币时代考订后，就将墓葬时代的下限定在公元前175年，其实即使确定钱币时代为公元前175年之前，也只能确定墓葬时代上限不早于公元前175年，而不是下限，这是运用钱币断代的常识，因为钱币随葬的原因非常复杂，后代墓葬随葬前代钱币现象十分正常。

至于印章断代也存在同样问题，报告的编写者为了证明墓主是第五代楚王刘道，而推定印章时代偏晚，葛文则对此进行了指正，认为印章时代明显具有西汉早期偏早特征，刘文也赞同这一观点，这诚然不谬，但是这也仅能够确定墓葬时代上限不早于西汉早期。至于这批印章的性质和来源，我们认为不可能是属官的印章，这是由汉代严格的用印制度所决定，如刘文所言：“从秦汉印章制度看，印章是职官象征，见印即为见官，去印即为去官。”[①]由此可见，即使官吏与楚王关系再密切，都不会解印随葬，也可以这么说，无论这些属县是否属楚，属县官吏的印章都不可能葬入楚王墓，削地与否和印章入葬没有必然联系，因此以印章反映的属县名称的有无与“七国之乱”楚国削地联系起来确定墓主时代根基不牢。公元前154年“七国之乱”后，诸侯王国的官吏任免权已收归中央，无论削地与否，楚国已不可能再制作这些印章，这些印章只能是汉初楚国管辖时所制作，这些印章为什么留在楚国而又葬入北洞山汉墓，原因已不可知，作为景帝时期斗争的焦点，削地夺印是必然的，但是在具体操作中是否将重复的印章留下了呢？或者移交时少交或漏交呢？战乱之后肯定发生了许多事，究竟是什么原因葬入已不得而知。但是目前学界对这些印章是由于政治原因的前代遗留则均没有疑义，这些印章均为前三代楚王时期的实物，时间延续从公元前179年至前154年，因此这也仅能够确定墓葬时代上限不早于公元前179年。由此我们认为楚王随葬的钱币和印章的学术意义仅仅是确定墓葬的上限，即墓葬时代不早于公元前175年。

另外，葛文中提到北洞山汉墓大量出土文物所展示的时代特征，均要早于狮子山汉墓和驮篮山汉墓，只是一笔带过，未作任何讨论，事实并非如此，以时代特征明显的陶俑为例，徐州地区陶俑发展自成系列，发展轨迹十分清晰，经历体形由小到大，脸型由倒三角形向椭圆形发展的过程[②]，狮子山汉墓出土的150余件小陶俑，面部呈倒三角形，高仅10余厘米，制作简单粗劣，且种类单一，以侍俑为主，不见乐舞、舞俑。而驮篮山汉墓、北洞山汉墓则发现大量乐俑、舞俑，种类繁多，造型匀称，且陶俑体量大，高达50厘米左右，面部已开始由倒三角形向椭圆形过渡，因此狮子山汉墓时代早于驮篮山汉墓、北洞山汉墓。另外，驮篮山汉墓与狮子山汉墓发现完全相同的跽坐俑，均存在俑坑陪葬现象；但北洞山汉墓则未发现俑坑陪葬，也没有与狮子山汉墓相同的陶俑，且北洞山汉墓陶俑种类比驮篮山汉墓更多，特别在龛内出土222件

① 刘瑞：《徐州北洞山楚王墓墓主考》，《考古》2008年第10期。

② 张玉、刘照建：《徐州地区西汉陶俑的发现及初步研究》，《东南文化》2002年第11期。

彩绘陶俑，装饰复杂，制作精美，更是驮篮山汉墓所不见，这说明北洞山汉墓时代又晚于驮篮山汉墓，因此通过陶俑也能排定这三座墓时代的先后顺序。

其实关于北洞山汉墓墓主归属问题争论已久，自发掘之日便产生分歧，最初发表的简报推定墓主是公元前175年至前128年的刘郢（客）、刘戊、刘礼、刘道四代楚王之一[①]，后发掘者之一邱永生认为北洞山汉墓墓主为第二代楚王可能性较大[②]，其主要证据是存在削地之前的印章，但是随着狮子山汉墓、驮篮山汉墓发掘，研究者能够更加全面地考察三墓的时代和顺序，北洞山汉墓墓主问题逐渐清晰。1997年12月，徐州市又专门召开西汉楚王墓墓主序列为主题的讨论会，一些学者对此发表了颇有见地的观点[③]，在这些研究的基础上，使得北洞山汉墓报告编写者的视野更加开阔，尤其是狮子山汉墓、驮篮山汉墓两墓发掘在前，而报告编写在后，北洞山汉墓发掘报告应该是十分成熟和慎重的，做出四代或五代的判断是比较接近真实的。但笔者以为，第一，北洞山汉墓墓葬形制与龟山汉墓相差较大，北洞山汉墓更多表现出前期特征，仅具有少量后期元素；第二，北洞山汉墓与龟山汉墓的出土文物之间差异较大，中间似乎缺乏过渡；第三，北洞山汉墓中不能确定是否存在武帝时期的四铢半两，因此，定墓主为四代楚王刘礼更为恰当。

（原刊于《东南文化》2010年第3期）

---

① 徐州博物馆、南京大学历史系考古专业：《徐州北洞山西汉墓发掘简报》，《文物》1988第2期。

② 邱永生、茅玉：《徐州北洞山西汉王陵考略》，《徐州师范学院学报》1989年3期；邱永生、茅玉：《徐州北洞山西汉王陵考略（续）》，《徐州师范学院学报》1989年第4期。

③ 孟强、钱国光：《西汉早期楚王墓排序及墓主问题的初步研究》，《两汉文化研究》（第二辑），文化艺术出版社，1999年，第169—187页；梁勇：《西汉楚王陵墓的建筑结构及排列顺序》，《两汉文化研究》（第二辑），文化艺术出版社，1999年，第188—203页；周保平：《徐州西汉楚王墓序列及墓主浅说》，《两汉文化研究》（第二辑），文化艺术出版社，1999年，第216—230页。

徐州楚王陵墓开凿技术综合研究*

西汉时期以徐州为中心的楚国，世代相传12代楚王，虽然中间略有变化，但这两支十二代楚王是西汉楚国的同姓封王，按照汉代制度，诸侯有封地者，死后葬于封地，因此这些分封于徐州境内诸侯王，应该葬于今天徐州地域范围内，当然谋反者可能例外。近年来，徐州地区西汉楚王墓发现和发掘的较多，自1981年正式发掘第一座楚王墓以来，到目前为止，徐州地区累计已发现和发掘8处16座西汉楚王（王后）墓，它们分别是：楚王山2座①、狮子山2座②、驮篮山2座③、北洞山2座④、龟山2座⑤、东洞山3座⑥、南洞山2座⑦、卧牛山1座⑧。

以上墓葬除楚王山2座汉墓和狮子山之王后墓未经发掘，其余7处13座皆经过正式或非正式发掘。这些墓葬均分布于徐州周围的山上，一般与徐州市距离不超过10千米。其在山中营建墓

* 江苏省文博事业人文社会科学研究基金："徐州楚王陵墓开凿技术综合研究"，课题编号：2002SK11。

① 刘照建、梁勇：《徐州市铜山县楚王山汉墓群考古调查》，《汉代考古与汉文化国际学术研讨会论文集》，齐鲁书社，2006年。

② 狮子山楚王陵考古发掘队：《徐州狮子山西汉楚王陵发掘简报》，《文物》1998年第8期；韦正、李虎仁、邹厚本：《江苏徐州市狮子山西汉墓的发掘与收获》，《考古》1998年第8期；羊鬼山汉墓在狮子山以北150米。2004年该墓被盗后，考古工作者进入墓室，对羊鬼山汉墓有较为全面的了解。该墓坐北朝南，南北长20、东西宽18、高3.5米，有9间墓室，面积150余平方米，结构与驮篮山汉墓相似。从该墓的形制和规模看，其墓主很可能是狮子山汉墓所葬楚王之王后。

③ 邱永生、徐旭：《徐州市驮篮山汉墓》，《中国考古学年鉴（1991年）》，文物出版社，1992年，第173页。

④ 徐州博物馆、南京大学历史系考古专业：《徐州北洞山西汉墓发掘简报》，《文物》1988年第2期；徐州博物馆、南京大学历史学系考古专业：《徐州北洞山西汉楚王墓》，文物出版社，2003年。

⑤ 南京博物院、铜山县文化馆：《铜山龟山二号西汉崖洞墓》，《考古学报》1985年第1期；尤振尧：《〈铜山龟山二号西汉崖洞墓〉一文的重要补充》，《考古学报》1985年第3期；徐州博物馆：《江苏铜山县龟山二号西汉崖洞墓材料的再补充》，《考古》1997年第2期。

⑥ 徐州博物馆：《徐州石桥汉墓清理报告》，《文物》1984年第11期；孟强：《徐州东洞山三号汉墓的发掘及对东洞山汉墓的再认识》，《东南文化》2003年第7期。

⑦ 南洞山汉墓位于徐州市云龙区段山南麓，徐州博物馆于20世纪80年代初和1985年7月曾两次进行考古调查，资料现存徐州博物馆。

⑧ 卧牛山汉墓位于徐州市九里区火花村南卧牛山北坡，1982年2月当地村民取土建房时发现，徐州博物馆会同铜山县图书馆进行清理发掘，资料现存徐州博物馆。

葬的独特方式，一般均称之为崖洞墓[①]，营建方法是选择山腰或山麓面对山冈横向腹内开凿，在山体里营造洞室，模仿地面建筑布局及结构的埋葬方式。目前在江苏、山东、河南、河北等地皆有发现，但徐州地区持续时间较长，贯穿西汉一代，无论是数量还是质量在国内都是首屈一指，是我国汉代诸侯王陵中保存最完整的一个系列，出土文物丰富精美，代表西汉诸侯王国的最新生产力发展水平和文化水准，全面反映西汉时期徐州政治、经济、文化和社会发展的诸方面，被评定为中国20世纪100项考古重大发现之一。

徐州楚王陵墓一般一山开凿一二墓居多，墓上或有封土或无封土，墓葬规模庞大，墓室面积多在100平方米以上，有的几乎掏空了整个山体，且墓室凿刻规整，布局合理，形成多间墓室组成的地下建筑群，犹如埋在地下的宫殿，此种形制的墓葬，在生产力不发达，在工具较为落后的汉代，究竟是如何开凿的已不得而知，为了探明楚王陵墓的科学内涵，有必要对开凿技术进行综合研究。

尤其是近年来，由于部分楚王陵墓已经被发掘和打开，墓壁局部正逐渐风化和剥落，一些残留的施工痕迹正逐渐模糊，甚至有的已经消失，因此开展这项研究就具有“抢救性考古发掘”一样的现实重要意义。长期以来，学者侧重从出土文物和墓葬形制进行研究[②]，但是对于这样墓葬是如何开凿的，则缺乏足够重视，更没有人进行专门研究，事实上，通过对徐州楚王陵墓开凿技术进行科学研究，有助于墓葬开凿时间的准确判断，进而从科技角度解决长期以来悬而未决的墓主归属及排序断代等问题。鉴于此，本文通过对西汉楚王陵墓墓室四壁残存的凿痕、凹槽、小龛等施工痕迹的方向、深浅、粗疏等规律的归纳分析，结合墓内出土开凿工具的形制和种类，对徐州楚王陵墓开凿技术进行综合研究，以求彻底搞清楚西汉时期开凿技术发展的真实面貌。

一、徐州楚王陵墓开凿技术兴起的社会背景

西汉初年，刘邦以韩信谋反为由，“（汉六年春）废楚王信，囚之，分其地为两国。……立刘贾为荆王，王淮东五十二城；高祖弟交为楚王，王淮西三十六城”[③]，“高祖六年（前201年）封刘交为楚王，都彭城，辖彭城、薛郡、东海三郡三十六县”[④]。西汉楚国位于黄河下

---

① 崖洞墓最早是指西南地区分布在江河岸边的山崖的墓葬，而徐州及周围地区发现的墓葬，虽然也是在山上，但是特点与西南地区有很大不同，称之为岩洞墓较为恰当，如无洞室，称为岩坑墓（与土坑墓相对应），但是长期以来，人们已经习惯崖洞墓的称呼，为避免混淆，本文姑且也称为崖洞墓。

② 梁勇：《从西汉楚王墓的建筑结构看楚王墓排列顺序》，《文物》2001年第10期；刘照建：《徐州地区大型崖洞墓初步研究》，《东南文化》2004年第5期；周保平、刘照建：《西汉楚王陵墓形制研究》，《中国历史文物》2005年第6期。

③ （西汉）司马迁：《史记·荆燕世家》，中华书局，1982年。

④ （东汉）班固：《汉书·楚元王传》，中华书局，1962年。

游，与中原地区相比邻，经济文化十分发达，冶铁业更是处于全国领先地位，为徐州地区崖洞墓产生提供了必要的技术支撑和物质保证。发达的冶铁业是当时关系国计民生的一个重要的手工业部门，汉代为了有效经营和管理冶铁业，实行盐铁专营政策，专门在产铁的郡设置铁官，主持冶铁手工业事务。据《汉书·地理志》记载，当时全国共有40个郡国设置铁官，而“彭城、沛县、下邳有铁官”。彭城即为今日徐州，下邳在今日睢宁境内，沛县为徐州郊县，三地都在西汉楚国范围之内，这说明西汉时期徐州地区是我国重要的铁矿产地。后来史书中关于徐州出产铁矿的记载也很多，《明史·地理志》云“（徐州）东有盘山，产铁……”，“磨山，驿路有铁牛，实铁矿也”。利国境内像牛形的铁矿山，至今仍叫磨山，其山色皆呈赭红色，《管子·地数篇》云：“山，上有赭者，其下有铁。”现在利国镇仍然盛产铁矿，是徐州市重要的钢铁生产基地。

近年来，考古工作者在徐州发现了铜山利国驿①和睢宁冶铁遗址②，根据南京博物院1954年对利国驿铁矿场调查可知，当时已经懂得按照矿产地质构造的不同而科学地运用不同的采掘方式，大大提高了铁矿石的产量，表明徐州地区汉代采矿技术已达到相当高的技术水平。通过对利国驿遗址残存的炉渣分析，所用铁矿石为含铁量高的平炉铁矿，可见徐州汉代采矿业已经掌握铁矿石鉴别能力。在利国驿铁矿场以北400米还发现炼铁炉遗址，炉体形状为立式方形，炉身高度在1.78米以上，炼铁炉的基础和炉体部分采用石英砂与黏土黏结而成，石英砂与黏土配合成的耐火材料，具有耐压度高和抗渣腐蚀的稳定作用，炉膛剖面呈椭圆形凹坑状，可以增加炼炉的容量，提高生铁冶炼的质量，标志着汉代徐州地区铁矿冶炼业十分发达，甚至处于当时世界先进水平。

在北洞山汉墓、狮子山汉墓、驮篮山汉墓出土大批铁器，其中有成套的凿、錾、锤等开山凿石工具，北京科技大学冶铁与材料史研究所通过对出土铁器的金相组织测定分析发现，北洞山汉墓三件不同式样的铁錾，其制作技术各异，Ⅰ式錾是脱碳钢锻打而成，Ⅱ式錾是块炼铁锻打而成，Ⅲ式錾则是高碳钢淬火，强度与硬度较高，可满足加工石料的要求③；狮子山汉墓有4件凿子使用局部淬火工艺，3件铁甲片使用了冷锻技术，多件铁器是经过渗碳处理的炒钢制品④，这是迄今为止发现最早的炒钢制品，表明当时工匠对钢铁制品的认识达到了较高水平，开山凿石工具制作技术有了新的进步。在山体岩石上开凿和修建规模庞大的墓室，钢铁技术的发达和钢铁工具质量的提高起到巨大推动作用，没有高质量的钢铁工具，完成这些大规模的工程几乎是不可能的。

---

① 南京博物院：《利国驿古代炼铁炉调查及清理》，《文物》1960年第4期。

② 南京博物院、徐州博物馆：《1991年徐州考古调查简报》，《东南文化》1997年第4期。

③ 徐州博物馆、南京大学历史学系考古专业：《徐州北洞山西汉楚王墓》，文物出版社，2003年，第200页。

④ 北京科技大学冶金与材料史研究所、徐州汉兵马俑博物馆：《徐州狮子山西汉楚王陵出土铁器的金相实验研究》，《文物》1999年第7期。

二、徐州楚王陵墓开凿方法的研究

墓葬规模形制是墓主人身份等级的象征，修筑陵墓是历代帝王政治生活中的一件大事。在修筑陵墓时，帝王本人一般亲自过问，委托重臣主持，从选址到施工营建，都有一整套的严格规章制度，《汉旧仪》即有记载“（始皇）使丞相李斯将天下刑人隶徒七十二万人作陵”，“凿以章程”（即按照一定的规划设计蓝图施工）。在施工前要设计出图纸，图纸反映的墓室结构布局，充分体现墓主本人的意志，图纸具有法律效力，施工人员不能随意更改。河北省平山县中山王陵中即出土一块刻有陵园建筑设计规划方案的铜版，其上所刻诏令铭文曰：“王命赒为兆乏（法）阔狭大小之制，有事者官图之，进退𨒅（违）法死如赦，不行王命者殃连子孙。其一从，其一藏府。”[①]帝王陵墓修筑要求之高，由此可见一斑。徐州地区楚王陵墓的修筑程序当亦如此，在开凿墓室过程中有规范施工管理方法，有严密的质量监督体系，下面我们结合墓内遗留的施工痕迹作初步探讨。

狮子山楚王陵有三段墓道，内墓道位于中墓道和甬道之间，长19、宽2、深5.5米，开凿规矩平整，底部与中墓道在同一平面上，其中在内墓道的东、西两壁上各留有一条明显的南北向直线痕迹，且从中墓道后端一直到甬道口，贯穿整个内墓道，中间没有间断。有人认为通常情况下，在开凿墓壁的时候，平面上是不可能形成这样痕迹的，认为这两条直线是原来甬道顶部转角处的遗留[②]。但是我们注意到这两条直线在同一水平面上，距墓底部的高度都是3.46米，实际上是在两个墓壁上形成的两条完全对称的直线，因此我们认为这两条直线其实是开凿墓室过程中顶壁的控制线。

事实上，在北洞山、狮子山和驮篮山楚王墓等墓室内多处发现开凿的遗留痕迹，而且在较为平整的壁面上还有用朱砂绘制的标准线。狮子山楚王墓E5在南墙壁距地表0.9米处有一条横贯的朱砂水平线，在距门口0.5米及2.4米处还各有一条朱砂水平线，北壁与此相似。在W5侧室的墙壁上，有一条水平线和两条垂直线，系用来指示墙壁打磨情况的，经仔细测量，这几条线均十分标准，夹角恰好为90°。

另外，在狮子山楚王墓墓室内，我们还发现这样一个现象，除E2外各室的墙壁上，均有开凿示范，由外向内分别为毛碴层、较平整层及光滑层等三层样本，一般面积不大，长约50、宽20厘米左右，这实际是督工者设置的施工图样。遗憾的是由于某种原因，除E5勉强达标外，其他没有一间墓室达到规定的要求，不过正是如此，狮子山楚王墓才为后人留下了开山凿墓的完整过程。

---

① 河北省文物管理处：《河北省平山县战国时期中山国墓葬发掘简报》，《文物》1979年第1期。

② 中国国家博物馆、徐州博物馆：《大汉楚王——徐州西汉楚王陵墓文物辑萃》，中国社会科学出版社，2005年，第48页。

结合其他楚王陵墓墓室内的遗迹，我们对楚王陵墓开凿过程有了全面了解。开凿工序大致有5个步骤。第一步是将山体按要求开凿出洞室的雏形，形成一定的空间，但是这个空间仅仅是一个轮廓，严格地说仅仅是洞而不是室，这一步的目的是去石，一般使用工具是大锤和铁钎、錾子；第二步是将洞室修整成室的形状，一般用粗錾子将多余的岩石凿掉，錾痕粗大，錾痕外口宽1、里口宽0.5、间距一般是4—8厘米，方向基本一致，一般在1.6米以下为竖向开凿，1.6米以上为横向开凿，这样的毛坯墙壁由于凿子经过的地方低，中间间隔部分高，形成轮状石碴，很像古民居屋顶覆盖的垄状小瓦；第三步是用中錾将錾痕之间的坚硬的毛碴凿平，其效果如同平整过的田地，轮状石碴消失，但光洁度远远不够；第四步是用细錾和手锤进一步修整，錾痕模糊，间隔小，錾痕细浅，不仔细分辨，容易误认为是打磨而成；第五步是打磨，这是用一种特制的剁斧，一点一点地将墙壁磨平，徐州驮篮山楚王墓墓壁平滑光洁，如同大理石平面，体现了剁斧的使用痕迹，在驮篮山楚王墓墓道南不远处，还发现一块砺石，从使用痕迹判断，也应该是用来打磨墓壁的重要工具[①]。

这几个环节并不是按顺序进行的，而是相互交叉，只要作业面允许，可以同时进行，这从同一座墓葬的墓室光滑程度却不一样中可以体现。对于每一间个体墓室而言，一般是从外向里、由底向上开凿，先是开凿一个小龛，然后再逐步向里延伸扩大，龟山汉墓侧室、狮子山汉墓后室均发现未完成的小龛，这表明有进一步向里开凿的倾向，恰好展示了一个墓室开凿之初的情况。另外，在狮子山楚王墓天井上部和南壁同一水平面上凿有一周大小相似的小长方形石龛，北壁5个，东壁4个，西壁4个，四角处各1个。一般宽25、高35、进深30厘米。底面平整，内壁斜刹，个别方洞内发现垫铁。过去人们对上述现象一直无法理解，笔者一度也产生误解，如果我们结合驮篮山楚王墓墓道石凹槽来联合考察，便发现可能与施工有关。狮子山楚王墓的天井垂直高度南端8.45、北端10.9米，如此高的落差，又要求几乎垂直，施工难度很大，其开凿过程应从上向下开凿，当到达一定高度时，必须搭建脚手架，否则根本无法施工。这如同过去垒泥墙，每隔0.5米左右就留有一定数量的小孔，用来搭建脚手架，在驮篮山楚王墓墓道两侧的墙壁上，也发现了规律的石凹槽，恰如垒泥墙时留下的小孔。区别是垒泥墙是平地砌墙，从下向上，逐步升高；在山体上开凿墓室是从上向下，逐步降低。

由于山体岩石质地较差，局部有裂隙，影响壁面的美观和整洁，为此施工人员还要在裂隙处镶补石块，先将裂隙清理凿成槽状，根据裂隙形状选用大小不一石块作为补石，将补石加工打磨，与裂隙凹槽形制完全一样，嵌入后严丝合缝，历经千年仍不脱落。北洞山汉墓修建者还在裂隙较深处，先填充黄泥和碎石子的混合物，抹上具有黏合作用的砂浆，再嵌入补石，一些重要部位，还在补石四周嵌入铁楔子，利用铁受潮生锈膨胀原理，将补石牢固镶嵌在石壁上。还有的为增加附着力，在凹槽底部凿出圆坑，还有的在镶嵌补石前，在裂隙里凿出水槽，镶嵌补石后里面形成排水暗道，十分科学巧妙。

在补石完成以后，有的墓葬还进行二次装修，北洞山汉墓墓壁经过内部装修，先用碎石

① 梁勇：《徐州汉代石工技术初探》，《沛县汉文化研究》，1999年。

粉、精细的黏黄土等搅拌成糊状，涂抹于墓室墙壁表面，起到找平的效果，作为髹漆涂朱的“地子”，然后在外层涂朱砂或髹朱漆，北洞山主体墓室部分的两耳室髹厚0.01—0.24毫米的生漆，侧室、前后室和厕间、廊的四壁、顶部涂厚0.01—0.22毫米的朱砂。朱砂的主要成分是硫化汞（HgS），又名丹砂，具有杀菌防潮的作用。古时极为名贵，这样大面积涂抹在墓室内部，营造出一片红彤彤的世界，既起到防朽防蛀的作用，又增加了庄严豪华的神秘气氛。另外，龟山汉墓在室内又搭建建筑的现象，其实也是一种装修，在徐州楚王陵墓中是个孤例。

为了加快施工进度，在开凿过程中，还采用预制石板技术，预制的材料包括塞石、券顶石，在龟山汉墓、北洞山汉墓、驮篮山汉墓的塞石上发现刻铭文字和朱书文字，文字内容有塞石大小尺寸及其摆放位置，并说明塞石的榫卯是牡还是牝，以及它们的宽度是多少。北洞山汉墓附属建筑各种构件都是提前预制，在主要构件上朱书拼装序号，在室顶和墙壁上有指示方向、数目与排列顺序的朱书文字，又在门楣石和隔墙等立面划有水平或垂直方向的组装定位线，指示石条上墙的方向和位置。这说明整个墓室规模形制是预先设计的，施工开凿进度科学合理。

在山体中开凿陵墓，还要对地形地质、山体力学有充分了解。徐州楚王陵墓多选择在抛物线状的独立山体，山体岩质多为石灰岩，墓道入口多选取在山坡地带。龟山楚王墓露天墓道石质为黏土结构胶结的岩石，质地松软，黏接力差，选择在此处开凿，既节省劳动力，又能加快掘进速度，说明当时施工人员对岩石结构已有科学认识，并能运用于开凿实践。向山体内部横向掘进时，一般穿凿于15°左右的板状岩层面，逐渐向楔状结构岩层开凿，形成甬道和墓室，这样山体结构强度未被完全破坏，仍是一个完整载体，稳定性强。当墓室空间较大时，为了增加承载力，还在墓内设置石柱，起到支护作用。北洞山楚王墓的附属建筑，压力分配也十分巧妙，虽然历经千年，但未有坍塌迹象，体现建筑技术的高度发展。

三、与开凿相关的技术问题讨论

汉代厚葬现象突出，修建陵墓规模庞大，尤其是在山体内开凿墓室，更是一个复杂的系统工程，它需要解决排水、通风、照明等一系列的技术问题，笔者拟结合墓内遗迹及相关文献略作讨论。

我们知道古代帝王一般即位后便开始修筑陵墓，所用时间很长，《晋书·索琳传》云“汉天子即位一年而为陵……”，秦始皇为自己修建陵园，征集七十多万民工，前后延续了三十余年[①]。始皇陵尚且为竖穴土坑墓的葬制，而开凿于山腹中崖洞墓更是费时费力，在生产力水平低下的汉代，绝非短期内所能完成的浩大工程。在长期的施工过程中，天上雨水、岩隙渗水无疑常常会给施工带来极大不便，严重影响工程进展速度，为保证顺利施工，施工人员会想方设

① （西汉）司马迁：《史记·秦始皇本纪》，中华书局，1982年。

法排除水的干扰，在这种情况下，各种各样的防排水设施便次第出现于崖洞墓中。

崖洞墓开凿在山体中，一旦施工就形成洼地缺口，必然会成为降水汇聚地，因此首先考虑阻止水的流入，于是在外围设置阻水沟。阻水沟一般位于墓室外部的封土附近，主要功能是阻止雨水冲刷墓室建筑，一般在山体上开凿而成，凿痕粗细不等，沟壁也不规整，沟形有“一”字形和倒“L”形，长宽不固定，一般中间窄，近排水口宽，犹如河床上游窄下游宽，已经发现的有楚王山一号墓①、驮篮山二号墓②。

楚王山一号墓的阻水沟位于一号墓的封土与主峰之间，有效阻止主峰流下的洪水对楚王山一号墓封土的冲刷，下凿岩石而成，呈东西向，长46、宽 3.8—4.2米 ，中间高两侧低，沟底平坦，沟形呈喇叭状，利于洪水下泄。

驮篮山二号墓的阻水沟位于墓道的北侧和西侧，在墓道的西北部交汇，驮篮山一号墓的原始风貌已遭破坏，是否有排水沟不得而知。北侧沟长约26、宽1米，大致呈东西向，稍偏东南；西侧沟长约22、宽1.5—2、最深1米，大致呈南北向，稍偏西南。二沟底部低平，依山势自然下降，便于雨水分流。北沟向东延伸较长，几乎也连带阻止东侧雨水进入墓室，因此倒“L”形阻水沟犹如一个大屋顶两个坡面，有效阻止西、北、东三个方向的雨水进入墓室，保证施工现场不受雨水的淹灌。因此，阻水沟完全是特意设置的防水设施，是防止雨水进入施工现场的第一道防线。

当墓道修好，墓室形成后，水成为施工现场必须解决的重要问题。虽然阻水沟能够阻止雨水进入，但是不可避免的还有部分雨水汇集于墓道，造成施工不便，于是施工者在开凿过程中，有意开凿一些凹槽来处理雨水淹灌的问题。我们以驮篮山汉墓凹槽为例作进一步论证，当工程开工一段时间后，斜坡墓道已经形成，况且斜坡墓道是在山坡上向墓室内倾斜，这时再进一步向里开凿时，外高内低的地理环境使积水时时汇集在施工人员附近，施工人员为解决雨水淹灌的困扰，在斜坡底部挖一个凹槽，将降水及渗水收拢汇集于凹槽内，随后沿裂隙渗流出墓室。如果积水太多，则可以使用汲水工具往外舀运，这样便能够有效阻止进入墓室的积水到处渗流，保持作业面整洁干燥，极大方便施工，即使汛期也不受影响。

墓道口施工完成后，开始向里开凿营建墓室，这时山体渗水又成为必须面对的问题，为此施工人员在墓内设置排水沟、聚（排）水池和渗水井，以解决墓内积水的问题。排水沟是墓室内主要的墓室排水设施，常见于具有一定空间的墓葬中，排水沟大小不一，深浅不同，分布于墓室的各个部分如甬道、墓道和墓室中，首尾相连，支系发达，犹如一条河流，将整个墓室连贯起来，一般里高外低，巧妙利用坡度形成排水系统，将墓室内积水汇集到一起，在利用山间的裂隙或墓口向外排出。排水沟在徐州多处楚王墓内均有发现，排水沟形制多样，横剖面呈倒三角形、倒凸字形和梯形，宽窄大小不等，上宽10—60、底宽10—20、深10—40厘米，长短

① 刘照建、梁勇：《徐州市铜山县楚王山汉墓群考古调查》，《汉代考古与汉文化国际学术研讨会论文集》，齐鲁书社，2006年，第249页。

② 资料存徐州博物馆。

不一，分连续和不连续两种，徐州龟山汉墓墓内排水系统则首尾相连，沟井相通，如同一条枝系发达的河流，聚集后流入一个集中的渗水井，然后排出墓外。排水沟开凿有的沿室内地面自然裂隙凿出排水道，排水道在墓内位置不固定，主要根据室内位置确定，有的室内地面情况单一，则直接在室内地面与侧壁相连处开凿，形制较为规整。这又可分为明沟和暗沟两种情况，暗沟开凿后上面用石板覆盖，同一座墓室内经常明沟和暗沟并存。总之，所有排水道均利用地势高差形成，使水流向裂隙，然后沿裂隙排出墓外，一般一座墓内连续性的排水沟是里高外低，不连续性的排水沟是中间低两侧高。

聚（排）水池和渗水井是与排水沟配套使用的排水设施，一般设置在墓道、甬道、墓室内，多处于墓室最低处，是整个排水系统的中心，墓内各室的渗水以及从岩石裂隙灌进的雨水，通过排水沟排入渗水井，沿渗水井的裂隙排到墓外。聚（排）水池是人工开凿于墓室低洼处的凹槽，凹槽底部没有裂隙，仅仅起到收集、贮存、中转渗水的作用；凹槽底部有裂隙的为渗水井。聚（排）水池在龟山汉墓、驮篮山汉墓墓道有发现；渗水井发现较多，几乎在所有崖洞墓中均有发现，呈现出形制多样、特点不同的风格。一般可分为修筑中使用和建成后使用两种，前一种仅在墓室修筑过程中，为保持作业面干燥，保证施工顺利进行，开凿出渗水井用于排放施工过程中积水，一旦墓室修筑完毕，便人工进行回填，并层层夯打，以保持整个墓室的整洁。后一种从墓室修筑开始到完工都一直发挥作用，是整个墓室排水系统的中心，呈规则或不规则两种形状，驮篮山汉墓、龟山汉墓皆凿刻成工整的长方形或正方形，以保证较好的视觉效果；不规则的渗水井有椭圆形、三角形，还有的干脆以自然裂隙作为渗水井，不加任何修饰。为加快排水速度，有的墓葬还在渗水井底端再凿渗水洞，如龟山汉墓在井的底部南北两端，各凿一个近椭圆形的渗水洞，还有渗水井上部加盖石盖板。另外，北洞山汉墓将渗水井巧妙地与墓室中的厕所、水井结合起来，渗水井象征厕所、水井，同时又起到排泄积水的作用，是审美和使用的统一，体现出高度成熟的设计理念。

聚（排）水池和渗水井功能与驮篮山汉墓凹槽完全相同，区别是前者收集室内岩隙渗水，而后者在收集室内岩隙渗水同时还能阻止天上降水由斜坡墓道进入墓室。至于驮篮山汉墓凹槽的独特形状，则是为适应其所处位置（墓道宽，甬道窄）的灵活变通，因此我们认为聚（排）水池和渗水井等凹槽是在墓葬修筑过程中，起到辅助作用的防排水设施，犹如盖楼需要搭脚手架一样，在岩层里开凿施工，必须有计划地提前处理好积水的问题，这一点有农村生活经验的人们尤其深有体会，如兴修水利过程中，将河床加宽加深时，常常在河床一侧挖一个蓄水池，将水汇到一起，再想法集中排出，以保证整个作业面的干燥，为施工提供方便。这种斜坡墓道在开凿过程中，雨水极易从墓道淌入墓室，影响施工，于是在斜坡墓道的最下方，开凿出与甬道等宽的凹槽，凹槽前端也凿出斜坡，利用槽底部岩石裂隙排除积水。

在墓葬的开凿中还要考虑照明问题和通风问题，由于楚王陵墓均是修在山体内部，仅有一条狭窄甬道与外界相通，即使阳光明媚的白天，墓内也基本处于黑暗状态，因此墓内照明成为排水之后施工中必须解决问题。《史记·秦始皇本纪》记载“以人鱼膏为烛，度不灭者久之”，在河南永城保安山二号墓即发现有交错开凿在甬道、回廊、隧道的两壁下方的照明设施——灯龛①，但是徐州楚王陵墓内却未发现任何的照明设施，我们推测可能由于施工者为保持墓室壁面的整洁（这从墓室内多处发现的补石可以证明），并未设置专门照明设施，或者楚王陵墓墓内空间较大，在开凿的过程中，可能使用烛台、铜灯、火把等移动灯具来照明。

至于开凿中的通风问题，我们认为墓内与墓外的空气湿度、温度的不同，导致两者密度的不同，无论春夏秋冬，墓室内外空气时刻都能自然形成对流，新鲜的空气会源源不断输入，可保持墓室内氧气充足。即使是现在已开放成为旅游景点的狮子山汉墓、龟山汉墓，在黄金周期间，墓室内游人数量很多，也并不需要安装专门的通风设备，这表明通风在当时开凿的过程中根本不是问题。

另外，在墓室开凿过程中，必须按照设计的图纸施工，要准确控制墓室的建筑体量，还需要涉及测量和校正等技术问题，但是由于墓内已无任何痕迹可以寻找，关于汉代修筑陵墓的测量技术问题一直不清。不过我们可以查找汉代及以前典籍的相关记载，并结合当今边远落后的农村在生产生活中的一些实践略作推测。古代测量工具有规矩准绳，汉代以前很早就开始使用，史书上多有记载，《史记·夏本纪》还记载禹携带规矩准绳，进行治水的情景，“左准绳，右规矩，载四时，以开九州，通九道，陂九泽，度九山”。关于其使用方法记载也很多，《吕氏春秋·似顺论·分职》云：“为圆必以规，为方必以矩，为平必以准绳。”《汉书·律历志上》：“准者，所以揆平取正也。”准由竖和横类似两尺部件构成，竖尺用于立在地面，横尺用于观测。观测者在一端用眼瞄准，沿横尺望去，可确定观测目标的平直。这种准应该是后来水准仪的雏形，说明原始的水准仪已经出现了，由于其灵活方便，在生产和生活中经常使用，《庄子·天道篇》云：“水静则平中准，大匠取法焉。”《考工记》云：“水地以悬，置臬以悬（臬即表）。”规矩准绳的实物虽然在徐州楚王陵墓中没有发现，但是徐州地区发现数量较多的带规矩纹饰的铜镜，表明规矩准绳在当时的生活中已经广泛运用。龟山汉墓的两条甬道几乎平行，水平误差很小，推测应该是使用这些测量校正工具的基础上，然后在严密的质量监督下施工结果。徐州地区曾出土过“楚内官丞”的封泥，《汉书·律历志》载：“度者，分寸、尺，丈引也……职在内官。”说明当时已设置有专司测量的官员，来负责工程质量问题。

综上所述，根据墓内出土的工具和墓壁的凿痕进行初步研究，我们认为徐州楚王陵墓的开凿是在冶铁业高度发达基础上的复杂劳动，在墓葬开凿过程中有专门管理和组织机构，已经能够成熟运用排水、通风、照明和测量等一系列的施工技术。但是由于条件限制，有些问题我们尚未清楚，诸如在陵墓开凿过程中，在工具十分简陋的情况下，为了加快工程进度，提高工作效率，是否已经开始使用简单的手工机械，这是我们以后研究中应该注意的问题。

［原刊于《江苏文博科研课题成果汇编》（2002），南京大学出版社，2010年］

① 河南省文物考古研究所：《永城西汉梁国王陵与寝园》，中州古籍出版社，1996年，第140页。

西汉崖洞墓防排水设施发现及研究

在中国墓葬建筑的发展中，防止水对墓室和墓主尸骨、陪葬品的浸泡和毁坏，加强和改进防水材料和方法，一直是贯穿墓葬发展始终的重要问题，但是由于文献记载的阙如，关于墓葬防排水问题成为研究领域的空白，仅有学者对单体墓葬进行个别研究①，迄今尚未有专文进行系统探讨。近年来，在西汉崖洞墓内发现大量的防排水设施，使我们对墓葬防排水问题有了研究的可能，为此，笔者拟对西汉崖洞墓内发现的防排水设施作初步梳理，并就防排水设施在墓葬中运用方法、地域特点以及发展演变规律作初步研究，不正之处敬请指正。

一、西汉崖洞墓防排水设施发现情况

崖洞墓是西汉时期流行一时的墓葬，即是文献记载的“因山为陵”的埋葬方式，是指选择山腰或山麓面对山岗横向腹内开凿，在山体里营造洞室，模仿地面建筑布局及结构的埋葬方式。目前发现的有江苏徐州楚王（后）墓②、山东曲阜九龙山汉墓③、河南永城梁王（后）墓④、河北满城汉墓⑤，持续时间较长，贯穿西汉一代。此种形制的墓葬一般一山开凿一二墓居多，墓上或有封土或无封土，墓室面积多在100平方米以上，墓葬规模庞大，墓室数量众多，墓内外采用的防排水方法多样，常见的防排水设施有以下几种类型。

（一）封土

封土作用主要是防止雨水进入墓室，崖洞墓虽然采用“因山为陵”的埋葬形式，但是也有部分墓葬顶部存在厚厚的封土，如河南永城夫子山一号墓，墓上封土高大，呈覆斗形，从上到下有三个明显的层次，最上一层上边长2.75、宽1.75米，下边长3.4、宽2、高0.3米；第二层

---

① 段清波、张颖岚：《“穿三泉”与阻排水系统》，《考古与文物》2002年增刊。

② 刘照建：《徐州地区大型崖洞墓初步研究》，《东南文化》2004年第5期。

③ 山东省博物馆：《曲阜九龙山汉墓发掘简报》，《文物》1972年第5期。

④ 河南省文物考古研究所：《永城西汉梁国王陵与寝园》，中州古籍出版社，1996年。

⑤ 中国社会科学院考古研究所、河北省文物管理处：《满城汉墓发掘报告》，文物出版社，1980年。

上边长6.25、宽3.75米，下边长6.75、宽4.5、高0.3米；第三层长9.75、宽7.25米[①]。徐州铜山县楚王山汉墓群[②]、北洞山西汉楚王墓[③]也有高大的封土，厚5—10米，面积多在5000—6000平方米。封土都经过夯打，夯层明显，土质纯净，结合紧密，防止雨水下渗的效果十分明显。封土大多覆盖在整个山顶至半山腰处，个别仅存山顶，有些小的竖穴墓封土随着墓室规模的减小，则相对减小，但还是远远超过墓室的范围。封土形状一般上小下大，中间高四周低，宛如撑开一把巨大无比的伞遮挡在墓室上部，使降水落下后迅速流向四周，不能在墓室顶部积存，又由于封土层层行夯，土质结合紧密，即使有部分积水也难以渗入墓室内部。另外，有的墓上封土平坦，但是封土表面散存有筒瓦、板瓦、碎砖等建筑材料残件，说明墓上可能还有建筑，这也能够防止雨水进入墓室。

（二）墓垣

一般常见于带封土的墓四周，起到护坡作用，能够防止封土的水土流失，这在徐州地区十分常见，呈方形或圆形，与封土规模大小相当，且层层内收，多有数圈，常用条石或不规则的块石垒砌，徐州铜山县楚王山汉墓群墓垣均用规整条石垒砌，从封土底部开始，高2—10米，条石长宽约1、厚0.4米左右，有的条石上还有文字[④]，中小型汉墓则多用不规则的块石，防止流水冲刷封土。

（三）阻水沟

阻水沟一般位于墓室外部的封土附近，主要功能是阻止雨水冲刷封土和渗入墓室，一般在山体上开凿而成，凿痕粗细不等，沟壁也不规整，沟形有“一”字形和倒“L”形，长宽不固定，一般中间窄，两端近排水口较宽，犹如河床上游窄下游宽，已经发现的有徐州铜山县楚王山一号墓[⑤]、徐州驮篮山二号墓[⑥]。

楚王山一号墓的阻水沟位于一号墓的封土与南面主峰之间，下凿岩石而成，呈东西向，长46、宽3.8—4.2米，中间高两侧低，沟底平坦，沟形呈喇叭状，利于洪水下泄，有效阻止了主

① 河南省文物考古研究所：《永城西汉梁国王陵与寝园》，中州古籍出版社，1996年，第13页。

② 刘照建、梁勇：《徐州铜山县楚王山汉墓群考古调查》，《汉代考古与汉文化国际学术研讨会论文集》，齐鲁书社，2006年，第248、249页。

③ 徐州博物馆、南京大学历史系考古专业：《徐州北洞山西汉墓发掘简报》，《文物》1988年第2期。

④ 刘照建、梁勇：《徐州铜山县楚王山汉墓群考古调查》，《汉代考古与汉文化国际学术研讨会论文集》，齐鲁书社，2006年，第251、252页。

⑤ 刘照建、梁勇：《徐州铜山县楚王山汉墓群考古调查》，《汉代考古与汉文化国际学术研讨会论文集》，齐鲁书社，2006年，第249页。

⑥ 驮篮山二号墓资料现存徐州博物馆。

峰流下的洪水对楚王山一号墓封土的冲刷。

驮篮山二号墓的阻水沟位于墓道的北侧和西侧，在墓道的西北部交汇。北侧沟长约26、宽1米，大致呈东西向，稍偏东南；西侧沟长约22、宽1.5—2、最深1米，大致呈南北向，稍偏西南。二沟底部低平，依山势自然下降，便于雨水分流。北沟向东延伸较长，几乎同时也连带阻止东侧雨水进入墓室，因此倒“L”形阻水沟犹如一个大屋顶两个坡面，有效地阻止了西、北、东三个方向的雨水进入南向的墓室。驮篮山一号墓的原始风貌已遭破坏，是否有排水沟不得而知。

（四）排水沟

排水沟是墓室内主要的排水设施，常见于内部具有一定空间的墓葬中，排水沟大小不一，深浅不同，分布于墓室的各个部分如甬道、墓道、墓室中，将整个墓室连贯起来，一般里高外低，巧妙利用坡度形成排水系统，将墓室内积水汇集到一起，再利用山体的裂隙或墓口向外排出。排水沟在河南永城梁国王（后）陵、江苏徐州楚国王（后）陵、山东曲阜九龙山汉墓、河北满城汉墓均有发现，排水沟形制多样，横剖面呈倒三角形、倒凸字形和倒梯形，宽窄大小不等，一般上宽10—60、底宽10—20、深10—40厘米，长短不一，分连续和不连续两种，河南永城保安山二号墓规模大、墓室多，其排水系统呈不连续性，以多个相对独立的渗水井为中心，形成多个相对独立的排水系统，而曲阜九龙山汉墓、河北满城汉墓、徐州龟山汉墓则首尾相连，沟井相通，如同一条支系发达的河流，渗水聚集后流入一个集中的深水井，然后排出墓外，如曲阜九龙山汉墓M3的排水沟全长达123.8米。排水沟在墓内位置不固定，主要根据室内自然环境确定，有的沿墓室内地面自然裂隙凿出排水沟，有的室内地面情况单一，则直接在室内地面与侧壁相连处开凿，形制较为规整。这又可分为明沟和暗沟两种情况，同一座墓室内经常明沟和暗沟并存，暗沟开凿后上面用石板覆盖，如河南永城保安山二号墓18号室的排水沟，剖面呈倒凸字形，上边口凿出宽0.45—0.5、深0.08米的凹槽，用以嵌铺石板，下边口排水沟宽0.2、深0.1米。总之，所有排水沟均利用地势高差形成，使渗水流向裂隙，然后沿裂隙排出墓外，一般一座墓内连续性的排水沟是里高外低，不连续性的排水沟如河南永城保安山二号墓是中间低两侧高。

（五）聚（排）水池和渗水井

聚（排）水池和渗水井是与排水沟配套使用的排水设施，聚（排）水池是人工开凿于墓室低洼处的凹槽，凹槽底部没有裂隙，仅仅起到收集、贮存、中转渗水的作用；凹槽底部有裂隙的则为渗水井。聚（排）水池发现较少，仅在河南永城保安山二号墓墓道及前室、徐州驮篮山汉墓墓道有发现；渗水井发现较多，在多个崖洞墓中均有发现，呈现出形制多样、特点不同的风格。一般设置在墓道、甬道、墓室内，多处于墓室最低处，是整个排水系统的中心，墓内各室的渗水以及从岩石裂隙灌进的雨水，通过排水沟流入渗水井，沿渗水井的裂隙排出墓外。聚（排）水池和渗水井还可分为墓葬修筑过程中使用和建成后使用两种，前一种仅在墓室修筑过程中，为保持作业面干燥，保证施工顺利进行，开凿出渗水井用于排放施工过程中的积水，一旦墓室修筑完毕，便人工进行回填，并层层夯打，以保持整个墓室的整洁，这见于河南永城保安山二号墓和徐州驮篮山楚王墓。后一种从墓室修筑开始到完工都一直发挥作用，是整个墓室排水系统的中心，呈规则或不规则两种形状，河南永城保安山二号墓、徐州驮篮山汉墓、龟山汉墓皆凿刻成工整的长方形或正方形，河南永城保安山二号墓墓内渗水井的四边均与墓壁平行，以保证较好的视觉效果；不规则的渗水井有椭圆形、三角形，如山东曲阜九龙山汉墓、河北满城汉墓。还有的干脆以自然裂隙作为渗水井，不加任何修饰，如曲阜九龙山汉墓。另外，为加快排水速度，有的墓葬还在渗水井底端再凿渗水洞，如龟山汉墓在井的底部南北两端，各凿一个近椭圆形的渗水洞，有的在渗水井上部加盖石盖板。另外，有一些墓葬将渗水井巧妙地与墓室中的厕所、水井结合起来，渗水井象征厕所、水井，同时又起到排泄积水的作用，如河南永城柿园汉墓、徐州北洞山西汉楚王墓，是审美和实用的统一，体现出高度成熟的设计理念。

（六）回廊

回廊是设置在墓室内的阻水屏障，设置在环绕后室的一周，能够有效地隔离后室周围的渗水，从而达到保护后室的目的。目前在西汉崖洞墓中发现有回廊的墓葬不多，仅见于河南永城保安山二号墓和河北满城汉墓，河南永城保安山二号墓的回廊平面呈“回”字形，周长达85.65、宽2.25—2.45、高2.1—2.75米，河北满城汉墓回廊不甚规整，顶部作拱形，高1.8—2.15、宽1.5—2.8米，两墓回廊均环绕后室一周，犹如一道屏障，截断周围山体向墓室渗水的源头，功能类似于秦始皇陵地宫东西南三面深层的人工沟渠，内以细密青膏泥夯筑，用来封堵渗向地宫的地下水，将封土之南、东、西三个方位的地下水屏障在地宫之外，保证地宫的营建过程中施工环境相对干燥[①]，区别是回廊位于墓内，始皇陵阻水渠位于墓外，前者凿成空间是虚，后者填青膏泥是实，一实一虚，一内一外，但所起的作用是相同的，是古人因地制宜的产物。

回廊的作用说法较多[②]，但是结合回廊所处的位置及构造来看，实际意义远大于象征意义，如河南永城保安山二号墓回廊地面凿有规整的排水沟，截面呈倒“凸”字形，且在北回廊的东段和西回廊北段各有一个利用自然裂隙凿成的排水池，这样回廊内的积水可通过排水沟汇入排水池，最后沿自然裂隙下渗。满城汉墓环绕后室的回廊，开凿虽然不甚规整，但在回廊的南、北口部靠外壁处，皆凿有斜坡状的流水口，与中室两旁的排水沟相通。由此可以看出，开凿回廊重要目的之一，是排除后室周围的渗水，以保护后室，因此回廊是一道重要的阻水屏障，也是防排水系统的有机组成部分。

① 段清波、张颖岚：《“穿三泉”与阻排水系统》，《考古与文物》2002年增刊。

② 田立振：《试论汉代的迴廊葬制》，《考古与文物》1995年第1期。

西汉一代的横穴崖洞墓的防排水方法较多，其实在葬地的选择上已开始考虑，采用“因山为陵”的崖洞墓葬制，本身就是为了解决地下水的问题，如《吕氏春秋》载：“葬不可不藏也，故凡葬必得高陵之上，以避狐狸之患，水泉之湿，以则善也。”这说明秦汉之际盛行选择高敞之地，固然有求吉地良冢之愿望，但同时也有防止水对墓室破坏之考虑，因此横穴崖洞墓的防排水在选择墓地的时候已经开始了。

二、西汉崖洞墓防排水设施的区域特点

目前西汉崖洞墓在江苏北部徐州、山东南部曲阜、河南东部永城、河北中部满城等地均有发现。这些墓葬分布在现在京广线以东、陇海线以北广大区域内，大致处于地理环境相同的一个板块内，彼此之间存在交流的可能，在文化面貌上有较多趋同，在防排水方法的使用上也呈现出较多共同特征，防排水大致可分为墓内墓外两个部分，一般采用墓外防水和墓内排水的两种方式，墓外的防水设施有封土、墓垣、阻水沟，封土经过层层夯打，结合紧密，能够有效防止雨水从山顶裂隙渗入墓室，同时封土呈馒头状，像一把土制大伞，既阻挡雨水侵入墓室，又便于雨水流走，使雨水不能淤积，确保墓室的整洁干燥。墓内出现的排水设施主要有排水沟、聚（排）水池和渗水井，沟井相连，构成完善的排水系统，将墓室内的积水源源不断地排出墓室，根据墓室内部地理环境不同，墓室内排水方法一般采用集中或分散的方式。

由于墓葬所处的具体地理环境的不同，防排水设施和方法也呈现出诸多不同的地域性特点。徐州地区排水系统完善，沟井相连，支系发达，处理得巧妙合理，但是对地面的排水沟本身则较少修饰，仅在墓内地面开凿小沟，未有盖板，驮篮山的排水系统是立体化设置，在墙壁上也有排水沟，排水沟与山石裂隙走向一致，沟外口镶嵌补石，与墙壁浑然一体。河北满城汉墓排水沟在墓内分布位置较为显著，一般沟宽20—60、深20厘米左右，渗水井也较大，如M1的甬道西部接中室处，开凿一椭圆形的渗水井，南北径2、东西径1.5、深2.1米，上盖两块巨大石板，石板下有两个入水口，排水沟一般沿墓壁四周分布，沟边采用长短不齐的石条砌筑整齐，使其不易坍塌。山东曲阜的九龙山汉墓排水系统完善，墓室地面有完整闭合的排水系统，采用明沟和暗沟相结合的方法，如三号墓排水沟除后室和前室四周为明沟外，其余均以石板覆盖形成暗沟，沟宽20—40、深15厘米左右。河南永城虽然与江苏徐州距离很近，但彼此之间差异较大，河南永城梁国王陵的排水系统多数排水沟均沿自然岩缝凿修，上用石板覆盖，且渗水池规模较为巨大，处理得也较为巧妙，四边与所处墓室四壁平行，在墓室内视觉效果处理较好，浑然天成，以致引起一些发掘者的误识①。综观四地的排水设施，由于河南地区汉墓中间低，采用分散式的排水方法，其余三地一般均采用集中式排水方法。

当然防排水设施的发展特点还与墓室规模大小密切相关，与墓主财力大小也有关系，在同

① 刘照建：《河南保安山二号墓凹槽作用考辨》，《中国历史文物》2009年第2期。

一地区，由于墓室结构不同和规模大小不一，所采用的防排水方法也各种各样。即使同一个墓葬中，由于处于墓室的不同部位，采用的防排水方法也各不相同。

另外，西汉崖洞墓内防排水设施还有一类仅供施工过程中使用，这种情况在徐州驮篮山汉墓、河南永城保安山二号墓均有出现。在生产力水平低下的汉代，开凿于山腹中崖洞墓绝非短期内所能完成的浩大工程，在长期的施工过程中，天上雨水、岩隙渗水无疑常常会给施工带来极大不便，严重影响工程进度，为保证顺利施工，施工人员会想方设法排除积水的干扰，修筑一些起到辅助作用的防排水设施，犹如盖楼需要搭脚手架一样，在岩层里开凿施工，必须有计划地提前处理好水的问题，这一点有农村生活经验的人们尤其深有体会，如兴修水利过程中，将河床加宽加深时，常常在河床一侧挖一个蓄水池，将水汇到一起，再想办法集中排出，以保证整个作业面的干燥，为施工提供方便。我们以河南永城保安山二号墓前庭凹槽为例说明，当工程开工一段时间后，斜坡墓道已经形成，这时再进一步向里开凿时，东高西低的地理环境使积水时时汇集在施工人员附近，施工人员为解决积水的困扰，在斜坡底部挖一个凹槽，将降水及渗水收拢汇集于凹槽内，随后沿裂隙渗流出墓室，如果积水太多，则可以使用汲水工具往外舀运，这样便能够有效阻止进入墓室的积水到处渗流，保持作业面整洁干燥，极大方便施工，即使汛期也不影响。河南永城保安山二号墓前庭凹槽、前室凹槽、后室凹槽功能完全相同，区别是前室凹槽、后室凹槽收集室内岩隙渗水，而前庭凹槽在收集室内岩隙渗水同时还能阻止降水由斜坡墓道进入墓室[①]。

至于在墓室中还有特意留置的高台或者用开凿出的碎石堆置在棺椁底部的现象，这也是出于防水的目的，当然用木炭、草木灰、红烧土等加以铺垫，也明显带有防水防潮的意图。另外，有的墓葬本身未见明显的防排水设施，但在墓葬修筑过程中，已注意到巧妙利用地势高差，将墓室做成中间高、四周低，墓内高、墓口低，使水能够沿着墓室地面自然排出，从而达到保护墓室及陪葬器物不受水的侵扰。

三、西汉崖洞墓防排水设施发展演变特点及影响

早在新石器时代，人们已知道选择地势高的台地营建墓葬，并在墓坑内洒朱砂以防潮；商周至春秋战国时期，则开始使用青膏泥、木炭隔绝水源，达到封闭墓葬的目的；《吕氏春秋·孟冬季》载："题凑之室，棺椁数袭，积石积炭，以环其外。"高诱于其下注曰："石以其坚，炭以御湿，环，绕也。"这说明当时人们已充分认识木炭御湿防潮的效果，最早的积炭墓出现于西周时期。秦汉时期，墓葬规模扩大，秦始皇墓室周围发现由明井暗渠组成的深层阻排水系统，尤其是西汉时期崖洞墓（室墓）的出现，墓室内部具有较大空间，使得防排水设施也获得前所未有的发展，在防排水材料及方法上呈现复杂多样的特点，甚至出现了由蓄水池、

① 刘照建：《河南保安山二号墓凹槽作用考辨》，《中国历史文物》2009年第2期。

排水沟、渗水井、阻水渠组成的完善发达的防排水系统。

崖洞墓一开始就十分重视水对墓葬的影响，防排水系统产生、发展有鲜明的时代特点，早期侧重于防，后期则重视排水技术，本文以时代序列较为清晰的江苏徐州西汉楚王陵墓为例进行论述。西汉早期的崖洞墓有楚王山楚王墓、狮子山楚王墓，排水系统不发达，阻排水设施开始出现，楚王山楚王墓为防止山水对封土的冲刷，在南面凿有长46、宽3.8—4.2米的阻水沟。狮子山楚王墓虽未见排水系统，但此墓为未竟之作，如果如期完成，是否有排水系统还不得而知。虽然没有排水系统，但也考虑到了防水，如棺椁室、礼乐室的地面都高出甬道，这是比较原始的防水方法。

大约从西汉武帝起，徐州地区的崖洞墓内防排水设施开始出现，并得到快速发展。驮篮山楚王墓被多数学者认为是第三代楚王刘戊的陵寝，刘戊在位时间为前174—前154年，这比迄今发现设有排水系统的其他崖洞墓早得多。驮篮山楚王墓墓室内出现了非常科学的排水系统：一号楚王墓的排水主次分明、深浅有序、明暗结合，水由次线流入主线，然后沿主线流入石隙；二号王后墓因地制宜，根据墓中石裂隙较多的特点，采取分散排水的方法，分两个系统将水排入石猿。两墓的排水沟都设在甬道、侧廊、墓室的侧边。这种排水系统在离徐州不远的山东曲阜九龙山鲁王墓中也有发现。其后的北洞山楚王墓中，排水与墓葬中的水井相结合，水顺着排水系统流进水井，不但可以排水而且可以储水，构思日趋成熟。龟山楚王墓的排水系统更加科学，两墓道在距甬道口约5米处凿有渗水井，水井与甬道两边宽、深各10厘米排水沟相连，甬道的排水沟又与墓室的排水沟相接，且整个墓室后高前低，从而构成整个墓葬的排水系统，渗水向前或向中间汇集，沿着这些排水沟悄无声息地流入渗水井中。王后墓的地面呈北高南低的倾斜状，利于墓室的排水。南洞山一号楚王墓内没有排水沟，排水系统是由地面的高低落差构成的。整个墓的地面前低后高，甬道地面低于墓室，墓室内地面前低后高，向甬道方向倾斜，形成墓室—甬道—排出墓外的排水系统；二号墓也是通过地面的高低落差来排水的。卧牛山楚王墓整个墓室底部均凿有排水沟，沟宽10、深4厘米左右，纵横交错，通往墓道。排水系统的出现与变化是一种渐变，除楚王山第一代楚王刘交墓未发掘外，其他从狮子山楚王墓开始，一直到最后一代楚王的卧牛山楚王墓，都十分注重墓室内的排水问题，只是随着时间的推移，防排水的方法更加科学、系统、合理。

在江苏北部、河南东部、山东和河北等西汉崖洞墓流行地区，崖洞墓规模庞大，数量众多。这些墓葬大致处在一个板块，彼此之间互相影响，相互模仿，防排水系统得到广泛运用，墓葬的防排水设施发达，形制多样，构成完善的防排水系统，延续了200余年，与崖洞墓的发展时代相始终，在中国墓葬防排水的发展中具有重要地位，对当代和后世产生广泛和深远的影响。另外，在崖洞墓流行区域以外地区也大量出现，据商承祚先生调查了解，长沙汉墓形制"先于地下掘大渠，约占墓地之半，实以石子，然后铺砖。于尽处，以瓦管衔接通山下。长者可达半里遥。殆用以疏水"[①]。四川地区崖墓内排水设施也较为常见，多沿着墓壁

① 商承祚：《长沙古物见闻记·续记》，中华书局，1996年。

开凿排水沟，一般排水沟后部较浅，前部较深，经常在明沟上盖瓦块或在沟内放置陶质的排水管。大部分小型崖墓墓室较小，且位置较高，则直接将墓室底部凿成外低里高的形状，墓室积水顺坡流出墓外。两汉以降，在南朝墓葬中也发现较多的防排水设施，如南京南郊六朝谢琉墓①，南京象山8号、9号、10号墓②，吕家山东晋李氏家族墓③，司家山东晋、南朝谢氏墓④，墓内排水方式几乎是西汉崖洞墓的翻版，同时这也是南朝砖室墓盛行和南方多雨水等因素共同作用的结果。唐代墓葬的防排水设施虽然发现不多，但是唐代帝陵"因山为葬"的修筑方式，显然是西汉崖洞墓形制和建筑方法的延续和发展，无疑西汉崖洞墓的防排水技术也得到继承和发扬光大。

墓葬防排水设置是中国墓葬发展史上一个非常重要的文化现象，但是一直未引起学者的注意，在发掘报告中也语焉不详，由于受到材料的限制，本文仅仅是对西汉墓葬防排水设施、方法和材料的初步研究，希望通过本文的研究，引起足够重视，以推动全面深入研究先秦两汉墓葬防排水系统在时间和空间上分布、发展演变特点和规律，这将对于从建筑科学技术发展研究中国墓葬形制演变也具有十分重要的意义。

（原刊于《文博》2011年第1期）

① 南京市博物馆、雨花台区文化局：《南京南郊六朝谢琉墓》，《文物》1998年第5期。

② 南京市博物馆：《南京象山8号、9号、10号墓发掘简报》，《文物》2000年第7期。

③ 南京市博物馆：《南京吕家山东晋李氏家族墓》，《文物》2000年第7期。

④ 南京市博物馆、雨花区文化局：《南京司家山东晋、南朝谢氏家庭墓》，《文物》2000年第7期。

徐州楚王山汉墓时代和墓主考

楚王山是江苏徐州西部的一座历史名山，自古以来文献记载楚王山上有楚元王刘交墓，徐州地区学者多从其说[①]。2001年，我们对楚王山汉墓群进行了较为全面的调查，但是没有找到能够确定墓主的证据。在对墓葬形制和随葬器物初步认识的基础上，依据文献记载认为“楚王山汉墓墓主为第一代同姓楚王刘交的可能性较大”[②]。然而，楚王山上是否葬有楚王刘交，却一直受到徐州地区以外学者的普遍质疑。首先是黄展岳先生表示怀疑，指出刘交墓似亦不必排除在已知八个楚王墓之外[③]。后来韦正先生从公开发表的墓葬结构考察，认为须谨慎考虑，并言邹厚本先生提出《水经注》与《后汉书》记载应没有问题，但可能另有所指[④]。刘涛先生依据西汉时期诸侯王陵墓的形制演变规律，结合楚王山墓葬的建筑技术分析，指出该墓的时代要晚到西汉晚期，并断然否定楚王山为刘交墓的记载[⑤]。刘瑞先生则认为北洞山楚王墓墓主为第一代楚王刘交[⑥]，实际上也是间接否定了楚王山为刘交墓的记载；刘瑞、刘涛两先生合著的《西汉诸侯王陵墓制度研究》一书中又重申楚王山汉墓时代为西汉晚期的观点[⑦]。可是对于这些质疑的声音，却一直没有任何回应。相反，最近刘尊志先生关于楚王陵墓的最新研究成果中，在没有提出新的有力证据和对质疑者没有进行反驳的情况下，再次强调“楚王山一号墓当为刘姓楚王刘交之墓”[⑧]，下了近乎肯定的结论。面对如此大的分歧，作为一个长期从事楚王陵墓研究的学者，笔者认为有必要对该问题作进一步讨论。

另外，长期以来，在徐州楚王陵墓排序和墓主断代的研究中，学者多是在认可楚王山为刘

---

① 依据文献记载，认为楚王山墓主为刘交的学者有邱永生、梁勇、孟强、刘尊志、周保平、葛明宇、耿建军、刘照建、李银德等诸位先生。但是李银德先生后来又言：（楚王山）M1为石券顶结构，这在西汉文帝时期尚未闻见，与刘交墓所处的时代不甚相符，因此其墓主也许要在发掘之后才能清楚。见中国国家博物馆、徐州博物馆：《大汉楚王——徐州西汉楚王陵墓文物辑萃》，中国社会科学出版社，2005年，第15页。

② 刘照建、梁勇：《徐州铜山县楚王山汉墓群考古调查》，《汉代考古与汉文化国际学术研讨会论文集》，齐鲁书社，2006年，第253页。

③ 黄展岳：《汉代诸侯王墓论述》，《考古学报》1998年第1期。

④ 韦正：《江苏徐州市狮子山西汉墓墓主的再认识》，《考古》2002年第9期。

⑤ 刘涛：《西汉诸侯王陵墓形制的演变》，《汉代考古与汉文化国际学术研讨会论文集》，齐鲁书社，2006年，第190页。

⑥ 刘瑞：《徐州北洞山楚王墓墓主考》，《考古》2008年第10期。

⑦ 刘瑞、刘涛：《西汉诸侯王陵墓制度研究》，中国社会科学出版社，2010年，第505页。

⑧ 刘尊志：《徐州两汉诸侯王墓研究》，《考古学报》2011年第1期。

交墓的前提下，对其他楚王墓的墓主和时代进行断代研究。譬如已成为国内学术研究热点的狮子山楚王墓，发掘者根据文献记载，在简报中首先认定第一代楚王刘交葬在楚王山，进而推断狮子山墓主应为刘交的子孙第二代楚王刘郢（客）或第三代楚王刘戊①，以后学者也都围绕墓主究竟是第二代还是第三代展开讨论。北洞山楚王墓的简报和报告编写者也是如此②。然而，如果立论的前提不正确，必将导致连锁的错误判断，因此楚王山上究竟是否有刘交墓，已经成为解决西汉楚王墓的墓主问题，尤其是前期楚王墓墓主问题的关键。

考虑确定楚王山汉墓墓主和时代的重大学术意义，同时又受到以上诸多学者的启发，尤其是刘瑞、刘涛先生认为墓主时代是西汉晚期的观点，笔者经过深入思考后非常赞同。在诸多学者研究成果的基础上，笔者利用目前所能够掌握的材料，重新认识文献记载，从选址特点、墓葬形制和出土文物等几个方面再次综合考察，认定楚王山汉墓时代确实偏晚，墓主不是第一代楚元王刘交，而可能是第九代楚孝王刘器。

一、关于文献记载的重新认识

关于楚王山汉墓的墓主问题，历史上多部文献有明确记载。《后汉书·郡国志》注引《北征记》：“（彭）城西二十里有山，山阴有楚元王冢。”《魏书·地形志》亦云彭城有“楚元王冢”。《水经注·获水》则载有“获水又东迳同孝山北，山阴有楚元王冢。上圆下方，累石为之，高十余丈，广百许步，经十余坟，悉结石也”。长期以来，多数学者认为这些著述成书年代距西汉较近，所言之事应有所本，对楚王山汉墓墓主为第一代楚王刘交的认识深信不疑。

实际上，仅仅根据上述多部文献记载，定楚王山为第一代楚王刘交的葬地，确实存在缺陷，因为文献本身的科学性就值得怀疑。首先来看《后汉书》，该书为南朝范晔所作，范晔生于东晋安帝隆安二年（398年），死于宋文帝元嘉二十二年（445年），终年48岁，范晔生活时代距离第一代楚王刘交卒年（前179年）近600年，如果史书没有记载，范晔对西汉第一代楚王刘交的历史已不可知。况且由于范晔被杀，“志”部分不是范晔原著，而是晋人司马彪撰写，这一部分水平不高，尚缺四个“志”是众所周知的。尤其是该书注者刘昭生活在萧梁时期，比东晋的范晔和司马彪时代更晚，其所引《北征记》早已失传，加之历代统治者对葬地问题一直讳莫如深，在史书上一般不会有明确记载，因此该书关于刘交墓记载的科学性尚存疑问。其次再讨论一下《水经注》记载的准确性问题，该书有多处与徐州历史文物相关的记载，如关于北洞山楚王之王后墓记载：“泗水南经宋大夫桓魋冢西，山抗泗水，上而尽石，凿而为冢，今人

---

① 狮子山楚王陵考古发掘队：《徐州狮子山西汉楚王陵发掘简报》，《文物》1998年第8期。史书关于第二代楚王的名称记载不一，有“郢”和“郢客”两种，本文称之为刘郢（客）。

② 徐州博物馆、南京大学历史系考古专业：《徐州北洞山西汉墓发掘简报》，《文物》1988年第2期；徐州博物馆、南京大学历史学系考古专业：《徐州北洞山西汉楚王墓》，文物出版社，2003年，第178页。

谓之石椁者。”该书认为的“桓魋石室”，经现代学者研究，证实为北洞山楚王之王后墓[①]；位于徐州博物馆北面的土山汉墓，《水经注》记载为亚父冢（俗称范曾墓），《水经注》成书年代与土山汉墓修建的年代更为接近，但是20世纪70年代考古发掘证实该墓为东汉彭城王之墓[②]。虽然不能以此类推，认定楚王山刘交墓记载错误，但至少说明有些文献记载并不可靠，更不是确定墓主的铁证。刘涛先生也认为《水经注》成书于6世纪初，虽然有较高史料价值，但是其记述的时间已经距汉初较远，存在错误也在所难免[③]。因此不能仅依据文献记载就简单认定刘交葬于楚王山。

楚王山有刘交墓的记载，以后历代不绝于书，如《金史・地理志》《徐州府治》《铜山县治》等均有记载。南北朝时刘交后裔宋武帝刘裕免除楚王山附近五户人家的赋税，由他们经常洒扫陵墓，依时祭奠，为此中书黄门侍郎傅亮受命作《为宋公修楚元王墓教一首》记载此事[④]，一直到现在，附近村民还传言他们的祖先是给人守陵的。宋代苏轼《送蜀人张师厚赴殿试二首》云：“断岭不遮西忘眼，送君直过楚王山。”但是这些记载都时代偏晚，且多是在《后汉书・郡国志》《水经注》基础上的重复，也不能作为认定墓主的直接依据。

后人多将楚王山汉墓墓主误认为是第一代楚元王刘交，主要原因是时代的演变，后人只知道该墓是楚王墓，但不知道是哪一代楚王之墓。而第一代楚元王刘交在历史上名气太大，系高祖刘邦同父异母少弟，多年与刘邦一起征战，与高祖关系十分密切，“交与卢绾常侍上，出入卧内，传言语诸内事隐谋”[⑤]。先被高祖封为文信君，汉六年又被封为西汉楚国第一代楚王，王薛郡、东海、彭城等三郡三十六县，治理楚国二十三年，历经高祖、惠帝、高后、文帝四朝。在西汉前期分封的诸王之中，他辈分高，年龄大，享国时间最长，可谓资格最老的一代诸侯国王。作为首位被封的楚王， 刘交不但在朝中地位显赫，而且个人修养极高，“好书多材艺”[⑥]，当时就有《元王诗》产生广泛影响，《史记》《汉书》等均有专门篇章记载。德高望重的楚元王刘交，在历史上知名度实在太高，名声几乎盖过了其他楚王，以致后人一提到楚王，首先想到的就是第一代刘交。既然楚王山上是楚王墓，理所当然就误认为是楚元王刘交之墓了。

---

① 梁勇、梁庆谊：《西汉楚王墓的建筑结构及排列顺序》，《两汉文化研究》（第二辑），文化艺术出版社，1999年，第198页。

② 王恺：《徐州土山汉墓葬年考》，《徐州博物馆三十年纪念文集（1960—1990）》，北京燕山出版社，1992年，第87—95页。

③ 刘涛：《西汉诸侯王陵墓形制的演变》，《汉代考古与汉文化国际学术研讨会论文集》，齐鲁书社，2006年，第190页。

④ 傅亮：“夫褒贤崇德，千载弥光，尊本敬始，义隆自远。楚元王积任基德，启蕃斯境。素风道业，作范后昆。本支之祚，实隆鄙宗。遗芳余烈，奋乎百世，而丘封翳然坟茔莫剪。感远存往，慨然永怀。夫爱人怀树，甘棠且犹勿剪；追甄墟墓，信陵尚或不泯。况瓜瓞所兴，开源自本者乎？可复蠲近墓五家，常给洒扫。”（南朝梁）萧统编，（唐）李善注：《文选》卷三十六《为宋公修楚元王墓教一首》，中华书局，1977年，第506、507页。

⑤ （东汉）班固：《汉书・楚元王传》，中华书局，1962年，第1921页。

⑥ （东汉）班固：《汉书・楚元王传》，中华书局，1962年，第1921页。

另外，纵览诸书关于楚王山的记载，时代不同山名有所变化，以时代为序，大致有同孝山、楚王山（楚山）、赭土山和霸王山诸名。霸王山这一称谓沿袭至今，附近水泥制品厂现在还称作霸王山水泥厂，这可能因为时代久远，后人又将家喻户晓的西楚霸王项羽混同于西汉刘氏楚王了。这从侧面也证明传说与事实的差距之大，文献记载不可全信。

二、对墓葬形制和出土文物的讨论

楚王山是徐州西部一座独立山峰，主峰高195.4米，呈东北—西南走向。楚王山汉墓群位于楚王山北麓，文献记载有墓葬10余座，现经过调查，能够确定的有4座，编号为M1—M4（图一）。需要说明的是，长期以来人们（包括本文）通常所言楚王山汉墓，实际是楚王山一号墓。一号墓位于楚王山西北尾部山顶上，规模最为庞大，由山体和封土两部分组成，呈覆斗状，连封土高54.08、封土高7米（图二）。由于长年的水土流失，楚王山一号墓的东向墓道已经露出，1997年该墓遭到严重盗掘，考古人员曾进入墓室考察，对该墓结构有较为深入的了解。该墓为"因山为陵"的大型"甲"字形竖穴岩坑石室墓[①]，由墓道、耳室与主墓室三部分

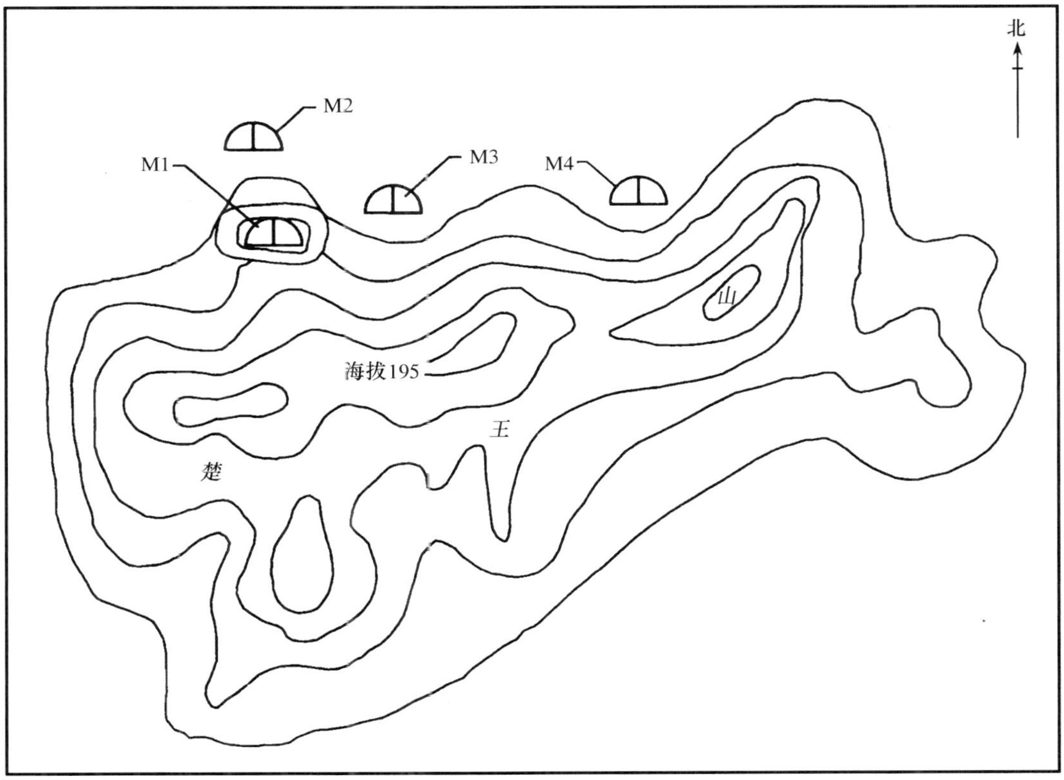

图一　楚王山汉墓位置示意图

① 关于此种形制墓葬称谓较多，有竖井崖洞墓、竖穴石坑墓、竖穴石坑石室墓、竖穴崖洞墓。宜称为"竖穴岩坑石室墓"，较能准确地反映这种墓葬形制的特征。

图二　楚王山一号墓

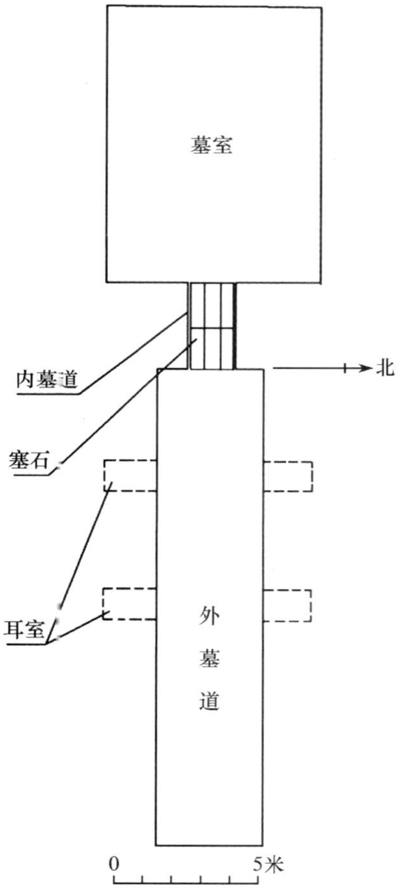

图三　楚王山一号墓平面图

组成（图三）。墓道为斜坡墓道，总长超过30米，分内、外两段，外墓道长30、宽4.5、垂直高度达18米；内墓道长4.5、宽3.1、高6米；墓道南壁内收0.7米为甬道口，甬道有塞石封堵，4列10余层，塞石做工较为平整，每块尺寸约长1.1、宽0.75、厚0.4米。外墓道两侧发现3个耳室，内墓道较短，内墓道后部有一主室，东西长11.05、南北宽8.05、高约9米，室内面积88.95平方米。二号墓位于一号墓北侧30米一低矮小山包上，墓葬亦采用“因山为陵”的营建方式，高26.12、底面周长336米（图四）；三号墓位于二号墓东侧240米，系平地起坟的竖穴岩坑或土坑墓，封土呈覆斗形，高11.38、底面周长240米（图五）；四号墓位于三号墓以东约1500米，中间隔一座山头，故四号墓形成一个相对独立的单元，但与二、三号墓大致在东西向一条直线上，亦呈覆斗形，与三号墓构筑方式相同，规模亦与三号墓相当，封土现高11.13、底面周长240米（图六）。

长期以来，人们依据文献记载，认为楚王山一号墓为刘交墓，但是如果将该墓与第二代楚王墓进行比较研究，就能看出问题所在。第一代楚王刘交始封于高祖六年（前201年），在位23年薨，由于太子刘辟非早夭，文帝于是让刘交次子宗正上邳侯刘郢（客）嗣楚王位，是为第二代楚

图四　楚王山二号墓

图五　楚王山三号墓

图六　楚王山四号墓

王。两代楚王之间是正常过渡，权力平稳交接。第二代楚王在政治、经济、文化、思想方面沿袭第一代楚王的做法继续发展，而墓葬形制稳定性较强，也不会有太大变化，或者说一、二代楚王墓葬形制上应该有较多的相似性。目前第二代楚王的葬地尚存在争议，有的学者说是狮子山①，有的学者则认为是北洞山②。狮子山楚王墓有规模巨大的天井（图七），北洞山楚王墓有10余间附属墓室（图八），营建方法都是横向山体内部开凿，并在山体内营建墓室，虽然两墓作为横穴崖洞墓在形制上尚不完全成熟，但均已具备横穴崖洞墓的基本特征。楚王山一号墓则是竖向山体开凿一个竖穴岩坑，然后在岩坑上以条石搭建石室，属于典型的竖穴岩坑石室墓。两代楚王墓构筑方法迥然不同。而北洞山和狮子山两处楚王墓经过多年的深入研究，虽然墓主尚未有定论，但其中必有一位为第二代楚王，墓主的时代基本能够确定。如果定楚王山为第一代楚王，则与第二代楚王墓葬形制之间差异实在太大，因此从形制上比较，楚王山汉墓墓主可能不是第一代楚王。况且第二代楚王刘郢（客）在位时间短，与第一代楚王死亡相隔时间仅为3年多。由于两者是正常的交接，除了稳定性较强的墓葬形制应基本相同外，即使是变化较快的随葬器物，也不会有太大的变化。因为料理后事的大臣，主持修墓的职官，几乎就是第一代楚王刘交时期的原班人马，在对待第二代楚王刘郢（客）葬礼的安排上，不可避免地会沿袭第一代楚王时的做法，所以两墓在随葬器物的种类和形制上应该有许多相同之处。然而，在楚王

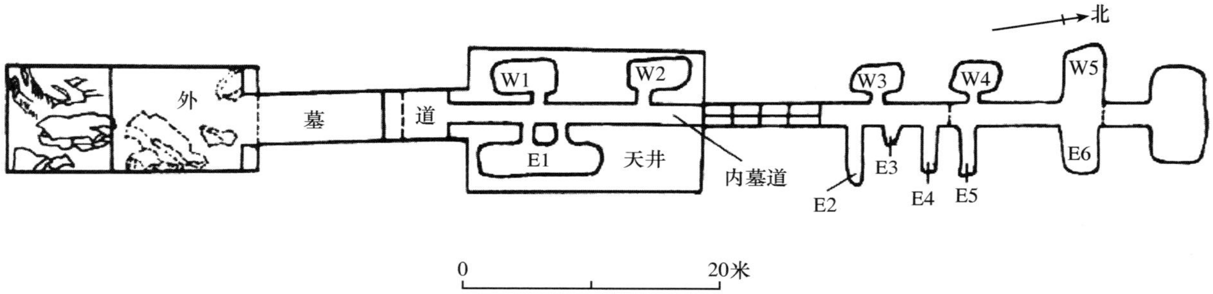

图七　狮子山楚王墓平面图

① 孟强、钱国光：《西汉早期楚王墓排序及墓主问题的初步研究》，《两汉文化研究》（第二辑），文化艺术出版社，1999年，第185页；梁勇、梁庆谊：《西汉楚王墓的建筑结构及排列顺序》，《两汉文化研究》（第二辑），文化艺术出版社，1999年，第194页；周保平：《徐州西汉楚王墓序列及墓室浅说》，《两汉文化研究》（第二辑），文化艺术出版社，1999年，第225页；刘尊志：《西汉时期前三代楚王年龄及其墓葬初探》，《两汉文化研究》（第二辑），文化艺术出版社，1999年，第238页；耿建军：《试析徐州西汉楚王墓出土官印及封泥的性质》，《考古》2000年第9期；刘照建、张浩林：《徐州狮子山汉墓墓主考略》，《东南文化》2001年第7期；刘瑞：《狮子山楚王陵墓主考略》，《文博》2002年第2期；孟强：《从墓葬结构谈狮子山西汉墓的几个问题》，《东南文化》2002年第3期；刘尊志：《徐州狮子山楚王墓墓主再探》，《徐州师范大学学报》2005年第2期；孟强：《从随葬品谈徐州狮子山汉墓的墓主问题》，《考古》2006年第9期；梁勇：《徐州狮子山楚王墓出土印章与墓主问题的再认识》，《考古》2006年第9期；冉如波、陈海霞：《徐州狮子山楚王陵墓主身份及相关问题的初步研究》，《江汉考古》2007年第2期。

② 邱永生、茅玉：《北洞山西汉王陵考略》，《徐州师范学院学报》1989年第4期；葛明宇、孙凤娟：《徐州北洞山西汉楚王墓墓主应为夷王刘郢客》，《中国文物报》2004年11月19日第7版；葛明宇：《徐州北洞山汉墓年代与墓主探讨》，《考古》2009年第9期。

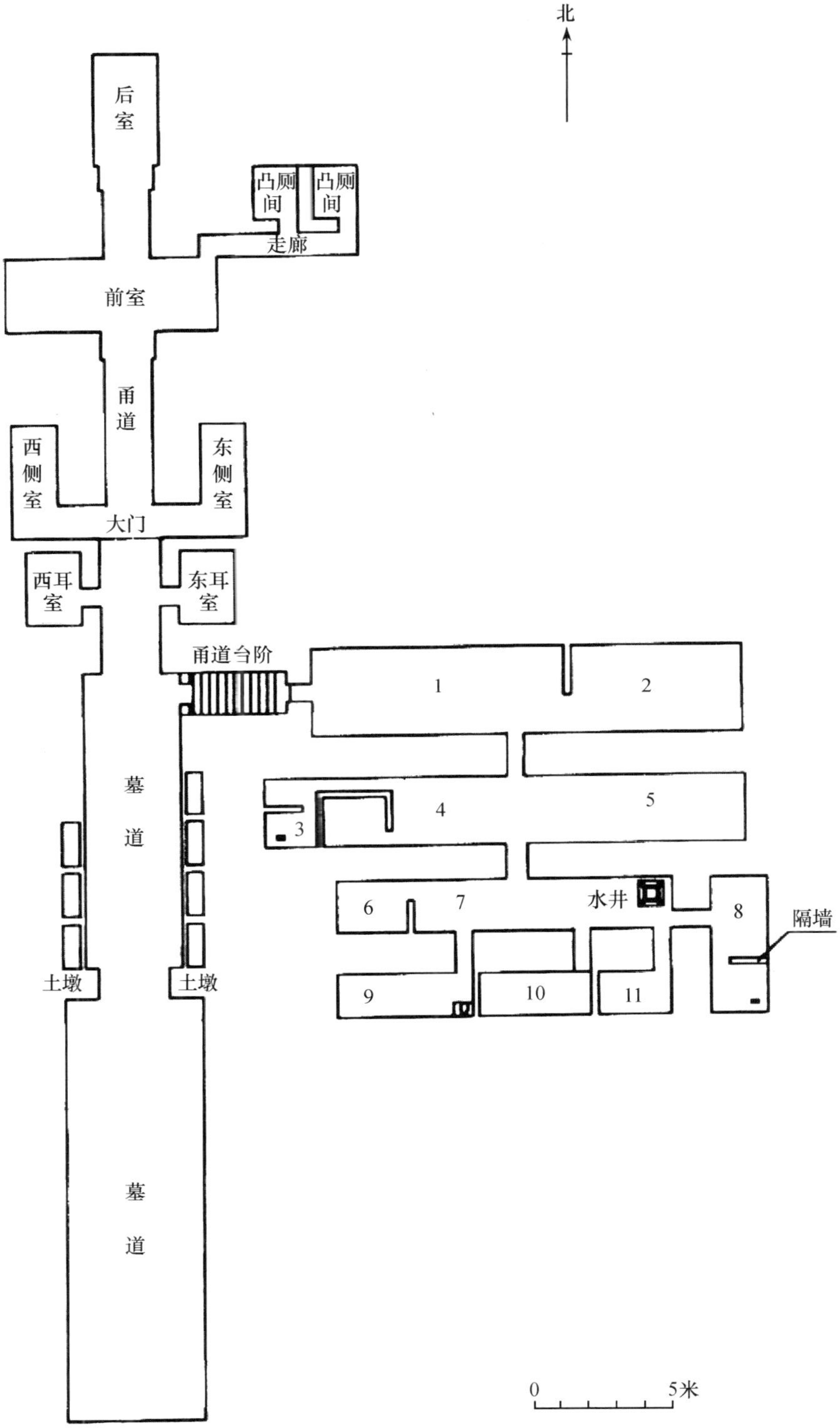

图八　北洞山楚王墓平面图

山一号墓的外墓道和耳室内出土的随葬器物有铜、铁、陶瓷、漆器等，陶器分夹砂绿釉陶与灰陶两种，原始瓷器有壶、瓿、罐等，均为青釉瓷器，同类器物无论在北洞山还是狮子山楚王陵墓皆未见到，即使中期龟山楚王墓也未出现；相反在徐州地区一些晚期汉墓如碧螺山五号西汉墓[①]、拖龙山汉墓中多有出现[②]，区别是楚王山墓内出土的青釉瓷器体形较大，制作更为精致。结合个别铜器上带有"楚"字铭文，笔者初步认定楚王山一号墓墓主应为西汉晚期某位楚王。

另外，规模巨大的四座墓葬，具有诸多西汉晚期墓葬的特征，甚至与东汉初期相同。

第一，四座墓葬都筑有高大的封土，均呈覆斗状，墓垣石多达数层，尤其楚王山三、四号墓在山脚下平地起坟的构筑方式，为徐州地区西汉早期墓所不见。从徐州地区汉墓发展规律来看，无论大型诸侯王墓，还是一般的中小型汉墓，西汉一代基本未发现平地起坟的葬制；直到东汉时期，平地起坟的埋葬方法，才在徐州地区出现并流行，如睢宁双古堆汉墓[③]、徐州土山汉墓[④]、拉犁山汉墓等[⑤]，徐州土山汉墓墓主为东汉某代彭城王，该墓即营建在云龙山北麓坡地上，且一个封土堆下有三座墓葬。楚王山三、四号墓在楚王山北麓平地开挖岩坑或土坑，并在其上构筑高大封土的方式，与土山彭城王墓极为相似。由于文化发展的滞后性，一个王朝建立初期，文化基本是上一个王朝的延续，这是一个基本规律。表现在墓葬上，后一王朝初期墓葬形制与上一个王朝末期基本相同，由此可见楚王山墓群的时代可能偏晚。

第二，楚王山一号墓在山顶上营建竖穴岩坑石室墓，主室规模庞大，附属墓室少，墓室简易，仅发现3个耳室（应为4个耳室）。四号墓形制与一号墓形制接近[⑥]。这种形制为西汉楚国早期楚王墓所未见，却与国内其他地区如河南黄土山一、二号汉墓[⑦]，僖山一、二号汉墓[⑧]，窑山一、二号汉墓（图九）[⑨]，山东长清双乳山一号汉墓等

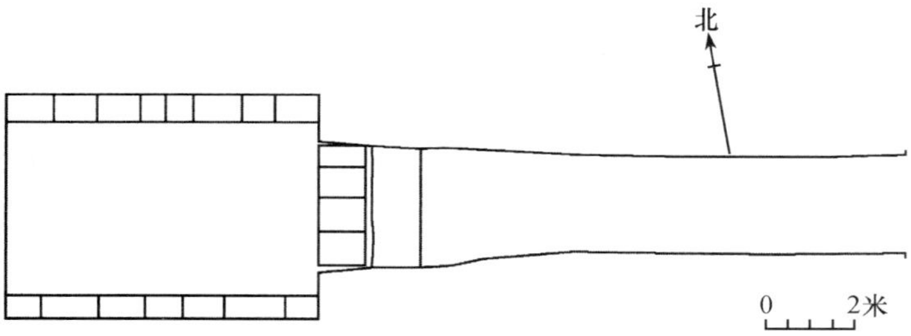

图九　河南永城窑山二号墓平面图

① 徐州博物馆：《徐州碧螺山五号西汉墓》，《文物》2005年第2期。

② 徐州博物馆：《徐州拖龙山五座西汉墓的发掘》，《考古学报》2010年第1期。

③ 张德胜、徐娟：《下邳国王陵初考》，第四届徐州两汉文化研究会学术研讨会论文。

④ 王恺：《徐州土山汉墓葬年考》，《徐州博物馆三十年纪念文集（1960—1990）》，北京燕山出版社，1992年，第87—95页。

⑤ 李银德：《徐州市屯里拉犁山东汉石室墓》，《中国考古学年鉴（1986）》，文物出版社，1988年，第123、124页；耿建军：《徐州市拉犁山二号东汉石室墓》，《中国考古学年鉴（1990）》，文物出版社，1991年，第208、209页。

⑥ 刘尊志：《徐州两汉诸侯王墓研究》，《考古学报》2011年第1期。

⑦ 河南省文物考古研究所、永城市文物旅游管理局：《永城黄土山与酂城汉墓》，大象出版社，2010年，第9页。

⑧ 河南省文物考古研究所：《永城西汉梁国王陵与寝园》，中州古籍出版社，1996年，第13页。

⑨ 阎根齐：《芒砀山西汉梁王墓地》，文物出版社，2001年，第249、258、259页。

西汉晚期竖穴岩坑墓形制相近（图一〇）[①]。这些墓葬主人均为西汉晚期的诸侯王或王后。在当初调查时，我们根据墓葬形制结构简单的特点，认为具有西汉早期楚王墓的特征[②]，现在看来未免偏颇，有进一步讨论之必要。事物发展规律往往是简单—复杂—简单的变化过程，开始和结束均以简单的面目呈现，但前期的简单是粗疏、不成熟，后期的简单是复杂之后的简单，是粗疏褪去之后的精致，尤其在细节上能够清晰体现时代之早晚。1997年考古人员进入墓室调查时发现，楚王山一号墓的室顶用大条石券筑而成，券顶条石东西排列，每列11块，每块长1.2、宽0.22、厚约0.3米。研究表明，券顶最早出现于西汉晚期[③]，该墓券顶结构的出现，从建筑细节上体现出先进成熟的技术特征，反映该墓时代偏晚。刘瑞、刘涛先生从建筑形态分析西汉诸侯王石室墓结构时指出，楚王山汉墓采用半圆拱券式结构是一种较为成熟建筑技术[④]。如果定该墓为西汉早期，那么这种技术在西汉初期出现后，不可能旋即消失，然后200余年后复又出现，这不符合事物发展规律。从古到今建筑技术的发展呈现出从简单到复杂、从不完善到完善的逐步演变过程，即使在帝陵建设中，陵墓的形制、规模、结构、材料、施工方法，也不可能突破当时社会生产和工程技术的最高水平界限。尤其是塞石4列多层的封堵方式，与西汉前期楚王墓的封堵方式迥然相异，甚至与目前所有已经发掘的楚王墓均不相同（目前发现的楚王陵墓一般均用巨大塞石封堵墓道和甬道，以双层双列或双层单列形式排列）。因此从墓葬形制考察，楚王山四座大墓的时代可能要晚到西汉后期。

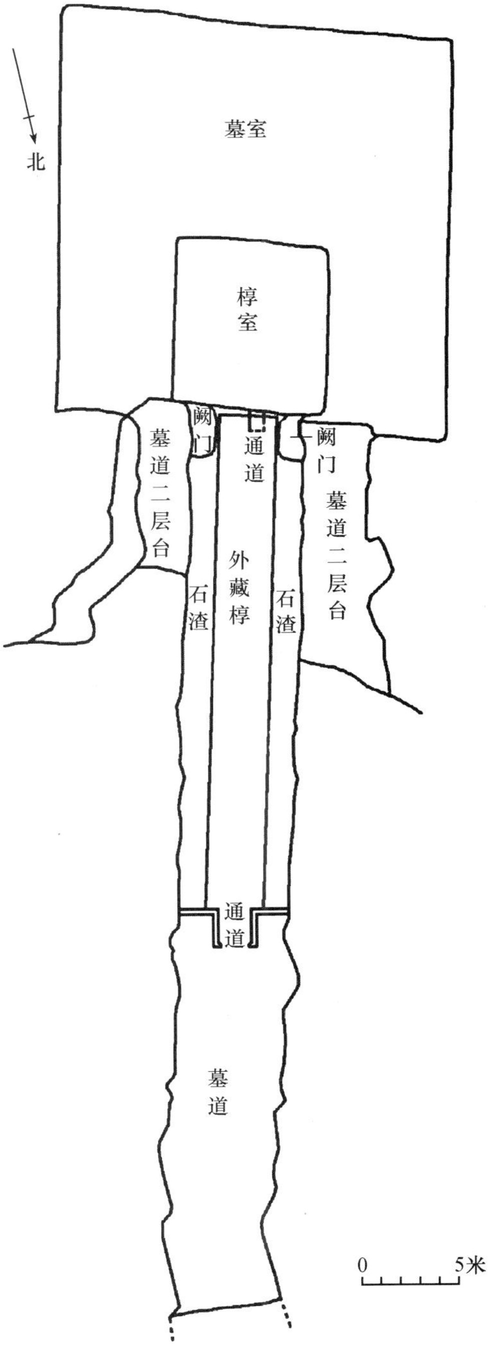

图一〇　山东长清双乳山一号汉墓平面图

① 山东大学考古系、山东省文物局、长清县文化局：《山东长清县双乳山一号汉墓发掘简报》，《考古》1997年第3期。

② 刘照建、梁勇：《徐州铜山县楚王山汉墓群考古调查》，《汉代考古与汉文化国际学术研讨会论文集》，齐鲁书社，2006年，第253页。

③ 黄晓芬：《汉墓的考古学研究》，岳麓书社，2003年，第162页。

④ 刘瑞、刘涛：《西汉诸侯王陵墓制度研究》，中国社会科学出版社，2010年，第508页。

第三，西汉楚王墓所在山体从早到晚呈逐渐增高的趋势，西汉前期楚王墓狮子山、北洞山、驮篮山的海拔分别为61、54、69米，中期以后楚王墓龟山、东洞山、南洞山的海拔高度分别是73.5、86.5、128米。楚王山一号墓所占山体高大，楚王山主峰海拔高达195.4米，迥然有别于早期楚王选择小山营建大墓的理念，相反与西汉中期以后楚王陵墓的普遍做法相同，且四座大墓安葬在同一个区域，为徐州地区所仅见，如此选址方式也说明该墓时代偏晚。过去我们依据“古人以西为上”，认为墓主生前地位显赫，与楚元王刘交较为相称①。其实最西的原因是早中期楚王已经将都城周围位置较佳的山头占据，作为后期楚王唯有向都城外围拓展，才能找到合适的墓地。另外，有的学者根据楚王山汉墓墓道东向，认为墓葬时代早，这种提法也值得商榷②。徐州地区楚王陵墓采用“因山为陵”的埋葬方式，由于受到具体地理环境制约，墓向必须根据实际因地制宜地灵活变化，出现东南西北四个朝向都有可能，不具备断代意义。楚王山汉墓位于楚王山之西北部，南向不可能，北有小山，西有汴水，唯有东向，前方有开阔的平原，便于营建陵寝建筑，而且能够形成闭合的空间，防护效果好。因此，楚王山汉墓的东向是由其所处的地理环境所决定，不是时代原因所造成，更不是模仿所谓的秦始皇陵或者西汉帝陵。

另外，如果定楚王山汉墓时代在西汉晚期，也符合徐州地区楚王（后）合葬墓从早到晚逐渐靠近的发展演变规律。西汉早期楚王墓葬距离较远，楚王与王后墓一般分立于两座山头。狮子山楚王的王后墓位于其北侧羊鬼山上，相距200余米，北洞山楚王墓东侧有“桓魋石室”，系北洞山楚王之王后墓，相距200米，两者属合葬中的同茔异坟；驮篮山是一座山体两个山头，楚王与王后墓分别葬在两个山头之下，相距140米，距离开始接近，虽然仍是同茔异坟，但开始向同茔同坟过渡；龟山、东洞山、南洞山三座楚王墓与王后墓同在一个山头下，距离进一步缩小，墓道之间距离分别为20、10、8米，为同茔同坟之制；发展到楚王山四座墓葬，则可能采用同坟异穴或同坟同穴的合葬形式。虽然目前楚国尚未发现王级陵墓如此合葬，但是我们注意到，随着中央集权的加强，天下一统局面的形成和稳固，整个大汉王朝的文化面貌呈现趋同的发展趋势，到西汉中后期墓葬形制发展已经渐渐基本一致。国内其他地方如北京大葆台汉墓③、山东昌乐县东圈汉墓④、泗阳大青墩泗水王陵⑤等诸侯王墓中均已出现同坟同穴的合葬形式，徐州地区的翠屏山汉墓⑥、绣球山汉墓⑦等中小型墓葬中也已经出现同坟同穴合葬现象，

① 刘照建、梁勇：《徐州铜山县楚王山汉墓群考古调查》，《汉代考古与汉文化国际学术研讨会论文集》，齐鲁书社，2006年，第253页。

② 刘尊志：《徐州两汉诸侯王墓研究》，《考古学报》2011年第1期。

③ 大葆台汉墓发掘组、中国社会科学院考古研究所：《北京大葆台汉墓》，文物出版社，1989年，第97页。

④ 潍坊市博物馆、昌乐县文管所：《山东昌乐县东圈汉墓》，《考古》1993年第6期。

⑤ 江苏省大青墩汉墓联合考古队：《泗阳大青墩泗水王陵》，《东南文化》2003年第4期；《泗阳大青墩汉墓论证会纪要》，《东南文化》2003年第4期。

⑥ 徐州博物馆：《江苏徐州市翠屏山西汉刘治墓发掘简报》，《考古》2008年第9期。

⑦ 徐州博物馆：《徐州绣球山西汉墓清理简报》，《东南文化》1992年第3、4期。

因此西汉晚期楚王也完全可能使用同坟同穴的方式合葬。如果定楚王山汉墓群为西汉后期墓葬，这与整个西汉时代墓葬发展演变规律也是相一致的；同时也矫正了我们以前对楚王陵墓由竖穴向横穴演变的错误认识①，相距不远的楚梁两国，崖洞墓的发展脉络实际上完全相同。

楚王山汉墓群墓葬数量众多，以前笔者在考察时，除对一号墓墓主作过初步推断外，其他墓葬只是客观介绍封土及墓垣情况，没有给出定性的结论②，但是有的学者认为二号墓是王后墓，三、四号墓是陪葬墓③，不知根据何在。其实三、四号墓虽然较一、二号墓封土略小，但是如果放在西汉末期考察，三、四号规模并不小，俨然是楚王级别的大墓，不能简单地以陪葬墓论之，陪葬墓的主人一般为楚王的妃嫔和近臣，形制规模远远小于主墓。徐州地区地处东部黄淮平原，开发历史悠久，人烟稠密，近年来城市发展迅速，城市周围的山体都已成为城区的一部分，有的山体甚至被开山采石夷为平地，在如此时代背景下，尚有四处八座楚王（后）级别的大墓未被发现，实在是不可思议（徐州地区共有12代刘姓楚王，理论上应该有12处楚王陵墓，目前徐州地区已经发现8处，它们分别是：楚王山、狮子山、北洞山、驮篮山、卧牛山、龟山、东洞山、南洞山）。由此笔者认为楚王山四座大墓的墓主，可能就是西汉末期的四代楚王（后）。至于这四座墓与后四代楚王的对应关系，由于时至今日众多富有断代意义的材料尚未公布，笔者因此对二、三、四号墓墓主对应关系不妄加推论，下文仅对楚王山一号墓的墓主问题作初步研究。

三、楚王山汉墓墓主和刘交的葬地

楚王山汉墓群规模庞大，墓葬数量众多，且形制迥异于其他7处楚王陵墓，确定其墓主和时代对于研究西汉楚王墓序列演变及汉代墓葬建筑发展具有重要意义。既然把楚王山汉墓时代定在西汉晚期，那么墓主可能是哪一代楚王呢？结合墓葬形制和对晚期楚国历史的考察，笔者认为其墓主最大可能是第九代楚孝王刘嚣。兹将观点阐述如下。

首先，墓葬形制在发展演变过程中，引起其变化的原因非常复杂，由于文化、经济、思想变化，可能会导致其变化，但是政权更迭、统治者易主，无疑是最为重要和直接的原因。当然相对于随葬器物的变化，墓葬形制稳定性较强，没有重大变故，一般不可能发生巨变。但是如同前文所述，楚王山M1为竖穴岩坑石室墓，与墓主时代明确的龟山第六代楚王刘注墓相比④，

① 周保平、刘照建：《西汉楚王陵墓形制研究》，《中国历史文物》2005年第6期。

② 刘照建、梁勇：《徐州铜山县楚王山汉墓群考古调查》，《汉代考古与汉文化国际学术研讨会论文集》，齐鲁书社，2006年，第253页。

③ 刘尊志：《徐州西汉诸侯王墓研究》，《考古学报》2011年第1期。

④ 南京博物院、铜山县文化馆：《铜山龟山二号西汉崖洞墓》，《考古学报》1985年第1期；尤振尧：《〈铜山龟山二号西汉崖洞墓〉一文的重要补充》，《考古学报》1985年第3期；徐州博物馆：《江苏铜山县龟山二号西汉崖洞墓材料的再补充》，《考古》1997年第2期。

其墓葬形制发生了质的变化，显然属于另一系统，这说明墓主发生重大变化或可能政权更迭。参考《汉书・诸侯王表》，西汉楚国从第六代楚王刘注以后，又前后相传了六个诸侯王，分别为七代刘纯、八代刘延寿、九代刘嚣、十代刘文、十一代刘衍、十二代刘纡。其中第七代刘纯为刘注子，第八代刘延寿为刘纯子，第十、十一代为刘嚣子，十二代刘纡为刘嚣孙，可以看出六、七、八代和九、十、十一、十二代之间，均为父子或兄弟相承，具有连续性和稳定性，但是在第八代楚王刘延寿和第九代楚王刘嚣之间，却出现较大断裂。公元前69年第八代楚王刘延寿叛乱自杀国除[①]，公元前49年汉宣帝子楚孝王刘嚣徙楚[②]，支系发生重大变化，共传八代计133年的楚元王刘交一系终结。刘嚣即位与第八代楚王刘延寿国除，已时隔20年，当时刘延寿是谋反，刘嚣却是以仁孝著称于世（死后谥封为孝王），对叛乱之王的做法肯定有抵触，即位后在墓葬形制上自然不会认可楚国旧制，相反会更多参照其父兄之制。据调查，宣、元帝陵均为竖穴墓，况且当时全国范围内横穴崖洞墓已呈衰落之势，于是刘嚣改变原来楚国营建墓葬的方法，将横穴转变为竖穴，这样一种崭新的墓葬形式——楚王山竖穴岩坑石室墓开始出现。诚如是，西汉楚国后期政治上发生的重大变革，恰与楚王墓葬形制发生剧烈变化相吻合，这正支持和证明了楚王山汉墓的墓主为第九代楚孝王刘嚣的论断。有的学者认为“东洞山当为第九代楚王刘嚣之墓”[③]，显然是忽略了这次重大的历史变故对墓葬形制的影响。

其次，楚王山汉墓虽然为竖穴岩坑石室墓，但是规模宏大，必须具备巨大财力和足够时间才有可能营建。第九代楚孝王刘嚣，即位时与第八代楚王刘延寿之国除间隔20年，距刘延寿即位之初已经过去50年，具有“始封”之意义，且在位时间长达28年，在后期诸王中在位时间最长，辈分最高，其墓葬修建规模气势必然超过晚期其他诸王。同时，楚孝王刘嚣系宣帝子元帝弟，与中央王朝关系密切，还深受成帝赞许，在朝中地位显赫。《汉书・宣元六王传》记载：（楚王嚣）成帝河平中入朝，时被疾，天子闵之，下诏曰：“盖闻‘天地之性人为贵，人之行莫大于孝’。楚王嚣素行孝顺仁慈，之国以来二十余年，孅介之过未尝闻，朕甚嘉之。今乃遭命，离于恶疾，夫子所痛，曰：‘蔑之，命也夫！斯人也而有斯疾也！’朕甚闵焉。夫行纯茂而不显异，则有国者将何勖哉？《书》不云乎？‘用德章厥善’。今王朝正月，诏于子男一人俱，其以广戚县户四千三百封其子勋为广戚侯。”字里行间体现关心爱戴之情，考虑刘嚣与中央王朝宣、元、成三帝的关系，一定得到许多丰厚的赏赐，甚至在墓葬的营建上可能得到中央王朝的支持。而且，虽然刘嚣受封楚国时封地大减，只有彭城、吕、留、武原、梧、甾丘、傅阳七个属县，但实力尚存，楚国7个县有114 738户，共497 804人，从人口上可以看出楚国仍处于鼎盛时期，营建规模较为巨大的陵墓也在情理之中。

---

① （东汉）班固：《汉书・楚元王传》，中华书局，1962年。

② 关于刘嚣徙楚时间文献记载不一，《汉书》卷一四《诸侯王表第二》记载：“（楚孝王嚣）甘露二年十月乙亥，立为定陶王，四年，徙楚。”《汉书》卷八〇《宣元六王传》云：“楚孝王嚣，甘露二年立为定陶王，三年徙楚。”

③ 刘尊志：《西汉晚期楚王（后）墓葬浅探》，《中原文物》2007年第1期；刘尊志：《徐州两汉诸侯王墓研究》，《考古学报》2011年第1期。

另外，第九代楚孝王刘嚣在受封楚王之前，已经被封为定陶王4年，在葬俗理念上受楚地影响小，而且可能受到定陶附近葬俗影响。定陶在历史地理上与梁国关系密切，梁国原定都于定陶，在汉文帝十二年改睢阳王刘武为梁王时徙都睢阳。墓室营建在芒砀山，与楚国距离也较近，而梁国中晚期开始出现黄土山一、二号汉墓，僖山一、二号汉墓，窑山一、二号汉墓这样的竖穴岩坑石室墓，其中僖山一号汉墓发掘者认为是西汉梁国晚期夷王刘遂的墓葬，僖山二号汉墓的墓主为西汉中晚期梁国王后，窑山一、二号汉墓可能是梁王刘嘉及其夫人陵墓，黄土山一、二号汉墓可能是西汉中期梁王（后）墓。这些墓葬时代均在西汉中晚期，与第九代楚孝王刘嚣所处时代大致同时。另外，景帝中元六年（前144年）梁孝王病死，汉景帝将梁国一分为五，为梁国、济川国、济东国、山阳国、济阴国，分封其五子为王，其中子不识为济阴王，辖境在今山东定陶、菏泽、甄城一带，可见定陶一地一直处于梁国文化圈内。考虑定陶、楚国与梁国的关系，先后任定陶王和楚王的刘嚣在丧葬理念上不可避免地受到梁国的影响，既然梁国已经产生竖穴岩坑石室墓，在楚国出现也并非意料之外。

一旦认定楚王山汉墓墓主为第九代楚孝王刘嚣，那么所有楚王陵墓的墓主和时代问题都将在新的框架下得到重新认识。过去在狮子山汉墓墓主二代和三代之争中，笔者倾向于墓主是第二代楚王刘郢（客）。现在楚王山汉墓墓主重新认定的基础上，笔者则认为狮子山汉墓最有可能是第一代楚王刘交的葬地。该墓规模巨大，随葬器物精美，地理位置优越，与第一代楚王刘交的生活时代背景十分相符。如果定狮子山汉墓墓主为第一代楚王，那么关于狮子山汉墓的钱币、印章和形制异常等疑难问题都将得到圆满解决。当然这还不是最后结论，随着1997年调查的楚王山汉墓以及近年来发掘的狮子山楚王陵陪葬坑等这两批具有重要学术价值材料的整理和发表①，相信有关楚王陵墓墓主和时代问题都必将逐步得到解决。

（原刊于《中国国家博物馆馆刊》2012年第10期）

① 1997年楚王山一号墓遭到严重盗掘，考古人员进入墓室，提取部分器物，现存徐州博物馆。2002年以来，在狮子山楚王墓以北的羊鬼山东侧，考古工作者发现、发掘多座陪葬坑，资料现存徐州博物馆。

徐州西汉前期楚王墓的序列、墓主及相关问题

西汉初年，高祖刘邦为屏卫汉室，剪除异姓王，大封同姓王，公元前201年，其同父异母弟刘交被封为楚王，定都彭城，从此开始了西汉楚国200余年的历史，至公元9年王莽废楚王刘纡为公结束，中间支系虽有变化，但均为同姓楚王，共传12代，按照汉制，这些楚王均葬在楚国（今徐州）境内。近年来徐州地区已经发现发掘8处楚王墓，学者一般以墓主身份明确的龟山楚王墓为界①，将8处楚王墓分为前后两期，其中一致被认为前期楚王墓的分别是：楚王山②、狮子山③、北洞山④、驮篮山⑤，这四座楚王墓形制巨大，彼此之间有明显的递进关系，出土文物数量巨大，种类繁多，质量精美，对于研究西汉初期楚国政治、经济、社会具有重要的学术价值，已成为近年学术研究热点。但是由于徐州楚王墓材料多未正式公开发表，学者的研究受到很大的限制，对墓葬的序列和墓主问题认识各不相同，有时出现截然相反的观点，最受关注是狮子山和北洞山两座楚王墓，狮子山楚王墓正式报告尚未发表，近年来关于狮子山楚王墓研究文章已经有20余篇，关于墓主有二代⑥、三代之说⑦，甚至有

---

① 南京博物院、铜山县文化馆：《铜山龟山二号西汉崖洞墓》，《考古学报》1985年第1期；尤振尧：《〈铜山龟山二号西汉崖洞墓〉一文的重要补充》，《考古学报》1985年第3期；徐州博物馆：《江苏铜山县龟山二号西汉崖洞墓材料的再补充》，《考古》1997年第2期。

② 刘照建、梁勇：《徐州铜山县楚王山汉墓群考古调查》，《汉代考古与汉文化国际学术研讨会论文集》，齐鲁书社，2006年，第247—254页。

③ 狮子山楚王陵考古发掘队：《徐州狮子山西汉楚王陵发掘简报》，《文物》1998年第8期；韦正、李虎仁、邹厚本：《江苏徐州市狮子山西汉墓的发掘与收获》，《考古》1998年第8期。

④ 徐州博物馆、南京大学历史学系考古专业：《徐州北洞山西汉楚王墓》，文物出版社，2003年，第180页。

⑤ 邱永生、徐旭：《徐州市驮篮山汉墓》，《中国考古学年鉴（1991）》，文物出版社，1992年，第173、174页。

⑥ 刘尊志：《西汉时期前三代楚王年龄及其墓葬初探》，《两汉文化研究》（第二辑），文化艺术出版社，1999年，第231—239页；耿建军：《试析徐州西汉楚王墓出土官印及封泥的性质》，《考古》2000年第9期；刘照建、张浩林：《徐州狮子山汉墓墓主考略》，《东南文化》2001年第7期；刘瑞：《狮子山楚王陵墓主考略》，《文博》2002年第2期；孟强：《从墓葬结构谈狮子山西汉墓的几个问题》，《东南文化》2002年第3期；刘尊志：《徐州狮子山楚王墓墓主再探》，《徐州师范大学学报》2005年第2期；孟强：《从随葬品谈徐州狮子山汉墓的墓主问题》，《考古》2006年第9期；梁勇：《徐州狮子山楚王墓出土印章与墓主问题的再认识》，《考古》2006年第9期；冉如波、陈海霞：《徐州狮子山楚王陵墓主身份及相关问题的初步研究》，《江汉考古》2007年第2期。

⑦ 韦正、李虎仁、邹厚本：《江苏徐州市狮子山西汉墓的发掘与收获》，《考古》1998年第8期；王云度：《狮子山汉墓墓主刘戊说释疑》，《陕西历史博物馆馆刊》（第五辑），西北大学出版社，1998年，第45—49页；

四代、五代之论[①]；北洞山楚王墓正式报告已经发表，报告认为墓主是第五代楚王刘道[②]，但是该报告一经出版，其结论便受到广泛质疑，多数学者认为其墓主应为第四代楚王刘礼[③]，一些学者则认为是第二代楚王刘郢（客）[④]，还有学者认为是第一代楚王刘交[⑤]，彼此之间观点迥然不同，墓主问题一直纠缠不清，误解和偏差不断被叠加和放大，距离历史的真实面目越来越远，使得基于正确墓主序列基础上的研究无法深入进行。

然而，搞清楚西汉前期楚王墓的序列和墓主具有重要的学术意义。首先，西汉前期楚王墓深刻反映楚国历经王国始封、叛乱和削地的历史过程，因此对于研究汉初封国制度的发展演变和王国封地变迁的历史将提供有益的参考。其次，西汉前期楚王墓出土文物众多，代表汉代诸侯王国的最新生产力发展水平和文化水准，全面集中反映了西汉前期诸侯王国的政治、经济、文化和社会发展的诸方面，对于汉代物质文化研究，如玉器、兵器、钱币及冶炼技术的发展变化研究，具有重要的断代意义。另外，正确排列西汉前期楚王墓的序列和墓主，有助于全面揭示西汉12代楚王墓的发展演变规律，同时对于今后勘察、寻找和保护尚未发现的其余楚王墓，也具有十分重要的理论指导意义。鉴于此，笔者拟从墓葬形制和随葬器物入手，借鉴已有的研究成果，对西汉前期楚王墓序列和墓主问题进行研究，并对楚王山墓主问题、狮子山和北洞山两座楚王墓墓葬形制异常以及墓内随葬印章钱币等问题做出合理的解释，在此基础上，对全部的12代西汉楚王墓排序进行重新思考，对其发展演变规律提出新的看法。

需要说明的是，由于楚王山楚王墓未经过正式发掘，虽然多数学者根据文献记载，认定墓

（接上页）葛明宇：《狮子山楚王墓墓葬年代与墓主初考》，《两汉文化研究》（第二辑），文化艺术出版社，1999年，第240—249页；王云度：《试析叛王刘戊何以能安葬狮子山楚王陵墓》，《两汉文化研究》（第二辑），文化艺术出版社，1999年，第204—215页；赵平安：《对狮子山楚王陵所出印章封泥的再认识》，《文物》1999年第1期；郑刚、李春雷：《楚天汉韵——徐州狮子山楚王陵发掘纪实》，中国三峡出版社，2000年，第202—209页；宋治民：《狮子山西汉楚王陵的两个问题》，《考古与文物》2001年第1期；韦正：《江苏徐州狮子山西汉墓墓主的再认识》，《考古》2002年第9期；王恺、葛明宇：《徐州狮子山楚王陵》，生活·读书·新知三联书店，2005年，第138—140页；李春雷、李红：《徐州狮子山汉墓墓主及相关问题研究》，《徐州工程学院学报》2007年第5期。

① 黄盛璋：《徐州狮子山楚王墓墓主与出土印章问题》，《考古》2000年第9期。

② 徐州博物馆、南京大学历史学系考古专业：《徐州北洞山西汉楚王墓》，文物出版社，2003年，第180页。

③ 刘尊志：《试论徐州北洞山西汉楚王墓墓主》，《考古与文物》2007年增刊；刘照建、边策：《也谈北洞山西汉楚王墓的墓主和时代》，《东南文化》2010年第3期；另外，梁勇、耿建军、周保平、孟强等学者在其相关研究文章中，也都认为北洞山楚王墓墓主应为第四代楚王刘礼。

④ 邱永生、茅玉：《北洞山西汉王陵考略》，《徐州师范学院学报》1989年第4期；葛明宇、孙凤娟：《徐州北洞山西汉楚王墓墓主应为夷王刘郢客》，《中国文物报》2004年11月19日第7版；葛明宇：《徐州北洞山汉墓年代与墓主探讨》，《考古》2009年第9期；史书关于第二代楚王的名称记载不一，有“郢”和“郢客”两种，故本文一般称之为刘郢（客）。

⑤ 刘瑞：《徐州北洞山楚王墓墓主考》，《考古》2008年第10期。

主为第一代楚王刘交[①]，但从目前公布的材料来看，该墓可能并非是早期楚王墓，因此笔者在墓葬形制和随葬器物的比较研究中，研究对象是狮子山、北洞山和驮篮山三座楚王墓，对于楚王山楚王墓的墓主和时代将在本文的第三部分专门讨论。

一、从墓葬形制排序

对于狮子山、北洞山和驮篮山这三座西汉前期楚王墓，多数学者的排列顺序是狮子山、驮篮山、北洞山[②]，部分学者则认为其顺序是北洞山、狮子山、驮篮山[③]，我们注意到这两种排序方法中，均认同狮子山排在驮篮山之前，但是对于北洞山的认识则分歧较大，前者将北洞山排在狮子山、驮篮山之后，后者将其排在狮子山、驮篮山之前。现在北洞山楚王墓考古发掘报告已经正式发表，虽然目前报告结论受到普遍怀疑，但是其全面详实地介绍了墓葬形制和出土文物的情况，我们将以北洞山楚王墓为坐标，对三墓进行详细比较研究，以求准确排出三座楚王墓时代的先后顺序。

三座楚王墓均分布在徐州附近的山上，规模大小不同，彼此之间距离远近不等，一般与徐州市距离不超过10千米（图一）。狮子山楚王墓位于市区东南的狮子山南坡（图二），墓向朝南，狮子山海拔61米，山南一片开阔的平原，其北侧是羊鬼山，西北是绣球山，绣球山西北500米是当地最大的骆驼山，西2千米是黄河故道（古泗水），由西北向东南流过。北洞山楚王墓位于市区东北10千米北洞山南坡（图三），墓向朝南，北洞山海拔54米，北侧有

① 依据文献记载，认为楚王山墓主为刘交的学者有梁勇，耿建军、孟强、刘尊志、刘照建、周保平、葛明宇、李银德等诸位先生。但是李银德先生后来又言：（楚王山）M1为石券顶结构，这在西汉文帝时期尚未闻见，与刘交墓所处的时代不甚相符，因此其墓主也许要在发掘之后才能清楚。见中国国家博物馆、徐州博物馆：《大汉楚王：徐州西汉楚王陵墓文物辑萃》，中国社会科学出版社，2005年，第15、16页。

② 梁勇、梁庆谊：《西汉楚王墓的建筑结构及排列顺序》，《两汉文化研究》（第二辑），文化艺术出版社，1999年，第188—203页；周保平：《徐州西汉楚王墓序列及墓主浅说》，《两汉文化研究》（第二辑），文化艺术出版社，1999年，第216—230页；孟强、钱国光：《西汉早期楚王墓排序及墓主问题的初步研究》，《两汉文化研究》（第二辑），文化艺术出版社，1999年，第169—187页；耿建军：《试析徐州西汉楚王墓出土官印及封泥的性质》，《考古》2000年第9期；邹厚本：《江苏考古五十年》，南京出版社，2000年，第227—232页；梁勇：《从西汉楚王墓的建筑结构看楚王墓的排列顺序》，《文物》2001年第10期；徐州博物馆、南京大学历史学系考古专业：《徐州北洞山西汉楚王墓》，文物出版社，2003年，第180页；刘照建：《徐州地区大型崖洞墓初步研究》，《东南文化》2004年第5期；周保平、刘照建：《西汉楚王陵墓形制研究》，《中国历史文物》2005年第6期。

③ 葛明宇、孙凤娟：《徐州北洞山西汉楚王墓墓主应为夷王刘郢客》，《中国文物报》2004年11月19日第7版；刘瑞：《徐州北洞山楚王墓墓主考》，《考古》2008年第10期；葛明宇：《徐州北洞山汉墓年代与墓主探讨》，《考古》2009年第9期。

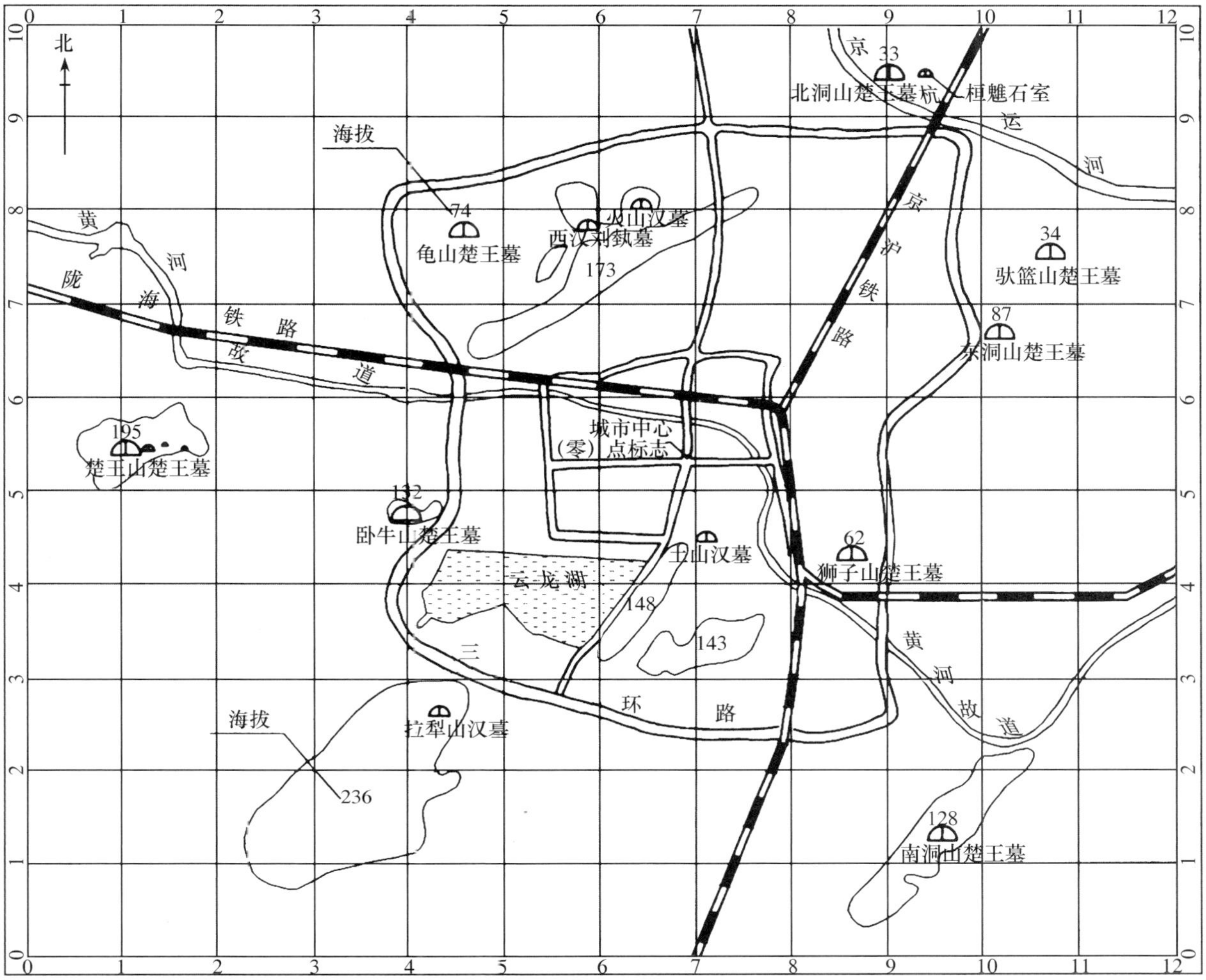

图一　徐州西汉楚王（后）墓分布示意图

后楼山，后楼山西有土山，东南200米是桓山[①]，南与青山头隔河相望。驮篮山楚王墓位于市区东北的驮篮山南坡（图四），墓向朝南，驮篮山海拔69米，有东西并列的两山头，山体呈东北—西南走向，东侧有无名小山包，西有陶楼山，南约1千米有蟠桃山，西南1.5千米有东洞山。

三处楚王墓都分布在西汉楚国都城彭城以东[②]，狮子山位于东南，北洞山和驮篮山位于东北；三墓选址都不在高山之上，一般选择低缓的石灰岩小山丘，海拔高度一般在60米左右。三墓在空间环境中还表现出若干的共同特点，诸如陵墓所在的山体通常都是局部区域的中心，被

① 同治《徐州府志》引旧志记载："以此山（桓山）西北数十武（步）复有南北二山。南山顶有土堆，北山之西数武（步）又有土山，皆人力所为。"南山即今北洞山楚王墓所在之山，北山今名后楼山，后楼山之西的土山，现为大片民居覆盖。

② 徐州虽然历史上屡遭水淹，但城的位置却少有变动，长期以来传说"城下有城"，2002年考古工作者在市内金地商都地下城考古发现了汉代宫殿遗址，证明徐州城2000余年来位置一直没有改变。

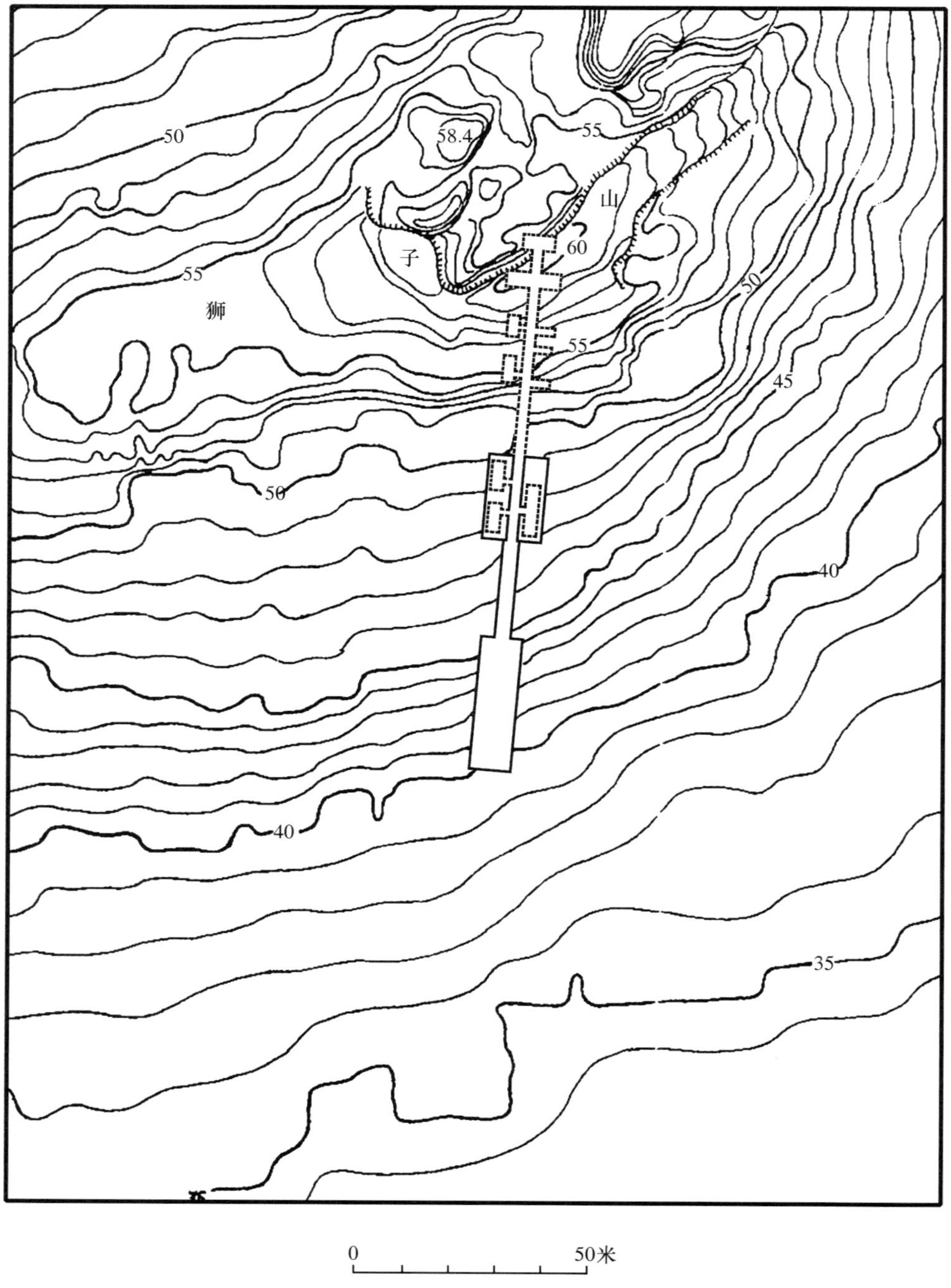

图二　狮子山楚王墓位置图

周围若干山体所环抱，形成众星捧月之势；陵墓方向朝南，陵墓前面地势开阔，远处正前方多有山，犹如墓之屏障；左右两侧常有阙山，遥相呼应，犹如陵墓两侧的门阙；陵墓周围一般有水环绕，形成山水相依的地形地貌。尤其是狮子山、北洞山正处于山水之间，形成枕山面水之势，与所谓“得水为上，藏风次之”的风水之法十分相符。

从选址特点来看，三座楚王墓选址理念相同，所在山体的高度和与都城的距离、方位，以及所处的周围环境，相似之处颇多，虽然在整体上似乎没有统一规划，但是具体到每一位楚

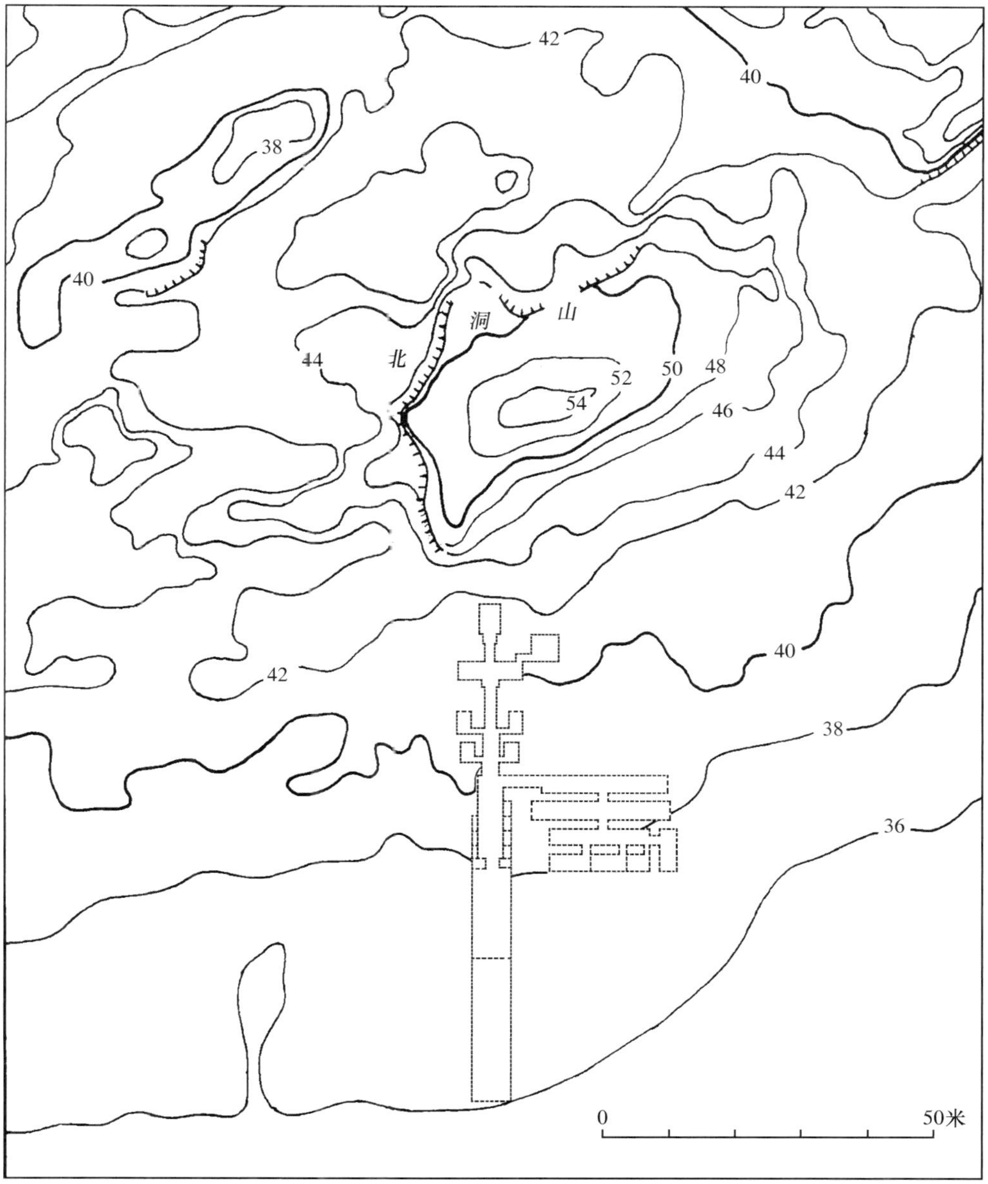

图三　北洞山楚王墓位置图

王的每一座单体墓葬，所处空间环境都是经过精心选址规划，并且风水意识已经渗透其间[①]，与龟山以后楚王墓在都城四周均有分布、墓向东南西北皆有、周围没有群山环绕的现象相比迥异，透露出三墓时代较为接近。至于三墓究竟孰先孰后，我们将从墓葬建筑特点、形制布局、开凿技术和防护方法等几个方面作进一步探讨。为便于比较研究，兹将三处楚王及王后墓基本情况介绍如下。

（1）狮子山楚三（后）墓。狮子山楚王墓位于徐州市东郊狮子山主峰的南坡，1994年12月至1995年4月由徐州汉兵马俑博物馆和南京博物院联合发掘。该墓斜坡墓道南向，总长117

① 刘照建：《西汉楚王陵墓制度研究》，《徐州师范大学学报》2008年第6期。

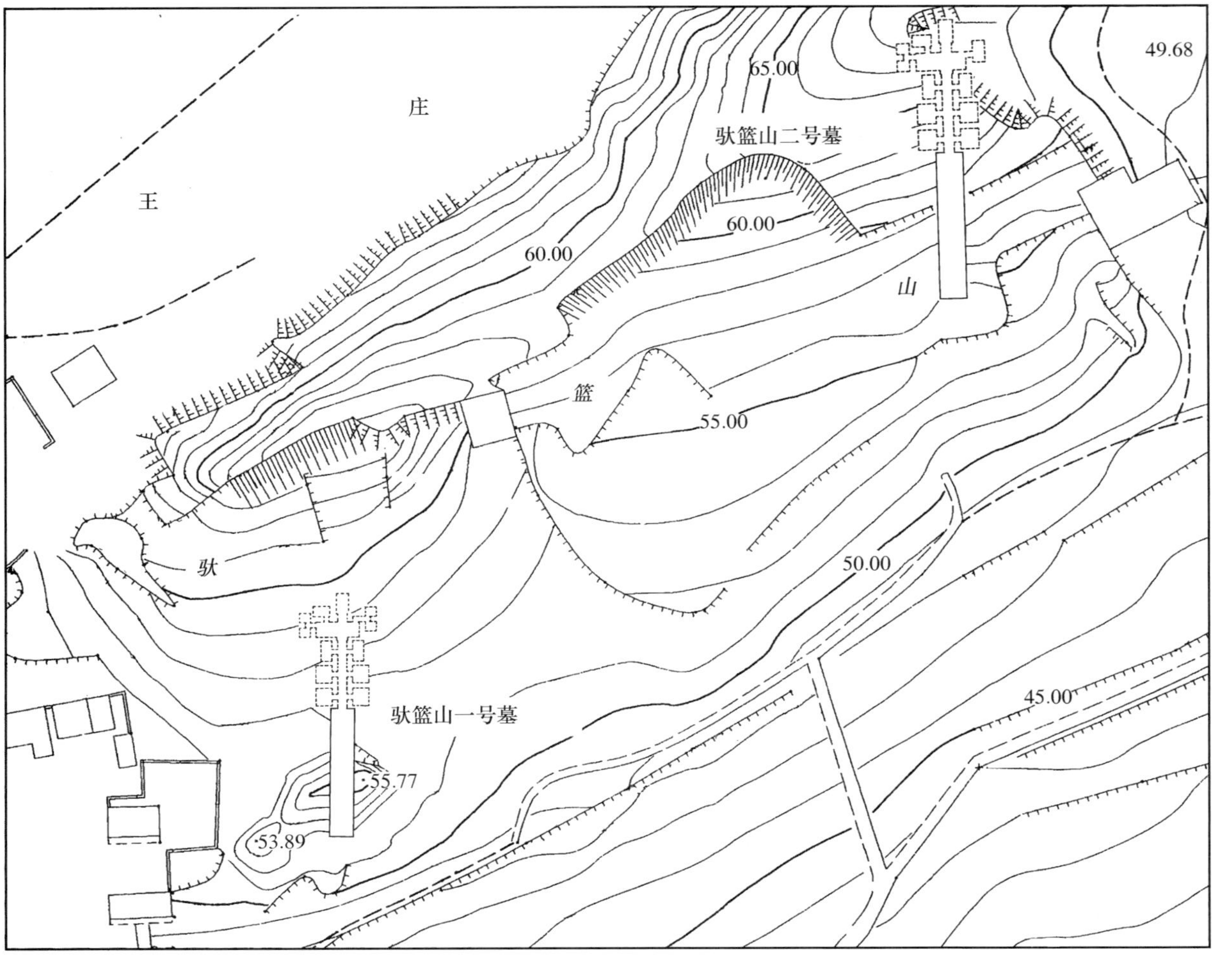

图四　驮篮山楚王（后）墓位置示意图

米，总面积851平方米，凿石总量5100余立方米。由外墓道、内墓道、天井、耳室、甬道、侧室、棺室、后室及陪葬墓等部分组成①，整体结构在中轴线两侧布局（图五）。墓室皆平顶，墓壁与顶部呈弧形自然衔接。甬道高、宽均为2米，甬道内置塞石四组，每组四块，双层双列

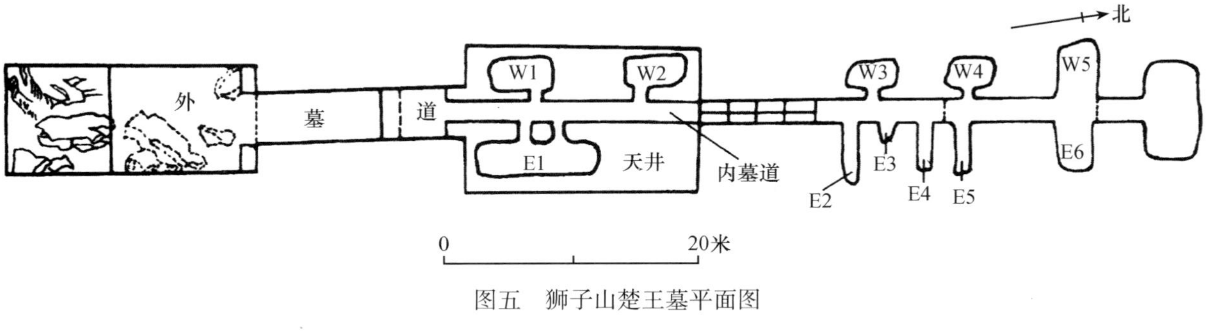

图五　狮子山楚王墓平面图

① 本文提到的耳室、侧室没有本质上区别，仅仅便于表述而已，一般将分布在墓道和甬道两侧的称为耳室，位于主墓室周围的称为侧室。

排列。该墓凿建粗糙，在墓道、耳室、侧室及后室等多处，可见未完工的残迹。墓内出土遗物较为丰富，有2000余件（套），包括金、银、玉、铜、铁和陶等质地遗物，较重要的有金缕玉衣、镶玉漆棺、钱币、印章、封泥等。狮子山楚王之王后墓位于狮子山以北200米的羊鬼山上[①]，墓葬坐北朝南，南北长20、东西宽18、顶高3.5米，有大小墓室9间，面积150平方米，结构布局与驮篮山二号墓相似。

（2）北洞山楚王（后）墓。北洞山楚王墓位于徐州市东北10千米铜山县茅村乡洞山村，1986年9—11月由南京大学考古专业与徐州博物馆联合发掘。该墓规模宏大，墓道南向，底部低平，总长达45米，总面积430平方米，由主体建筑和附属建筑两部分构成。主体建筑采用轴对称布局，有耳室、侧室、厕间及主室等计8间。附属建筑位于主体建筑左前方，有府库、庖厨、武库、乐舞厅、仓房、水井、柴房、贮藏室、厕所等室11间（图六）。主体建筑各室墙壁及顶部以石粉、黄泥等拌成黏合土涂抹平整，外髹漆涂朱砂。甬道内有双层双列塞石两组。该墓出土遗物较丰富，重要的有金缕玉衣片、陶俑、铜器、钱币等。北洞山楚王之王后墓位于北洞山东近200米的桓山[②]，由墓道、甬道、左右耳室、前室、后室组成，斜坡式墓道，墓道长甬道短，室内总面积约100平方米，在前室靠近墓门两侧有两个立柱（图七）。

（3）驮篮山楚王（后）墓。位于徐州市东郊驮篮山南麓，1989年11月至1990年5月由徐州博物馆发掘，编号为一、二号，其中一号墓为楚王墓，二号墓为楚王后墓。两墓均南向，有斜坡墓道，甬道内塞石为双层双列，平面结构采用轴对称布局。一号墓总长53.74米，斜坡墓道长26、宽4.6米，甬道宽2.04、高2.13米，总面积为173.24平方米。甬道两侧有六间耳室，为三组对称开凿（图八）。二号墓总长51.6米，斜坡墓道长30.4、宽3.68米，甬道宽2.12米，两侧有六间耳室，为两组对称开凿（图九）。两墓皆有厕间、沐浴室等侧室。两墓雕凿规整，并涂澄泥3—5层，外敷朱漆，排水系统完善。墓顶结构多样，有平顶、两面坡顶、四面坡顶、盝顶等式样。两墓均被盗掘，出土遗物有1000余件，有陶俑、磬、壶、钫、铜镜、玉璧等，其中陶俑最有特色。

首先来看狮子山和北洞山两座楚王墓的前后顺序。狮子山楚王墓形制上突出特点是“大天井，小洞室”，即墓道与天井规模庞大，主体墓室建筑相对狭小，内外颇不对称，在平面布局上比例失调，给人头重脚轻之感，这说明狮子山楚王墓设计理念尚不成熟[③]。虽然该墓墓室众多，但墓室的功能不齐全，除庖厨、仓储、武库、钱库等功能有所体现外，没有乐舞、厕间、沐浴等配套生活设施；墓室的功能区分不明显，如W1内多种功用的物品杂放其间，既有生活用器，又有打仗的兵器，还有模型车马器、玉礼器等，说明室的功能尚不完全清晰。而且整个墓室在平面布局上缺乏规划，仅在中轴线两侧开凿洞室，洞室分布对称性不太严谨。主墓室的

① 夏凯晨、刘玉芝：《徐州景观》，中华书局，2005年，第55、56页。

② 梁勇、梁庆谊：《西汉楚王墓的建筑结构及排列顺序》，《两汉文化研究》（第二辑），文化艺术出版社，1999年，第188—203页。

③ 刘照建：《江苏徐州市狮子山西汉楚王墓天井成因考——兼谈西汉横穴崖洞墓的起源》，《考古》2006年第3期。

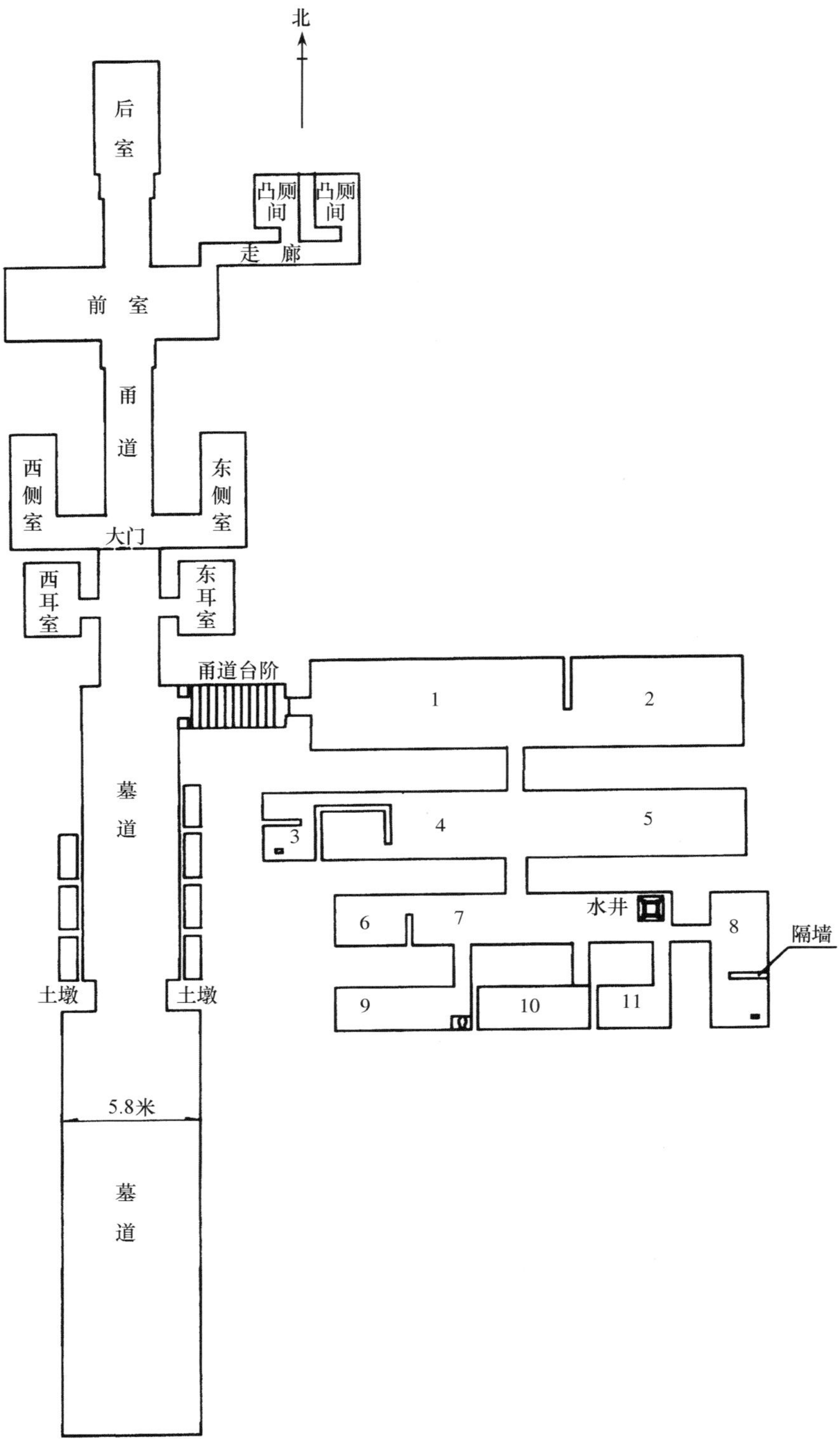

图六 北洞山楚王墓平面图

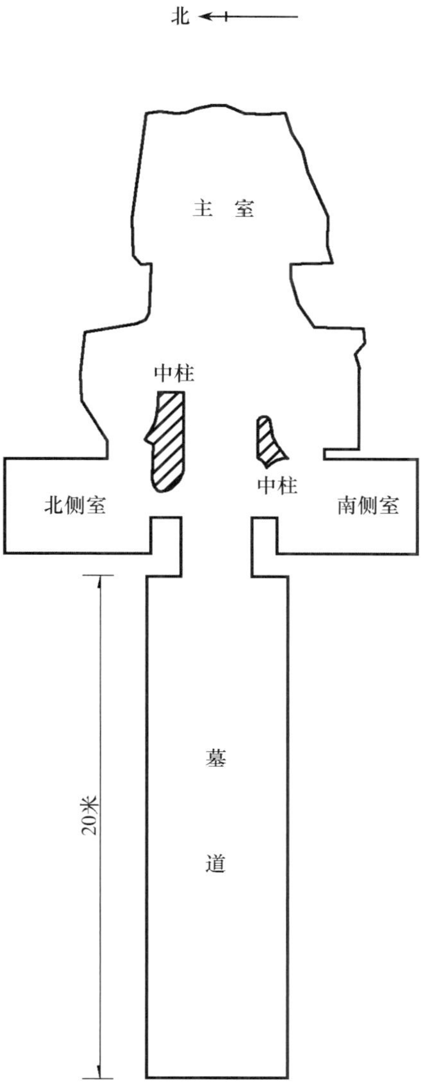

图七　北洞山楚王后墓平面图

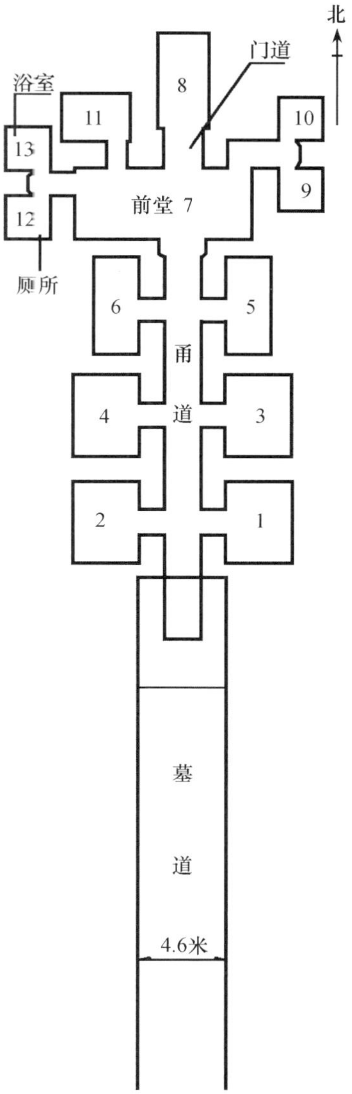

图八　驮篮山楚王墓平面图

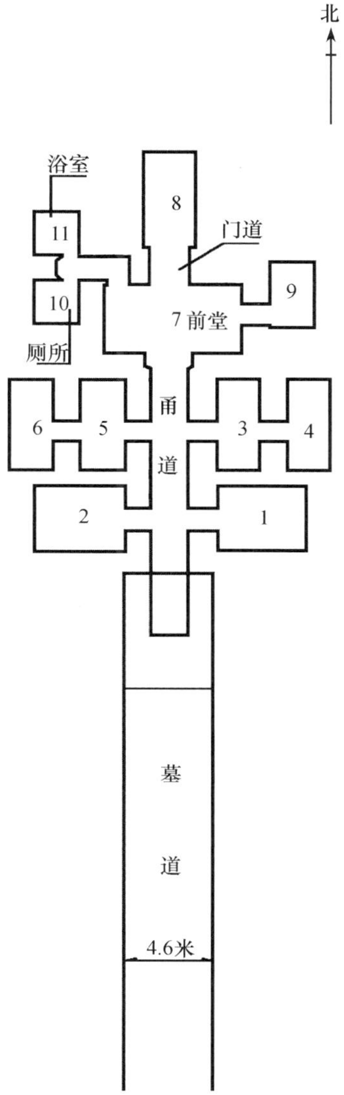

图九　驮篮山楚王后墓平面图

前后室结构不明显，甚至一度被一些学者误读为只有一个主室即后室[①]，其实这也正是时代偏早的表现。种种情况表明，狮子山楚王墓正处于横穴崖洞墓的肇始阶段。

其次，狮子山楚王墓开凿粗糙，除天井及外墓道经过打磨外，内墓道、耳室及后室等多处可见清晰粗大的凿痕；墓室顶部结构单一，皆为平顶结构，且顶部与侧壁均呈弧形连接，墓室四壁转角处也呈弧形连接，给人的感觉是“洞”而非“室”，这说明“室”的理念在营建中尚不成熟。在开凿的过程中随意性较大，有的在墓室墙壁向里开凿成龛状，有的仅开凿出凹槽便放弃。在狮子山楚王墓墓室内，我们还发现这样一个现象，除E2外各室的墙壁上，均有开凿样本，由外向内分别为毛碴层、平整层及光滑层等三层，一般面积不大，长约0.5、宽0.2米左

① 宋治民：《狮子山西汉楚王陵的两个问题》，《考古与文物》2001年第1期。

右，这实际是设置的施工图样[①]。这也说明狮子山楚王墓是一处第一次开凿的墓葬，在开凿技术上尚缺乏经验，连营建墓室的施工人员都不知道具体要开凿成什么样式，必须有负责设计的工程人员设置好样式，施工人员才能依照样式进一步开凿。

另外，狮子山楚王墓墓内防护设施不发达，虽然考虑防护问题，但是明显简陋，在防盗设置上仅仅是用巨型塞石封堵墓道、甬道，墓室虽然安装墓门，但是与门相关的配套设施不发达，墓门虽然不能向内推开，但门的外部则没有任何设施，可轻易向前拉开，没有出现像北洞山、驮篮山楚王墓内那样的封门技术；墓葬虽然也考虑到防水，但防排水设施尚未出现，仅仅是开凿时在棺椁室、礼乐室预留高出甬道的地面，使棺椁避免水的浸泡，这是比较原始的防水方法，体现出崖洞墓开凿之初的诸多原始性特征。

与狮子山楚王墓相比，北洞山楚王墓除规模略小于狮子山外，规模庞大而没有实际用途的天井已不再出现，墓室整体上布局较为严谨，主体墓室在墓道、甬道两侧对称分布，主室周围开始出现侧室，洞室功能增多，在狮子山楚王墓原有各室的基础上，又新增加作为配套生活设施的墓室，如浴室、厕所、乐舞厅、水井等，几乎完全模仿现实生活中的地面建筑，充分表达了墓主人“事死如生”的理想。尤其是主体墓室的左前方，出现一大片附属建筑，而且整个建筑采用几个平面逐次降低的设计方法，使这组庞大的地下建筑群主次分明，层次清晰，这说明该墓在设计理念上较为成熟，已彻底摆脱狮子山楚王墓的窠臼，在平面布局上比狮子山已经有较大进步，但是与驮篮山楚王墓相比，主体墓室还是显得简单粗疏，在主墓道和甬道两侧仅有两组侧（耳）室，主体墓室周围仅出现一组侧室。

北洞山楚王墓在开凿技术上也更为成熟，墓室墙壁及顶部皆经过打磨，在墓室的不规整和不平坦部位，根据形状镶以各种石板，前室顶部、后室甬道等重要部位，在镶嵌石板的同时，还在缝隙内嵌入铁楔加固。主体墓室的各室墙壁，都经过三道工序的装修，先用黄褐色的黄泥、石粉等拌成的三合土砂浆将壁面涂抹平整，厚0.7厘米，接着在三合土上面髹一层黑褐色的漆，最后在漆面上涂一层红色的朱砂，不过由于时间久远，清理时各室朱砂多已剥落；在开凿墓室顶部时，改变狮子山楚王墓墓室单一平顶的形式，出现平顶、两面坡顶、四面坡顶等式样，使墓室更具有“室”的特征，如前室凿琢细致，高敞规整，室壁均高2.66米，顶为横向两坡式，脊高3.53、后室壁高2.58米，顶为纵向两坡式，脊高3.44米，显示出开凿及装饰技术的发达和进步，崖洞墓的开凿和营造理念更加成熟，是崖洞墓发展到更高阶段的生动写照。

北洞山楚王墓与狮子山楚王墓一样使用塞石封堵墓道、甬道，但前者塞石上刻有牝牡槽，上下卯合更加紧密；墓门的封堵较狮子山楚王墓先进和科学，与门相关的配套设施齐全，每扇门都有门槛、门扉、封门器和门轴窝，尤其是门后设置的封门器尤为巧妙合理，封门器利用杠杆原理将门从里面封死，设置方法是事先将铜质封门器安装在门的内侧，当墓门

① 刘照建、邱永生、张玉：《徐州楚王陵墓开凿技术综合研究》，《江苏省文物科研课题成果汇编》（2002），南京大学出版社，2010年，第225—235页。

通过后，向上翘出地面齿尖，牢固地顶住墓门，墓门一旦关闭，后人再也不能轻易推开，从防护技术的发展上也说明北洞山楚王墓时代晚于狮子山楚王墓。综合比较两座墓葬的布局设计、开凿技术和防护措施的发展变化情况，可以看出狮子山楚王墓时代较早，北洞山楚王墓的时代偏后。

狮子山与北洞山两座楚王墓的先后顺序排定后，我们再讨论北洞山楚王墓与驮篮山楚王墓时代之先后。驮篮山楚王墓制式成熟完善，总体设计严谨合理，结构更加复杂完整，墓室布局疏密有致，既紧凑又不显得拥挤，耳室几乎是完全对称分布，与狮子山、北洞山楚王墓不同的是，在墓道两侧不再设置耳室，耳室全部收缩到墓道口以内，这也是中后期楚王陵墓的普遍做法，耳室的设置也不再仅限于中轴线两侧，与北洞山东西耳室相同位置的墓室，开始向墓道两侧横向发展，出现布局更为复杂的“套间”；北洞山楚王墓仅在前堂东北角开凿出廊和厕间，而驮篮山楚王墓的前堂周围侧室显著增多，驮篮山楚王墓前堂周围侧室多达5间，但二者均开口在前堂后壁的做法相同（驮篮山楚王后墓在前堂东壁），驮篮山楚王墓显然是在北洞山楚王墓基础的发展；墓室功能更加多样，首次出现带有浴池的浴室，厕所制作更加完美，北洞山楚王墓室厕所仅在地面凿出蹲坑，无垫脚石等附属设施，而驮篮山楚王墓厕所除凿有规整的深坑外，还设置配套的厕台，两侧有锛形踏板，右侧有扶手，后部有长方形石靠背，整个厕所由活动石板榫卯结合组装而成。

另外，驮篮山楚王墓开凿规整，雕凿精细，墓室地面、墙壁和顶部都十分平整，普遍经过二次加工，且转角处无弧线，都呈直角相交，棱角分明。墓内装饰考究，除甬道外各室均经装修，其方法是以澄泥在墓室的墙壁、室顶均匀涂抹3—5层，表面再髹漆，使整个墓室富丽堂皇，可惜因为年代久远，所涂澄泥红漆皆已侵蚀剥落。墓室顶部形式更加复杂多样，在平顶、两面坡顶、四面坡顶的基础上，又出现新的盝顶式屋顶，发展成为横穴崖洞墓的典范之作。在岩石结构裂损部位用镶石补砌，为了便于排水，在镶补石块的内侧还留有排水凹槽，上下相通，与地面排水沟连接，体现高度发达的工艺水平。

驮篮山楚王墓防护设施更加发达，防盗水平明显进步，墓室封门的设置更加科学，单扇门的门道在门窝前凸出，凸出部分起到阻挡开启门扇的作用，前堂后室使用双扇门，前堂的门道比甬道高、宽，后室则在门道前设置比门高和宽的门框，门前都设有门槛，封门方法更是别具一格，门后都设有与两侧门道相连的自动闭锁装置，在墓门一侧留有拳头大小的暗洞，墓门关闭后，封门人通过暗洞伸手进去，拉动门闩的联动装置，将墓门从里面自动插销拴死，然后又用补石将暗洞封堵。由于墓内墙壁多处使用补石，且补石与墓壁石质、颜色相同，工匠们将补石镶得严丝合缝，不仔细辨别根本不能发现，防盗性能进一步增强。封堵墓道、甬道的塞石，大小全部按墓室实际需要尺寸提前制作好，塞石连接处正好位于耳室门一侧，还在塞石底端凿有凹槽，成为所有墓室彼此相连的孔道，这样使墓主人的灵魂能够自由出入各墓室，从塞石制作上也体现出驮篮山楚王墓在设计理念上的先进。

与狮子山、北洞山楚王墓不见防排水设施相比，驮篮山楚王墓首次出现了防排水系统，防排水系统由墓外阻水设施和墓内排水设施两部分组成。墓外阻水设施主要是阻水沟，驮篮山二号墓阻水沟位于墓道的北侧和西侧，在墓道外部的西北角交汇，平面呈倒“L”形，北侧沟长约26、宽1米，大致呈东西向，稍偏东南；西侧沟长约22、宽1.5—2、最深1米，大致呈南北向，稍偏西南。两条阻水沟均底部低平，依山势自然下降，便于雨水分流，北沟向东延伸较长，几乎同时也连带阻止东侧雨水进入墓室，两条阻水沟犹如一个大屋顶两个坡面，有效阻止西、北、东三个方向的雨水进入南向的墓室。驮篮山一号墓已遭破坏，外部是否有排水沟不得而知。两墓内出现的排水设施有排水沟和排水暗槽，排水沟一般都设在甬道、侧廊、墓室的地面侧边，排水暗槽设置在墙壁的裂隙里，外表镶嵌补石。一号楚王墓的排水主次分明、深浅有序、明暗结合，水由次线流入主线，然后沿主线流入石隙；二号王后墓因地制宜，根据墓中石裂隙较多的特点，采取分散排水的方法，分两个系统将水排入石隙。以上诸多情况表明，驮篮山楚王墓的时代要晚于北洞山楚王墓。

通过以上三处楚王墓形制布局、开凿技术和防护措施的比较研究，可以清晰地看到三墓的发展脉络。首先，从平面布局来看，狮子山楚王墓比例失调，形制粗疏简单，墓室功能区分不清晰；北洞山楚王墓则布局严谨，墓室功能增多；驮篮山楚王墓制式成熟完善，墓室功能齐全。其次，从开凿上，狮子山楚王墓开凿粗糙；北洞山楚王墓开始打磨装修，室顶式样增多；驮篮山楚王墓打磨装修更加精美，模仿地面建筑更加真实。最后，防护设施发展变化上也具有鲜明时代特点，崖洞墓产生以后，防护设施经历一个简单到复杂的过程，虽然都考虑防护，但是在细部结构上能体现时代先后的差异。在防盗方面三墓同样设置墓门，但封门器和自动闭锁装置的次第出现则体现技术上演进发展；尤其是防水系统则能够更清楚地体现墓葬发展之时代先后顺序，狮子山、北洞山楚王墓内根本没有防排水设施，驮篮山楚王墓墓内外则出现一套完善的防排水系统。综合以上分析，三座楚王墓排列的先后顺序是狮子山、北洞山、驮篮山。

总体上看，三墓相同之处颇多，都是墓道长，甬道短，都是墓道、甬道为中轴线布局，都是双层双列塞石封堵，都是前后室结构。墓葬形制的同一性，说明墓主人生活的时代背景相似，狮子山、北洞山与驮篮山三墓时代紧密相连，相异之处则表明三墓是相互递进转化的关系。根据三座楚王墓的不同特点比较，得出三墓相互递进演化的前后关系，在三墓顺序排定的基础上，我们再从三者之间的两两相似性进行比对，以求进一步确定三者之间的关系。狮子山与北洞山两座楚王墓在形制结构上相似，墓室的功能基本相同，都有府库、钱库；两墓均无防排水设施；墓道均为三重，且层层内收，狮子山前、中、后段分别宽9.15、3.45、2.07米，北洞山三段墓道的宽度依次为5.83、3.65、2.4米，除去狮子山墓道前段由于采石较宽外，两墓中、后段宽度非常接近，另外，两墓在墓道的最外部分向内折窄处均筑有土台；主体墓室中轴线上均有三重双扇大门，即主体墓室大门、前室门和后室门；封堵方法相同，墓内耳室均使用大型空心砖，空心砖形制基本相同；施工方法相同，均用朱砂标划建筑施工线，均用朱书文字记录塞石尺寸、位置；楚王与王后墓的布局相同，均为单体独立的山头，且相距不远；墓室在山体中位置相似，都位于山体南部稍微偏东的山坡。如此多的相同说明，两墓实际是前后紧密相连的关系，有的学者注意到二者的相似之处，但是却颠倒二者时代顺序的先后，以致考证出的结果也出现较大偏差[①]。再看北洞山与驮篮山两座楚王墓之间的共同点，两墓在形制上相同之处颇多，主墓室的前后室形制特征相同，均为横前室竖后室结构，且主墓室周围都出现数量不等的侧室；墓内都有厕所；室顶式样多样，都有平顶、两面坡顶、四面坡顶；墓壁均经过打磨，都进行二次装修，使用手法相同，都涂澄泥，髹漆涂朱砂。

比较可知，狮子山楚王墓与北洞山楚王墓共同之处颇多，与驮篮山相同之处较少，北洞山楚王墓既与狮子山楚王墓有许多相似之处，同时与驮篮山相同之处也颇多，体现北洞山楚王墓具有承上启下的特点，说明北洞山楚王墓是处于狮子山楚王墓、驮篮山楚王墓之间，北洞山楚王墓是一座前后承接的楚王墓。从三墓的共性以及两两之间的相似性来看，北洞山与狮子山、驮篮山三墓实际是紧密相连的关系。

另外，从三座王后墓的形制特征也能帮助确定三座楚王墓的先后顺序。汉代夫妻合葬，不论是同穴还是异穴，只要死者是以夫妻关系而葬，均为合葬[②]，徐州地区早期楚王夫妻合葬，均为异穴合葬，相距一二百米，楚王墓都是墓向朝南，都选择小山，选址理念相同，共同之处颇多，但是王后墓变化却很明显，狮子山、北洞山是独立的小山，楚王与王后墓分立于两座山头，楚王墓建在山的南坡偏东，狮子山楚王的王后墓位于其北侧羊鬼山上，墓向朝南，相距200余米，北洞山楚王墓东侧有“桓魋石室”，系北洞山楚王之王后墓，墓向朝西，相距200米，两者属合葬中的异穴异坟；驮篮山却是一座山体两个山头，驮篮山楚王与后墓分别在两个山头之下，相距140米，距离开始接近，虽然仍是异穴异坟，但开始向异穴同坟过渡，而且墓室建在山体中心，与后期龟山楚王墓相同，也说明酝酿着向后期转变，由此可见驮篮山楚王墓时代晚于狮子山楚王墓、北洞山楚王墓。

过去在三墓的排序中，在区分时代特征的参照标准选择上过分专注墓葬局部细节，忽略了整体性、规律性的特点，在北洞山和驮篮山两座楚王墓的比较中，学者根据北洞山楚王墓墓道底部低平，墓室中出现立柱等特征（这均为后期楚王墓普遍采用的形式），一度认为北洞山楚王墓时代偏晚，而误将北洞山楚王墓排在驮篮山楚王墓之后，其实是缺乏全面认识的判断[③]。北洞山楚王墓墓道底部低平，由于北洞山山体较小，墓道开口在山脚下，自然形成平底墓道，而且有的

① 葛明宇、孙凤娟：《徐州北洞山西汉楚王墓墓主应为夷王刘郢客》，《中国文物报》2004年11月19日第7版；刘瑞：《徐州北洞山楚王墓墓主考》，《考古》2008年第10期；葛明宇：《徐州北洞山汉墓年代与墓主探讨》，《考古》2009年第9期。

② 黄伟：《论汉代夫妻合葬墓的类型与演变》，《四川大学考古专业创建三十五周年纪念文集》，四川大学出版社，1998年，第264—287页。

③ 梁勇、梁庆谊：《西汉楚王墓的建筑结构及排列顺序》，《两汉文化研究》（第二辑），文化艺术出版社，1999年，第188—203页；周保平：《徐州西汉楚王陵墓序列浅说》，《两汉文化研究》（第二辑），文化艺术出版社，1999年，第216—230页；孟强、钱国光：《西汉早期楚王墓排序及墓主问题的初步研究》，《两汉文化研究》（第二辑），文化艺术出版社，1999年，第169—187页；刘照建、张浩林：《徐州狮子山汉墓墓主考略》，《东南文化》2001年第7期。

学者曾指出：北洞山楚王墓墓道分三段组成，前端未经发掘调查，似斜坡墓道[①]；北洞山楚王墓内的立柱，仅在墓室的东西耳室中出现，设置原因是所在部位石质欠佳，设置方法不是在原生岩体上凿成，而是从在其他地方预制后移入树立（犹如附属墓室的构件），与后期龟山等楚王墓主要墓室内提前预留的具有支撑和装饰作用的高大墓柱不可同日而语。因此墓道底部低平，墓室中出现墓柱不具有断代意义。至于有的学者将北洞山楚王墓排在狮子山楚王墓之前，主要依据是"北洞山楚王墓（附属建筑）凿砌结合的构筑方式，更明显表现了西汉楚王墓形成和发展初期的不成熟性，考古发掘表明，徐州地区西汉楚王崖洞墓的形成，经历了一个由凿砌结合到完全开凿的过程"[②]。事实上，北洞山楚王墓的凿砌结合形式，在徐州地区楚王墓中是个孤例，根本不能谈过程，也没有任何考古发掘能够证明存在这样发展过程。另外，虽然北洞山楚王墓附属建筑的出现，突破了早期楚王墓皆轴对称布局的方式，但是北洞山楚王墓主体墓室仍然呈轴对称分布，具备早期楚王墓的诸多特点，且在对称性的追求上，明显不如驮篮山楚王墓完美，但是较之狮子山楚王墓则有较大的进步，由此可以排出三座楚王墓时代的先后顺序为狮子山、北洞山、驮篮山。至于北洞山楚王墓在主体墓室左前方构筑一大片附属建筑的原因，我们将在下文结合墓主身份的认定，对早期楚王墓出现的孤例做出合理解释。

二、从随葬器物排序

同为西汉前期的狮子山、北洞山和驮篮山三处楚王墓，虽然都遭到严重盗掘，但是仍然出土大量的随葬器物，狮子山楚王墓出土玉器、青铜器、钱币、印章封泥、陶器和陶俑、金银器等总计2000余件（套）；北洞山楚王墓出土随葬器物总数报告没有交代，不过从报告可以看出，与狮子山楚王墓出土器物种类大致相当，也有玉器、青铜器、钱币、印章封泥、陶器和陶俑、金银器，还有玻璃器、漆器等；驮篮山楚王墓出土器物有陶俑、磬、壶、钫、饼、铜镜、金属构件、玉璧、玉质棒形器、铁甲片、铁灯等1000余件。另外，三座楚王墓附近均有陪葬墓或陪葬坑，也出土了数目可观的随葬器物，尤其是狮子山楚王墓附近发现的兵马俑坑[③]，更是西汉初期诸侯王墓的首次发现。

三座楚王墓出土的大量随葬器物，充分展示了汉代楚国的政治、经济、社会生活各个方面，虽然没有出土明确表明墓主身份的印章，但是仍然传递大量的墓主信息，如果将具有时代特征的典型器物进行综合比对，不难确定三墓墓主的归属，遗憾的是三墓虽然都经过正式发掘，但是到目前为止，只有北洞山楚王墓出版了正式发掘报告，狮子山楚王墓只是发表了发掘

① 黄晓芬：《汉墓的考古学研究》，岳麓书社，2003年，第82页。

② 葛明宇、孙凤娟：《徐州北洞山西汉楚王墓墓主应为夷王刘郢客》，《中国文物报》2004年11月19日第7版；葛明宇：《徐州北洞山汉墓年代与墓主探讨》，《考古》2009年第9期。

③ 徐州博物馆：《徐州狮子山兵马俑坑第一次发掘简报》，《文物》1986年第12期。

简报，驮篮山楚王墓仅在《中国考古学年鉴》上刊发过消息，这给深入研究造成很大的困难，因此笔者在随葬器物的比较研究中，重点只能对狮子山和北洞山两座楚王墓的出土器物进行综合比对，同时也将驮篮山楚王墓出土的一些具有时代特征明显的典型器物结合起来进行研究。

（一）玉器

狮子山楚王墓出土玉器数量巨大，总计200余件（套），大致可分为丧葬用玉、礼仪用玉、装饰用玉、生活用玉等四个方面。丧葬用玉包括玉衣、镶玉漆棺、镶棺玉璧等；礼仪用玉有玉戈、螭龙玉饰等；装饰用玉包括人体装饰与器物装饰两种，人体装饰用玉有玉璧、玉璜、玉环、玉龙形佩、玉冲牙、玉心形佩、玉觿、玉舞人等，器物装饰有玉具剑饰、玉泡钉、玉条形片等，玉具剑的首、格、璏、珌俱全；生活用玉种类较多，包括食器类的卮、高足杯、耳杯等，印信类的白文玉印，寝具类的玉枕，衣饰类的玉带钩等。北洞山楚王墓多次被盗，出土玉器数量不是很多，种类有玉璧、玉瑗、玉环、玉熊、玉佩、玉韘、玉珑、玉印、玉具剑的首、格、璏、珌和玉衣片，以及类玉的水晶、玻璃和石制品134件，根据出土的玉衣片和6件带铆钉的镶棺玉璧、5件镶棺鎏金璧形铜饰分析，该墓主人当时也使用了玉衣和镶玉漆棺，到目前为止，能够清晰显示同时使用玉衣和镶玉木棺的仅有狮子山、北洞山两座楚王墓。狮子山楚王墓的玉衣用玉4248片，较西汉中期河北满城汉墓一号墓墓主刘胜玉衣2498片，多1750片以上，说明当时玉衣设计、加工等工艺方面仍不成熟，带有明显早期特征[①]。与狮子山楚王墓玉衣的长条形玉片不同，北洞山楚王墓玉衣的玉片以凸字形为主体，这种凸字形玉衣片以并列编联方式复原后，如同鱼鳞状铁铠甲，形制非常独特，工艺水平很高，相较于狮子山楚王墓的玉衣有较大进步。另外，镶玉漆棺的制作上也能体现玉器加工工艺上的进步，狮子山楚王墓镶玉漆棺使用玉璧镶棺，但是北洞山楚王墓出现玉璧的替代品鎏金璧形铜饰，这种铜铸并鎏金的替代品，可以成批浇铸，工艺较为简单[②]，制作上不会像玉璧那样费时费力，反映镶玉漆棺的制作技术更加进步，从狮子山和北洞山两座楚王墓出土玉衣和镶玉漆棺的不同，可以看出两墓前后承接之关系，而两墓出土玉器的种类相同，又说明两墓时代相去不远。

另外，狮子山楚王墓玉器中的相当部分与战国玉器相近，双龙首玉璜、镂空双龙首玉佩、“S”龙形佩、镂空龙形佩、龙首玉冲牙与安徽长丰战国晚期墓葬中的同型器物基本接近或风格相近，蒲纹与兽面纹玉璧、多曲龙形佩、边缘透雕龙纹的玉璧、双龙双凤连体的器物饰与曲阜鲁故城战国早期的同类器物具有明确的继承关系，兽面与勾连纹玉剑铋、云雷纹玉杯具有明显的战国风格。一些学者也指出，狮子山楚王墓玉器属于西汉早期风格，部分可能就是战国遗

① 孟强：《从随葬品谈徐州狮子山汉墓的墓主问题》，《考古》2006年第9期。

② 李银德：《汉代的玉棺与镶玉漆棺》，《两汉文化研究》（第三辑），文化艺术出版社，2004年，第42—53页。

物[①]。在进一步分析玉器制作年代和地点时，发掘者认为这批玉器应是主要集中了战国楚、鲁两地的玉工组成的玉器作坊制作的[②]。笔者赞同这一说法，最有条件集中楚、鲁两地的玉工，当然不可能是时隔23年后的第二代楚王，最可能是西汉楚国第一代楚王刘交，刘交初到楚国，百废待兴，一切都要从头开始，他除旧布新，开创西汉楚国200余年的基业，首先要将战国时期优秀的技术工人都聚拢起来，并继续为自己所用，才能很快恢复正常的经济生活，推动楚国社会的兴旺发达。

（二）陶器

以时代特征明显的陶俑为例，徐州地区陶俑发展自成系列，发展轨迹十分清晰，经历体形由小到大，脸形由倒三角形向椭圆形发展的过程[③]。狮子山楚王墓出土的150余件小陶俑，面部呈倒三角形，高仅10余厘米，制作简单粗劣，且种类单一，以侍俑为主，不见乐舞俑，而北洞山和驮篮山两座楚王墓则发现大量乐俑、舞俑，种类繁多，造型匀称，且陶俑体量大，高达50厘米，面部已开始由倒三角形向椭圆形过渡，因此狮子山楚王墓时代早于北洞山和驮篮山两座楚王墓。另外，狮子山楚王墓在陶俑的使用制度上也不严格，在E1庖厨间出土的陶俑与外墓道陪葬墓的陶俑形制大小相同，而且这类陶俑在西汉早期中小型汉墓中多有发现，说明此时楚王与属下所用陶俑没有严格区分，尚未形成较为固定的陶俑使用制度，这也是狮子山楚王墓年代较早的一种表现[④]。

但是在比较北洞山和驮篮山两座楚王墓陶俑的时代先后时，一些学者根据北洞山楚王墓出土的陶俑种类多，而驮篮山楚王墓出土陶俑种类少，而将北洞山楚王墓排在驮篮山楚王墓之后[⑤]，其实这忽略了两墓都曾被盗的历史事实，尤其驮篮山楚王墓是一座多次被盗的楚王墓，以盗后劫余来比较孰多孰少，无论多少都没有时代先后之意义。不过，从陶俑的置放方式则可以看出北洞山与狮子山两座楚王墓时代紧密相连，且前者晚于后者。狮子山楚王墓外墓道前段折窄处东西两侧各筑有土台，土台上放置相向而立的作迎送状的彩绘小陶俑数排，约70余件，在外墓道后段，即连接天井、内墓道与外墓道宽段部分墓道西侧壁下方，发现彩绘陶俑25件。北洞山楚王墓在距墓门11—19米的范围内墓道中段两壁上凿有7个小龛，放置彩绘仪卫俑224件，发掘者指出各龛内彩绘陶俑的初始排列理念，已经难以确切推知，但是从摆放位置和排列方式来看，显然是对狮子山楚王墓的模仿，并且北洞山楚王墓将陶俑放在龛内，石门封堵严密，与狮子山楚王墓直接放在墓道西侧壁下方相比，又有所改进，充分说明狮子山和北洞山两

① 狮子山楚王陵考古发掘队：《狮子山楚王陵出土文物座谈会纪要·卢兆荫先生发言》，《文物》1998年第8期。

② 韦正、李虎仁、邹厚本：《江苏徐州市狮子山西汉墓的发掘与收获》，《考古》1998年第8期。

③ 张玉、刘照建：《徐州地区西汉陶俑的发现及初步研究》，《东南文化》2002年第11期。

④ 孟强：《从随葬品谈徐州狮子山汉墓的墓主问题》，《考古》2006年第9期。

⑤ 徐州博物馆、南京大学历史学系考古专业：《徐州北洞山西汉楚王墓》，文物出版社，2003年，第179、180页。

座楚王墓是前后紧密相连的继承关系。

北洞山和驮篮山两座楚王墓的陶俑是盗后劫余，虽然不能从种类和数量上比较，但是从制作工艺和形制上仍然也可以看出两者的先后顺序。两座楚王墓陶俑相似之处颇多，如两墓舞俑中的曲裾衣舞俑、绕襟衣舞俑相同，而驮篮山楚王墓的击磬俑、敲钟俑、吹竽俑的形制和姿势与北洞山完全相同，但是较北洞山形体略大、脸庞稍长，说明两墓之间有前后演进关系。尤其是驮篮山楚王墓出土的乐舞俑，形成完整的组合，展示吹奏、打击等各种不同演奏姿势，全面展现出一场演出的盛会，更是北洞山楚王墓所罕见，体现制作工艺上的进步。另外，驮篮山楚王墓舞俑上体前倾，两腿微曲，整体身段扭成“S”形的立俑造型，制作工艺水平之高，也是北洞山楚王墓所不能企及的，驮篮山楚王墓陶俑的时代显然晚于北洞山楚王墓。因此，通过陶俑也能排出这三座楚王墓的时代先后顺序为狮子山、北洞山、驮篮山。

（三）钱币

狮子山楚王墓钱币主要出土于东二耳室的钱币库中，数量有17.6万余枚，全部为“半两”铜钱；北洞山楚王墓出土铜钱较为完整的计52640枚，加上残破不完整的有10万余枚，绝大多数为半两；驮篮山楚王墓未出土半两钱币，仅发现数量较多的陶金饼。

狮子山和北洞山两座楚王墓都出土了数量巨大的时代特征明显的半两钱，如果将半两钱时代准确界定，对于确定两墓的时代和墓主将具有十分重要的意义。然而长期以来，学界对半两钱的真实面目一直认识不清，北洞山楚王墓发掘者将其墓内出土的半两钱分为A、B、C三型，细致研究后认为这些钱币包括战国半两、秦半两、吕后半两、文帝半两、武帝半两、榆荚钱①。但是刘瑞先生后来又对该墓出土的钱币重新考证研究，指出钱币分型分式不具有考古类型学意义，分型标准不具备排他性，该墓的A、B、C三型钱币，在大小、轻重还是钱文特点上均有着较高的一致性，认为该墓并不存在文帝和武帝四铢半两②。过去笔者对北洞山楚王墓存在武帝四铢半两表示怀疑，但不能确定究竟是否有文帝四铢半两。现在刘瑞先生对该墓钱币科学断代后，将对于楚王陵墓的断代研究起到重要的促进作用。

狮子山楚王墓的正式发掘报告尚未出版，关于钱币信息较少，仅在简报中有简单的介绍：其中榆荚半两约占总数的85%，一部分为四铢半两，少数为秦半两及八铢半两。从简报公布的10枚钱币来看，1—3枚应为秦半两及八铢半两，4、5枚是榆荚半两，6—10枚与编者认为的文帝四铢半两最为接近。然而，与北洞山楚王墓出土的可定为文帝四铢半两的C型钱币的比较，两者钱文明显相同，形制特点也极为相似，根据刘瑞先生的考证，我们认为狮子山楚王墓也并没有文帝四铢半两出土，这一点还能够从徐州火山西汉刘和墓出土的钱币上得到进一步确

① 徐州博物馆、南京大学历史学系考古专业：《徐州北洞山西汉楚王墓》，文物出版社，2003年，第168—172页。

② 刘瑞：《徐州北洞山楚王墓墓主考》，《考古》2008年第10期。

认。1996年发现于徐州北郊的火山西汉刘和墓，据考古推断该墓的时代应为西汉文景时期（前179—前141年）[①]。墓内出土2000余枚钱币，其中300余枚四铢半两，制作十分规整，为历年来发掘所仅见，钱径约2.4、穿径约0.7厘米，重2.8—3.25克，均重2.98克左右，半两的两字以双人为主，也有十字连山式，钱文整齐，字体较粗，这是标准的四铢半两，与江陵凤凰山汉墓出土半两几乎相同，但与狮子山和北洞山两座楚王墓出土的半两相比差异较大。该墓发掘表明，徐州地区确实存在标准文帝四铢半两，反证狮子山、北洞山两座楚王墓出土的半两并不是文帝四铢半两。另外，狮子山楚王墓简报介绍这批钱币形式多样，其大小、厚薄、轻重不一，钱文字形各异，钱穿大小不一，背皆平素，内外无郭，如果分型分式，多有百种以上，总体特征与北洞山楚王墓钱币几乎相同，因此笔者认为狮子山楚王墓应没有所谓的文帝四铢半两，两墓出土钱币均是文帝五年之前铸币情况的真实反映，说明两墓的时代都是处于文帝五年（前175年）之前。

众所周知，孝文五年钱币政策有较大变化，如果我们进一步梳理文献，准确界定文帝更铸四铢半两与前二代楚王死亡时间的先后，则能够进一步确定墓主时代。《汉书·食货志》载："孝文五年（前175年），为钱益多而轻，乃更铸四铢钱，其文为'半两'。除盗铸钱令，使民放铸。"《汉书·文帝纪》载："文帝五年夏四月，除盗铸钱令。更铸四铢钱……"后一条的记载明确到月，如果第二代楚王在文帝五年夏四月前去世，那么墓内应该没有四铢半两出土。《汉书·五行志》载："文帝五年十月，楚王都彭城大风从东南来，毁市门，杀人，是月王戊初嗣立。"如果这条史实不谬，那么第二代楚王刘郢（客）应当亦死于文帝五年十月，而西汉初年是以十月为年首，九月为岁尾[②]，那么文帝五年夏四月更铸四铢钱，与二代楚王刘郢（客）死亡时间间隔7个月，即使有停葬习俗，也不会放置长达7个月而不下葬，墓内自然不会出现7个月之后文帝更铸的四铢半两，所以根据文献记载推断，第一、二代楚王墓内都不会出现文帝四铢半两，这恰好与狮子山楚王墓、北洞山楚王墓出土半两的时代特征相吻合。

考虑到狮子山楚王墓出土钱币最多的为榆荚半两，占总数的85%以上，这说明墓主人生活时代榆荚半两普遍使用，而榆荚半两使用时代主要是汉初高祖和吕后时期，如《汉书·食货志》记载："汉兴，以为秦钱重难用，更令民铸荚钱。"《汉书·高后纪第三》记载："（高后六年）行五分钱。"此种五分钱钱面文字为半两，而其重只有半两的1/5，实际也是一种荚钱[③]，而北洞山楚王墓出土的荚钱极少，因此从荚钱流行时间上判断狮子山楚王墓的时代应早于北洞山楚王墓。

另外，在西汉楚国钱币随葬还具有这样规律，即早期随葬实际流通的货币半两，后期则以泥质的冥钱陶金饼随葬，在狮子山楚王墓出土只有半两铜钱，没有陶金饼，北洞山楚王墓主要

① 耿建军、盛储彬：《徐州火山汉墓》，《中国考古学年鉴（1996）》，文物出版社，1997年，132、133页；耿建军、盛储彬：《徐州汉代考古又有重大发现——徐州汉皇族出土银缕玉衣等文物》，《中国文物报》1996年10月20日第1版。

② 《汉书·郊祀志》："（高祖）遂以十月至霸上，立为汉王。因此，十月为年首，色上赤。"

③ 施廷镛：《中国货币沿革讲义》，天津古籍出版社，2006年，第73页。

以半两铜钱为主，同时也开始随葬有少量的陶金饼，驮篮山楚王墓则只有陶金饼，这也能够说明三墓的时代的先后顺序。

（四）印章

狮子山楚王墓出土印章200余枚，均为铸造，绝大多数无使用痕迹，少数显经使用。北洞山楚王墓出土印章较少，共13枚，印文分铸造和凿刻，6枚有明显使用痕迹，5枚无使用痕迹。

狮子山出土印章布局自然，凿刻较少约束，笔画字体较随意，结构并无规范，具有明显西汉早期特点。北洞山出土印章特点与狮子山大体相同，但北洞山楚王墓报告的编写者推定印章时代偏晚，认为印文风格“显示出文景时期向西汉中期印文风格过渡的趋向”。葛明宇等先生则对此进行了校正[①]，指出印章时代明显具有西汉早期偏早特征，刘瑞先生也赞同这一观点[②]。即使有的学者认为北洞山楚王墓时代靠后，但是对于印章则认为是由于政治原因的前代遗留也没有疑义[③]。仔细分析两墓的印章特点，两墓的印章制造方法、印文特点、布局风格等方面大同小异，都具有汉初的特点，单纯从两墓的印章特点比较，只能说明两墓的时代十分接近，均处于西汉前期，但不能准确界定墓主的归属和时代。如果将出土印章放在所有楚王墓的框架中，结合西汉楚国前期历史开展研究，其墓主归属和时代问题将进一步明晰。

西汉初年，高祖刘邦大封诸侯王，诸侯王国享有官吏的任免权，“宫室百官，同制京师”，但是“景帝中五年令诸侯王不得复治国”，诸侯王权利又被调整，在这个时间段内，楚国时任楚王有交、郢（客）、戊、礼等四代楚王，当时楚王为行使官吏任免权，需要铸造象征权力的印章，用来对官吏的任免。在事死如生观念的支配下，楚王期望死后在地下能够继续统治所属的郡县和军队，可能多铸造一批印章放在自己的墓里。有的学者就认为这些放在墓内的官印代表的乃是诸侯王的官吏和国土，是诸侯王陵墓“百官藏”的具体表现[④]。但是一旦当楚国官吏任免权被取消后，这种以属官印章随葬的制度也随之消失，第三代楚王戊参加“七国之乱”，不但削郡夺官并除国，其死后就不可能再以属官印章随葬。到目前为止，徐州地区共发现八处楚王墓，但是只有狮子山和北洞山楚王墓出土了印章，在两墓之后再也没有楚王陵墓随葬印章，两者呈现出相吻合的变化规律，这绝对不是巧合，恰恰说明狮子山、北洞山出土印章，其实就是西汉初年第一、第二代楚王时期诸侯治国在墓葬中的深刻反映。

考察印章反映职官名称，与西汉前期楚王所辖区域的沿革变化相比较，也有助于确定墓主时代。楚国初立时，《汉书·楚元王传》载：“交为楚王，王薛郡、东海、彭城三十六县。”但在景帝二年（前155年），因第三代楚王刘戊参与“七国之乱”，兵败国除，东海、薛郡

① 葛明宇、孙凤娟：《徐州北洞山西汉楚王墓墓主应为夷王刘郢客》，《中国文物报》2004年11月19日第7版；葛明宇：《徐州北洞山汉墓年代与墓主探讨》，《考古》2009年第9期。

② 刘瑞：《徐州北洞山楚王墓墓主考》，《考古》2008年第10期。

③ 耿建军：《试析徐州西汉楚王墓出土官印及封泥的性质》，《考古》2000年第9期。

④ 刘瑞：《徐州北洞山楚王墓墓主考》，《考古》2008年第10期。

被削，仅余彭城一郡。狮子山楚王墓所出地方职官印中既有东海郡的“缯之右尉”“兰陵之印”，也有薛郡的“文阳丞印”等；北洞山楚王墓出土的“凌之左尉”“襄贲丞印”“兰陵丞印”反映的县名属汉初东海郡，说明狮子山和北洞山两座楚王墓的墓主生活时代尚拥有东海、薛郡，墓葬年代当在景帝二年以前。前154年吴楚之乱后，中央对诸侯王国加强控制，官吏任免权已收归中央，无论削地与否，楚国已不可能再制作这些印章，这些印章只能是汉初楚国管辖这些属国时制作的，由此可见狮子山和北洞山时代在前154年之前，墓主归属分别应为削藩之前的第一、第二代楚王。

黄盛璋先生曾据《汉书·百官公卿表》的记载[①]，认定狮子山楚王墓出土的“楚祠祀印”“楚大行印”等印章反映的祠祀、大行二官职均为景帝中六年改设之新官，并据二印断定墓主为第五代楚王刘道[②]。但韦正先生指出《汉书·百官公卿表》是提纲挈领的，不可能将每个官职和变化都记录下来，西汉早期王国都官如汉朝，“太祝”和“祠祀”并设或只设“祠祀”的可能性并非没有[③]。梁勇先生据《汉书·郊祀志》认为，汉高祖六年已置“祠祀”，汉景帝中六年后还用“太祝”，指出奉常、詹事所属皆有“祠祀”，故“楚祠祀印”不能反映楚国官制的独特之处，只能说明《汉书·百官公卿表》“景帝中六年更名太祝为祠祀”的记载有误[④]。韦正、梁勇二先生对印文的正确释读，使我们对印章的认识更加明晰，完全可以将狮子山楚王墓墓主时代再向前推至第一代楚王，进一步支持本文认为印章出现原因就是楚王拥有属地的体现。

通过比较，可以看出狮子山与北洞山两座楚王墓出土器物种类基本相同，部分器形几乎完全相同，充分说明两墓墓主生活的时代背景相同，两墓的入葬年代相近，甚至墓主丧葬理念也完全一样。尤其是半两钱和印章的发现，更是王国享有铸币权和官吏任免权的深刻反映，符合条件的只有西汉前期的第一、第二代楚王，这与西汉楚国的发展历史相一致。综合三墓出土的具有时代特征的随葬玉器、陶俑、钱币、印章分析，三座楚王墓排列顺序为狮子山、北洞山、驮篮山。

三、墓主及相关问题的初步研究

通过对狮子山、北洞山和驮篮山三座楚王墓的墓葬形制比对研究，以及对具有时代特征明显的出土器物综合考察，排出三墓的序列和年代先后是狮子山、北洞山、驮篮山。三墓的先后顺序排定，与三墓相对应的墓主问题便迎刃而解，三墓时代均为第六代龟山楚王墓之前，三

① 《汉书·百官公卿表》载“景帝中六年更名太祝为祠祀”，“典客……景帝中六年更名大行令”。

② 黄盛璋：《徐州狮子山楚王墓墓主与出土印章问题》，《考古》2000年第9期。

③ 韦正：《江苏徐州市狮子山西汉墓墓主的再认识》，《考古》2002年第9期。

④ 梁勇：《徐州狮子山楚王墓出土印章与墓主问题的再认识》，《考古》2006年第9期。

墓墓主只能是前五代楚王中三代，而驮篮山排在三墓最后，驮篮山只能为三、四、五代楚王中的之一，驮篮山与墓主身份明确的龟山楚王墓比较，龟山楚王墓甬道长、墓道短，塞石单层单列，平面布局注重实用，而不再讲求对称，主室分前中后三室，室内出现瓦木建筑，墓柱在墓室内广泛使用，王与后墓之间距离较近，且有壶门相通（图一〇），如果定驮篮山楚王墓为第五代，与龟山楚王墓形制悬殊太大，中间明显缺乏过渡，五、六代之间没有重大变故，不可

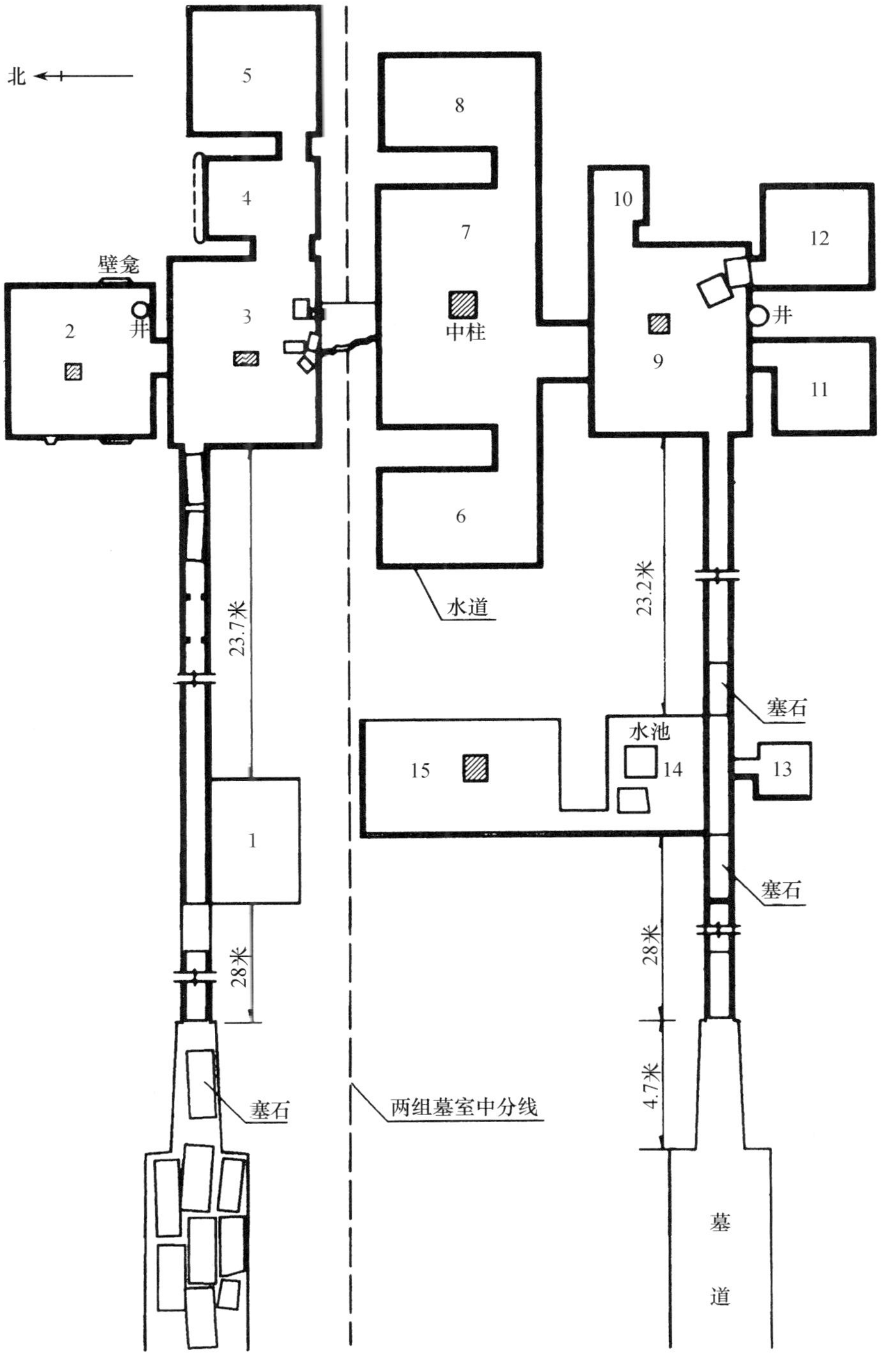

图一〇　龟山楚王（后）墓平面图

能直接从墓道短、甬道长变化为墓道长、甬道短的墓葬结构；如果定驮篮山楚王墓为第四代，驮篮山石质坚硬，墓室打磨细致，有学者推断至少需要10年时间才能完成[①]，而第四代楚王刘礼在位只有短短的3年，3年时间不可能完成如此巨大工程，因此驮篮山楚王墓的墓主只能是第三代楚王。同理狮子山楚王墓排在三墓之首，其墓主只能是前三代楚王，如果是第二代楚王，第二代楚王刘郢（客）在位时间仅有4年，狮子山楚王墓规模庞大工程也不是4年时间能够完成的；如果是第三代楚王，墓内随葬器物档次之高，又不是叛王所能企及的，因此墓主只能是第一代楚王刘交。

至此得出结论，三墓的墓主就是西汉前期的前三代楚王，即狮子山楚王墓墓主为第一代楚王刘交，北洞山楚王墓墓主则为第二代楚王刘郢（客），驮篮山楚王墓墓主为第三代楚王刘戊。诚如是，那么对楚王山刘交墓的记载将重新认定，关于三墓形制和随葬器物的异常现象以及西汉楚王墓演变规律将有合理的解释和新的思考，下面我们拟就与西汉前期楚王墓主相关的问题作初步分析。

（一）楚王山墓主问题

关于楚王山墓主问题，多部文献有明确记载，《后汉书·郡国志》引《北征记》曰："（彭）城西二十里有山，山阴有楚元王冢。"《魏书·地形志》亦云彭城有"楚元王冢"。《水经注·获水》则载有"获水又东迳同孝山北，山阴有楚元王冢。上圆下方，累石为之，高十余丈，广百许步，经十余坟，悉结石也"。长期以来，多数学者对这些文献都高度认可，认为这些著述成书年代距西汉较近，所言之事应有所本，对楚王山墓主是第一代楚王刘交深信不疑，并在这个前提下，对其他楚王墓的墓主和时代进行研究，从而导致错误判断的连锁反应。譬如近年来学者对狮子山楚王墓墓主的关注超过国内任何一座大墓，关于狮子山墓主问题成为国内学术研究热点，发掘者根据文献记载，在简报中首先认定第一代楚王刘交葬在楚王山，进而推断狮子山墓主应为刘交的子孙第二代楚王刘郢（客）或第三代楚王刘戊[②]，以后学者也都围绕究竟是二代还是三代讨论。因此，楚王山上究竟是否葬有刘交，成为解决西汉楚王墓的墓主问题尤其是前期楚王墓主问题的关键。

其实，现在回头重新检讨，仅仅根据多部文献记载，定楚王山为第一代楚王刘交的葬地，确实存在重大缺陷，因为文献本身的科学性就值得怀疑。首先来看《后汉书·郡国志》的科学性问题，《后汉书》为南朝范晔所作，范晔生于东晋安帝隆安二年（398年），死于宋文帝元嘉二十二年（445年），终年48岁，范晔生活时代距离第一代楚王刘交卒年（前179年）近600年，如果史书没有记载，范晔对西汉第一代楚王刘交的历史已不可知，历来统治者对葬地问题一直讳莫高深，不可能在史书上明确记载，因此范晔关于刘交墓记载的依据只能是口耳相传的

① 耿建军：《徐州狮子山西汉楚王墓开凿时间考析》，《东南文化》2000年第3期。

② 狮子山楚王陵考古发掘队：《徐州狮子山西汉楚王陵发掘简报》，《文物》1998年第8期。

传说，其科学性显然大打折扣。况且由于范晔被杀，“志”部分不是范晔原著，而是晋人司马彪撰写，这一部分水平不高，尚缺四个“志”是众所周知；其次，需再讨论一下《水经注》记载的准确性问题，该书有多处与徐州历史文物相关的记载，如关于北洞山楚王之王后墓记载：“泗水南经宋大夫桓魋冢西，山抗泗水，上而尽石，凿而为冢，今人谓之石椁者。”该书认为的“桓魋石室”，后经学者研究证实为北洞山楚王之王后墓[①]；位于徐州博物馆后面的土山汉墓，《水经注·泗水》记载为亚父冢（俗称范曾墓），以后历代不绝于书，《水经注》成书年代与土山汉墓修建的年代更为接近，但是20世纪70年代考古发掘证实为东汉彭城王之墓[②]。虽然不能以此类推，认定楚王山刘交墓记载错误，但是至少说明文献记载并不可靠，只能仅供参考，更不是确定墓主的铁证。

黄展岳先生曾指出第一代楚王刘交可能为狮子山楚王墓之墓主[③]，惜未引起人们的注意；后来韦正先生从公开发表的墓葬结构考察，认为须谨慎考虑，并言南京博物院的邹厚本先生提出，《水经注》与《后汉书》记载应没有问题，但可能另有所指[④]；刘涛先生依据西汉时期诸侯王陵墓的形制演变规律，结合楚王山墓葬的建筑技术分析，认为该墓的年代要晚到西汉晚期，并断然否定楚王山为刘交墓的记载[⑤]；刘瑞先生则认为北洞山楚王墓墓主为第一代楚王刘交[⑥]，实际上也是间接否定了楚王山为刘交墓的记载。综合以上学者的质疑，笔者利用目前所能掌握的材料，拟从选址特点、墓葬形制和出土文物等几个方面重新考察，以求进一步确定楚王山墓葬的时代。

楚王山是徐州西部一座独立山峰，主峰高195.4米，呈东北—西南走向，楚王山汉墓群位于楚王山北麓，文献记载有墓10余座，现经过调查，能够明确为墓葬的有4座，编号分别为一、二、三、四（图一一）。一号墓位于楚王山西北尾部山顶上，规模最为庞大，由山体和封土两部分组成，连封土高 54.08、封土高7米，呈覆斗状，且从下至上可分为十分明显的三个层次；二号墓位于一号墓北侧30米一低矮小山包上，墓葬亦为“因山为陵”的竖穴崖洞墓，总高26.12、底面周长336 米；三号墓位于二号墓东侧240米，系平地起坟的封土墓，呈覆斗形，底面周长240、高11.38米，从下到上可分为三个层次；四号墓位于三号墓以东约1500米，中间隔一座山头，故四号墓形成一个相对独立的单元，但与二、三号墓大致在东西向一条直线上，亦呈覆斗形，与三号墓构筑方式相同，规模亦与三号墓相当，封土现高11.13、周长240米，封土

① 梁勇、梁庆谊：《西汉楚王墓的建筑结构及排列顺序》，《两汉文化研究》（第二辑），文化艺术出版社，1999年，第188—203页。

② 王恺：《徐州土山汉墓葬年考》，《徐州博物馆三十年纪念文集（1960—1990）》，北京燕山出版社，1992年，第87—95页。

③ 黄展岳：《汉代诸侯王墓论述》，《考古学报》1998年第1期。

④ 韦正：《江苏徐州市狮子山西汉墓墓主的再认识》，《考古》2002年第9期。

⑤ 刘涛：《西汉诸侯王陵墓形制的演变》，《汉代考古与汉文化国际学术研讨会论文集》，齐鲁书社，2006年，第172—193页。

⑥ 刘瑞：《徐州北洞山楚王墓墓主考》，《考古》2008年第10期。

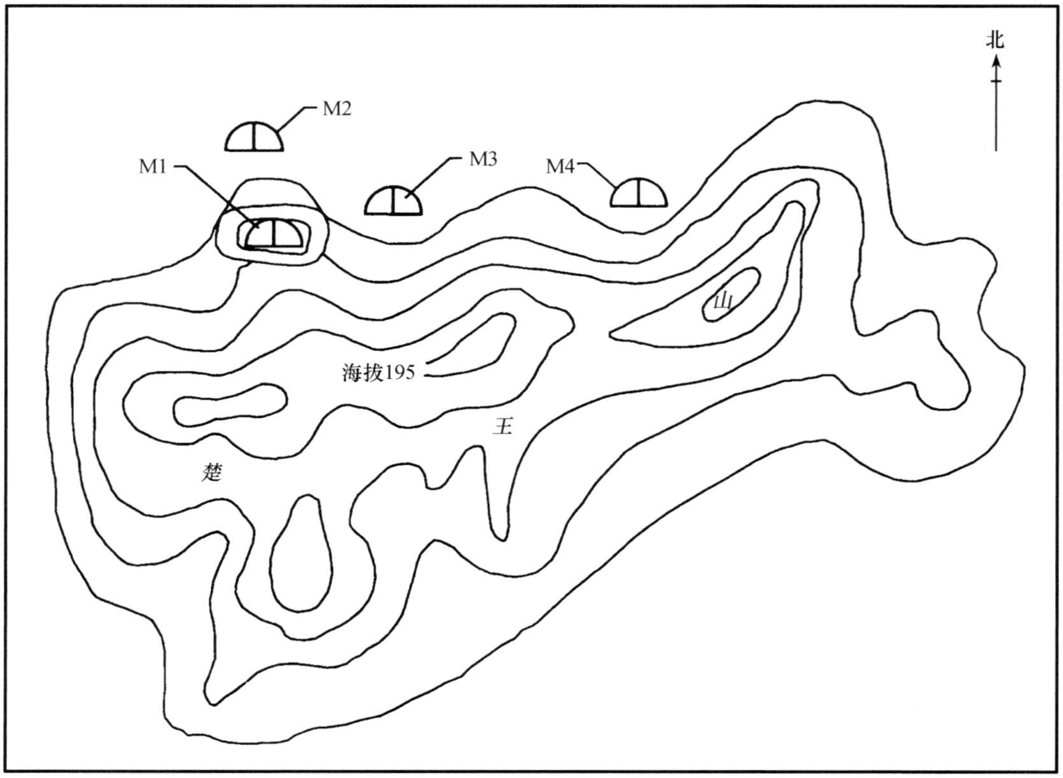

图一一　楚王山汉墓位置示意图

从下至上三个层次十分明显。

规模巨大的四座墓葬，都筑有高大的封土，封土形状相似，安葬在一个区域，为徐州地区所仅见，楚王山一号墓所占山体高大，楚王山主峰海拔达195.4米，与早期楚王选择小山营建大墓的理念迥然有别，是西汉楚王陵墓中期以后的普遍做法，如此选址方式说明该墓时代偏晚。楚王山三、四号墓平地起坟的构筑方式，为徐州西汉早期所不见，从徐州汉墓发展规律来看，无论大型诸侯王墓，还是一般的中小型汉墓，西汉一代基本未发现平地起坟的葬制，直到东汉时期，平地起坟的埋葬方法，才在徐州地区出现并流行，如睢宁双古堆汉墓①、徐州土山汉墓②、拉犁山汉墓等③，徐州土山汉墓墓主为东汉某代彭城王，该墓即营建在云龙山北麓坡地上，且一个封土堆下有三座墓葬。楚王山三、四号墓在楚王山北麓平地起坟的构筑方式，与土山彭城王墓极为相似。由于文化发展的滞后性，一个王朝建立初期，文化基本是上一个王朝延续，这是一个基本规律，表现在墓葬上，后一王朝初期墓葬形制与上

① 张德胜、徐娟：《下邳国王陵初考》，第四届徐州两汉文化研究会学术研讨会论文。

② 王恺：《徐州土山汉墓葬年考》，《徐州博物馆三十年纪念文集（1960—1990）》，北京燕山出版社，1992年，第87—95页。

③ 李银德：《徐州市屯里拉犁山东汉石室墓》，《中国考古学年鉴（1986）》，文物出版社，1988年，第123、124页；耿建军：《徐州市拉犁山二号东汉石室墓》，《中国考古学年鉴（1990）》，文物出版社，1991年，第208、209页。

一个王朝末期基本相同，由此可见楚王山墓群的时代可能偏晚。过去一般将一号和二号墓认定为楚王及王后墓，三、四号认为是陪葬墓，其实三、四号墓虽然较一、二号墓略小，但是如果放在西汉末期考察，三、四号规模并不小，不能简单地以陪葬墓论之，俨然是楚王级别的大墓。因此，从墓葬选址和封土特点考察，楚王山四座大墓的墓主和时代可能晚到西汉后期，下面我们再结合一号墓的墓葬形制和出土文物进行进一步确认。

由于长年的水土流失，楚王山一号墓的东向墓道已经出露，1997年该墓遭到严重盗掘，考古人员随即进入墓室考察，对该墓的墓室结构与随葬品有较为深入的了解。该墓为凿山为葬的大型“甲”字形竖穴石室墓，由墓道、耳室与主墓室三部分组成（图一二）。墓道为斜坡墓道，总长超过30米，分内外两段，外墓道长30、宽4.5、垂直高度达18米；内墓道长4.5米、宽3.1、高6米；墓道南壁内收0.7米为甬道口，甬道有塞石封堵，4列10余层，塞石伸出内甬道约0.24米，塞石做工较为平整，每块尺寸约长1.1、宽0.75、厚0.4米。外墓道两侧发现3个耳室，东南耳室底平、东西宽1.55、南北进深2.1、高1.75米；东北耳室不规整，东西宽1.2、南北进深2.4米。墓道南壁凿刻细致，内墓道较短，内墓道后部有一主室，主室规模庞大，东西长11.05、南北宽8.05、高约9米，室内面积88.95平方米。

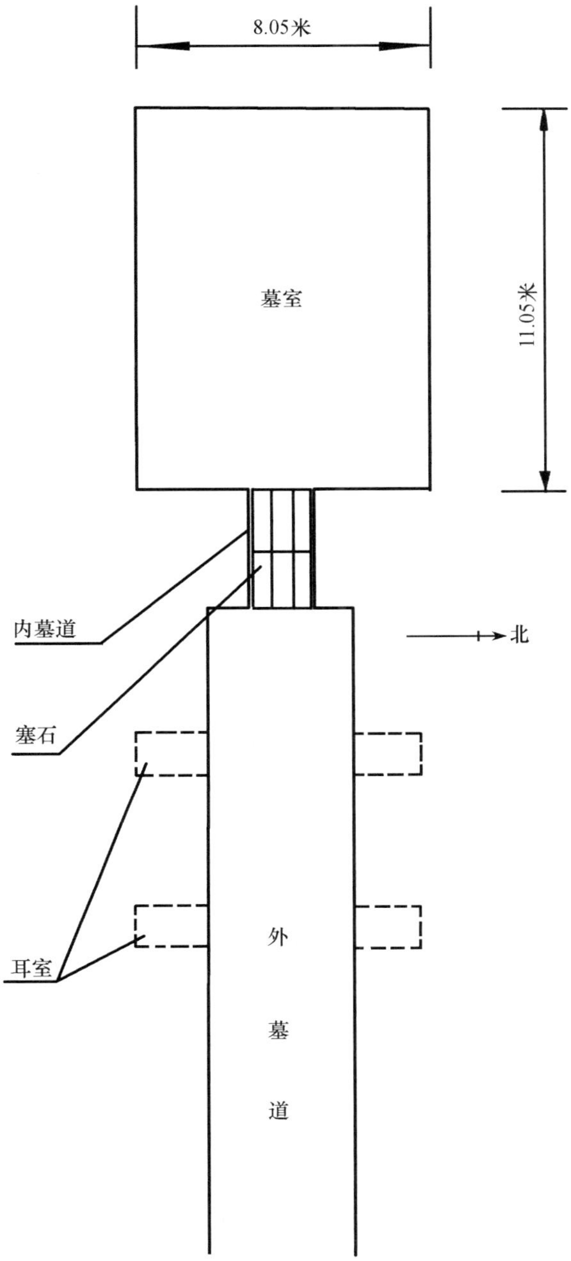

图一二　楚王山一号墓平面图

该墓主室规模庞大，附属墓室少，墓室简易，仅发现3个耳室（应为4个耳室），墓室顶部条石起券，外部封土高大，墓垣石多达数层，塞石4列多层的封堵方式，与我们前文论述的西汉前期三墓的特征迥然相异，甚至与目前所有已经发掘的楚王墓均不相同，这种在山顶上营建竖穴崖坑的方式，却与国内其他地区西汉晚期竖穴崖坑墓如河南黄土山一、二号汉墓[①]，僖山

① 河南省文物考古研究所、永城市文物旅游管理局：《永城黄土山与酂城汉墓》，大象出版社，2010年，第9页。

一、二号汉墓[①]，窑山一、二号汉墓（图一三）[②]，山东长清双乳山一号汉墓等形制相近（图一四）[③]，这些墓葬主人均为西汉晚期的诸侯王或王后。楚王山二号墓封土特点与黄土山汉墓尤为相似，楚王山二号墓封土下有一低矮小山，墓葬亦为"因山为陵"的竖穴崖洞墓，封土形状较为独特，呈卧琵琶状，东西长，西部起一圆形土丘；黄土山是南北狭长，东西较窄，顶部较为平坦，在山的南部和北部各有一墓，南边编号为黄土山一号墓，北边为黄土山二号墓，墓顶封土呈马鞍形，厚10余米。两墓的这种相同不是简单表面的现象，而是历史发展规律的相似所致。西汉前期墓葬发展有一个自由发展的时期，但是随着中央集权的加强，天下一统局面的形成和稳固，整个大汉王朝的文化面貌呈现趋同的发展趋势，到西汉中后期墓葬形制发展渐渐基本一致。如果定楚王山汉墓群为西汉后期墓葬，这与西汉整个时代墓葬发展演变规律也是相一致的。

尤其是在1997年的调查中考古人员还发现，楚王山一号墓的室顶用大条石券筑而成，券顶条石东西排列，每列11块，每块长1.2、宽0.22、厚约0.3米。研究表明，券顶最早出现于西汉晚期[④]，如果定该墓为西汉早期，那么这种技术不可能在西汉初期出现后旋即消失，然后200余年后复有出现，不符合事物发展

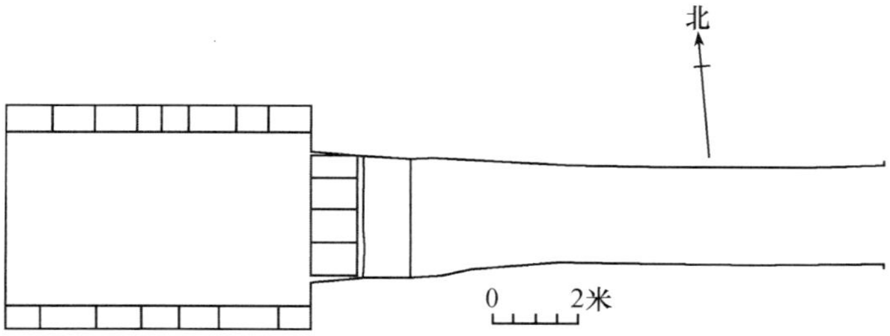

图一三　河南永城窑山二号墓平面图

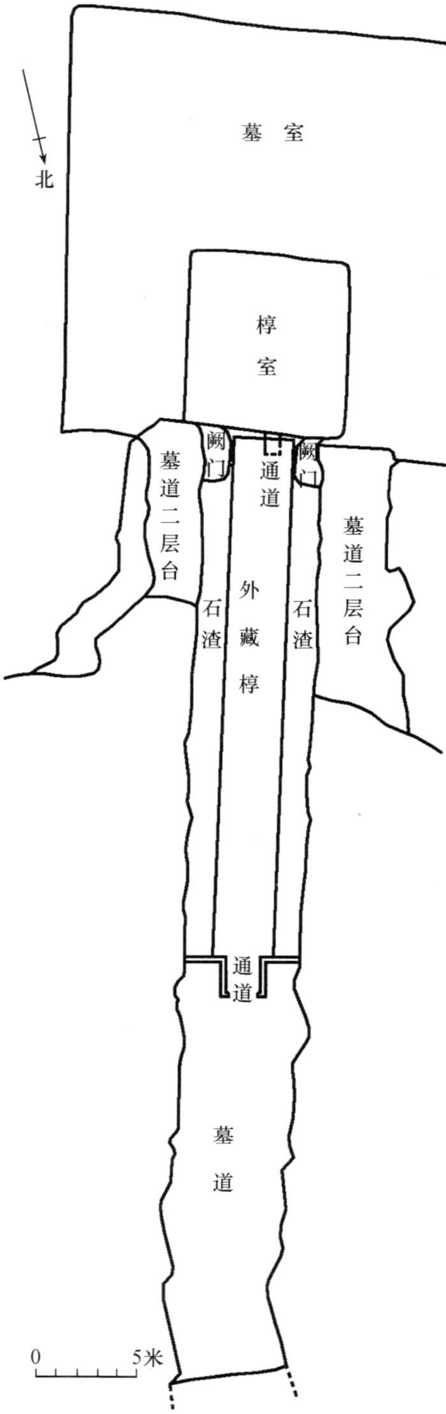

图一四　山东长清双乳山汉墓平面图

① 河南省文物考古研究所：《永城西汉梁国王陵与寝园》，中州古籍出版社，1996年，第13页。

② 阎根齐：《芒砀山西汉王墓地》，文物出版社，1996年，第249、258、259页。

③ 山东大学考古系、山东省文物局、长清县文化局：《山东长清县双乳山一号汉墓发掘简报》，《考古》1997年第3期。

④ 黄晓芬：《汉墓的考古学研究》，岳麓书社，2003年，第162、163页。

规律。从古到今建筑技术的发展呈现出从简单到复杂、从不完善到完善的逐步演变过程，即使在帝陵建设中，陵墓的形制、规模、结构、材料、施工方法，也不能突破当时社会生产和工程技术的最高界限，因此，该墓券顶结构的出现，充分说明该墓时代偏晚。

另外，在楚王山一号墓的外墓道和耳室内出土的随葬器物有铜、铁、陶瓷、漆器等，陶器分加砂绿釉陶与灰陶两种，原始瓷器有壶、瓿、罐等，均为青釉瓷器，同类器物为前期楚王陵墓所未见，即使中期龟山楚王墓也尚未出现，相反在徐州地区一些晚期汉墓如碧螺山五号西汉墓①、拖龙山汉墓②中多有出现，区别是楚王山墓内出土的青釉瓷器体型较大，制作更为精致。结合个别铜器上带有“楚”字铭文，我们基本能够认定楚王山一号墓墓主为西汉晚期某位楚王。

后人多将楚王山墓主误认为是第一代楚王刘交，主要原因由于时代的演变，后人只知道该墓是楚王墓，但不知道是哪一代楚王之墓。然而，第一代楚王刘交在历史上名气太大，名头太响，他能文能武，武能领兵，文能论诗，当时就有《元王诗》产生广泛影响。作为首位被封的楚王，俨然具有开国之君的威仪，《史记》《汉书》均有专门篇章记载，他在历史上知名度实在太高，名声几乎盖过了所有楚王，以致后人一提到楚王，首先想到的就是刘交，既然是楚王墓，理所当然就认为是楚王刘交之墓了。因此，如果抛开文献记载的束缚，从墓葬形制和出土文物综合考察，应该说楚王山的墓葬是楚王墓，但墓葬时代偏晚，其墓主不是第一代楚王刘交，而可能是西汉晚期某一代楚王。

（二）墓葬形制异常的原因分析

狮子山、北洞山和驮篮山三座楚王墓的墓主明确后，三墓的墓葬形制异常问题都将得到合理解释。

首先，狮子山楚王墓最大特点是带有规模庞大的天井和多处未完工迹象，这些现象如果与第一代楚王刘交联系起来，则非常容易理解。过去笔者曾经就天井的成因进行详细考证③，虽然出现一些偏差，但是对天井成因解释还是比较符合实际，现在如果与第一代楚王刘交联系起来则更加合理。西汉初期礼仪葬制尚不完备，各地诸侯王为满足自己“事死如生”的愿望，积极探索新的葬式葬法，正是在这种历史条件下，西汉楚国的第一代楚王刘交结合徐州地区周围多山的实际情况，创新出“因山为陵”的横穴崖洞墓这一新的葬制，由于是前无古人的创举，所以处处体现探索的特点，在崖洞墓形成的过程中，一开始只是移到山上，营建巨大的竖穴岩坑，但在竖穴岩坑修好后，因某种原因而放弃，成为巨大而无用的摆设，又以天井北壁为立面

① 徐州博物馆：《徐州碧螺山五号西汉墓》，《文物》2005年第2期。

② 徐州博物馆：《徐州拖龙山五座西汉汉墓的发掘》，《考古学报》2010年第1期。

③ 刘照建：《江苏徐州市狮子山西汉楚王墓天井成因考——兼谈西汉横穴崖洞墓的起源》，《考古》2006年第3期。

向里开凿洞室，建成一座带有天井的横穴崖洞墓，巨大的天井质量甚高，表明该墓当初实际上就是计划修建成一座竖穴岩坑墓，因此狮子山楚王墓的天井是既定方案改变的产物，是竖穴岩坑墓向横穴崖洞墓的转变过程中的孑遗。

至于狮子山楚王墓凿制粗糙，多处未完工，主要原因是第一代楚王刘交时期刚刚产生横穴崖洞墓，开凿洞室是前所未有的创举，也具有突然性和盲目性，施工者在开凿技术上尚缺乏经验，在开凿的过程中，没有可供借鉴的样本，由于在山腹内施工，工期具有不可预知性，整个凿建工程只能是随着墓主死亡而停止，显得粗糙草率，这给发掘者造成未完工的印象，其实应是横穴崖洞墓肇始阶段不成熟的表现[①]。另外，各室的结构布局、形制式样也具有随意性和不确定性，整个洞室平面布局上缺乏规划，墓室顶部结构单一，皆为平顶结构，且墓壁与顶部呈弧形连接，除庖厨、仓储、武库、钱库等功能有所体现外，没有乐舞、厕间、沐浴等墓室，各室功能尚不完全清晰，开凿上呈现出较大的随意性，进一步证明狮子山楚王墓是新产生的横穴崖洞墓，因此狮子山楚王墓未完工迹象，不仅是墓主早死所致，而是这种形制的墓葬刚产生，设计理念尚不清晰，开凿技术不成熟所形成，正是第一代楚王刘交开创横穴崖洞墓的生动写照。发掘者根据墓内多处未完工的迹象，与兵败自杀联系起来，从而认为墓主为第三代楚王刘戊[②]，其实墓室未完工，固然可能是墓主突然死亡，也可能是这种形制墓葬刚出现，技术不成熟所致；况且突然死亡的原因并非只有兵败自杀一种，还有因病死亡等多种因素，也会造成仓促下葬的现象，所以兵败自杀与墓葬未完工并没有理论上的必然联系。

楚王陵墓在选址上并非注重山体高大，而是重视山体周围的环境，第一代楚王刘交在葬地选择上有绝对优先权，在选择风水最佳的同时，肯定不会舍近求远，考察已发现诸楚王陵，狮子山与楚王都城距离最近，在地形地貌上也与汉代“藏风聚气”的墓葬选址理念最为相符，因此这个山体并不高大的小山，遂成为第一代楚王刘交的首选目标。所以从选址上也可以看出，狮子山所在环境最为优越，可谓是不可多得的风水宝地，与第一代楚王刘交作为首代楚王的生活时代背景最为相符。

北洞山楚王墓最大特点是在主体墓室的左前方构筑一大片附属建筑，成为西汉楚王陵墓的孤例，如果与第二代楚王刘郢（客）联系起来则非常容易理解。二代楚王刘郢（客）即位时，楚国已经立国23年，此时刘郢（客）也早已不是青年，埋葬自己父亲第一代楚王刘交后，便开始着手准备自己的身后之事，但是第一代楚王墓葬修了20余年，却是一个仍未完工的“半拉子”工程，这给他留下印象太深了，吸取第一代楚王的教训，他必须在自己的有生之年，想方设法完整地修好自己的墓葬。如何才能做到这一点呢，首先是减小工程量，北洞山楚王墓建筑面积430平方米，狮子山楚王墓的建筑面积851平方米，事实上几乎缩减了一半的工程量；其次

① 刘照建：《江苏徐州市狮子山西汉楚王墓天井成因考——兼谈西汉横穴崖洞墓的起源》，《考古》2006年第3期。

② 韦正、李虎仁、邹厚本：《江苏徐州市狮子山西汉墓的发掘与收获》，《考古》1998年第8期；郑刚、李春雷：《楚天汉韵——徐州狮子山楚王陵发掘纪实》，中国三峡出版社，2000年，第202—209页；王恺、葛明宇：《徐州狮子山楚王陵》，生活·读书·新知三联书店，2005年，第138—140页。

是加快施工进度，由于墓葬所在山体小，在主体墓室的一侧搭建附属建筑便顺理成章出现，附属建筑是在山麓坡地挖掘岩坑，采用凿砌结合的筑造方式，使用预制石板技术，施工时两者互不影响，能够同时进行，这种做法又进一步加快了施工进度。因此，北洞山楚王墓在主体墓室左前方构筑一大片附属建筑的做法是因时制宜、因地制宜的产物，同时也是无奈之举和权宜之计，第二代楚王以后诸王陵墓再也没有出现，这也反证该墓附属建筑的出现是一次超越常规的举动。

其次，北洞山楚王墓将钱库、武库等设置在主体墓室，位置靠近主室后部，生活设施设置在前部，如此设置与狮子山楚王墓的布局几乎相同，区别只是北洞山楚王墓生活设施以附属建筑表现，明显体现出北洞山楚王墓脱胎于狮子山的痕迹，这说明两处楚王墓的时代是紧密相连的。狮子山楚王墓墓主为第一代楚王刘交在位23年，北洞山楚王墓墓主为第二代楚王刘郢（客）在位4年，驮篮山楚王墓墓主为三代刘戊在位21年，刘郢（客）与楚王刘交死亡时间相隔仅3年多，刘戊与刘郢（客）死亡时间则相隔20余年，间隔时间的长短也决定墓葬形制的异同点的多少，在前文论述中，北洞山楚王墓与狮子山楚王墓共同之处颇多，狮子山楚王墓与驮篮山楚王墓共同之处较少，这与墓主时代身份也是相吻合的。另外，北洞山楚王墓的主墓室中甬道、墓道后端制作精致，经过细致打磨，而前堂后室和厕所等明显较前部粗糙，附属墓室的顶部也未作进一步处理，给人感觉时间仓促，说明当时墓葬建造时间不太宽裕，也与第二代楚王刘郢（客）在位仅仅3年多（4个年头）的历史相一致。

最后，驮篮山楚王墓修造得最为精致豪华，制作十分精细，整座墓室均精工细雕、细细打磨，墓室墙壁光洁如大理石面，平面布局严谨，整体结构匀称，洞室功能齐全，几乎完全模仿了现实生活中的地面建筑，墓内有复杂的暗道机关和完善的防排水系统，这都是其他楚王墓所未有，堪称西汉横穴崖洞墓的典范之作，说明墓主人在位时有足够时间非常考究地制作自己的冥府，符合第三代楚王刘戊在位21年的历史。

随着狮子山、北洞山和驮篮山三座楚王墓墓主的确定，我们对王后墓形制发展演变规律和修筑时间也有了新的认识。

狮子山楚王的王后墓位于其北侧羊鬼山上，据考古调查，墓葬形制与驮篮山楚王（后）墓完全相同，说明狮子山楚王的王后墓与驮篮山楚王墓时代接近。如果定羊鬼山为第一代楚王刘交之王后墓，中间缘何间隔二代而与三代形制相同呢，这是诸多学者无法解释和不能将狮子山定为刘交墓的一个主要原因。其实王后墓有时呈现出与同代楚王墓完全不相同特点的原因非常简单，由于楚王与王后的死亡时间有先后，墓葬的修筑时间不同时，甚至间隔很长，故墓葬形制变化也呈现出与同代楚王墓不同的建筑特点。

第二代楚王之王后墓位于北洞山楚王墓东近200米的桓山，除墓道和南北两个侧室较为规整外，前后室仅具雏形，甚至轮廓不清，墓内设施更是不全，在早期楚王（后）墓中，可谓是最简陋最粗疏的一座墓，显然也是一个未竟工程，可能是由于墓主的突然死亡，导致工程不得不遽然停止。但是由于墓内出现立柱，而被一些学者认为具有后期因素，进而将墓葬时代认定偏后，其实该墓的立柱不是真正意义上的墓柱，该墓的立柱不是位于墓室中间，而是位于前室靠近墓门的两侧，且柱形不规则，靠近甬道外侧壁面平整，内侧则凹凸不平，所谓墓柱实际是前室与侧室凿通的产物，该墓墓柱的存在，恰恰说明该墓修筑上技术仍不成熟，墓主死亡时间较早，墓室修筑甚至可能在二代楚王之前，是徐州地区崖洞墓中时代仅次于狮子山的第二座墓葬。

第三代楚王与王后墓共同位于驮篮山的一座山体的两个山头，两墓相距140米，大体平行排列，墓向均朝南，两墓不但距离开始靠近，而且墓葬形制基本相同。另外，驮篮山楚王（后）墓都是完工的墓葬，这是与第一、二代王（后）墓的显著区别。

通过三代王后墓形制特征的分析比较，我们对王后墓的修筑过程有了初步认识。在第一代楚王时期，凿山为葬的崖洞墓刚开始出现，王墓修筑具有探索性，规划理念模糊，当时没有考虑王后墓的问题，也就是说当时王后墓根本就没有修筑。第二代楚王时期，虽然王后墓已经开始修筑，但是可能由于王后早卒，受到时间限制墓葬没有完成。直到第三代楚王，才开始将王后墓纳入统一规划，楚王和王后的墓葬同时选址同时修筑。此时，虽然太后依然健在，但是受到二代王后墓未完工的启示，三代楚王刘戊同时还启动其祖母太夫人陵墓的建造工程，遂出现第一代王后之墓与第三代王（后）的墓葬形制相同的结果。据文献记载第一代楚王刘交之王后相当长寿，吴楚“七国之乱”之初，当刘戊与吴王通谋时，刘交子休侯刘富纳谏阻止，遭到刘戊拒绝，而且扬言起兵先取刘富，于是“休侯惧，乃与母太夫人奔京师”[①]，“太夫人与窦太后有亲，惩山东之寇，求留京师，诏许之，富子辟强等四人供养，仕于朝”[②]。这两条关于刘交之王后的历史记载，说明刘交之王后在刘交死后二十余年仍然在世，与刘戊同时代生活很久，刘戊在修筑自己和夫人墓葬时，同时也启动了其祖母的墓葬修筑工程，这在理论上能够得到历史文献的支持。因此我们认为，在西汉楚国前两代楚王时期，王与后墓不是同时修筑，刚开始只考虑王的葬地和墓室的营建，未启动王后墓的修筑工程，这也是同为夫妇合葬，但是墓葬形制却差异较大，甚至出现像第二代王后墓位置、方向不符合常理的现象。

（三）西汉楚王墓序列的重新认定

长期以来，学者在对地方诸侯王国汉墓分期研究时，一般都以汉中央王朝纪年为基准，笼统分为西汉前后两期或者分为前中后三期，徐州地区楚王墓研究也是如此分期，多数学者以龟山楚王墓为界，将楚王陵墓分为西汉前期和后期，其实这掩盖了地方诸侯王国墓葬发展演变的自身特点，不利于对诸侯王国墓葬发展规律性的正确认识。地方诸侯王国墓葬形制与帝陵本身就不相同，同时也不会随着帝陵形制的变化而变化，因此诸侯王国墓葬形制的分期断代，应该与王国自身政治文化的发展实际情况结合起来讨论。

西汉时期分封于徐州地区的楚王有两个系统，一系是异姓诸侯王韩信。西汉初年，天

① （东汉）班固：《汉书·楚元王传》，中华书局，1962年。

② （东汉）班固：《汉书·楚元王传》，中华书局，1962年。

下初定，刘邦迫于军事形势和政治需要，汉五年以“齐王（韩）信习楚风俗，徙为楚王，都下邳（今江苏省徐州市睢宁县古邳镇）。”[①]次年，又以韩信谋反为由，降为淮阴侯；高帝十一年（前196年），韩信被吕后、萧何斩于长乐宫。故韩信楚国仅存一年，且都下邳，又死于长安，诸种原因说明韩信不会葬在徐州。另一系为同姓王楚国，按其不同祖系又可分为两支：一支为刘邦异母弟楚元王刘交，《汉书·楚元王传》载：“汉六年，既废楚王信，分其地为两国，立交为楚王，王薛郡、东海、彭城三十六县，都彭城。”这一支从公元前201年开始，到公元前69年第八代楚王刘延寿叛乱自杀国除，刘交一系共有8位楚王计133年。另一支为汉宣帝子楚孝王刘嚣，从公元前49年徙楚，至公元8年“王莽篡位，贬刘纡为公，明年废”[②]，刘嚣一系共有4位楚王计57年。这两支十二代楚王是同姓楚王。

到目前为止，徐州地区累计已发现和发掘8处西汉楚国王陵，时代从汉初一直延续到汉末，8处墓葬分别是：狮子山、驮篮山、北洞山、卧牛山（图一五）[③]、龟山、东洞山（图一六）[④]、南洞山（图一七）[⑤]、楚王山，除楚王山4座墓葬和狮子山之王后墓未经发掘，其余7处13座皆经过正式或非正式发掘，东洞山、南洞山、卧牛山三座墓葬在形制上与龟山楚王墓十分接近，时代相差不会太远。根据前文的研究，在西汉前期三墓墓主序列明晰，以及楚王山墓主重新认定的基础上，结合墓葬结构特点和西汉楚国历史，我们对西汉楚国王陵演变规律有了新的认识，初步将西汉楚王墓发展过程分为三个时期。

第一期：包括第一代至第三代楚王（共3代），对应墓葬分别为狮子山、北洞山和驮篮山三座楚王墓，形制特点是墓室基本以墓道、甬道为中轴线对称布局，墓道长、甬道短，塞石双层双列，墓（甬）道两侧耳室多，主墓室分前室后室，主墓室周围侧室从无到有，室顶形制由单一向多样发展，有平顶、两面坡顶、

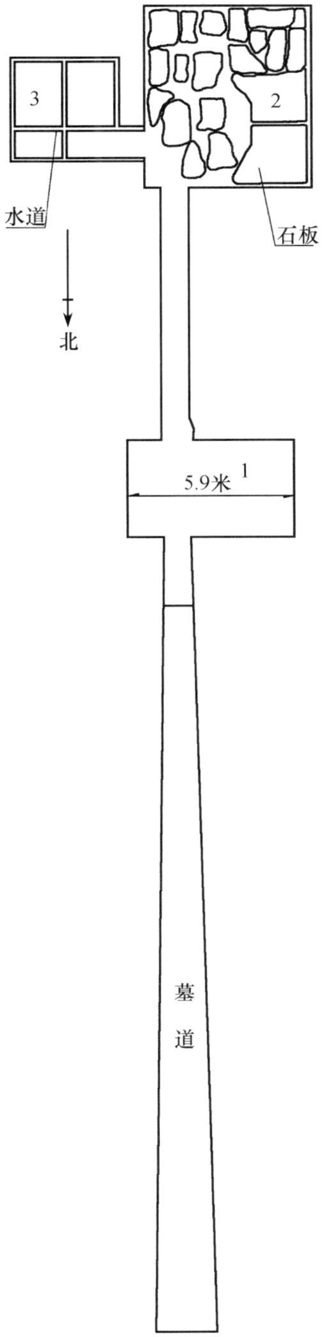

图一五　卧牛山楚王墓平面图

① （东汉）班固：《汉书·楚元王传》，中华书局，1962年。

② （东汉）班固：《汉书·楚元王传》，中华书局，1962年。

③ 卧牛山楚王墓位于徐州市九里区火花村南卧牛山北坡。1982年2月发现，徐州博物馆会同铜山县图书馆进行清理发掘。资料现存徐州博物馆。

④ 徐州博物馆：《徐州石桥汉墓清理报告》，《文物》1984年第11期。

⑤ 南洞山楚王墓位于徐州市云龙区段山南麓。徐州博物馆曾于20世纪80年代早中期先后对该墓进行考古调查。资料现存徐州博物馆。

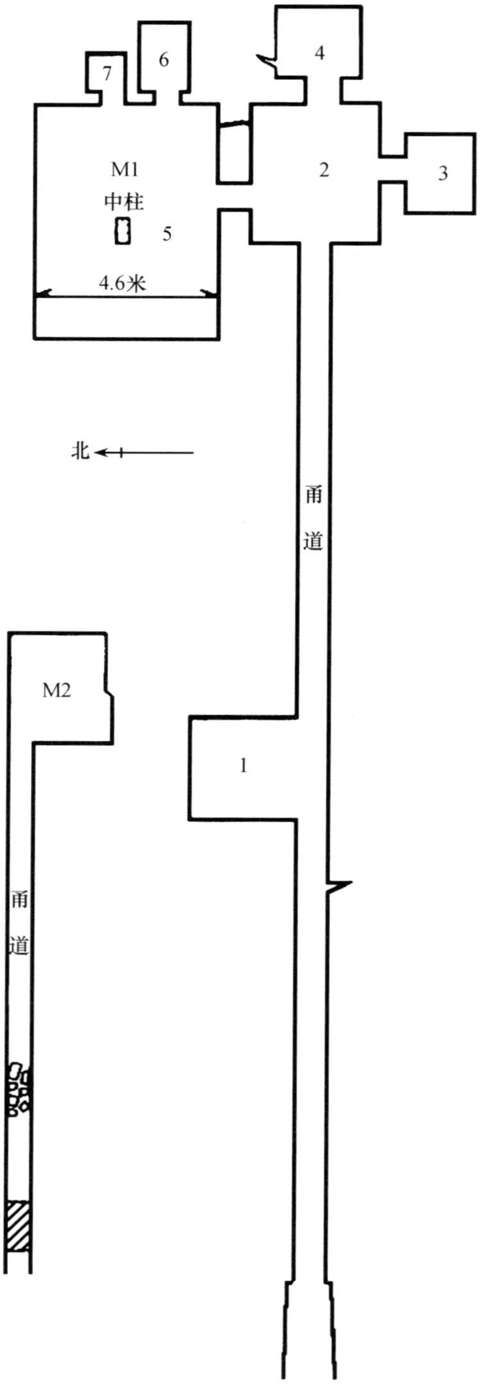

图一六　东洞山楚王墓平面图

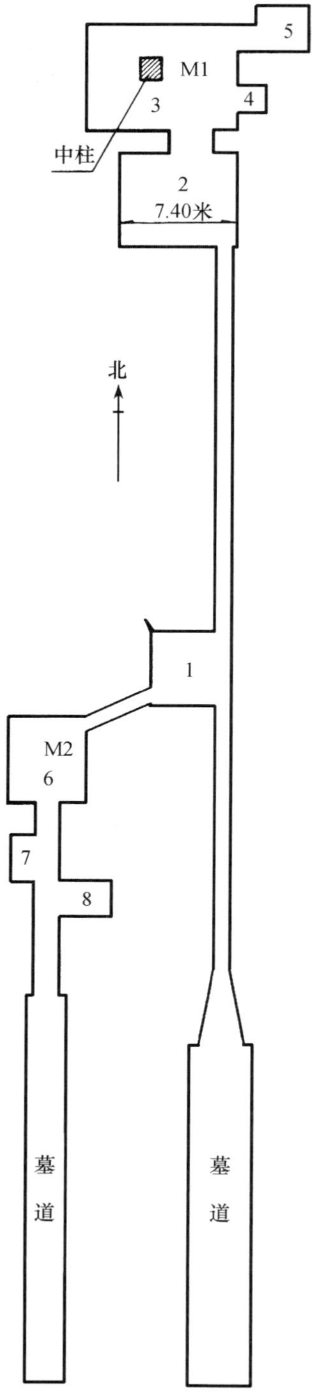

图一七　南洞山楚王墓平面图

四面坡顶、盝顶等式样，有的室内出现涂朱髹漆，封土或有或无，防护设施开始出现，防排水系统从无到有，陪葬墓或陪葬坑普遍存在，墓葬之间距离较大，王与后各占一独立山头，属同陵异茔，山体矮小舒缓，海拔一般60米左右。

第二期：包括第四代至第八代楚王（共5代），墓葬分别为卧牛山、龟山、东洞山、南洞山四座楚王墓之一，形制特点是墓室布局不再追求对称，墓道短、甬道长，塞石单层单列，主墓室分前室、后室，甚至出现前、中、后三室的结构，墓（甬）道两侧耳室剧减，主墓室周围侧室保留并增多，室顶式样增多，出现穹隆顶、攒尖顶等，墓室内出现瓦木建筑，墓柱在墓室内广泛使用，墓室外部不见封土，墓葬防护设施发达，有完善的防排水系统，未发现陪葬墓或陪葬坑，王与后同在一座山体一个山头下，山体逐渐增高，海拔一般80米左右，王与后墓之间距离缩小，中间或有或无甬道相通，属同茔异穴。

第三期：包括第九代至第十二代楚王（共4代），墓葬应为楚王山一、二、三、四号墓，形制特点为竖穴岩坑石室，墓室显著减少，后部仅有一个主室，不再分前后室，开始出现券顶结构，侧室不见，耳室减少，封土高大，呈覆斗形，有三层阶梯状，墓垣石多达数圈，墓葬距离进一步缩小，王与后同在一座山体一个山头下，可能为同茔异穴或同茔同穴。

过去学者由于对前期楚王墓墓主和时代认识不清，导致西汉楚王陵墓分期断代存在误区，现在西汉楚王陵墓分期与以前迥然不同，但是清晰展示了西汉楚王陵墓的发展演变规律，而且与西汉楚国历史发展变革特点相一致。西汉楚国的刘姓楚王世代延续二百余年，中间经历两次大的断裂，一是景帝三年（前154年），第三代楚王刘戊参加“七国之乱”兵败后自杀国除，楚国封地被削东海、薛郡，仅余彭城一郡，缩小为7县；二是宣帝地节元年（前69年），第八代楚王刘延寿谋反，兵败后国除为彭城郡，宣帝黄龙元年（前49年），徙其子定陶王刘嚣为楚王，以彭城郡7县复置楚国。第三代楚王刘戊和第八代楚王刘延寿谋反，落得兵败自杀国除的下场，连谥号都未有，这必然给后继位的第四代楚王和第九代楚王带来深刻的影响，导致楚国在政治、经济、社会生活诸方面发生深刻变化，在墓葬修筑上必然相应有两次新变革。

西汉楚国政治上两次大的变革，与楚王墓葬形制两次大的变化相吻合。狮子山楚王墓为第三代楚王刘戊，龟山楚王墓是第六代楚王刘注，两墓之间差别非常大，完全是两个系统，因此在四代或五代楚王时期已经开始转变，五代楚王与四代楚王是平稳交接，三代楚王与四代楚王则经历“七国之乱”的战争动荡，其权力的转移是一次非正常的交接，汉平吴楚之乱，三代楚王刘戊兵败自杀，景帝立元王第二子平陆侯刘礼为楚王，继任楚王刘礼作为刘戊的叔父，在楚国当时的背景下，一方面由于削夺两郡，经济力量显著减弱；另一方面叛乱国除后不久，不能继续叛王之制，需要韬光养晦，必定一改前期宏大巨制，大大减小工程量，但是防护是不能放弃的，于是墓道缩短、甬道加长、墓室减少，如同中期龟山楚王墓的形制便顺理成章地出现了，因此我们认为西汉前期向中期转变是在第四代楚王刘礼时期完成。第二次转变则是第九代楚王刘嚣即位后实施，刘嚣即位与第八代楚王刘延寿国除，已时隔20年，刘嚣在此之前，已经被封为定陶王4年，在葬俗理念上受楚地影响小；而且当时刘延寿是谋反，刘嚣却是以仁孝著称于世（死后谥封为孝王），自然对叛乱之王的做法有抵触，即位后在墓葬形制上更不会认可旧制，当时全国范围内横穴崖洞墓已经呈衰落之势，加之可能受到附近梁国的影响，于是刘嚣改变楚国原来墓葬的营建方法，横穴转变为竖穴，出现一种崭新的墓葬形式——楚王山竖穴崖坑石室墓。当然墓葬形制变化的原因非常复杂，受到文化、经济、思想等多方面的影响，但王权更迭，统治者变化无疑是最为重要和直接的原因。西汉楚国政治与墓葬形制变化的一致性，进一步支持和证明了将西汉楚王墓发展演变过程分为三个发展时期的认识是比较合理的。

本文通过对西汉前期楚王墓形制和随葬器物的研究，排出前期三座楚王墓的序列和墓主，重新讨论了楚王山墓主的问题，并解释三墓形制异常的原因，在此基础上提出徐州地区楚王墓发展演变“三期说”。本文除了对前期三座楚王墓的墓主指出对应关系外，对于其他楚王墓和墓主的对应关系，仅仅是提出问题，不做讨论，待来日详细材料公布后再进行深入细致的研究。

（原刊于《考古学报》2013年第2期）

西汉楚国第三代楚王刘戊葬地考辨

公元前201年，刘邦封其同父异母弟刘交为楚王，从此开始西汉楚国200余年的历史，中间支系虽有变化，但均为同姓楚王，共延续12代，按照汉制，诸侯有封地者，死后葬于封地。近年来，经过考古工作者努力，在今天徐州市周围（距离市中心零公里标志10千米范围之内）发现十余处大型崖洞墓，研究表明这些墓葬的主人即为西汉楚王（后），学者对墓葬和楚王（后）的具体对应关系也进行了深入讨论，其中第三代楚王刘戊由于参与“七国之乱”颇受关注，相关研究成果颇丰，但是刘戊究竟归葬何处，至今却尚未形成共识。搞清楚刘戊葬地，对于徐州楚王墓排序和西汉前期楚国历史的研究具有重要意义。为此，笔者拟在当前研究成果的基础上，对刘戊葬地问题作进一步探讨。

一、当前观点和存在问题

关于第三代楚王刘戊葬地讨论较多，当前有狮子山①、北洞山②、驮篮山③三种提法。

（一）刘戊葬地为狮子山说

持狮子山楚王墓墓主刘戊说的学者较多，一些学者根据该墓规模庞大、修筑时间长、墓室开凿粗糙、多处可见未完工的迹象、下葬仓促等特征，将墓主确定为参与“七国之乱”而兵败自杀的第三代楚王刘戊。然而，当该墓材料公布后，越来越多学者对此观点表示怀

---

① 韦正、李虎仁、邹厚本：《江苏徐州市狮子山西汉墓的发掘与收获》，《考古》1998年第8期；王云度：《狮子山汉墓墓主刘戊说释疑》，《陕西历史博物馆馆刊》（第五辑），西北大学出版社，1998年，第45—49页；赵平安：《对狮子山楚王陵所出印章封泥的再认识》，《文物》1999年第1期；宋治民：《狮子山西汉楚王陵的两个问题》，《考古与文物》2001年第1期；韦正：《江苏徐州狮子山西汉墓墓主的再认识》，《考古》2002年第9期；王恺、葛明宇：《徐州狮子山楚王陵》，生活·读书·新知三联书店，2005年，第138—140页。

② 夏晓伟：《西汉早期楚王崖洞墓的排序和墓主蠡测》，《无锡文博》2007年第3期。

③ 关于驮篮山墓主问题，目前尚未有专文论述，但是梁勇、耿建军、周保平、刘照建、孟强、刘尊志等学者在其相关研究文章中，都认为驮篮山墓三为第三代楚王刘戊。

疑[①]。墓室开凿粗糙，多处可见未“完工”的迹象，但未“完工”的原因不仅仅是墓主突然死亡，也可能是这种形制的墓葬刚出现，技术不成熟所致；仓促下葬的原因，可能是墓主突然死亡，但突然死亡的原因并非只有兵败自杀一种，还有急病暴亡等多种因素，所以兵败自杀与墓葬未“完工”并没有理论上的必然联系。另外，从该墓出土随葬器物数量和种类来看，墓室内随葬器物的安置有序，葬礼盛大而隆重，安葬并不草率，是一个有组织又计划的大型活动。诸如入葬之时，按照墓室的功能，放入相应的随葬器物，器物种类齐全，既有宫廷礼仪用器，也有日常生活用品，还有兵器、钱币、印章，甚至连楚王沐浴用具搓石都放入墓室，考虑问题事无巨细，丧事的安排井井有条，这表明有专门的组织和人员主持和治理丧事，丧事办理过程有条不紊，丧事治理者心态从容可见一斑，看不到一点突然和紧张的影子，说明墓主死的并不突然，从这个角度反证墓主不可能为叛王刘戊。

另外，王云度先生撰文从墓葬开凿所需的时间上推断，认为只有叛王刘戊能安葬在狮子山楚王墓[②]（简称“王文”）。狮子山楚王墓规模庞大，全长117米，室内面积850平方米，凿石量有5100多立方米，“王文”根据当时作业特点和施工进度推算开凿这样一座墓需耗时14年以上。在前期诸王中，第一代楚王刘交在位23年，第二代楚王刘郢（客）在位4年，第三代楚王刘戊在位21年，第四代楚王刘礼在位3年。“王文”认为楚王刘交墓学术界已确认在铜山县大彭镇楚王山，在位仅仅三四年的第二、四代楚王无论如何都不能完成这么巨大的石方开凿量，并且针对主张狮子山墓主刘郢（客）说，指出这是狮子山墓主决非刘郢（客）的最硬证据，进而认为只有在位21年的刘戊能够完成这巨大的石方工程，认为狮子山楚王墓“墓主非刘戊莫属”。关于开凿该墓所需时间问题，耿建军先生根据龟山汉墓、保安山一二号墓等墓主身份明确的墓葬开凿所需时间，并结合狮子山楚王墓的具体情况分析，认为整个墓葬开凿需要5年左右时间[③]，其中墓道（包括天井）大约需要3年，洞室大约需要2年，否定了“王文”开凿时间确实需要14年以上的观点。即使耿先生的认识存在问题，假定该墓的开凿时间确实需要14年以上，但是处于这个时间段上，则有第一代楚王刘交和第三代楚王刘戊两种可能，不能仅仅以文献记载楚王山上有刘交墓，而简单将刘交排除在狮子山楚王墓墓主之外。事实上最新成果研究

---

① 刘尊志：《西汉时期前三代楚王年龄及其墓葬初探》，《两汉文化研究》（第二辑），文化艺术出版社，1999年，第231—239页；耿建军：《试析徐州西汉楚王墓出土官印及封泥的性质》，《考古》2000年第9期；刘照建、张浩林：《徐州狮子山汉墓墓主考略》，《东南文化》2001年第7期；刘瑞：《狮子山楚王陵墓主考略》，《文博》2002年第2期；孟强：《从墓葬结构谈狮子山西汉墓的几个问题》，《东南文化》2002年第3期；刘尊志：《徐州狮子山楚王墓墓主再探》，《徐州师范大学学报》2005年第2期；孟强：《从随葬品谈徐州狮子山汉墓的墓主问题》，《考古》2006年第9期；梁勇：《徐州狮子山楚王墓出土印章与墓主问题的再认识》，《考古》2006年第9期；冉如波、陈海霞：《徐州狮子山楚王陵墓主身份及相关问题的初步研究》，《江汉考古》2007年第2期。

② 王云度：《试析叛王刘戊何以能安葬在狮子山楚王墓》，《两汉文化研究》（第二辑），文化艺术出版社，1999年，第204—215页。

③ 耿建军：《徐州狮子山西汉楚王墓开凿时间考析》，《东南文化》2000年第3期。

表明，楚王山墓主其实应为西汉晚期楚王[①]。在这个背景下，笔者认为狮子山葬刘交的可能性更大，开凿14年以上，多处未“完工”，且平面比例失调，墓室顶部结构单一，各室功能尚不完全清晰，处处体现探索的特点，具有肇始阶段的诸多特征，恰恰符合第一代楚王刘交创新葬制的历史事实。墓葬开凿所需时间是“王文”论证狮子山楚王墓墓主为刘戊的基础，同时“王文”还从当时的其他制度上加以证明，利用大量篇幅考察了“七国之乱”前后这段历史，认为汉景帝为维护皇室内部安定，在严厉镇压七国叛乱时，不得不网开一面，采取一些安抚措施，刘戊死后完全有可能不会受到严厉制裁，加以当时注意节俭，为珍惜人力物力，“刘戊完全有可能就被安葬在他生前所建的陵墓之中’，笔者甚为赞同，并在下文中有详细论述，然而需要指出的是，刘戊生前所建的陵墓不是狮子山楚王墓，种种迹象表明而是驮篮山楚王墓，故“王文”立论前提失去基础，得出“不能因刘戊是叛王就简单地否定狮子山汉墓墓主刘戊说”的错误结论。

至于徐州医学院的医学专家根据狮子山楚王墓内出土的头骨和股骨分析，认为墓主人为男性，年龄为37～40岁，与叛王刘戊年龄较为接近，从而认定墓主是第三代楚王刘戊[②]，这个结论有待商榷。首先鉴定部门的权威性值得怀疑，当时的鉴定方法程序迄今未见发表，笔者不能妄加揣测，但是我们知道人类学虽然与医学上有相通之处，但更多还是有其自身专业特点，因此应对医学专家这个年龄鉴定存疑，如果真正想依据出土的头骨和股骨分析其年龄，笔者认为尚需请体质人类学专家介入，重新启动墓主头盖骨和股骨的鉴定，以期得到科学数据上支持。另外，即使徐州医学院的医学专家鉴定可靠，但史书并没有明确记载任何一个楚王的年龄，且年龄在37～40岁之间的楚王可能不只是第三代楚王刘戊，其他楚王处于这个年龄段的未必没有，仅仅依据这个鉴定结果也不能排除其他楚王。

（二）刘戊葬地为北洞山说

有的学者主张北洞山楚王墓墓主为刘戊，主要是基于西汉早期楚王崖洞墓重新排序的基础上而对墓主的蠡测[③]，但从随葬器物上则解释不通。诚然，从北洞山楚王墓的规模、结构和开凿水平等方面分析，墓主有可能为刘戊，但是，北洞山楚王墓是一座屡经盗掘的墓葬，出土遗物数量虽不及狮子山楚王墓，但仍然出土数量较多的随葬器物，玉器有玉璧、玉瑗、玉环、玉熊、玉佩、玉印、玉具剑饰等，金银器有金带钩、扣舌、泡、箔等，尤其是出土用于镶嵌棺椁外壁的玉璧和玉衣片可知，该墓使用了玉衣、玉棺等殓葬玉器，该墓虽未出土金带扣，但是金扣舌发现，说明曾经随葬有金带扣。这些盗后孑遗的随葬器物种类之多，数量之盛，玉衣、玉

① 刘照建：《徐州楚王山汉墓时代和墓主考》，《中国国家博物馆馆刊》2012年第10期。

② 葛明宇：《狮子山楚王墓墓葬年代与墓主初考》，《两汉文化研究》（第二辑），文化艺术出版社，1999年，第240—249页。

③ 夏晓伟：《西汉早期楚王崖洞墓的排序和墓主蠡测》，《无锡文博》2007年第3期。

棺和金带扣等标志性器物规格之高，说明墓主生前地位尊崇，与第三代楚王刘戊的叛王身份不相吻合。尤其是同类器物在狮子山楚王墓中也有出现，过去诸多反对狮子山楚王墓墓主“刘戊说”的证据，就是认为规格如此之高的随葬品不是叛王所能企及，同样观点也适用于北洞山楚王墓，因此就随葬器物而言，北洞山楚王墓墓主不可能为叛王刘戊。

（三）刘戊葬地为驮篮山说

1989年发掘的驮篮山楚王墓，到目前为止，连简报都未发表，极大限制了学者的研究，仅有邱永生、徐旭等发掘者在《中国考古学年鉴》介绍了该墓基本情况①，并认为驮篮山楚王墓墓主应为刘戊，惜未展开论述；此后有学者在排定前期各代楚王墓顺序的基础上，认为驮篮山时代在北洞山之前，从随葬器物档次低，未发现玉衣片和钱币等现象，而主张该墓墓主为西汉楚国第三代叛王刘戊②。但是由于所持论据不足，提法欠妥，受到韦正先生质疑③，认为定驮篮山为刘戊陵墓的理由比较勉强，不能以墓主在位时间长短作为墓葬规模的一个标准，并指出在一座被盗的墓葬中，不宜以有无玉衣片和钱币作为规格降低的标准。以上学者研究，有助于促进墓主问题进一步解决，然而争论双方囿于刘交葬楚王山的记载，对于驮篮山与北洞山时代先后排序不一，以致关于刘戊葬地问题，迄今尚未真正解决。当前在对第一代楚王刘交墓记载重新认识的基础上④，使得我们对驮篮山墓主归属问题也有新的思考，为此笔者拟结合驮篮山楚王墓形制和随葬器物的特征，对此问题进行较全面深入的考辨。

二、从惩处谋反谈刘戊葬地

关于谋反与叛王刘戊葬地之关系，孟强等先生已经撰文进行过探讨⑤，认为谋反诸侯王在葬制上与一般诸侯王是不同的，谋反者不能享受诸侯王所应享受的礼制，不能使用以玉衣为核心的殓葬玉器。而驮篮山能够明确没有使用玉衣，出土器物总体质量偏低，缺乏王级墓葬中应有的青铜器、玉器、官印等随葬品，指出这是楚王（刘戊）夫妇被逐出宗室，以庶民之礼入葬的表现。但是对于能否使用原墓以及如何降低随葬品规格等方面也还存在模糊认识，为此笔者结合汉代的谋反法再次探讨第三代楚王刘戊入葬驮篮山的可能性。

---

① 邱永生、徐旭：《徐州市驮篮山汉墓》，《中国考古学年鉴（1991）》，文物出版社，1992年，第173、174页。

② 耿建军：《试析徐州西汉楚王墓出土官印及封泥的性质》，《考古》2000年第9期。

③ 韦正：《江苏徐州市狮子山西汉墓墓主的再认识》，《考古》2002年第9期。

④ 刘照建：《徐州楚王山汉墓时代和墓主考》，《中国国家博物馆馆刊》2012年第10期。

⑤ 孟强、钱国光：《西汉早期楚王墓排序及墓主问题的初步研究》，《两汉文化研究》（第二辑），文化艺术出版社，1999年，第169—187页。

为了巩固统治需要，汉代中央对谋反者处罚非常严厉，一般异姓王被直接铲除，同姓诸侯王与皇帝有着血缘关系，因此不可能被铲除，根据亲疏关系和时代不同，具体处置方式有所区别变化。从“七国之乱”结局来看，多位诸侯王被诛杀或自杀，因此处罚的结果更多体现在死后丧葬规格的安排上，如淮南王刘长谋反死后，史载“以列侯葬淮南王于雍”[①]。但是相关文献记载较少，近年来发现一批谋反者的墓葬，让我们对谋反者的埋葬制度有了进一步认识。刘尊志先生研究指出：一些谋反之王生前墓葬继续使用，修建完整者，保留原有状况，未完工者不再有大规模的工程，保留有未完工的痕迹。丧葬制度上表现为葬礼、葬仪简化，殓葬及其他玉器极少，不见玉衣等[②]。第三代楚王刘戊是西汉前期楚王中唯一因谋反而兵败自杀的诸侯王，因此其葬制表现出与众不同的特点，结合当前的研究成果，与驮篮山楚王墓进行对比，刘戊葬地问题基本能够得到解决。

第三代楚王刘戊在位期间，与朝廷关系甚恶，“王戊稍淫暴，二十年，为薄太后服私奸，削东海、薛郡，乃与吴通谋”[③]。景帝前元三年削书到，刘戊与吴王刘濞等诸侯王起兵反叛，即历史上著名的吴楚“七国之乱”，后兵败自杀。刘戊作为“七国之乱”祸首之一，其谋反行为严重，如此乱臣贼子，朝廷不会允许以玉衣等象征等级和身份的玉器殓葬，即使玉衣不是朝廷“赐予”，而是当时楚国境内制作，但是对于谋反之王，楚王的属下或家属，孰敢以王者之礼葬之，况且中央还要派秩官持节或遣特使吊祭，葬礼整个过程都处于中央王朝的监控之下。另外，考虑宗亲关系，以及统治者笼络人心的需要，对反叛的同姓诸侯王，可能稍作让步，但剥夺宗室之籍即“削属籍”是基本原则，对休侯富处罚就是先削属籍后又恢复，“王戊反，富等皆坐免侯，削属籍。后闻其数谏戊，乃更封为红侯。”[④]而景帝对同时参与叛乱的宛朐侯刘埶的处理上确实采用了怀柔政策。景帝曾言：“楚元王子埶等与濞等为逆，朕不忍加法，除其籍，毋令污宗室。”[⑤]“埶等与濞等”的中间当然包括刘戊，只言片语之间，体现了对刘戊的处罚原则，也采取了怀柔政策。

第三代楚王刘戊，文帝前元六年（前174年）立，景帝前元三年（前154年）废，在位时间长达21年，至起兵时也已经在位20年，在位时有足够时间，非常考究地修筑自己的地宫。尤其经过第一、二代楚王的探索创新，崖洞墓修筑技术已经足够成熟，因此无论是技术还是时间上，第三代楚王在起兵之时，其墓葬应该是一座修筑完工的墓葬。综合以上因素，我们认为汉廷对待第三代楚王刘戊的惩处（当然要“削属籍”），最大可能是允许其使用原来的墓葬，但随葬品规格大幅度降低。

考古发掘表明，驮篮山楚王墓修造得精致豪华，制作十分精细，墓室墙壁均精工细雕、细致打磨，光洁如大理石面，整体布局严谨，结构匀称，洞室功能齐全，几乎完全模仿了现实生

① （西汉）司马迁：《史记·淮南衡山列传》，中华书局，1959年。

② 刘尊志：《汉代诸侯王墓研究》，社会科学文献出版社，2012年，第464—466页。

③ （东汉）班固：《汉书·楚元王传》，中华书局，1962年。

④ （东汉）班固：《汉书·楚元王传》，中华书局，1962年。

⑤ （东汉）班固：《汉书·景帝纪》，中华书局，1962年。

活中的地面建筑，堪称西汉横穴崖洞墓的典范之作，近年调查表明，该墓附近还有俑坑等陵园建筑遗迹。从该墓的墓室特点和建筑规模来看，说明该墓修筑曾经花费很长时间，与第三代楚王在位时间相一致，应为刘戊生前所修墓葬。但是墓内随葬品数量极少，质量低下，不见王级陵墓常见的铜器、玉器，甚至钱币也用泥饼代替，连王侯必用的玉衣也未发现，豪华的墓室与低劣的随葬品形成鲜明对比。历史上究竟发生了什么，实在引人深思。前期工程浩大隆重，后期入葬简单草率，反差如此之大，显然发生了重大变故，正符合第三代楚王刘戊谋反被处罚而草草安葬的历史实际。

三、驮篮山楚王墓墓主应为刘戊

驮篮山楚王墓历史上不止一次被盗，没有发现直接证明墓主的证据，如同前文所述，有学者认为其墓主可能为第三代楚王刘戊，还有学者认为其墓主应是第四代楚文王刘礼或第五代楚安王刘道两者之一[①]，这都是基于驮篮山在西汉前期楚王墓序列中排列时代先后顺序不同而形成的不同认识，正确排列西汉前期楚王墓的时代先后顺序已成为墓主断代的关键。为此，笔者结合近年来最新研究成果，重新按照时代先后对徐州西汉楚王墓进行排序，以期在此基础上确定驮篮山楚王墓墓主。

以墓主时代明确的第六代龟山楚王墓为坐标，目前一致认为前期楚王墓的是狮子山、北洞山和驮篮山，但是对于三墓的时代先后顺序则有不同意见，有的学者认为其排序是狮子山、驮篮山、北洞山，有的学者则认为应是北洞山、狮子山、驮篮山，两种观点的共性是都认可狮子山早于驮篮山，但对驮篮山与北洞山的早晚关系认识上分歧较大，因此我们只要对驮篮山和北洞山两座楚王墓进行细细比较，确定两者先后顺序，也就确定了驮篮山在前期楚王墓的位置。

驮篮山楚王墓位于徐州市区东北的驮篮山，驮篮山海拔69米，有东西并列的两个山头，一号墓位于西侧山头，二号墓位东侧山头，两墓均坐北朝南。西侧一号墓规模大于东侧二号墓，且出土常见于男性墓主的随葬器物兵器，因此可知一号墓为楚王墓，二号墓为王后墓。两墓均采用轴对称布局，有斜坡墓道，甬道内塞石为双层双列。一号墓长53.74米，甬道两侧有六间耳室，为三组对称开凿，墓葬总面积为173.24平方米。二号墓长51.6米，结构布局与一号墓基本相同。两墓均雕凿规整，墓顶结构多样，有平顶、两面坡顶、四面坡顶、盝顶等式样。在主要墓室两侧，另有厕间、沐浴室等侧室。

从平面布局来看，驮篮山楚王墓制式成熟完善，总体设计严谨合理，结构复杂完整，墓室布局疏密有致，既紧凑又不显得拥挤，耳室几乎是完全对称分布，与北洞山楚王墓不同的是，在墓道两侧不再设置放置彩绘陶俑的“龛”，耳室全部收缩到墓道口以内，这也是中后期楚王陵墓的普遍做法，耳室的设置也不再仅限于中轴线两侧，与北洞山东西耳室相同位

① 葛明宇：《徐州西汉楚王陵墓述略》，《徐州文史资料》（第十八辑），1998年。

置的墓室，开始向墓道两侧横向发展，出现布局更为复杂的“套间”；北洞山楚王墓仅在前堂东北角开凿出廊和厕间，而驮篮山楚王墓的前堂周围侧室显著增多，驮篮山楚王墓前堂周围侧室多达5间，但侧室均开口在前堂的做法相同，驮篮山楚王墓显然是在北洞山楚王墓基础上的发展；驮篮山楚王墓墓室功能更加多样，首次出现带有浴池的浴室，厕所制作更加完整，除凿有规整的深坑外，还设置配套的厕台，坑两侧有锛形踏板，右侧有扶手，后部有长方形石靠背，整个厕所由活动石板榫卯结合组装而成。而北洞山楚王墓室厕所仅在地面凿出蹲坑，无垫脚石等附属设施，两相比较，时代先后关系一目了然。

从开凿技术来看，驮篮山楚王墓开凿规整，雕凿精细，墓室地面、墙壁和顶部都十分平整，普遍经过二次加工，且转角处无弧线，都呈直角相交，棱角分明，墓室顶部形式更加复杂多样，在北洞山楚王墓平顶、两面坡顶、四面坡顶的基础上，又出现新的盝顶式屋顶，发展成为横穴崖洞墓的典范之作。驮篮山楚王墓防护设施比北洞山楚王墓更加发达，防盗水平明显进步，墓室封门的设置更加科学，单扇门的门道在门窝前凸出，凸出部分起到阻挡开启门扇的作用，前堂后室使用双扇门，前堂的门道比甬道高、宽，后室则在门道前设置比门高和宽的门框，门前都设有门槛。封门方法更是别具一格，门后都设有与两侧门道相连的自动闭锁装置，在墓门一侧留有拳头大小的暗洞，墓门关闭后，封门人通过暗洞伸手进去，拉动门闩的联动装置，将墓门从里面自动插销拴死，然后用补石将暗洞封堵。由于墓内墙壁多处使用补石，且补石与墓壁石质、颜色相同，工匠们将补石镶的严丝合缝，不仔细辨别根本不能发现，很容易逃过盗墓者的眼睛，防盗性能进一步增强。

与北洞山楚王墓不见防排水设施相比，驮篮山楚王墓首次出现了防排水系统，防排水系统由墓外阻水设施和墓内排水设施两部分组成。墓外阻水设施主要是阻水沟，驮篮山二号墓阻水沟位于墓道的北侧和西侧，在墓道外部的西北角交汇，平面呈倒“L”形，北侧沟长约26、宽1米，大致呈东西向，稍偏东南；西侧沟长约22、宽1.5—2、最深1米，大致呈南北向，稍偏西南。两条阻水沟均底部低平，依山势自然下降，便于雨水分流，有效阻止西、北、东三个方向的雨水进入南向的墓室。两墓的墓内出现的排水设施有排水沟和排水暗槽，排水沟一般都设在甬道、侧廊、墓室的地面侧边，排水暗槽设置在墙壁的裂隙里，外表镶嵌补石，在镶补石块的内侧还留有排水凹槽，上下相通，与地面排水沟连接，体现较高的工艺水平。一号墓的排水主次分明、深浅有序、明暗结合，水由次线流入主线，然后沿主线流入主要石隙；二号墓因地制宜，根据墓中石裂隙较多的特点，采取分散排水的方法，分两个系统将水排入石隙。从墓葬防排水设施来看，驮篮山楚王墓的时代要晚于北洞山楚王墓。

另外，比较两座王后墓形制特征的异同，也能帮助确定两座楚王墓的先后顺序。汉代夫妻合葬，不论是同穴还是异穴，只要死者是以夫妻关系而葬，均为合葬[①]，徐州地区早期楚王夫妻合葬，均为异穴合葬，相距一二百米，楚王墓都是选择小山，墓向朝南，选址理念相同，共

① 黄伟：《论汉代夫妻合葬墓的类型与演变》，《四川大学考古专业创建三十五周年纪念文集》，四川大学出版社，1998年，第264—287页。

同之处颇多，但是王后墓变化却很明显。狮子山楚王、王后墓南、北布局，前后相距百余米。北洞山是独立的小山，东侧的“桓魋石室”，系北洞山楚王之王后墓，墓向朝西，楚王与王后墓分立于两座山头，相距200米，两者属合葬中的异穴异坟；驮篮山却是一座山体两个山头，驮篮山楚王与后墓分别在一座山的两个山头之下，相距140米。虽然单从两墓之间距离由200米变成140米的差距，很难得出距离开始接近的结论，但驮篮山楚王与后墓处于同一座山体，迥异于北洞山楚王与王后墓分立于两座山头，说明开始由异穴异坟向异穴同坟过渡，酝酿着向后期转变，由此可见驮篮山楚王墓时代晚于北洞山楚王墓。

过去在北洞山和驮篮山两座楚王墓的比较中，学者在区分时代特征的参照标准选择上有误，过分专注墓葬局部细节，忽略了整体性、规律性的特点。一些学者根据北洞山楚王墓墓道底部低平，墓室中出现立柱等特征（这均为后期楚王墓普遍采用的形式），认为北洞山楚王墓时代偏晚，而误将北洞山楚王墓排在驮篮山楚王墓之后，其实是缺乏全面认识的判断[①]。北洞山楚王墓墓道底部低平，是由于北洞山山体较小，墓道开口在山脚下，自然形成平底墓道。有的学者还指出，北洞山楚王墓墓道分三段组成，前端未经发掘调查，似斜坡墓道[②]；至于北洞山楚王墓内的立柱，仅在墓室的东西耳室中出现，设置原因是因为所在部位石质欠佳，设置方法不是在原生岩体上凿成，而是从在其他地方预制后移入树立，与后期龟山等中后期楚王墓主要墓室内提前预留的具有重要支撑作用的高大墓柱不可同日而语。因此，墓道底部低平，墓室中出现墓柱不具有断代意义，更不是北洞山排在驮篮山之后的证据。通过对两处楚王墓形制布局和开凿技术综合比较研究，两墓的发展脉络基本清晰，其排列先后顺序是北洞山、驮篮山。

至于狮子山和北洞山的早晚关系，由于狮子山具有诸多原始性特征，排在北洞山之前，多文已有论述[③]，故本文不赘述。因此早期三座楚王墓时代排列的先后顺序是狮子山、北洞山、驮篮山。

既然三墓的序列已经排定，那么驮篮山楚王墓墓主问题便迎刃而解，三墓时代均为第六代龟山楚王墓之前，三墓墓主只能是前期五代楚王中选择，而驮篮山排在三墓最后，其墓主只能为三、四、五代楚王中的之一。驮篮山与墓主身份明确的龟山比较，前者墓道长、甬道短，塞石双层双列，墓室布局严格中轴对称；而后者墓道短、甬道长，塞石单层单列，平面布局注重实用，不再讲求对称，主室分前中后三室，室内出现瓦木建筑，墓柱在墓室内广泛使用，王

① 梁勇、梁庆谊：《西汉楚王墓的建筑结构及排列顺序》，《两汉文化研究》（第二辑），文化艺术出版社，1999年，188—203页；周保平：《徐州西汉楚王墓序列及墓主浅说》，《两汉文化研究》（第二辑），文化艺术出版社，1999年，第216—230页；孟强、钱国光：《西汉早期楚王墓排序及墓主问题的初步研究》，《两汉文化研究》（第二辑），文化艺术出版社，1999年，第169—187页；刘照建、张浩林：《徐州狮子山汉墓墓主考略》，《东南文化》2001年第7期。

② 黄晓芬：《汉墓的考古学研究》，岳麓书社，2003年，第82页。

③ 梁勇：《从西汉楚王墓的建筑结构看楚王墓的排列顺序》，《文物》2001年第10期；刘照建：《狮子山楚王陵天井成因考——兼谈西汉横穴崖洞墓起源》，《考古》2006年第3期；《也谈北洞山西汉楚王墓的墓主和时代》，《东南文化》2010年第3期。

与后墓之间距离较近，且有门相通。如果定驮篮山楚王墓为第五代，与龟山楚王墓形制悬殊太大，中间明显缺乏过渡，五、六代之间没有重大变故，不可能直接从墓道长、甬道短变化为墓道短、甬道长的墓葬结构。如果定驮篮山楚王墓为第四代，驮篮山石质坚硬，墓室打磨细致，有学者推断至少需要10年时间才能完成[①]，而第四代楚王刘礼在位只有短短的3年，3年时间不可能完成如此巨大工程，故驮篮山楚王墓墓主也不可能是第四代楚王。尤其值得一提的是，最近公布的徐州卧牛山西段又发现一处西汉楚王大型横穴式岩洞墓[②]，该墓是楚王和王后的合葬墓，王、后墓道平行，墓道北向，墓道短、甬道长，塞石单列双层，墓室呈不对称开凿，耳室少、侧室多，王墓大、后墓小，王墓和后墓在甬道侧室、甬道后端主室均分别有门相同，墓内有水井等生活设施和木构瓦顶建筑，部分墓室有方或圆形中柱。该墓被盗严重，未出土能够表明墓主身份的器物，但从已公布的材料还是能够认定其墓主。首先，这是一座形制布局与龟山楚襄王刘注墓非常相似的陵墓，说明去第六代楚王刘注的时代不远。其次，出土有“半两”钱币，又将时代确定在刘注之前，对照前期五代楚王的历史，基本能够认定墓主当为第五代楚王刘道。另外，据耿建军先生在《徐州狮子山楚王陵墓墓主是刘戊还是刘郢（客）》附记中提到该墓，也从序列上认定该墓为第五代楚王墓[③]。第五代楚王刘道墓的发现，无疑进一步将驮篮山楚王墓墓主为四代、五代的可能性排除，因此驮篮山楚王墓的墓主只能是第三代楚王刘戊，而北洞山和狮子山两座楚王墓墓主则分别是第二代楚王刘郢（客）和第一代楚王刘交。

由于1989年发掘的驮篮山楚王墓考古报告至今尚未整理公布[④]，学者研究受到很大限制，本文从墓葬形制和随葬品的特点，探讨了第三代叛王刘戊葬地问题，期待来日有更多新资料的发表，以进一步佐证本文的结论。

（原刊于《东南文化》2013年第5期）

---

① 耿建军：《徐州狮子山西汉楚王墓开凿时间考析》，《东南文化》2000年第3期。

② 李银德：《江苏西汉诸侯王陵墓考古的新进展》，《东南文化》2013年第1期。该文将徐州卧牛山西段又发现一处西汉楚王大型横穴式岩洞墓命名为（西）卧牛山汉墓，耿建军先生在另文中则称之为西卧牛山汉墓，笔者以为欠妥。卧牛山为一东西呈弧形的山丘，山体向南弧出，山北为两侧前伸、中间内凹的簸箕形。1980年2月，徐州博物馆与铜山县图书馆在卧牛山北东部向北凸出的山坡上发掘了一座墓，称之为卧牛山汉墓。现在发现的王、后合葬墓位于卧牛山西部，与之前发现的墓葬，在同一座山上且相距不远，按照考古学墓葬编号的原则，宜统一编号为卧牛山一号墓、二号墓和三号墓。

③ 耿建军：《徐州狮子山楚王陵墓墓主是刘戊还是刘郢（客）》，《徐州文物考古文集》，科学出版社，2011年，第237页。

④ 驮篮山楚王墓位于徐州市区东北的驮篮山南坡，1989年11月至1990年5月徐州博物馆进行了考古发掘，资料现存徐州博物馆。

徐州狮子山西汉楚王墓墓主新考

徐州狮子山西汉楚王墓规模庞大，出土文物数量众多，学术价值巨大，对于研究汉初诸侯王国政治经济文化具有重要意义。近年来，狮子山西汉楚王墓墓主问题已成为学术研究热点，目前该墓正式发掘报告尚未整理出版，关于墓主归属问题的研究文章已经达20余篇，然而迄今为止墓主问题仍然不清晰，严重制约相关研究的深入开展。为此，笔者在学习诸多已发表研究成果的基础上，结合当前对徐州西汉楚王墓葬形制发展规律和随葬器物的新认识，重新考证狮子山西汉楚王墓墓主和时代，以求进一步推进狮子山西汉楚王墓墓主问题的解决。

一、关于墓主二、三、四、五代说的讨论

徐州狮子山西汉楚王墓墓主归属一直聚讼纷纭，有的学者认为是第二代楚王刘郢（客）[①]，有的认为是第三代楚王刘戊[②]，还有的则认为墓主应是第二代楚王刘郢（客）或第三

① 刘尊志：《西汉时期前三代楚王年龄及其墓葬初探》，《两汉文化研究》（第二辑），文化艺术出版社，1999年，第238页；耿建军：《试析徐州西汉楚王墓出土官印及封泥的性质》，《考古》2000年第9期；刘照建、张浩林：《徐州狮子山汉墓墓主考略》，《东南文化》2001年第7期；刘瑞：《狮子山楚王陵墓主考略》，《文博》2002年第2期；孟强：《从墓葬结构谈狮子山西汉墓的几个问题》，《东南文化》2002年第3期；刘尊志：《徐州狮子山楚王墓墓主再探》，《徐州师范大学学报》2005年第2期；孟强：《从随葬品谈徐州狮子山汉墓的墓主问题》，《考古》2006年第9期；梁勇：《徐州狮子山楚王墓出土印章与墓主问题的再认识》，《考古》2006年第9期；冉如波、陈海霞：《徐州狮子山楚王陵墓主身份及其相关问题的初步研究》，《江汉考古》2007年第2期。

② 韦正、李虎仁、邹厚本：《江苏徐州市狮子山西汉墓的发掘与收获》，《考古》1998年第8期；王云度：《狮子山汉墓墓主刘戊说释疑》，《陕西历史博物馆馆刊》（第五辑），西北大学出版社，1998年，第45—49页；葛明宇：《狮子山楚王墓墓葬年代与墓主初考》，王云度：《试析叛王刘戊何以能安葬狮子山楚王陵墓》，《两汉文化研究》（第二辑），文化艺术出版社，1999年，第205页、248页；赵平安：《对狮子山楚王陵所出印章封泥的再认识》，《文物》1999年第1期；郑刚、李春雷：《楚天汉韵——徐州狮子山楚王陵发掘纪实》，中国三峡出版社，2000年，第46—50页；宋治民：《狮子山西汉楚王陵的两个问题》，《考古与文物》2000年第1期；韦正：《江苏徐州市狮子山西汉墓墓主的再认识》，《考古》2002年第9期；王恺、葛明宇：《徐州狮子山楚王陵》，生活·读书·新知三联书店，2005年，第139页；李春雷、李红：《徐州狮子山汉墓墓主及其相关问题研究》，《徐州工程学院学报》2007年第5期；葛明宇：《徐州狮子山楚王陵墓主为刘戊考》，《东南文化》2012年第4期。

代楚王刘戊[1]，甚至还有学者认为是第四代楚王刘礼或第五代楚王刘道[2]。四代或五代之说固然新颖，但是不具有颠覆性，因为立论证据不足，所谓铁证根本站不住脚，几乎该论一经提出，便受到诸多学者一致反驳[3]，基本不被认同，以后学者多在究竟是二代还是三代上讨论。

其实仔细梳理关于狮子山墓主断代的研究过程，就会发现从发掘开始，研究方向就已经出现偏差。在发掘之初，参与发掘的专家根据1984年在狮子山西侧兵马俑坑的发现情况，在主墓尚未发现和发掘的情况下，初步断定墓主为起兵造反的第三代楚王刘戊[4]。在发掘过程中，墓内随处可见的粗糙凿痕和未完工的建筑结构，以及仓促下葬的诸多异常现象，又加剧了这一“先入为主”的理念，一些发掘者于是将墓主与兵败自杀联系起来，遂将狮子山墓主确定为参与“七国之乱”的第三代楚王刘戊[5]。发掘结束后，一些学者又进一步进行了论证，认为狮子山楚王墓规模庞大，开凿时间长，至少得10年以上，其他楚王在位时间短，无法完成如此巨大的石方开凿量[6]。另外，徐州医学院的医学专家根据狮子山楚王墓内出土头骨和股骨分析，认为墓主人为男性，年龄为37—40岁，与叛王刘戊年龄较为接近，似乎又进一步锁定墓主为第三代楚王刘戊。当编写发掘简报时，编者在墓主研究推断中，根据文献记载，认为第一代楚王刘交葬在楚王山，将刘交首先排除在墓主之外，进而推断墓主应为刘交的子孙，应是第二代楚王刘郢（客）或第三代楚王刘戊[7]，同时参加发掘的一些学者在另文中则认为“以刘戊为狮子山陵主的可能性较大”[8]。

但是当该墓材料公布后，狮子山墓主为第三代楚王刘戊的观点，却受到越来越多学者的质疑。墓室开凿粗糙，可能是未完工，也可能是这种形制的墓葬刚出现，技术不成熟所致；仓促下葬的原因，固然可能是墓主突然死亡，但突然死亡的原因并非只有兵败自杀一种，还有因病死亡等多种因素，所以兵败自杀与墓葬未完工并没有理论上的必然联系。尤其是墓室内大量高档精美的玉器、金器、银器和铜器的出土，更是引起了学者的怀疑，作为叛王的刘戊能否享受如此规格的礼遇？在争论过程中，学者从墓葬结构形制、随葬器物，开凿时间、墓主年龄等多层次多角度，深入全面探讨了该墓墓主问题，澄清了一些模糊认识，多数学者（包括笔者）考

① 狮子山楚王陵考古发掘队：《徐州狮子山西汉楚王陵发掘简报》，《文物》1998年第8期。

② 黄盛璋：《徐州狮子山楚王墓墓主与出土印章问题》，《考古》2000年第9期。

③ 韦正：《江苏徐州市狮子山西汉墓墓主的再认识》，《考古》2002年第9期；梁勇：《徐州狮子山楚王墓出土印章与墓主问题的再认识》，《考古》2006年第9期。

④ 郑刚、李春雷：《楚天汉韵——徐州狮子山楚王陵发掘纪实》，中国三峡出版社，2000年，第46—50页。

⑤ 王恺、葛明宇：《徐州狮子山楚王陵》，生活·读书·新知三联书店，2005年，第139页。

⑥ 王云度：《狮子山汉墓墓主刘戊说释疑》，《陕西历史博物馆馆刊》（第五辑），西北大学出版社，1998年，第45—49页；《试析叛王刘戊何以能安葬狮子山楚王陵墓》，《两汉文化研究》（第二辑），文化艺术出版社，1999年，第205页。

⑦ 狮子山楚王陵考古发掘队：《徐州狮子山西汉楚王陵发掘简报》，《文物》1998年第8期。

⑧ 韦正、李虎仁、邹厚本：《江苏徐州市狮子山西汉墓的发掘与收获》，《考古》1998年第8期。

虑第三代楚王刘戊谋反自杀的历史，倾向于认同墓主是第二代楚王刘郢（客）[①]。

然而，“二代说”虽然说者甚众，发表论文很多，但也并非无懈可击，“二代说”庞大的墓葬规模与第二代楚王在位仅仅3年多的历史相矛盾；“三代说”更是疑问重重，该墓随葬器物规格与第三代叛王的身份极不相符。总之，无论是“二代说”还是“三代说”，都不能圆满解释墓主与墓葬形制及随葬器物之间关系。时至今日，当初坚持“二代说”的学者仍然坚持[②]，认为“三代说”的学者也一直未改变观点[③]，但双方都提不出有力的证据来说服对方，彼此之间缺乏讨论和交锋，长期以来关于墓主问题研究一直没有新进展。目前笔者在发现和发表诸多新材料的基础上，经过多年思考和细致研究，认为墓主既不是第二代楚王刘郢（客），也不是第三代楚王刘戊，而应该是第一代楚元王刘交。

二、狮子山楚王墓在前期楚王墓中的顺序

徐州地区楚王墓自成序列，演变轨迹清晰，狮子山楚王墓形制独特，时代特征明显，对于确定墓主身份和时代具有重要参考价值，如果将狮子山放在楚王墓序列中进行比较研究，准确排出先后顺序，墓主身份和时代自然不难确定。已经发掘的楚王墓中，与狮子山楚王墓的形制较为接近的有北洞山楚王墓和驮篮山楚王墓，学界一般以墓主身份明确的第六代龟山楚王墓为界，均认同这三座墓葬为西汉前期楚王墓，正确排定三墓的顺序，对于墓主研究具有十分重要的意义，但是目前对于三墓先后顺序学者一直意见不一，为此本文拟从墓葬形制布局和开凿技术等方面对三墓的排列顺序作进一步比较研究。

狮子山楚王墓平面布局比例失调，整体上缺乏规划，突出特点是“大天井，小洞室”（图一）。墓室开凿粗糙，除天井及外墓道经过打磨外，内墓道、耳室、侧室及后室等多处可见清晰的凿痕；墓室顶部结构单一，皆为平顶结构，顶部与侧壁呈弧形连接，墓室给人的感觉是“洞”而非“室”，且仅在中轴线两侧开凿洞室，开凿的随意性较大，说明在开凿技

---

① 刘尊志：《西汉时期前三代楚王年龄及其墓葬初探》，《两汉文化研究》（第二辑），文化艺术出版社，1999年，第238页；耿建军：《试析徐州西汉楚王墓出土官印及封泥的性质》，《考古》2000年第9期；刘照建、张浩林：《徐州狮子山汉墓墓主考略》，《东南文化》2001年第7期；刘瑞：《狮子山楚王陵墓主考略》，《文博》2002年第2期；孟强：《从墓葬结构谈狮子山西汉墓的几个问题》，《东南文化》2002年第3期；刘尊志：《徐州狮子山楚王墓墓主再探》，《徐州师范大学学报》2005年第2期；孟强：《从随葬品谈徐州狮子山汉墓的墓主问题》，《考古》2006年第9期；梁勇：《徐州狮子山楚王墓出土印章与墓主问题的再认识》，《考古》2006年第9期；冉如波、陈海霞：《徐州狮子山楚王陵墓主身份及其相关问题的初步研究》，《江汉考古》2007年第2期。

② 耿建军：《徐州狮子山楚王陵墓墓主是刘戊还是刘郢（客）》，《徐州文物考古文集》，科学出版社，2011年，第237页。

③ 徐州汉文化风景园林管理处、徐州楚王陵汉兵马俑博物馆：《狮子山楚王陵》，南京出版社，2011年，第221页；葛明宇：《徐州狮子山楚王陵墓主为刘戊考》，《东南文化》2012年第4期。

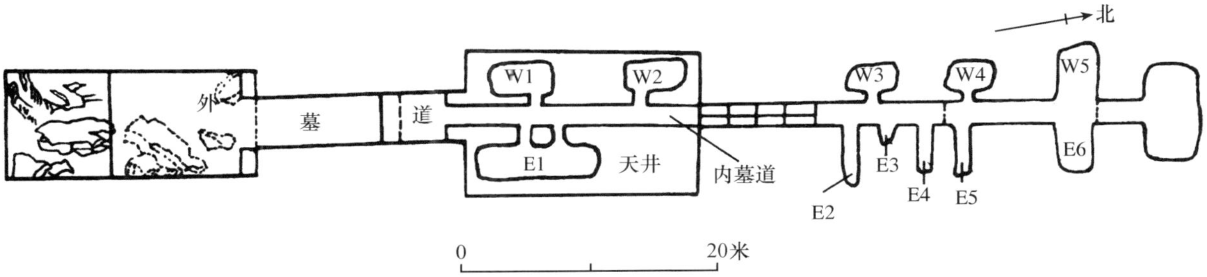

图一　狮子山楚王墓平面图

术上尚缺乏经验，在“室”的营建中技术尚不成熟；虽然狮子山楚王墓墓室众多，但各室功能尚不完全清晰，除庖厨、仓储、武库、钱库等功能有所体现外，没有乐舞、厕间、沐浴等配套生活设施。种种情况表明，狮子山楚王墓设计理念尚不清晰，正处于横穴崖洞墓的肇始阶段①。

相比较狮子山楚王墓，北洞山（图二）和驮篮山（图三）两座楚王墓则布局严谨，墓室分布疏密有致，除规模略小于狮子山外，规模庞大的天井已不再出现，墓室功能齐全，在狮子山原有各室的基础上，又新增加生活配套设施，如浴室、厕所、乐舞厅、水井等，几乎完全模仿现实生活中的地面建筑，充分表达墓主人“事死如生”的理想，说明两墓在设计上十分成熟，已彻底摆脱狮子山楚王墓的窠臼，发展成为典型的横穴崖洞墓。另外，驮篮山和北洞山两座楚王墓开凿技术也较为成熟，墓室墙壁及顶部皆经过打磨，并以石粉、黄泥等拌成的黏合土涂抹平整，外髹漆涂朱砂；墓顶形状多样，有平顶、两面坡顶、四面坡顶等式样，突破狮子山墓室单一平顶的形式，两墓墓室更具有“室”的概念和特征，显示出开凿及装饰技术的高度发达，崖洞墓的开凿和营造理念更加成熟，这是崖洞墓发展更高阶段的生动写照。

通过对三墓比较研究，表明狮子山楚王墓时代较早，而北洞山和驮篮山两座楚王墓时代偏晚，但是也有一些学者将北洞山排在狮子山楚王墓之前，主要是结合北洞山楚王墓采取半凿半砌相结合的建筑形式和狮子山楚王墓独特的天井展开讨论②。笔者认为，北洞山楚王墓的凿砌结合的附属建筑和狮子山楚王墓规模巨大的天井，都是早期楚王墓发展中的特例，都是早期的特征个体表现，孰先孰后断代意义不强。在比较早晚的研究中，不能以特例作为标准，更不能另立标准，而应该选择共性的标准，如同陶器分型分式时，一般采用口、沿、腹部、底、足等器物共有特征的发展变化，来区分时代早晚演进之关系，对于修筑在山体内部的崖洞墓，其可供参考的共同特征是平面布局、开凿技术等，从其发展变化趋势来辨别早晚进化之关系。从上文对狮子山与北洞山两墓的比较中，狮子山楚王墓无论形制结构还是开凿技术都具有诸多早期特征，时代上显然早于北洞山楚王墓。事实上，北洞山楚王墓的凿砌结合形式，较之狮子山楚

① 刘照建：《江苏徐州市狮子山西汉楚王墓天井成因考——兼谈西汉横穴崖洞墓的起源》，《考古》2006年第3期。

② 葛明宇：《徐州北洞山汉墓年代与墓主探讨》，《考古》2009年第9期；葛明宇：《徐州狮子山楚王陵墓主为刘戊考》，《东南文化》2012年第4期。

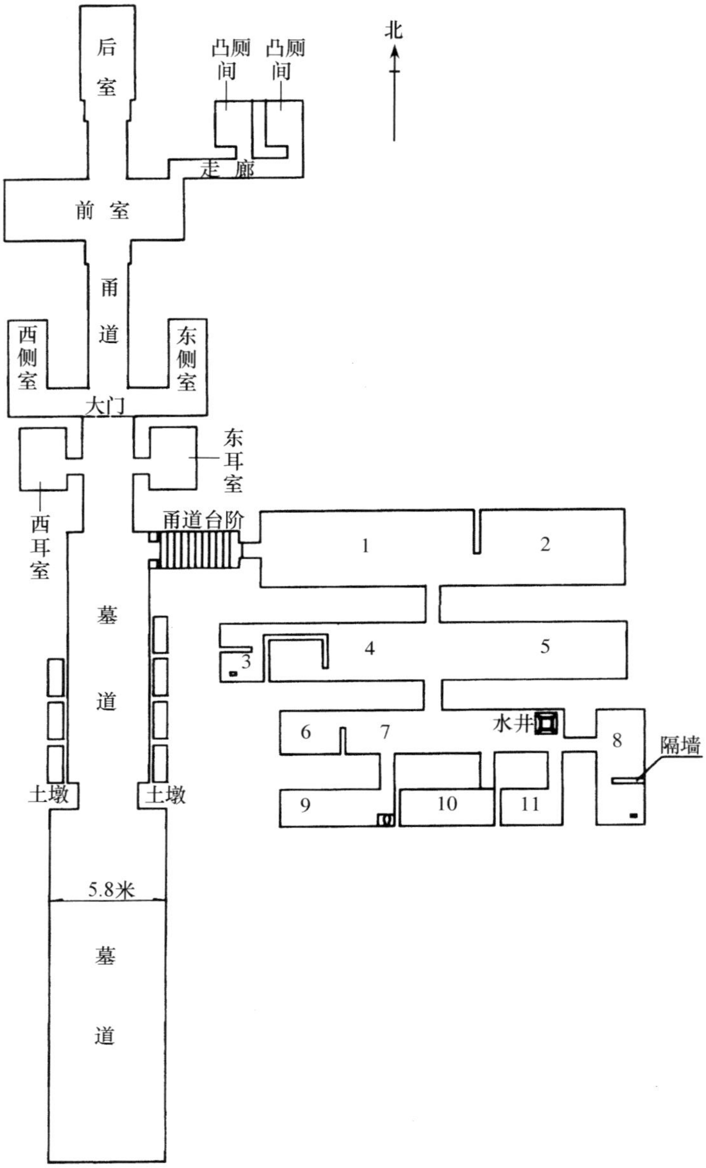

图二　北洞山楚王墓平面图

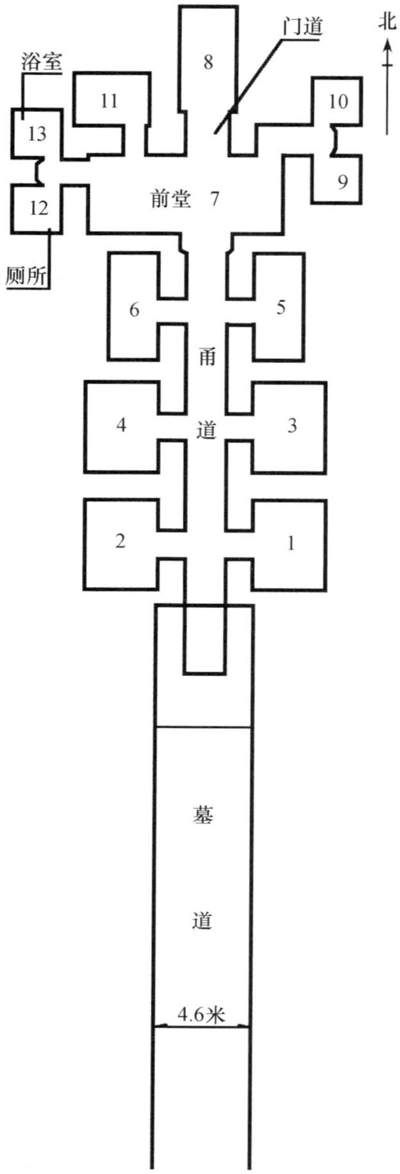

图三　驮篮山楚王墓平面图

王墓工艺技术更加发达，是追求墓室更加完美的表现。

至于北洞山与驮篮山两座楚王墓时代之先后，我们从以下几个方面进行比较研究。驮篮山楚王墓结构复杂完整，整体设计严谨合理，与北洞山楚王墓不同的是，在墓道两侧不再设置耳室，耳室全部收缩到墓道口以内，这也是中后期楚王墓的普遍做法，耳室几乎是完全对称分布，耳室的设置也不再仅限于中轴线两侧，开始向墓道两侧横向发展，出现布局更为复杂的“套间”；北洞山楚王墓仅在前堂东北角开凿出廊和厕间，而驮篮山楚王墓前堂周围侧室显著增多，侧室多达5间，但二者均开口在前堂后壁或东壁的做法相同，驮篮山楚王墓显然是在北洞山楚王墓基础的发展。另外，驮篮山墓室顶部形式更加复杂多样，在平顶、两面坡顶、四面坡顶的基础上，又出现新的盝顶式屋顶；墓室功能更加多样，首次出现带有浴池的浴室，厕所制作更加完美；与狮子山、北洞山两墓不见防排水设施相比，驮篮山楚王墓墓内还首次出现了主次分明、深浅有序、明暗结合的防排水系统，体现了高度发达的工艺水平。以上情况表明，驮篮山楚王墓的时代要晚于北洞山楚王墓。

过去在北洞山和驮篮山两座楚王墓的比较中，学者根据北洞山墓道底部低平，墓室中出现立柱、左前方出现附属建筑等特征，一度认为北洞山楚王墓时代偏晚，而将北洞山楚王墓排在驮篮山楚王墓之后，其实是对楚王墓的演变规律缺乏整体认识，忽略了驮篮山楚王墓的后期因素。通过对三处楚王墓形制布局和开凿技术综合比较研究，三墓的发展脉络基本清晰。另外，从三墓彼此之间比较可知，狮子山与北洞山楚王墓共同之处颇多，与驮篮山楚王墓相同之处较少；但是北洞山楚王墓既与狮子山楚王墓有许多相似之处，同时与驮篮山楚王墓相同之处也颇多，体现北洞山楚王墓具有承上转下的特点，说明北洞山楚王墓是处于狮子山、驮篮山楚王墓之间，进一步佐证三墓排列先后顺序是狮子山、北洞山、驮篮山楚王墓①。

一旦正确排定三墓顺序，那么狮子山楚王墓墓主问题也渐趋明朗。狮子山、北洞山、驮篮山楚王墓三墓时代在第六代龟山楚王墓之前，墓主可能为西汉前期五代楚王中的三位（表一），按照三墓排列的先后顺序，狮子山排在三墓之首，其墓主只可能是一、二、三代中选择，但是由于二、三代皆有可能，无法使用排除的方法，为此我们转变思路，采用逆推的办法来确定墓主。驮篮山楚王墓在三墓中排序在最后，墓主只能是第三、四、五代楚王中的某一代，只要确定驮篮山楚王墓墓主，向上即可递推出狮子山楚王墓墓主。如果定驮篮山楚王墓为第四代楚王墓，然而第四代楚王在位时间只有2年多（3个年头），驮篮山楚王墓精雕细凿的营建方式，显然不是两三年时间能够完成的。如果定驮篮山楚王墓为第五代楚王墓，但是其墓葬形制与第六代龟山楚王墓悬殊太大（图四），中间明显缺乏过渡，驮篮山楚王墓墓主为第五代楚王的可能性不大。另外，据耿建军先生在《徐州狮子山楚王陵墓墓主是刘戊还是刘郢（客）》附记介绍，2010年徐州博物馆抢救发掘了已被盗掘过的西卧牛山汉墓，墓葬总体上与龟山汉墓类似，规模宏大，从墓葬形制和出土文物判断，时代较龟山汉墓为早，并在序列上认

表一　西汉楚国前期五王世系年表

序号	楚王	在位年限	在位时间	谥号
1	刘交	23年	高祖六年至孝文元年（前201—前179年）	元王
2	刘郢（客）	4年	孝文二年至孝文五年（前178—前175年）	夷王
3	刘戊	21年	孝文六年至孝景三年（前174—前154年）	
4	刘礼	3年	孝景四年至孝景六年（前153—前151年）	文王
5	刘道	22年	孝景七年至元光元年（前150—前129年）	安王

① 2007年夏晓伟先生通过对前期楚王墓形制结构的比较研究，已认识到狮子山早于北洞山，而北洞山又早于驮篮山，并将前期三墓排序为狮子山、北洞山和驮篮山。徐州博物馆：《徐州文物考古文集》，科学出版社，2011年，第41—46页。

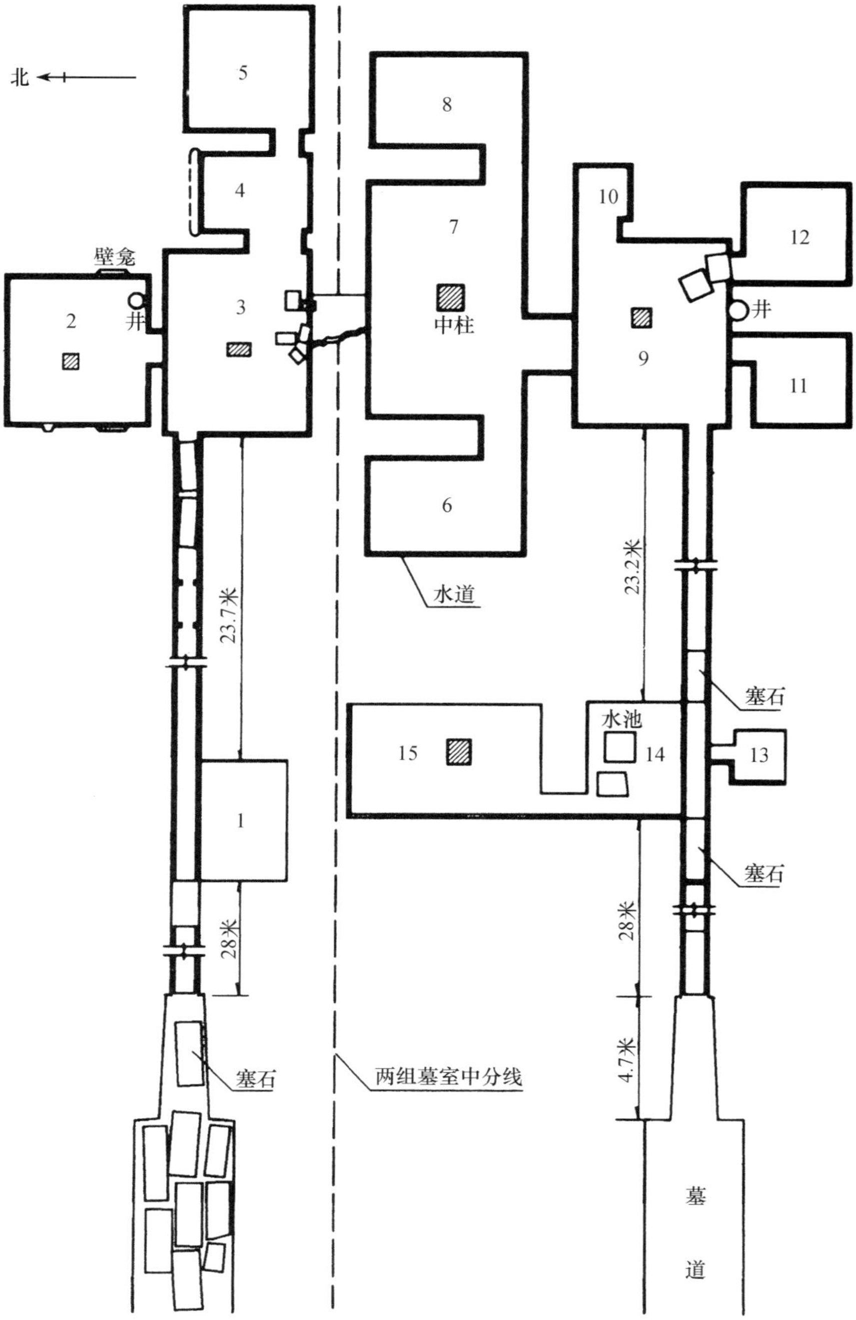

图四　龟山楚王（后）墓平面图

定西卧牛山汉墓为第五代楚王墓[①]。诚如是，驮篮山墓主为第四代或第五代楚王的可能性基本排除，其墓主只能为第三代楚王刘戊，根据三墓的先后排列顺序，依此向上逆推，北洞山墓主为第二代楚王，狮子山墓主则是第一代楚元王刘交。

① 耿建军：《徐州狮子山楚王陵墓墓主是刘戊还是刘郢（客）》，《徐州文物考古文集》，科学出版社，2011年，第237页。

三、从出土器物再看墓主问题

狮子山楚王墓出土随葬器物有2000余件（套），但是明确纪年的器物尚未发现，由于学者对于器物时代特征早晚认识不一，以致对墓主归属出现不同解读，今天笔者拟对出土器物再认识的基础上，重新讨论墓主归属问题。

钱币 狮子山楚王墓出土了数量巨大的时代特征明显的半两钱，如果能将这批半两钱时代准确界定，对于确定该墓时代和墓主归属，将具有十分重要意义。过去学者一般认为狮子山出土钱币有文帝四铢半两，据此认定该墓上限不超过前175年①，这几乎是所有研究狮子山楚王墓学者的一致认识。但是仔细观察这批钱币，事实并非如此。狮子山楚王墓的正式发掘报告尚未出版，关于钱币信息较少，仅在简报中有简单介绍：狮子山楚王墓钱币主要出土于东二耳室的钱币库中，数量有17.6万余枚，全部为“半两”铜钱，其中榆荚半两约占总数的85%，一部分为四铢半两，少数为秦半两及八铢半两。从简报公布的10枚钱币来看，第1—3枚应为秦半两及八铢半两，第4、5枚是榆荚半两，第6—10枚与编者认为的文帝四铢半两最为接近。然而这几枚钱币没有外郭，穿口巨大，钱文纤细，结体不规整，与标准四铢半两形制悬殊较大。1996年发现于徐州北郊的火山西汉刘和墓，为正确认识徐州地区文帝四铢半两形制特点提供了重要实物资料，据考古推断该墓的时代应为西汉文景时期（前179—前141年）②，墓内出土2000余枚钱币，其中300余枚四铢半两，制作十分规整，为历年来发掘所仅见，钱径约2.4、穿径约0.7厘米，重量2.8—3.25克，均重2.98克左右，半两的两字以双人为主，也有十字连山式，钱文整齐，字体较粗，这与标准四铢半两较为接近，但与狮子山楚王墓出土半两相比差异较大。该墓发掘表明，徐州地区确实存在标准文帝四铢半两，反正狮子山楚王墓是否出土文帝四铢半两则值得怀疑。

关于狮子山出土钱币的性质，还可以通过与北洞山出土钱币相比较来进一步确认。长期以来，学界对北洞山半两钱一直认识不清，北洞山楚王墓报告整理者将其墓内出土的半两钱分为A、B、C三型，细致研究后认为这些钱币包括战国半两、秦半两、吕后半两、文帝半两、武帝半两、榆荚钱③。但是刘瑞先生后来对该墓出土的钱币重新考证研究，认为该报告对钱币分型分式不具有考古类型学意义，分型标准不具备排他性，该墓的A、B、C三型钱币，在大小、

① 韦正、李虎仁、邹厚本：《江苏徐州市狮子山西汉墓的发掘与收获》，《考古》1998年第8期。

② 耿建军、盛储彬：《徐州汉代考古又有重大发现——徐州汉皇族墓出土银缕玉衣等文物》，《中国文物报》1996年10月20日第1版；耿建军、盛储彬：《徐州火山汉墓》，《中国考古学年鉴（1996）》，文物出版社，1997年，第132、133页。

③ 徐州博物馆、南京大学历史学系考古专业：《徐州北洞山西汉楚王墓》，文物出版社，2003年，第171、172页。

轻重和钱文特点上均有着较高的一致性，指出该墓并不存在文帝和武帝四铢半两[①]，这对于狮子山楚王墓出土钱币断代研究起到重要借鉴作用。据狮子山楚王墓简报介绍：该墓钱币形式多样，其大小、厚薄、轻重不一，钱文字形各异，钱穿大小不一，背皆平素，内外无郭，如果分型分式，有百种以上。与北洞山楚王墓出土钱币相比较，两墓钱币总体特征几乎相同，如果将狮子山楚王墓出土的类似文帝四铢半两与北洞山楚王墓出土的被定为文帝四铢半两的C型钱币比较，便进一步发现两者钱文基本相同，形制特点也极为相似，因此根据刘瑞先生的考证，我们认为狮子山楚王墓也并没有文帝四铢半两出土，两墓出土钱币其实均是文帝五年（前175年）之前铸币情况的真实反映，这说明两墓时代都在文帝五年之前。

另外，考虑狮子山楚王墓出土钱币最多的为榆荚半两，占总数85%以上，说明墓主人生活时代榆荚半两普遍使用，而榆荚半两使用时代主要是汉初高祖和吕后时期，如《汉书·食货志》记载："汉兴，以为秦钱重难用，更令民铸荚钱。"《汉书·高后纪第三》记载："（高后六年）行五分钱。"此种五分钱钱面文字为半两，而其重只有半两的1/5，实际也是一种荚钱[②]，第一代楚王刘交在位时间是高祖六年至文帝元年（前201—前179年），恰与荚钱流行时代相吻合。

印章　与钱币一样，印章断代意义的重要性不言而喻，过去学者通过对印章的研究，得出墓主可能是二代或三代，抑或四代或五代的结论。应该说，这些研究加深了对印章性质、来源、时代的认识，但遗憾的是，由于过于注重对印文的讨论，忽略了印章自身携带的重大信息，以致关于印章与墓主关系的讨论长期陷入误区，始终没有解决墓主的归属问题。其实，如果我们不仅仅局限于印文的研究，将出土印章放在楚王墓的框架中考量，并结合西汉前期诸侯王国的官吏任免权演变特点分析，其墓主归属和时代问题将十分清晰。

西汉初年，高祖刘邦出于"镇抚四海，承卫天子"的目的，将大批同姓子弟分封为诸侯王，诸侯王在王国内享有官吏任免权，据《汉书·百官公卿表》记载："诸侯王，高帝初置，金玺盭绶，掌治其国。有太傅辅王，内史治国民，中尉掌武职，丞相统众官，群卿大夫都官如汉朝。"《汉书·高五王传》记载："时诸侯得自除御史大夫群卿以下众官，如汉朝，汉独为置丞相。"但是，随着诸侯权力的增大，出现枝强干弱的局面，诸侯王权力随即也被不断调整，"景帝中五年令诸侯王不得复治国，天子为置吏，改丞相曰相，省御史大夫、廷尉、少府、宗正、博士官、大夫、谒者、郎诸官长丞皆损其员"。在这个时间段内，楚国时任楚王有交、郢（客）、戊、礼等四代楚王，当时楚王享有官吏的任免权，国中既有如同中央的百官，又有大量属地的职官，为了行使对这些官吏任免权，需要铸造象征权力的印章，用来对官吏的任免。同时在"事死如生"观念的支配下，楚王期望在地下能够继续统治所属的郡县和军队，其可能多铸造一批印章放入自己墓葬，有的学者就认为这些放在墓内官印代表的乃是诸

① 刘瑞：《徐州北洞山楚王墓墓主考》，《考古》2008年第10期。

② 施廷镛：《中国货币沿革讲义》，天津古籍出版社，2006年，第73页。

侯王的官吏和国土，是诸侯王陵墓“百官藏”的具体表现[①]。但是第三代楚王刘戊参加“七国之乱”，兵败自杀且被除谥，其死后不可能再以属官印章随葬，第四代楚王刘礼复国，虽然官吏任免权是否已收归中央尚不确定，但是属地被削史书则有明确记载，景帝二年（前154年），楚国东海、薛郡被削，仅余彭城一郡。由此可知，至少楚国已不可能再享有和制作东海和薛郡的印章，楚国“百官藏”范围进一步缩小，只能发生在第一、二代楚王在位时期。

考察印章的内容，与西汉前期楚国历史相比较，则能够进一步确认两墓之时代。狮子山所出地方职官印中既有东海郡的“缯之右尉”“兰陵之印”，也有薛郡的“文阳丞印”等；北洞山楚王墓出土的“凌之左尉”“襄贲丞印”“兰陵丞印”反映的县名属汉初东海郡。与楚国初立时所辖郡县名称相吻合，《汉书·楚元王传》载：“交为楚王，王薛郡、东海、彭城三十六县。”这说明狮子山和北洞山两座楚王墓的墓主生活时代尚拥有东海、薛郡。考虑公元前154年吴楚之乱后，中央对诸侯王国加强控制，这些印章只能是汉初楚国管辖这些属国时所制作，狮子山和北洞山楚王墓墓葬年代当在景帝二年以前，两墓墓主归属分别应为削藩之前的一、二代楚王。

到目前为止，徐州地区共发现8处楚王墓，但是只有狮子山和北洞山出土属官印章，其他楚王墓皆未发现以属地官员印章随葬现象，即使考虑盗掘因素，但是以印章之微小，如果有随葬，不可能一枚也未留下。两座同为西汉前期的楚王墓，都出土夺郡削地之前属官印章，这显然不是巧合，这实际反映了西汉初年诸侯治国的历史事实，这是最直接和简单的反映。一旦当楚国官吏任免权被取消后，这种以属官印章随葬的制度也随之消失，在狮子山和北洞山之后楚王墓，再也没有发现随葬属官印章的现象，两者呈现出相吻合的变化规律，恰恰说明狮子山、北洞山楚王墓出土印章，其实就是西汉初年诸侯治国在墓葬中的深刻反映。钱币随葬原因同样是王国享有铸币权的写照，一旦铸币权收归中央，大宗钱币随葬现象也不再出现，与之相对应的是，徐州地区楚王墓中只有狮子山和北洞山出土数量较多的钱币。因此从西汉楚国历史变化来看，出土印章和钱币的楚王墓墓主只能是第一或第二代楚王。结合狮子山在前期楚王墓中的顺序排在北洞山之前，从印章能够推断出该墓墓主就是西汉前期的第一代楚王刘交。

玉器　狮子山楚王墓虽被盗掘，但是仍然出土玉器200余件（套），较有代表性的有玉衣、镶玉漆棺、玉豹、玉佩、玉璧、玉璜、玉戈、蟠龙玉饰、玉杯、玉卮等，尤其是精美的金缕玉衣和与之配套使用的豪华镶玉漆棺（此镶玉漆棺用2000余块玉版扣合而成，较满城汉墓所出的镶玉漆棺更为精美豪华），堪称楚国玉器之上品，这些精美的玉器为同时代诸侯王墓所罕见。规格如此之高、数量如此之多，有些甚至为孤品的殓葬玉器，代表西汉一代制玉技术最高水平，这强烈暗示墓主身份之尊崇，反映墓主人特殊身份和地位。在过去二代、三代之争中，我们认为第三代楚王刘戊谋反，作为“七国之乱”祸首之一，其谋反行为严重，被景帝处罚，连谥号都未赐予，更不用说随葬代表等级和特权标志的玉器等珍贵器物，因此倾向于认同墓主

① 刘瑞：《徐州北洞山楚王墓墓主考》，《考古》2008年第10期。

是第二代楚王刘郢（客）[①]。但是对于在位短短三年多的刘郢（客）能否积累起如此巨大财富也是心存疑问，只是由于受当时认识水平所限，不能进一步接近历史真实。今天在墓葬正确排序的基础上，再回头审视规格如此之高的殓葬玉器，显然与第一代楚王刘交的身份和地位更为相称。

第一代楚王刘交，系高祖刘邦同父异母少弟，先被封为文信君，与高祖刘邦关系密切，《汉书·楚元王传》记载："交与卢绾常侍上，出入卧内，传言语诸内事隐谋。"汉六年被高祖封为西汉楚国第一代楚王，同时高祖还封其从父弟刘贾为荆王，后封其次兄喜为代王。然而，汉七年匈奴攻代，代王喜弃国自归，废为郃阳侯，孝惠二年薨；荆王贾立六年，被谋反的淮南王黥布军队所杀，唯有刘交一直担任楚王23年，期间每次入朝，都受到高祖刘邦宫中设宴款待，享有崇高威望，在朝中地位显赫，以致代王刘恒即位时，还辞让说："奉高帝宗庙，重事也。寡人不佞，不足以称。愿请楚王计宜者，寡人弗敢当。"[②]楚王刘交在其23年的经营中，一定得到皇帝不少赏赐，狮子山楚王墓出土的玉器有些可能即为宫中之物。第二代楚王刘郢（客）仅在位3年多，在长安时任宫中九卿之一的宗正，其分量与第一代楚王刘交显然不能相提并论。根据狮子山出土的玉器的数量和质量，考虑玉器早期因素，结合刘交在西汉初年的尊崇地位，定狮子山墓主为第一代楚王刘交更加名副其实。

综上所述，在对狮子山楚王墓出土钱币、印章和玉器重新认识的基础上，基本能够认定该墓墓主应为第一代楚王刘交。另外，狮子山楚王墓陵园规模庞大，除去陵区西部6条兵马俑坑外，在陵园东北部大范围区域，尚埋藏有100座以上的排列整齐、种类丰富的器物坑，目前已发掘车马坑、乐器坑、钱库坑、陶器坑、陶俑坑等10余座[③]，充分说明墓主人显赫身份和雄厚财力，在西汉前期楚王中，唯有第一代楚王刘交与之相称。尤其值得一提的是，最近公布的羊鬼山陪葬坑出土的铜鼎及铭文，则进一步支持本文的结论。2004年，徐州博物馆发掘了位于狮子山楚王墓东北部的羊鬼山陪葬坑，坑内出土14件铜鼎，其中一件铭文为"元园重十五斤十两"[④]（图五）。西汉诸侯王一般都设有陵园，陵园的名称多以诸侯王的谥号为园名，这在西汉梁、齐等国均有发现，徐州地区已经出土了第二代楚夷王"楚夷园印"和第四代楚文王的

---

① 刘尊志：《西汉时期前三代楚王年龄及其墓葬初探》，《两汉文化研究》（第二辑），文化艺术出版社，1999年，第238页；耿建军：《试析徐州西汉楚王墓出土官印及封泥的性质》，《考古》2000年第9期；刘照建、张浩林：《徐州狮子山汉墓墓主考略》，《东南文化》2001年第7期；刘瑞：《狮子山楚王陵墓主考略》，《文博》2002年第2期；孟强：《从墓葬结构谈狮子山西汉墓的几个问题》，《东南文化》2002年第3期；刘尊志：《徐州狮子山楚王墓墓主再探》，《徐州师范大学学报》2005年第2期；孟强：《从随葬品谈徐州狮子山汉墓的墓主问题》，《考古》2006年第9期；梁勇：《徐州狮子山楚王墓出土印章与墓主问题的再认识》，《考古》2006年第9期；冉如波、陈海霞：《徐州狮子山楚王陵墓主身份及其相关问题的初步研究》，《江汉考古》2007年第2期。

② （东汉）班固：《汉书·文帝纪》，中华书局，1962年。

③ 徐州汉文化风景园林管理处、徐州楚王陵汉兵马俑博物馆：《狮子山楚王陵》，南京出版社，2011年，第140页。

④ 徐州博物馆：《古彭遗珍——徐州博物馆馆藏文物精选》，国家图书馆出版社，2011年，第225页。

图五　羊鬼山陪葬坑出土的铜鼎及铭文

“楚文园丞”的封泥，这表明徐州地区楚王陵园命名方式与其他诸侯王国相同，而作为第一代的楚王刘交谥号是“元”，其陵园的名称应为“元园”，李银德先生也早就推测楚元王的陵园应为“元园”[①]，今天羊鬼山陪葬坑出土带有“元园”铭文的铜鼎，无疑是进一步锁定狮子山楚王墓墓主为第一代楚王刘交的有力证据。

四、墓主是楚元王刘交的余论

长期以来，没有将狮子山楚王墓墓主定为刘交，主要是因为文献记载的影响太强大，无论坚持狮子山墓主是哪一代楚王的学者，对《水经注》记载“山阴有楚元王冢”这条文献都高度认可，深信不疑，进而导致误判的连锁反应。事实上，楚王山上有楚元王刘交墓的记载并不准确，楚王山汉墓具有西汉晚期墓葬的诸多特征，结合西汉楚国晚期历史分析，墓主确实不是第一代楚王刘交，而可能是第九代楚王刘嚣[②]。楚王山汉墓的墓主真相廓清后，这为在新的视角下重新认识狮子山墓主成为可能，结合前文对西汉前期楚王墓重新排序，以及狮子山随葬器物规格之高、数量之多的特点，定该墓墓主为第一代楚王刘交应无疑义。

就选址而言，第一代楚王刘交在葬地选择上有绝对优先权，考察已发现诸座楚王墓，狮子山所在环境最为优越，与楚王都城距离最近，在地形地貌上也与汉代“藏风聚气”的墓葬选址理念相吻合，是一处不可多得的风水宝地，因此狮子山的地理历史环境与刘交作为首代楚王的生活时代背景最为相符。至于狮子山楚王墓凿制粗糙，多处未完工，且平面比例失调，墓室顶部结构单一，各室功能尚不完全清晰，开凿上呈现出较大的随意性，主要原因是西汉楚国的第一代楚王刘交时期横穴崖洞墓刚刚产生，由于开凿洞室是前所未有的创举，也具有突然性和盲

① 李银德：《徐州西汉楚王陵墓考古的发现与收获》，《大汉楚王：徐州西汉楚王陵墓文物辑萃》，中国社会科学出版社，2005年，第18页。

② 刘照建：《徐州楚王山汉墓时代和墓主考》，《中国国家博物馆馆刊》2012年第10期。

目性，所以设计理念尚不清晰，开凿技术还不成熟，处处体现探索的特点，具有肇始阶段的诸多特征，符合第一代楚王刘交创新葬制的历史事实。

当然，定狮子山楚王墓墓主为第一代楚王刘交，与有关部门当初鉴定狮子山墓主年龄不相吻合，因此还需要重新启动墓主头盖骨和股骨的鉴定，以期得到科学数据支持。另外，随着狮子山楚王墓考古报告的编写，以及近年发掘的10余座丛葬坑材料的整理，必将会发现越来越多有关墓主的信息，狮子山楚王墓墓主问题终有一天将会得到彻底解决。

（原刊于《南京博物院八十周年纪念文集》，生活·读书·新知三联书店，2013年）

徐州北洞山西汉楚王墓墓主再考

徐州北洞山西汉楚王墓1986年9月发掘，2003年11月发掘报告《徐州北洞山西汉楚王墓》编辑出版（以下简称《报告》），《报告》在对墓葬形制和出土文物研究的基础上，提出墓主为第五代楚王刘道[①]，然而这并不是最终结论。在《报告》出版的前后，分别有学者提出墓主为第一、二、三、四代楚王的四种观点，如此一来，关于该墓墓主一共出现五种提法，这五种观点各执一词，迄今为止尚未有定论。

北洞山西汉楚王墓出土钱币有半两而不见五铢，表明墓葬时代下限不晚于汉武帝元狩五年（前118年），在此范围之内为西汉前期五代楚王，分别是交、郢（客）、戊、礼、道（表一），逐一对号入座，似乎每一种观点都有可能，但是正确结论只能有一个，墓主必定是前期五代楚王之一。考虑北洞山西汉楚王墓墓主的确定，关系到墓内出土文物的正确编年，以及其他楚王墓墓主和时代的断定，为此，笔者拟对五种观点逐一进行评述，指出考证中存在的问题和不足，并结合墓葬形制和出土文物对墓主问题进行再讨论，最后阐明和强调北洞山西汉楚王墓墓主其实就是第二代楚王刘郢（客）。

表一　西汉楚国前期五王世系年表

序号	楚王	在位年限	在位时间	谥号
1	刘交	23年	高祖六年至孝文元年（前201—前179年）	元王
2	刘郢（客）	4年	孝文二年至孝文五年（前178—前175年）	夷王
3	刘戊	21年	孝文六年至孝景三年（前174—前154年）	
4	刘礼	3年	孝景四年至孝景六年（前153—前151年）	文王
5	刘道	22年	孝景七年至元光元年（前150—前129年）	安王

一、五　代　说

《报告》徐州地区第一部楚王墓发掘报告，全面翔实地向学界介绍了北洞山楚王墓的墓葬形制和出土文物，对于推动楚王墓研究工作的深入开展具有十分重要意义，但是由于《报告》对徐州地区汉代墓葬形制和出土文物的认识出现一些偏差，以致认定墓主为第五代楚王刘道的

① 徐州博物馆、南京大学历史学系考古专业：《徐州北洞山西汉楚王墓》，文物出版社，2003年，第180页。

观点与实际出入较大。

徐州地区楚王墓发展自成序列，前后承袭规律性强，只要正确界定墓葬先后顺序，墓主问题不难解决。目前徐州地区共发现8处楚王墓，一致被认为是前期楚王墓的有狮子山（图一）、北洞山（图二）和驮篮山（图三），《报告》的编写者也正是从前期这三座楚王墓的相对序列和年代先后入手，在排定三墓顺序的基础上，得出北洞山楚王墓墓主应为第五代楚王刘道的结论。然而，由于《报告》对三墓的排序差之毫厘，结论难免就谬之千里了。

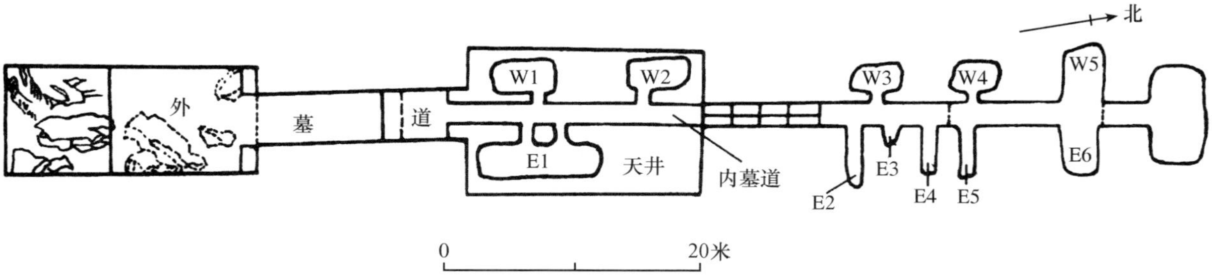

图一　狮子山楚王墓平面图

长期以来，学界对前期三座楚王墓的排序一直存在争议，对于狮子山早于北洞山和驮篮山，学界一般无甚异议，但是对于北洞山和驮篮山究竟孰先孰后，却一直没有定论。《报告》认为北洞山和驮篮山两座墓葬在形制方面有许多共同之处，根据“北洞山汉墓的墓道为水平台阶式墓道，是由斜坡墓道向水平墓道的过渡形式。驮篮山汉墓在塞石上留出长方形孔槽以使各室相通的形制，为北洞山汉墓和中期以后楚王陵墓的塞石所不见”，进而认为驮篮山相对年代应较北洞山为早，笔者以为这两点都有讨论的余地。首先，徐州地区楚王陵墓的墓道没有斜坡向水平发展的规律，相反斜坡墓道贯穿西汉楚国始终，一直到一致被认为是第十二代楚王的卧牛山汉墓依然是斜坡墓道；而且有的学者还指出：北洞山楚王墓墓道由三段组成，前端未经发掘调查，似斜坡墓道①；即使北洞山楚王墓墓道底部低平，其原因也是由于北洞山山体较小，墓道开口在山脚下，自然形成平底墓道，因此北洞山的水平台阶式墓道是由斜坡墓道向水平墓道过渡形式的观点不正确。其次，驮篮山塞石上长方形孔槽是孤例，在其他楚王墓中皆未出现，不具有断代意义，更不能作为判定早晚的依据。因此，《报告》仅从斜坡墓道和塞石空槽不能排出两墓的先后顺序，两墓之间排序比对过于简单，故《报告》关于墓葬时代早晚的结论缺乏说服力。

在随葬器物方面，《报告》结语部分主要选取了钱币、陶俑以及印章等来进行断代研究。在钱币研究中，《报告》将该墓出土的半两钱分为A、B、C三型，细致研究后认为这些钱币包括战国半两、秦半两、吕后半两、文帝半两、武帝半两、榆荚钱。随后《报告》根据对钱币的认识，认为该墓绝对年代在文帝铸行半两之后，武帝行五铢之前，亦即前175—前118年，根据半两钱中有小部分武帝半两，又进一步将墓葬的下葬年代范围缩小，断定墓葬下葬年代应

① 黄晓芬：《汉墓的考古学研究》，岳麓书社，2003年，第82页。

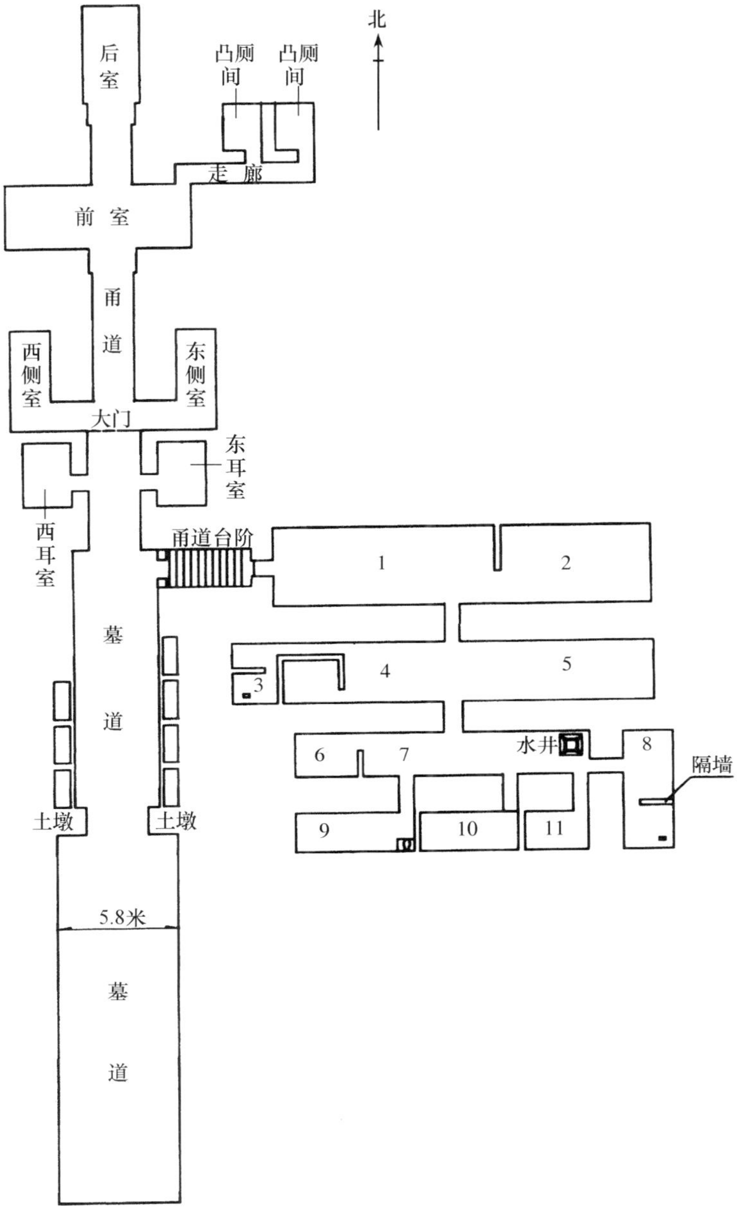

图二　北洞山楚王墓平面图

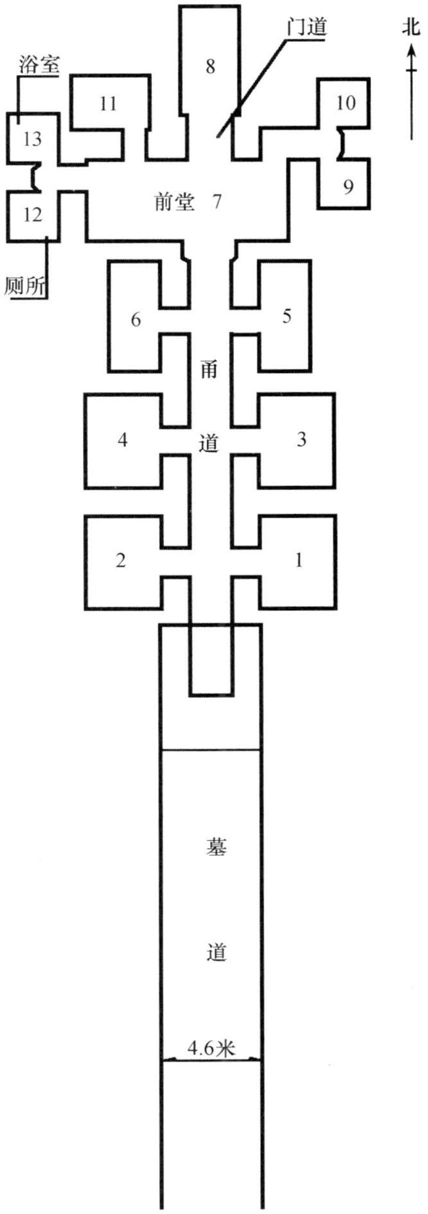

图三　驮篮山楚王墓平面图

在武帝铸行半两时期，即前140—前118年，在这个时间段只有第五代楚王刘道，其在位时间为前150—前129年。本来《报告》的第匹章结语部分应该全部是对墓主和时代讨论，然而《报告》在此处已经早早将墓主考证为第五代楚王刘道，仅占结语1/4的篇幅，后面大量文字不是层层推进研究，只是从其他侧面佐证该墓时代靠后，因此《报告》的断代研究，显然过分依赖钱币，存在严重的以钱断墓的倾向，一旦钱币认识有误，那么《报告》判定该墓上限和墓主归属的结论就会出现较大偏差。事实上，长期以来学界对半两钱真实面目一直认识不清，而四铢半两的准确断代是比较困难的[①]，也就是说钱币本身时代就不是很清晰，尤其是该《报告》出版后，刘瑞先生又对该墓出土钱币重新考证研究，认为《报告》关于“四铢半两”的认识不成立，否定了该墓钱币中存在文帝和武帝四铢半两[②]。

至于印章断代也同样存在问题，《报告》认为印文风格“显示出文景时期向西汉中期印文风格过渡的趋向”，推定印章时代明显偏晚。事实上北洞山楚王墓出土印章布局自然，凿刻较少约束，笔画字体较随意，结体并无规范，具有明显西汉早期特点。葛明宇等先生对此进行了指正[③]，认为印章明显具有西汉早期偏早的时代特征，刘瑞先生也赞同这一观点[④]。即使有的学者认为北洞山楚王墓时代靠后，但是对于印章则认为是由于政治原因的前代遗留也没有疑义[⑤]。由于《报告》对钱币和印章的时代认识有误，《报告》基于此判定该墓上限和墓主归属的结论自然不能成立。

另外，《报告》根据陶俑演变规律排列三墓顺序也有必要重新讨论。狮子山楚王墓的陶俑体型小种类少，时代早于北洞山和驮篮山没有异议，但是在北洞山和驮篮山出土陶俑比较上，《报告》根据驮篮山还未出现如同北洞山的抚琴俑和彩绘仪卫俑，进而认为北洞山的时代应晚于驮篮山，《报告》显然没有考虑两座墓葬被盗的历史事实，尤其是驮篮山历史上多次被盗，几乎是一座空墓，如此背景下，陶俑种类和数量不具有时代先后之意义。当然两墓陶俑虽不能从种类和数量上比较其时代之先后，但是从制作工艺和形制上还是能够看出两者的先后顺序。两座楚王墓陶俑相似之处颇多，如两墓舞俑中的曲裾衣舞俑、绕襟衣舞俑形制大小完全相同，而驮篮山楚王墓的击磬俑、敲钟俑、吹竽俑的形制和姿势与北洞山相同，但是较北洞山形体略大、脸庞稍长，表明两墓之间有前后演进关系。尤其是驮篮山楚王墓出土的乐舞俑，形成完整的组合，展示吹奏、打击等各种不同演奏姿势，全面展现出一场演出的盛会，更是北洞山楚王墓所罕见，体现制作工艺上的进步。另外，驮篮山楚王墓舞俑上体前倾，两腿微曲，整体身段扭成“S”形的立俑造型，制作工艺水平之高，也是北洞山楚王墓所不能企及的，由此可见驮篮山楚王墓陶俑的时代明显晚于北洞山。因此，通过陶俑排列这三座楚王墓的时代先后顺序应为狮子山、北洞山、驮篮山。

总之，由于《报告》对北洞山在前期楚王墓中的排序认识有误，对随葬器物年代把握不准，得出墓主“五代说”的结论不具备说服力，基本不被学者所认可。

---

① 耿建军：《徐州狮子山楚王陵墓墓主是刘戊还是刘郢（客）》，《中国考古谜案》，山东画报出版社，2006年，第221页。

② 刘瑞：《徐州北洞山楚王墓墓主考》，《考古》2008年第10期。

③ 葛明宇、孙凤娟：《徐州北洞山西汉楚王墓墓主应为夷王刘郢客》，《中国文物报》2004年11月19日第7版；葛明宇：《徐州北洞山汉墓年代与墓主探讨》，《考古》2009年第9期。

④ 刘瑞：《徐州北洞山楚王墓墓主考》，《考古》2008年第10期。

⑤ 耿建军：《试析徐州西汉楚王墓出土官印及封泥的性质》，《考古》2000年第9期。

二、四 代 说

徐州地区目前坚持“四代说”的学者较多①，“四代说”与“五代说”对墓葬形制认识存在问题相同，也认为北洞山楚王墓的时代晚于驮篮山。

“四代说”将北洞山楚王墓排在驮篮山之后，除了“五代说”提出证据之外，又提出两条新的理由，一是北洞山楚王墓主体墓室左前方构筑一大片附属建筑，打破了早期楚王墓皆轴对称布局的方式，而且整个建筑采用几个平面逐次降低的设计方法，使这组庞大的地下建筑群主次分明，层次清晰，这是设计思想高度成熟的产物。二是北洞山楚王墓墓室中出现墓柱，墓柱在龟山、南洞山等楚王墓普遍存在，一般认为是中晚期的特征，学者根据这些特征，一度认为北洞山楚王墓时代偏晚。

诚然，北洞山楚王墓出现附属建筑，突破早期楚王墓皆轴对称布局的方式，但是北洞山楚王墓主体墓室仍然呈轴对称分布，具备早期楚王墓的诸多特点，且在对称性的追求上，明显不如驮篮山楚王墓完美，但是比狮子山楚王墓则有较大进步。另外，墓室出现墓柱，这确实为后期楚王墓普遍采用的形式，但是北洞山楚王墓内的墓柱，仅在墓内东西耳室出现，设置原因是所在部位石质欠佳，设置方法不是在原生岩体上凿成，而是从其他地方预制后移入树立（犹如附属墓室的构件），与后期龟山等楚王墓主要墓室内提前预留的具有支撑和装饰作用的高大墓柱不可同日而语。因此，附属建筑和墓柱的出现并不是时代较晚的标志，将北洞山楚王墓排在驮篮山之后，在区分时代特征的参照标准选择上有误，过分专注墓葬局部细节，忽略了整体性、规律性的特点，是缺乏全面认识的错误判断。

相反多处特征表明，北洞山楚王墓应排在驮篮山之前。首先，虽然北洞山楚王墓平面布局较有改观，墓室功能增多，但驮篮山楚王墓制式更加成熟完善，总体设计严谨合理，结构复杂完整，墓室功能更加多样，首次出现带有浴池的浴室，厕所制作更加完美，耳室的设置也不再仅限于中轴线两侧，出现布局更为复杂的“套间”，而且耳室不再设置在墓道两侧，全部收缩到墓道口以内，这也是中后期楚王墓的普遍做法，驮篮山显然是在北洞山楚王墓基础上的发展。其次，北洞山楚王墓开始打磨装修，室顶式样增多，但驮篮山楚王墓打磨装修更加精美，

① 梁勇、梁庆谊：《西汉楚王墓的建筑结构及排列顺序》，《两汉文化研究》（第二辑），文化艺术出版社，1999年；周保平：《徐州西汉楚三墓序列及墓主浅说》，《两汉文化研究》（第二辑），文化艺术出版社，1999年；孟强、钱国光：《西汉早期楚王墓排序及墓主问题的初步研究》，《两汉文化研究》（第二辑），文化艺术出版社，1999年；刘尊志：《西汉时期前三代楚王年龄及其墓葬初探》，《两汉文化研究》（第二辑），文化艺术出版社，1999年；耿建军：《试析徐州西汉楚王墓出土官印及封泥的性质》，《考古》2000年第9期；梁勇：《从西汉楚王墓的建筑结构看楚王墓的排列顺序》，《文物》2001年第10期；周保平、刘照建：《西汉楚王陵墓形制研究》，《中国历史文物》，2005年第6期；刘尊志：《试论徐州北洞山西汉楚王墓墓主》，《考古与文物》2007年增刊；刘照建、边策：《也谈北洞山西汉楚王墓的墓主和时代》，《东南文化》2010年第3期。

模仿地面建筑更加真实，体现高度发达的工艺水平；尤其是与北洞山不见防排水设施相比，驮篮山墓内外则出现一套完善的防排水系统，这更清楚体现两墓发展演变的先后顺序。另外，北洞山楚王与王后墓分立于两座山头，驮篮山楚王与王后墓却是一座山两个山头，开始向同坟异穴过渡，而且墓室建在山体中心，与后期楚王墓做法相同，也说明酝酿着向后期转变。以上诸多情况表明，北洞山楚王墓的时代要早于驮篮山。

"四代说"多数学者主要依据墓葬形制讨论墓主时代问题，一些学者虽然对随葬器物进行讨论，但是由于受到排序方式的限制，对器物时代认识也不清晰，尤其是在陶俑的时代先后比较中，也是以种类多少来排列墓葬的顺序，忽略墓葬被盗的前提，因此"四代说"仍然不是正确的结论。但是坚持"四代说"的一些学者提出三点新的认识："首先北洞山汉墓墓葬形制与龟山汉墓相差较大，北洞山汉墓更多表现出前期特征，仅具有少量后期元素；其次北洞山汉墓与龟山汉墓的出土文物之间差异较大，中间似乎缺乏过渡；第三北洞山汉墓钱币不能确定存在武帝时期的四铢半两。"[①]这三点认识与"五代说"相比有较大进步，可惜未展开讨论。

三、三 代 说

夏晓伟先生提出的"三代说"，也是基于前期楚王墓重新排序基础上对墓主的蠡测（以下简称"夏文"）[②]，虽然"夏文"推定墓主为第三代楚王的观点值得讨论，但是对墓葬排序的认识上比"四代说"和"五代说"则有较大进步，"夏文"认识到狮子山早于北洞山，而北洞山又早于驮篮山，并将前期三墓排序为狮子山、北洞山和驮篮山。

"夏文"对过去学者认为驮篮山早于北洞山的四个依据一一进行批驳，指出楚王墓道没有由斜坡改为平底的变化规律；以北洞山特殊的附属设施来判断墓葬主体布局的对称与否是不合适的；北洞山配置墓柱是因为墓室的石质较差；驮篮山有孔槽的塞石仅是一个特例。由此认为驮篮山早于北洞山的观点未必成立。同时，从王与后墓之间距离、选址理念、墓葬之间相似性、室顶结构、开凿技术五点依据认为北洞山早于驮篮山，指出北洞山设计和制作水平正介于狮子山和驮篮山之间，具备过渡阶段特征，这些观点都非常富有见地，"夏文"认为三墓时代先后顺序应为"狮子山—北洞山—驮篮山"，符合西汉前期崖洞墓的形制演变规律，这是迄今为止对西汉前期楚王墓顺序最准确的排列。

虽然"夏文"排序正确，但是由于囿于成说，认为楚王山M1为楚元王刘交之墓，在这个前提下，对照墓葬排序和楚王世系，推论北洞山墓主为第三代楚王刘戊，则是一个错误结论。诚然，从北洞山楚王墓的规模、结构和开凿水平等方面分析，墓主有可能为刘戊，但是还应该看到，北洞山楚王墓是一座屡次经过盗掘的墓葬，出土遗物数量虽不及狮子山楚王墓，但仍然

① 刘照建、边策：《也谈北洞山西汉楚王墓的墓主和时代》，《东南文化》2010年第3期。

② 夏晓伟：《西汉早期楚王崖洞墓的排序和墓主蠡测》，《无锡文博》2007年第3期。

出土数量较多的随葬器物，玉器有玉璧、玉瑗、玉环、玉熊、玉佩、玉牒、玉印、玉衣片、玉具剑的首、格、璏、珌等，金银器有金带钩、扣舌、泡、箔和银刀环首等，尤其是从北洞山楚王墓出土用于镶嵌棺椁外壁的玉璧和玉衣片可知，该墓使用了玉衣、玉棺等殓葬玉器，该墓虽未出土金带扣，但是金扣舌发现，说明曾经随葬有金带扣。这些盗后孑遗的随葬器物种类之多，数量之盛，玉衣、玉棺和金带扣等标志性器物规格之高，说明墓主生前地位尊崇，与第三代楚王刘戊叛王身份不相吻合。尤其是同类器物在狮子山楚王墓中也有出现，过去诸多反对狮子山楚王墓墓主刘戊说的证据，就是认为规格如此之高的随葬品不是叛王所能企及，同样道理也适用于北洞山楚王墓。因此，“三代说”虽然排序正确，但是如果定墓主为刘戊，从随葬器物上则解释不通。

四、一　代　说

在对随葬钱币和印章重新认识的基础上，刘瑞先生认为北洞山楚王墓墓主当为楚国第一代楚王刘交（以下简称“刘文”）[①]，这是一个新颖而大胆的观点。

北洞山楚王墓出土钱币十万余枚，绝大多数为半两，对于墓葬断代具有重要意义，《报告》确实也是据此确定墓主的时代和归属。然而，“刘文”在分析《报告》提供半两钱币的考古资料及《报告》对钱币分类的方法后，指出《报告》钱币分型分式不具有考古类型学意义，分型标准不具备排他性，该墓的A、B、C三型钱币，在大小、轻重还是钱文特点上均有着较高的一致性，《报告》提出的C型九式钱币的时代应与A、B型钱币的时代大体一致，如果《报告》对A、B型钱币的时代认识不误，根据考古类型学方法，该墓并不存在文帝和武帝四铢半两。同时结合对郡国四铢半两的讨论，指出北洞山楚王墓所谓的“郡国四铢半两”可以是“郡国铸钱的反映”，但应是文帝五年行四铢半两前的郡国盗铸，而非文帝五年“除盗铸钱令”后的郡国铸钱，当然也更不会是武帝建元五年铸造的四铢半两。“刘文”在对墓中出土半两钱币分析基础上，认定该墓年代下限应早于铸行四铢半两的文帝五年。这是当前对北洞山楚王墓出土半两钱币最为深入的研究，基本廓清半两钱的断代问题，对于推动前期楚王墓墓主问题的解决产生深远影响。

关于印章来源问题，在既没有文献支持也没有其他考古资料辅证的情况下，原报告“推测这些应和当时诸侯三薨后的赗葬制度有关”，“刘文”则认为“孤证不立”，并根据秦汉印章使用制度指出，赗赙印章与汉代用印制度不符，这些放在墓中官印代表的乃是诸侯王的官吏和国土，是诸侯王陵墓“百官藏”的具体体现。关于印章时代问题，“刘文”与葛明宇等先生观点相同，认为《报告》提出印章印文风格“显示出文景时期向西汉中期印文风格过渡的趋向”认识并不妥当，指出从徐州地区楚国印章的风格看，其发展经历了由细到粗、由疏到丰、由杂

① 刘瑞：《徐州北洞山楚王墓墓主考》，《考古》2008年第10期。

乱到规范的演变和成熟过程。“刘文”以上观点诚然不谬，有助于正确认识印章的来源和时代，但是在北洞山和狮子山两座墓葬出土印章的比较上，“刘文”认为北洞山楚王墓出土印章印文细瘦错落、转折生硬、凿制尚不规范整齐，具有早期汉印的特征，与狮子山楚王墓出土印章笔画丰满均匀、转折圆润、凿制整齐规范的风格明显不同，进而认为北洞山楚王墓应早于狮子山，则有失偏颇。仔细分析两墓的印章特点，两墓印章的制造方法、印文特点、布局风格等方面大同小异，区别仅仅是字体粗细的不同，两墓的印章都具有汉初的特点，因此从印章上只能判断该墓时代与狮子山楚王墓接近，同属于西汉早期，至于二者早晚关系则难以区分。

“刘文”最大贡献是对钱币的科学断代以及印章来源的合理解释，但是对于墓葬形制认识则存在较大问题，“刘文”与葛明宇等先生的认识一致，认为三座楚王墓的年代顺序为北洞山、狮子山、驮篮山。过去韦正等先生对三墓排序也有类似看法，并总结出北洞山与狮子山八个方面的相同之处[①]，惜未引起学者的深入思考，“刘文”注意到北洞山与狮子山的相同之处颇多，认为北洞山时代早于驮篮山，改变以前多数学者将驮篮山排在北洞山之前的错误，但是对于北洞山和狮子山前后关系的认识则出现明显的失误，颠倒了狮子山和北洞山之间的先后顺序。

首先，北洞山楚王墓复杂庞大的外部结构、三重内收的外墓道、2米见方的主墓门和甬道、前堂后室的主体墓室结构等形制特点诚然是西汉早期特征，但这是北洞山和狮子山两座楚王墓共同特征，不具有断定时代先后的意义。其次，“刘文”指出徐州地区西汉楚王崖洞墓的形成，经历了由凿、砌结合到完全开凿的过程，并根据北洞山楚王墓半砌半凿的建筑形制，明显表现了西汉楚王墓形成和发展初期的不成熟性，进而认为北洞山楚王墓时代早于狮子山和驮篮山。事实上，北洞山楚王墓凿砌结合的形式，在徐州地区楚王墓中是个孤例，根本不能谈过程，也没有任何考古发掘能够证明存在这样发展过程，其实砌筑结合做法是追求墓室更完善美观的表现，是建筑技术更为发达的产物，因此，相对于狮子山而言，北洞山楚王墓凿砌结合的做法不是偏早而是偏晚。

北洞山具备晚于狮子山楚王墓的诸多特征。首先，狮子山楚王墓开凿粗糙，墓室顶部结构单一，而北洞山楚王墓则开凿技术成熟，墓室墙壁及顶部皆经过打磨，并以石粉、黄泥等拌成的黏合土涂抹平整，外髹漆涂朱砂；墓顶形状复杂多样，有平顶、两面坡顶、四面坡顶等式样，显示出开凿及装饰技术的高度发达，是崖洞墓发展更高阶段的生动写照。其次，狮子山楚王墓在平面布局上比例失调，各室功能尚不完全清晰，北洞山楚王墓则布局严谨，墓室分布疏密有致，除规模略小于狮子山外，在狮子山原有各室的基础上，又新增加作为配套生活设施的厕所、乐舞厅、水井等，几乎完全模仿现实生活中的地面建筑，充分表达墓主“事死如生”的理想。从开凿装饰技术、设计理念和结构布局等几个方面来看，北洞山楚王墓的时代无疑应晚于狮子山楚王墓。

“一代说”可谓是目前最具颠覆性的提法，也是最为接近墓主时代的观点，但是由于“刘

① 韦正、李虎仁、邹厚本：《江苏徐州市狮子山西汉墓的发掘与收获》，《考古》1998年第8期。

文”对前期楚王墓形制演变规律认识有误，以致与墓主的真相擦肩而过，不过“刘文”的观点使得我们重新审视前期楚王墓的排列顺序，对于促进墓主问题的解决具有重要意义。

五、墓主为第二代楚王刘郢（客）

北洞山楚王墓墓主为前期五代楚王之一，经过上文比较分析，排除第一、三、四、五代的可能，那么墓主只能是第二代楚王。其实早在发掘结束不久，主要发掘者之一邱永生先生根据墓内出土削郡之前的属官印章，认为“北河山墓主为第二代楚王的可能性较大”[①]，但是由于未提出有说服力的论据，一直未引起学者们注意。后来葛明宇等先生在《报告》公开出版后，又对北洞山楚王墓的形制和随葬器物重新研究，指出《报告》存在的问题，再次提出“无论墓葬形制、建筑结构还是出土遗物，北洞山汉墓的时代都要早于狮子山汉墓，如果楚王山确为楚元王刘交墓的史载不误，那么北洞山汉墓墓主应是西汉早期的第二代同姓楚夷王刘郢（客），其墓葬年代为汉文帝前元二至五年（公元前178—前175年）。”[②]这个结论应该是正确的，但是由于葛明宇等先生论证的前提存在明显错误，也一直未得到学者认可。事实上，北洞山楚王墓墓主就是西汉早期的第二代同姓楚王刘郢（客），但前提是楚王山并非刘交墓，且北洞山楚王墓时代晚于狮子山，下面笔者从三个方面做进一步阐述。

第一，从前期墓葬排列顺序分析。如上文所述，已经发现的西汉前期楚王墓，排列顺序有三种，经过比对研究后，正确排列应为狮子山、北洞山和驮篮山，这已经比较接近墓主的真相。如果我们能够正确认定狮子山和驮篮山两座楚王墓的墓主，那么北洞山楚王墓墓主问题也相应得到合理解决。过去学者根据《水经注》的记载，一直深信不疑第一代楚王葬在楚王山，然而文献记载并不正确，多位学者已经明确表示怀疑[③]，从墓葬形制和出土文物来看，笔者也认为其墓主可能是晚期某代楚王[④]。另外，最新研究成果表明，第一代楚王刘交应该葬在狮子山，狮子山地理位置优越，是一处“藏风聚气”的风水宝地，与当时都城距离最近，墓内随葬器物数量多且规格高，在某些方面甚至可以与帝室相比肩，唯有第一代楚王刘交与之相称。尤其是该墓规模庞大，外墓道及天井取势很足，但是主墓室狭小，平面比例严重失调，室顶形制单一，墓室功能不清晰，开凿技术明显不成熟，处处体现探索的特点，具有墓葬肇始阶段的多

① 邱永生、茅玉：《徐州北洞山西汉王陵考略》，《徐州师范学院学报》1989年第3期；邱永生、茅玉：《徐州北洞山西汉王陵考略（续）》，《徐州师范学院学报》1989年第4期。

② 葛明宇、孙凤娟：《徐州北洞山西汉楚王墓墓主应为夷王刘郢客》，《中国文物报》2004年11月19日第7版；葛明宇：《徐州北洞山汉墓年代与墓主探讨》，《考古》2009年第9期。

③ 黄展岳：《汉代诸侯王墓论述》，《考古学报》1998年第1期；刘涛：《西汉诸侯王陵墓形制的演变》，《汉代考古与汉文化国际学术研讨会论文集》，齐鲁书社，2006年，第190页；刘瑞、刘涛：《西汉诸侯王陵墓制度研究》，中国社会科学出版社，2010年，第505页。

④ 刘照建：《徐州楚王山汉墓墓主和时代考》，《中国国家博物馆馆刊》2012年第10期。

重特征，与第一代楚王刘交生活时代背景相吻合①。驮篮山墓葬形制精美，但出土随葬器物质量低下，与在位21年的第三代楚王刘戊谋反兵败自杀的历史相一致，学者一般认定其是第三代楚王刘戊，因此根据三墓的排列顺序，在认定前后两座楚王墓墓主基础上，我们认为北洞山楚王墓墓主只能是第二代同姓楚王刘郢（客）。

第二，从北洞山楚王墓的形制讨论。北洞山楚王墓坐北朝南，由墓道、主体墓室和附属墓室三部分组成，现存总长度为77.65米。从总体来看，北洞山楚王墓在形制上与狮子山和驮篮山楚王墓相同之处颇多，都是墓道长、甬道短，以墓道、甬道为中轴线布局，双层双列塞石封堵，均为前后室结构。具体到每两座墓彼此之间比较而言，北洞山楚王墓与狮子山楚王墓共同之处颇多，与驮篮山楚王墓相同点也不少；但是狮子山楚王墓与驮篮山楚王墓之间共同之处较少，除去三墓的几个共同点外，几乎再也没有共同点，说明北洞山楚王墓时代是介于两座墓之间，具有鲜明的承上启下特征。正常情况下，两代墓主之间间隔时间越短，墓葬形制的相同点越多，相反，两代墓主之间间隔时间越长，墓葬形制的相同点越少。如果定狮子山楚王墓墓主为第一代楚王刘交在位23年，北洞山楚王墓墓主为第二代楚王刘郢（客）在位4年，驮篮山楚王墓墓主为第三代刘戊在位21年，刘郢（客）与楚王刘交死亡时间相隔仅3年多，刘戊与刘郢（客）死亡时间则相隔20余年，三代楚王在位时间长短历史与三墓的形制发展演变规律恰好相一致，因此从墓葬形制特征上能基本确定北洞山墓主为第二代楚王刘郢（客）。

北洞山楚王墓最大特点是在主体墓室的左前方构筑一大片附属建筑，成为西汉楚王墓的特例，如果与第二代楚王刘郢（客）联系起来则非常容易解释。第二代楚王刘郢（客）即位时，楚国已经立国23年，此时刘郢（客）也早已不是青年，埋葬自己父亲第一代楚王刘交后，便开始着手准备自己的身后之事，但是第一代楚王墓修了20余年，却是一个仍未完工的“半拉子”工程，这给他留下印象太深了，他必须在自己的有生之年，想方设法完整地修好自己的墓葬。如何才能做到这一点呢，首先是减小工程量，北洞山楚王墓建筑面积430平方米，狮子山楚王墓的建筑面积851平方米，几乎缩减了一半的工程量；其次是加快施工进度，由于墓葬所在山体小，工程施工时间短，在主体墓室的一侧搭建附属建筑便顺理成章出现，附属建筑是在山麓坡地挖掘岩坑，采用凿砌结合的筑造方式，使用预制石板技术，施工时两者互不影响，能够同时进行，这种做法又进一步加快了施工进度。因此，北洞山楚王墓在主体墓室左前方构筑一大片附属建筑的做法是因时制宜、因地制宜的产物，同时也是无奈之举和权宜之计，符合第二代楚王刘郢（客）生活的时代背景。

另外，北洞山楚王墓主墓室的甬道、墓道后端制作精致，经过细致打磨，而前堂后室和厕所等明显较前部粗糙，附属墓室的顶部也未作进一步处理，给人感觉时间仓促，说明当时墓葬建造时间不太宽裕，也与第二代楚王刘郢（客）在位仅仅3年多（4个年头）的历史相一致。

第三，从北洞山楚王墓随葬器物文化面貌分析。北洞山楚王墓历史上被多次盗掘，出土遗

① 邱永生、刘照建：《徐州狮子山西汉楚王墓墓主新考》，《南京博物院八十周年纪念文集》，生活·读书·新知三联书店，2013年，第220页。

物数量远不及狮子山楚王墓，但是通过盗后孑遗与狮子山楚王墓比较，也能判定墓主身份和时代。与狮子山楚王墓比较，两墓随葬器物相同种类较多，两墓皆用玉衣、玉棺殓葬，陶器都有陶俑、陶瓮、陶磬，金器都有金带扣，尤为显著的是，两墓都随葬属官印章和半两钱币，且有的印章文字完全相同。另外，两墓随葬器物风格相近，甚至器形非常相似，两墓出土的大陶瓮，均为大型实用器，泥质灰陶，短颈折肩鼓腹，肩腹部刻划有文字；即使形制有别，也体现前后演进之关系，如北洞山楚王墓的九龙玉饰与狮子山楚王墓的玉豹虽题材不同、玉质不同、大小悬殊，但二者之间的风格基本接近，特别是动物面部神情与眼、耳等细部的处理手法极为相似[①]。诸多相同种类的随葬器物出现不是偶然。正常情况下，相对墓葬形制的稳定性而言，随葬器物变化较快，在两墓之间出土器物共性如此之多，说明北洞山和狮子山两座楚王墓时代接近，具有前后承接之关系，如果狮子山墓主为第一代楚王刘交，那么北洞山墓主就是第二代楚王刘郢（客），这与第二代楚王刘郢（客）在位仅有3年多的历史相吻合。第二代楚王与第一代楚王下葬时间间隔短，其死后料理后事的大臣，主持修墓的职官，几乎就是第一代楚王刘交时期的原班人马，在对待第二代楚王刘郢（客）葬礼的安排上，其思维惯性不可避免沿袭第一代楚王时的做法，因此两墓之间才呈现出诸多共性，北洞山楚王墓出土器物特征与第二代楚王刘郢（客）历史十分相符，所以从随葬器物也可以确定墓主为第二代楚王刘郢（客）。

长期以来，学者围绕北洞山西汉楚王墓墓主问题展开深入细致讨论，提出彼此不一致的学术观点，这些观点无论正确与否，对于推动该墓墓主问题的解决都发挥了重要作用。今天，当我们回过头来，对诸家观点逐一评述考证，排除墓主为第一、三、四、五代楚王的可能性后，在西汉前期楚王墓正确排序的基础上，结合对北洞山楚王墓形制和随葬器物的分析，我们认为北洞山楚王墓墓主应是西汉前期的第二代同姓楚王刘郢（客）。

（原刊于《华夏考古》2015年第4期）

① 韦正、李虎仁、邹厚本：《江苏徐州市狮子山西汉墓的发掘与收获》，《考古》1998年第8期。

西汉楚王墓防护系统研究

中国古代陵墓修筑过程中，重视防护措施运用，帝王陵墓尤其明显，防护措施主要围绕防盗和防水两个方面，防盗是针对人类自身产生的破坏行为，防水则主要是针对自然对墓葬形成的破坏。对于防盗方面研究，学者着力较多，基本廓清发展面貌[①]。但是对于防水问题则研究较少，仅有个别学者就某一类墓葬进行研究[②]，将两者综合研究，迄今尚未进行。事实上，防水和防盗都是墓葬的防护措施，两者的发展演变是相辅相成的，防盗发达的墓葬，其防水系统也相对发达，反之亦然。而徐州地区楚王墓采用崖洞墓的形制，两者在墓内得到充分发展，各种各样的防护设施发现较多，序列演变轨迹清晰，到目前为止，徐州地区累计已发现发掘8处21座王级墓葬，它们分别是：狮子山2座、驮篮山2座、北洞山2座、卧牛山4座、龟山2座、东洞山3座、南洞山2座、楚王山4座。这些墓葬虽然多被盗掘，有的甚至是空墓一座，但是墓室内部防护设施保存完好，为此，笔者拟梳理西汉楚王墓防护设施发现情况，并就其区域特点、产生原因、演变特点以及对后世影响等相关问题进行初步探讨。

一、西汉楚王墓防盗设施

崖洞墓是西汉时期流行的一种墓葬形式，即是文献记载的“因山为陵”的埋葬方式，是指选择山腰或山麓面对山岗横向开凿，在山体内部营造洞室，模仿地面建筑布局及结构的埋葬方式。《礼记·檀弓上》云：“葬也者，藏也。藏也者，欲人之弗得见也。”[③]徐州地区的楚王墓分布于徐州周围连绵不断的群山中，本身就能起到很好的防盗效果，但是墓主人不满足于此，为防止盗掘，在墓室内部还修筑一系列的防盗设施，现分类介绍如下。

（一）利用石板、石块封堵墓门、墓道、甬道

徐州地区楚王墓多“因山为藏，斩山为椁”，即在山体底部或半山腰横向山腹内开凿，

① 杨爱国：《先秦两汉时期陵墓防盗设施略论》，《考古》1995年第5期，第436—444页；王子今：《中国盗墓史》，九州出版社，2011年。

② 段清波、张颖岚：《“穿三泉”与阻排水系统》，《考古与文物》2002年增刊；刘照建：《西汉崖洞墓防排水设施发现及研究》，《文博》2011年第1期，第59—63页。

③ 杨天宇：《礼记译注》，上海古籍出版社，2004年，第92页。

巨大的墓室修在山体内部，仅留狭长的墓道和甬道与外界相通。如果找不到入口，盗墓者很难进入墓室，因此造墓者把入口作为防盗重点，砌筑巨大塞石封堵于墓道或甬道，已经发现塞石的墓葬有狮子山、北洞山、驮篮山、龟山等楚王墓。塞石排列方式为双层双列或单列双层，塞石长宽大小不一，重量不等，皆凿刻规整。北洞山楚王墓多处使用塞石，该墓由19个墓室和7个小龛组成，在墓道中段北部填以塞石，发掘时上层塞石已被扰乱，墓道后段以3层2列塞石封堵，塞石大小不等，重量为3—7吨。甬道为双层双列8块大型塞石，大型塞石每块长2.7、高宽均为0.98米，重7吨左右，最重者达7.8吨[①]（图一）。驮篮山汉墓位于金山桥开发区驮篮山南麓，一号墓由13个墓室组成，甬道中以双层双列的塞石填满，共5组20块。塞石为青石质，每块长宽各近1米，重达10吨，六面均打磨光滑[②]。这些塞石打磨精细，塞入甬道，均严丝合缝，如果不拉出塞石，盗墓者根本不能进入墓室，而拉出塞石，又非少数人力之可为，因此这种形制墓葬，一旦封闭，凭借山体坚固的岩石，后人很难实施盗掘。

图一　楚王墓墓道和甬道的塞石

（二）利用暗销装置封堵墓门

当墓门关闭后，巧妙利用机械原理，利用封门器封堵墓门，将墓门从里面封死，常见的封堵方法主要有两种，较有代表性的有北洞山和驮篮山楚王墓。

北洞山楚王墓封门器为铜质，呈长方形，有单齿和双齿两种形式，单齿用来封堵单扇门，

① 徐州博物馆、南京大学历史学系考古专业：《徐州北洞山西汉楚王墓》，文物出版社，2003年，第180页。

② 邱永生、徐旭：《徐州市驮篮山西汉墓》，《中国考古学年鉴（1991）》，文物出版社，1992年，第173、174页。

双齿用来封堵双扇门。封门器使用时在中间偏前端的位置处插一横轴，设在门槛后面正中的位置，如果没有外力的作用，前端自然翘起，一旦关闭墓门，墓门底部挤压齿尖，齿尖下垂，但当墓门通过后，由于后部较重，封门器又自然翘起，在门后自动将门顶死，如果不破门，从外面就再也无法进入（图二）。

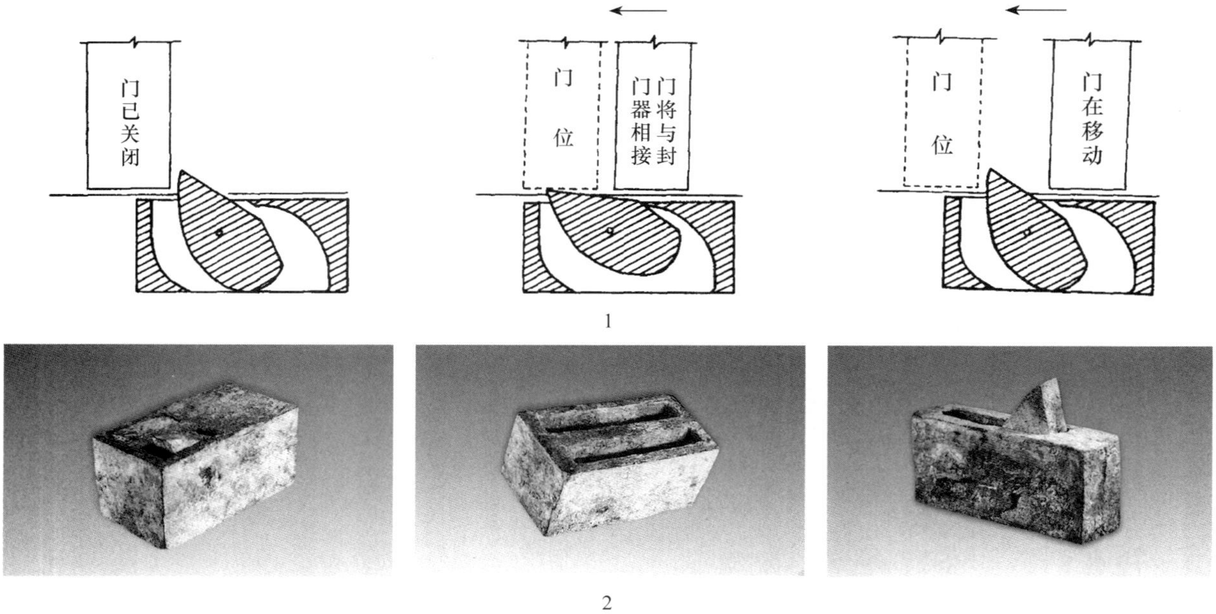

图二　北洞山楚王墓封门器
1. 示意图　2. 照片

驮篮山楚王墓的封门方法更是别具一格，在墓门一侧留有拳头大小的暗洞，墓门关闭后，封门人将手从暗洞伸进去，拉下门后的暗销，将墓门从里面拴死，然后又用补石镶补上暗洞。由于墓内墙壁多处使用补石，且补石与墓壁石质、颜色相同，工匠们将补石镶的严丝合缝，不仔细勘察根本不能发现，很容易逃过盗墓者的眼睛。

（三）墓室结构变化

徐州地区楚王墓为防止盗掘，随着建筑技术的发展，其结构布局也不断发生变化，早期横穴崖洞墓如狮子山、北洞山、驮篮山楚王墓，其突出特点是墓道宽、长，甬道短，中期以后就发生了很大的变化，龟山、东洞山和南洞山等楚王墓甬道长，墓道短，且墓道口变窄，封门石断面由4块变成2块，封堵方式由“田”字形变为“日”字形，这样墓葬的隐蔽性整体上进一步增强，防盗意义十分明显。有的墓葬甚至还打破常规，改变“前堂后室”的传统葬式，将墓主人不是葬在后室，而是葬在前室，狮子山和龟山楚王墓均是如此，一方面是后室有天然裂隙，另一方面更重要的是能起到防盗作用。

（四）设置标榜“薄葬”的刻铭

图三　龟山楚王墓封石上的薄葬刻铭

盗墓禁而不止的根本原因是厚葬，第六代楚王刘注深谙此理，为保住自己墓葬不被破坏，遂设置标榜薄葬的刻石，以掩人耳目，企图阻止盗墓者进入。在龟山楚王墓南墓道即出土如此铭文的刻石，铭文刻石位于甬道塞石的第一组上层的前端，共45个字，分9行，每行3—8字[①]，分行转录如下（图三）：

楚古尸王通于天述
葬棺椁
不布瓦鼎盛器
令群臣已葬去服
毋金玉器
后世贤丈夫
幸视此书
如目劳也
仁者悲之

该段意思是楚夷王（楚国第二代楚王）在遗训中曾向群臣要求，在他死后仅葬棺椁，不要用金银玉器随葬，下葬后就去掉葬服，后世贤丈夫有幸看到这个刻铭，应产生仁慈悲伤之心，可见其为了防盗的良苦用心。这种标榜“薄葬”的刻石，暗示墓内无金银玉器，但对盗墓人却并没有起到任何的阻止作用，后来的盗墓人避开南墓道，把北墓道的塞石拉出，进入墓室内部，盗掘了除南墓道、南甬道以外的所有墓室。

（五）设置专职守陵人

现代安全防护措施中，有技防和人防两种，古代帝王陵墓也是如此，以上四种方法属于技防设施，设置专职守陵人则是人防措施。汉高祖刘邦夺取政权，建立汉朝之初，安排专门人员

① 徐州博物馆：《江苏铜山县龟山二号西汉崖洞墓材料的再补充》，《考古》1997年第2期，第36—46页；顾风：《徐州龟山汉墓石刻文字的发现与研究》，《书法丛刊》1998年，第13—23页；本文的句读来自王冰石先生的新解。

为以前的皇帝守陵，下令对秦始皇陵加以保护，并安排20户人家作为专门守墓人，居住陵区，日夜守卫。汉代大型陵墓一般都设有专职守陵机构和专职守陵人员，西汉诸帝在咸阳以北五陵塬建茂陵、平陵、安陵、长陵、阳陵等徙民置邑，合称五陵邑，茂陵陵园内除了便殿、寝殿等祭祀用的建筑外，还专门设有守陵人员居住的房屋。当时已有庞大的护陵机构，并设置了陵令、属官、寝庙令、园长、门吏等官职，担任浇树、打扫等管理差使的就有5000余人。徐州诸多大型王陵自不例外，也设有守卫陵园的专职人员，据宋傅亮《为宋公修楚王山墓教》记载：当时尚有守陵户5家，经常洒扫陵墓，依时祭奠，一直到今天，附近村民还传言他们的祖先是给人守陵的。近年来，在狮子山楚王陵东侧发现建筑遗迹，可能是守陵人居住的房屋遗迹，在狮子山兵马俑坑附近，还发现大量魏晋南北朝时期的墓葬，不排除是守陵人后代的可能。另外，在近年考古发掘中，土山彭城王墓出土了第二代楚夷王“楚夷园印”和第四代楚文王的“楚文园丞”的封泥，狮子山楚王墓东北部的羊鬼山陪葬坑出土中一件铭文为“元园重十五斤十两”铜鼎①，“元”是第一代的楚王刘交谥号，这表明刘交也设有陵园，由此可见西汉楚王墓确实存在陵园的维护管理机构。

设置疑冢也是中国古代陵墓防盗常用的方法，这方面材料在徐州地区发现不多，但是近几年考古发掘中，发现几座空墓，如莱山汉墓、翟山汉墓、杨山汉墓，费时费力却没有葬人，有学者推测这几座墓可能即为防盗而设置的疑冢。徐州地区汉墓防盗方法多样，在全国也不多见，对于研究汉代防盗问题具有十分重要的意义。

二、西汉楚王墓防排水设施

徐州楚王（后）墓一般一山开凿一二墓居多，墓上多有封土，墓室面积多在100平方米以上，墓葬规模庞大，墓室数量众多，持续时间较长，贯穿西汉一代，墓内外采用的防排水方法多样。常见的防排水设施有以下几种类型。

（一）封土

封土作用主要是防止雨水进入墓室，崖洞墓虽然采用“因山为陵”的埋葬形式，但是也有部分墓葬顶部夯筑厚厚的封土，楚王山汉墓群②、北洞山西汉楚王墓③都有高大的封土，厚5—10米，面积多在5000—6000平方米（图四）。封土均经过夯打，夯层明显，土质纯净，结合紧

① 徐州博物馆：《古彭遗珍——徐州博物馆馆藏文物精选》，国家图书馆出版社，2011年，第225页。

② 刘照建、梁勇：《徐州铜山县楚王山汉墓群考古调查》，《汉代考古与汉文化国际学术研讨会论文集》，齐鲁书社，2006年，第247—254页。

③ 徐州博物馆、南京大学历史学系考古专业：《徐州北洞山西汉楚王墓》，文物出版社，2003年，第180页。

图四　楚王山M1—M4封土

密，能够有效防止雨水下渗。封土大多覆盖在山顶至半山腰处，个别仅存山顶，有些竖穴墓封土随着墓室规模的减小，则相对减小，但还是远远超过墓室的范围。封土形状一般上小下大，中间高四周低，宛如撑开一把巨大无比的伞，遮挡在墓室上部，使降水落下后迅速流向四周，不能在墓室顶部积存。由于封土层层行夯，土质紧密，即使封土表面存在部分积水，也难以渗入墓室内部。另外，有的墓上封土平坦，但是封土表面散存有筒瓦、板瓦、碎砖等建筑材料残件，说明墓上可能还有建筑，这也能够防止雨水进入墓室。

（二）墓垣

一般常见于带封土的墓四周，起到护坡作用，能够防止封土的水土流失，呈方形、长方形或圆形，与封土规模大小相当，且层层内收，多达数圈，常用条石或不规则的块石垒砌，楚王山汉墓群墓垣均用规整条石垒砌，从封土底部开始，高2—10米，条石长宽1、厚0.4米左右，有的条石上还有文字，中小型汉墓则多用不规则的块石，防止流水冲刷封土。

（三）阻水沟

阻水沟一般位于墓室外部的封土附近，主要功能是阻止雨水冲刷封土和渗入墓室。一般在山体上开凿而成，凿痕粗细不等，沟壁也不规整，沟形有“一”字形和倒“L”形，长宽不固定，一般中间窄，两端近排水口较宽，犹如河床上游窄下游宽，已经发现的有楚王山一号墓、驮篮山二号墓。楚王山一号墓的阻水沟位于一号墓的封土与南面主峰之间，下凿岩石而成，呈东西向，长46、宽3.8—4.2米，中间高两侧低，沟底平坦，沟形呈喇叭状，利于洪水下泄，有效阻止主峰流下的洪水对楚王山一号墓封土的冲刷（图五）。驮篮山二号墓的阻水沟位于墓道的北侧和西侧，在墓道的西北部交汇。北侧沟长约26、宽1米，大致呈东西向，稍偏东南；西侧沟长约22、宽1.5—2、最深1米，大致呈南北向，稍偏西南。二沟底部低平，依山势自然下降，便于雨水分流。北沟向东延伸较长，几乎同时也连带阻止东侧雨水进入墓室，因此倒“L’形阻水沟犹如一个大屋顶两个坡面，有效阻止西、北、东三个方向的雨水进入南向的墓室。驮篮山一号墓的原始风貌已遭破坏，是否有阻水沟则不得而知。

图五　楚王山一号墓阻水沟

（四）排水沟

排水沟是墓室内主要的排水设施，常见于内部具有一定空间的墓葬中。排水沟大小不一，深浅不同，分布于墓室的各个部分如甬道、墓道和墓室中，将整个墓室连贯起来，一般里高外低，巧妙利用坡度形成排水系统，将墓室内积水汇集到一起，再利用山体的裂隙或墓口向外排出。排水沟在驮篮山一、二号墓，龟山一、二号墓[1]（图六），卧牛山一、二、三号墓均有发现[2]。排水沟形制多样，横剖面呈倒三角形和倒梯形，宽窄大小不等，一般上宽10—60、底宽10—20、深10—40厘米，长短不一，整个排水系统首尾相连，沟井相通，如同一条支系发达的河流，渗水聚集后流入一个集中的深水井，然后排出墓外。排水沟在墓内位置不固定，主要根据室内自然环境确定，有的沿墓室地面自然裂隙凿出排水沟，有的室内地面情况单一，则直接在室内地面与侧壁相连处开凿，形制较为规整。可分为明沟和暗沟两种情况，同一座墓室内经常明沟和暗沟并存，暗沟开凿后上面用石板覆盖。驮篮山一号楚王墓的排水沟主次分明、深浅有序、明暗结合，水由次线流入主线，然后沿主线流入石隙；二号王后墓因地制宜，根据墓中石裂隙较多的特点，采取分散排水的方法，分两个系统将水排入石隙。总之，所有排水沟均利用地势高差形成，使渗水流向裂隙，然后沿裂隙排出墓外。

图六　龟山楚王墓排水沟

（五）聚（排）水池和渗水井

聚（排）水池和渗水井是与排水沟配套使用的排水设施，聚（排）水池是人工开凿于墓室低洼处的凹槽，凹槽底部没有裂隙，仅仅起到收集、贮存、中转渗水的作用；凹槽底部有裂隙

① 南京博物院、铜山县文化馆：《铜山龟山二号西汉崖洞墓》，《考古学报》1985年第1期，第119—133页；尤振尧：《〈铜山龟山二号西汉崖洞墓〉一文的重要补充》，《考古学报》1985年第3期，第325页；徐州博物馆：《江苏铜山县龟山二号西汉崖洞墓材料的再补充》，《考古》1997年第2期，第36—46页。.

② 耿建军、刘超：《徐州市泉山区西卧牛山汉墓发掘》，《江苏考古（2010～2011）》，南京出版社，2013年，第90、91页。.

的则为渗水井。聚（排）水池在徐州驮篮山楚王墓墓道有发现；渗水井发现较多，在卧牛山、龟山等楚王墓墓中均有发现，呈现出形制多样、特点不同的风格。一般设置在墓道、甬道和墓室内，多处于墓室最低处，是整个排水系统的中心，墓内各室的渗水以及从岩石裂隙灌进的雨水，通过排水沟流入渗水井，沿渗水井的裂隙排出墓外。聚（排）水池和渗水井还可分为墓葬修筑过程中使用和建成后使用两种，前一种仅在墓室修筑过程中，为保持作业面干燥，保证施工顺利进行，开凿渗水井主要用于排放施工过程中积水，一旦墓室修筑完毕，便人工进行回填，并层层夯打，以保持整个墓室的整洁，这在徐州地区仅见于驮篮山楚王墓墓道后段。后一种建成后依然使用的有驮篮山汉墓、龟山汉墓，从墓室修筑开始到完工都一直发挥作用，是整个墓室排水系统的中心。聚（排）水池和渗水井呈规则或不规则两种形状，驮篮山楚王墓皆凿刻成工整的长方形或正方形，龟山汉墓则两种都有，为加快排水速度，龟山汉墓在井的底部南北两端，各凿一个近椭圆形的渗水井（图七、图八）。另外，有一些墓葬将渗水井巧妙地与墓室中的厕所、水井结合起来，渗水井象征厕所、水井，同时又起到排泄积水的作用，北洞山西汉楚王墓厕所就是这种审美和实用的统一，体现出高度成熟的设计理念。

图七　龟山楚王墓聚（排）水池

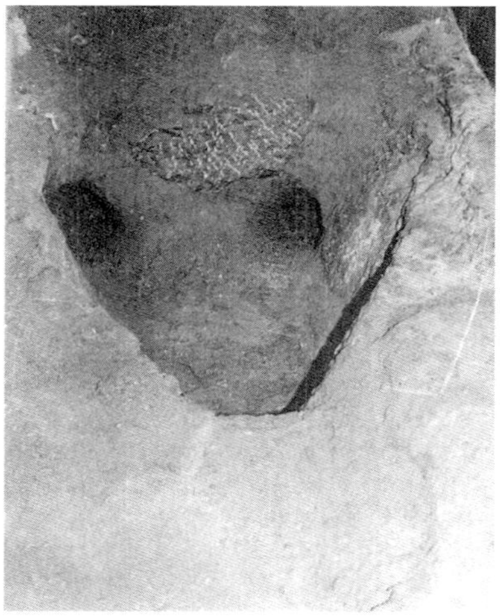

图八　龟山楚王墓南墓道甬道渗水井

西汉一代横穴崖洞墓的防排水方法较多，其实在葬地的选择上已开始考虑，采用“因山为陵”的崖洞墓葬制，本身就是为了解决地下水的问题，《吕氏春秋》载：“葬不可不藏也，故凡葬必得高陵之上，以避狐狸之患，水泉之湿，以则善也。”这说明秦汉之际盛行选择高敞之地，固然有求吉地良冢之愿望，但同时也有防止水对墓室破坏之考虑，因此横穴崖洞墓的防排水问题在选择墓地的时候已经开始考虑了。

三、西汉楚王墓防护系统的区域特点

为了追求防护效果，西汉楚王墓在修筑过程中，在承袭战国墓葬防护方法的基础上，一直在求新求变，过去竖穴土坑墓受空间限制，只能采用防堵为主的防护手段，而楚王采用横穴崖洞墓的形式，形成巨大开放空间，防护设施得到空前发展，室内出现各种各样的防护设施，具有产生时代早，延续时间长，序列演变清晰，防护系统完善发达等鲜明区域特点。

西汉时期同姓楚王共有两支，一支为刘邦同父异母弟刘交，前201年封为楚王，世代相传八代楚王，在位总计133年；另一支为宣帝子楚孝王刘嚣，刘嚣一系共传四代57年，这两支十二代楚王是西汉楚国的同姓封王。目前关于楚王与墓葬对应关系研究文章颇多，分歧也较大，但是北洞山和狮子山两座墓之间必有一座是第二代楚王墓，由此可以认定徐州地区墓葬防护系统在第二代楚王时期就已经出现。第三代楚王刘戊于景帝三年（前154年）参加“七国之乱”兵败后自杀，学者普遍认为第三代楚王葬地是驮篮山楚王墓[①]，该墓采用轴对称布局，有斜坡墓道，甬道内塞石为双层双列，两墓雕凿规整，排水系统完善，说明至迟到前154年，徐州地区楚王墓防护系统已经高度发达。这较之全国其他地区发现的横穴崖洞墓时代均偏早，诸如河北满城汉墓[②]，墓主为中山靖王刘胜，卒于武帝元鼎四年（前113年），河南永城梁国王陵[③]，第一代梁王刘武卒于景帝中元六年（前144年），山东曲阜九龙山汉墓墓主序列虽未确定[④]，但其第一代鲁王卒于元光六年（前129年），文献则有明确记载，其时代均在徐州地区第三代楚王刘戊之后，因此如同横穴崖洞墓最早在徐州出现一样，防护系统也同样最早产生于徐州地区。徐州楚王墓的防护系统从狮子山开始出现，但是无论是防盗系统还是防水设施，都是不发达不完善，经过北洞山和驮篮山以后，逐步发展和进步，直到龟山汉墓才发展为成熟完善的防护系统，关于这一点将在下文西汉楚王墓防护系统演变特点中做详细论述。

西汉楚王墓防护系统发达，地方特色明显。传统的竖穴土坑墓侧重于防，防盗措施主要采用积石、积沙，防水采用材料有青膏泥，还有在墓底铺垫草木灰、红烧土、木炭和朱砂等，起到防潮作用。横穴崖洞墓产生后，墓葬内部形成巨大空间，防护设施得到进一步发展。徐州地区西汉楚王墓防盗设施多样，多种方法并用，因地制宜营建立体防护系统，有巨大塞石封堵墓道、甬道，墓门从里向外关闭，采用自动封门机关，一旦关闭从外部无法进入，同时随着时代发展不断变换墓室结构，又处心积虑的设置铭文，提醒盗墓者不要进入。最具地方特点是防盗设施以塞石为主体，塞石体量巨大，一般四块或两块叠放在墓道或甬道中，横截面呈“田”或“日”字形，除了距离徐州较近的鲁王陵采用，这在其他地方并不多见。与徐州第四、五代楚王墓大致同期的梁孝王墓塞石体量小，满城汉墓则以铁水浇筑封门，其防护手段较为单一。徐州地区楚王墓的防水系统完善齐全，注意防排结合，在墓室外部设置的防水设施有封土、墓垣和阻水沟，以阻止天上雨水和地面渗水进入墓室；对于进入墓室的渗水，则设置排水设施设法将其排出墓室，排水设施由渗水井、聚水池和排水沟组成完整连续的排水系统，排水沟从壁面

① 张玉、刘照建：《西汉楚国第三代楚王刘戊葬地考辩》，《东南文化》2013年第5期，第61—67页。

② 中国社会科学院考古研究所、河北省文物管理处：《满城汉墓发掘报告》，文物出版社，1980年。

③ 河南省文物考古研究所：《永城西汉梁国王陵与寝园》，中州古籍出版社，1996年。

④ 山东省博物馆：《曲阜九龙山汉墓发掘简报》，《文物》1972年第5期，第39—44、54、65页。

到地面都有，利用裂隙开凿出暗沟，表面镶嵌石块，保持表面完整，巧妙地将渗水排出，尤其楚王山和驮篮山楚王墓在墓室外部设置巨大的阻水沟，也是徐州地区特有的防排水设施。这与同为崖洞墓的河北满城汉墓、河南永城梁王墓有较大区别，河南永城保安山二号墓规模大、墓室多，其排水系统呈不连续性，以多个相对独立的渗水井为中心，形成多个相对独立的排水系统；河南永城保安山二号墓和河北满城汉墓设置在环绕后室的一周的回廊，犹如一道屏障，截断周围山体向墓室渗水的源头，能够有效地隔离后室周围的渗水，从而达到保护后室的目的，这种设置在墓室内的阻水屏障，在徐州地区楚王墓中则未见。

四、西汉楚王墓防护系统演变特点

具有鲜明地域特点的西汉楚王墓防护系统，其发展演变的规律性也极其明显。徐州地区楚王墓墓主归属问题尚未全部明晰，但是其时代先后则基本明确，在此基础上，结合目前对楚王墓的排序，可以清晰看出防护系统的发展演变特点。已有学者将楚王墓分为三个发展阶段[①]，根据这个标准，同样防护系统演变特点也可以分为早中晚三个阶段，早期墓葬规模大，形制复杂多变，具备防盗意识，设置巨石塞堵，但是缺乏经验，大而无当，防盗效果不佳；防水设施从无到有，开始出现并有所发展。中期以后，防盗设置更具理性，侧重实用效果，墓葬规模虽然缩小，但是防盗效果更为理想；防水设施发达，形成完善的防排水系统。晚期防护系统简单草率，随着墓葬规模的缩小而急剧衰落。

西汉早期的墓葬有狮子山、北洞山和驮篮山，是防护系统产生和发展的初期阶段。首先来看排在所有楚王墓首位的狮子山楚王墓，墓室简陋粗疏，开凿不完善，处处体现肇始阶段的特征，防护设施也是如此，虽然考虑防护问题，但是明显简陋，在防盗设置上仅仅是用巨型塞石封堵墓道、甬道，墓室虽然安装墓门，但是与门相关的配套设施不发达，墓门虽然不能向内推开，但门的外部则没有任何设施，可轻易向前拉开，没有出现北洞山、驮篮山楚王墓内那样的封门技术；墓葬虽然也考虑到防水，但防排水设施尚未出现，仅仅是开凿时在棺椁室、礼乐室预留高出甬道的台面，用于放置棺椁，使棺椁避免水的浸泡，这是比较原始的防水方法，体现崖洞墓开凿之初的诸多原始特征。北洞山与狮子山楚王墓一样使用塞石封堵墓道、甬道，但前者塞石上刻有牝牡槽，上下卯合更加紧密；墓门的封堵较狮子山先进和科学，与门相关的配套设施齐全，每扇门都有门槛、门扉、封门器和门轴窝，尤其是门后设置的封门器尤为巧妙合理，整体而言北洞山楚王墓防护技术较之狮子山又有进一步发展，但是防水设施依然没有出现。

驮篮山楚王墓防护设施更加发达，防盗水平明显进步，墓室封门的设置更加科学，单扇门的门道在门窝前凸出，凸出部分起到阻挡开启门扇的作用，前堂后室使用双扇门，前堂的门

① 刘照建：《徐州西汉前期楚王墓的序列、墓主及相关问题》，《考古学报》2013年第2期，第213—238页。

道比甬道高、宽，后室则在门道前设置比门高和宽的门框，门前都设有门槛，封门方法更是别具一格，门后都设有与两侧门道相连的自动闭锁装置，在墓门一侧留有拳头大小的暗洞，墓门关闭后，封门人通过暗洞伸手进去，拉动门闩的联动装置，将墓门从里面自动插销拴死，然后又用补石将暗洞封堵。由于墓内墙壁多处使用补石，且补石与墓壁石质、颜色相同，工匠们将补石镶的严丝合缝，不仔细辨别根本不能发现，很容易逃过盗墓者的眼睛，防盗性能进一步增强。封堵墓道、甬道的塞石，大小全部按墓室实际需要尺寸提前制作好，塞石连接处正好位于耳室门一侧，还在塞石底端凿有凹槽，成为所有墓室彼此相连的通道，这样使墓主人的灵魂能够自由出入各墓室，从塞石制作上也体现出驮篮山楚王墓在设计理念的先进。与狮子山、北洞山楚王墓不见防排水设施相比，驮篮山楚王墓首次出现了防排水系统，防排水系统由墓外阻水设施和墓内排水设施两部分组成。墓外阻水设施主要是阻水沟，驮篮山二号墓阻水沟位于墓道的北侧和西侧，在墓道外部的西北角交汇，平面呈倒"L"形，两条阻水沟均底部低平，依山势自然下降，便于雨水分流，北沟向东延伸较长，几乎同时也连带阻止东侧雨水进入墓室，两条阻水沟犹如一个大屋顶两个坡面，有效阻止西、北、东三个方向的雨水进入南向的墓室。驮篮山一号墓的原始风貌已遭破坏，外部是否有排水沟不得而知。两墓墓内都发现相同的排水设施，有排水沟和排水暗槽，排水沟一般都设在甬道、侧廊、墓室的地面侧边，排水暗槽设置在墙壁的裂隙里，外表镶嵌补石。在岩石裂损部位用镶石补砌，为了便于排水，在镶补石块的内侧还留有排水凹槽，上下相通，与地面排水沟连接，体现高度发达的工艺水平。以上诸多情况表明，驮篮山楚王墓的防护系统有了明显进步。

西汉中期墓葬有龟山、东洞山和南洞山楚王墓，这一时期的防护系统臻于完善。以龟山楚王墓为例，墓葬结构发生重大变化，墓道和甬道的长度和宽度都发生显著变化，与前期墓葬相比，一般是墓道长，甬道短，墓葬开始转变为墓道短，甬道长，墓道和甬道的宽度均由宽变窄，龟山楚王墓全长83米，北墓道呈前宽后窄的喇叭状，长10.5、宽4—1.2米，南墓道与北墓道相仿；龟山楚王墓北甬道长51.2、宽1.06米，与前期甬道一般宽2米左右相比，甬道明显变长变窄，是西汉横穴崖洞墓中甬道较长的一座，南甬道与北甬道相仿。与墓道、甬道结构变化相适应的是，龟山楚王墓的塞石也发生重大变化，南北两墓道的塞石均为13组，每组2块，双层单列，各26块。东洞山二号墓仅有一组塞石，双层单列，计2块。南洞山楚王墓的塞石情况不清，但从狭窄的甬道看，如有塞石只能是双层单列放置。但需要说明的是，从西汉早期到晚期，塞石的体量变化不大，一般都是长方体，两端为正方形，边长在1、棱长2米左右。甬道的高度也变化不大，一般在2米左右。以上情况表明，塞石的变化以汉武帝初年为契点，此前由于甬道较短、较宽，壅塞也较短较宽，塞石一般是双层双列，组数1—5组。此后，由于甬道变长、变窄，塞石也随之变化，变双层双列为双层单列，组数最少的1组，最多的达13组。总的发展趋势是从双层双列到双层单列。

龟山楚王墓的排水系统更加科学，两墓道在距甬道口约5米处凿有渗水井，水井与甬道两边宽、深各10厘米排水槽相连，甬道的排水槽又与墓室的排水槽相接，且整个墓室前低后高，构成连续完善的排水系统，沿着这些排水槽，渗水向前或向中汇集，悄无声息地流入渗水井中。南洞山楚王墓内没有排水沟，排水系统是由地面的高低落差构成，整个墓的地面呈北高南低的倾斜状，利于墓室的排水，甬道地面低于墓室，墓室地面前低后高，向甬道方向倾斜，形成墓室—甬道—墓道的排水系统。

排水系统的出现与变化是一种渐变，到龟山楚王墓发展到顶峰，成为横穴崖洞墓发展的典范之作，但是随着横穴崖洞墓的衰落，西汉晚期防护系统也不可避免地衰落了。

五、西汉楚王墓防护系统产生背景

“墓”产生之初，就是安置死者之用，新石器时代生产力低下，随葬器物少，只是简单挖坑掩埋，防护意识尚不明显，但是一些墓葬开始用朱砂防潮，后来随着墓葬规模增大，随葬死者的器物增多，出现盗墓现象，于是墓主为了防止盗掘，开始设置防护设施，商代妇好墓封土层层行夯，墓圹上修建宗庙建筑，客观上起到防护作用；春秋战国以来社会动荡不安，盗墓现象日益严重，各种各样的防护设施层出不穷，已考古发掘过的河北平山中山王墓①、河南汲县山彪镇1号墓②和郭庄楚墓③等大中型墓葬，在椁内外大都积石、积沙和积炭，积石和积沙是防盗，积炭则是防水。郭庄楚墓的防盗设计殊为用心，大墓深达17米，其中10米多埋的都是沙子，在积沙层中共发现了积石1000余块，边角都十分锋利，应当是特意开采并经过有意拣选的具有杀伤力的石块，可以防止盗墓者从不同的部位进入。在太原金胜村发掘的251号春秋晚期大墓④，打开后发现墓室有“积石积炭”，积石是为了砸死盗墓者，积炭则是防止尸体腐烂。这一时期吴国、徐国和楚国为了防止盗掘，纷纷在小山顶上凿石做墓，地势高敞能够防水，山石坚硬能够防盗，徐国九女墩和吴国真山大墓、曾国的曾侯乙墓均是如此。秦始皇统一中国后，开始营建巨大的皇陵，据《史记》记载：“穿三泉，下铜而致椁，宫观百官，奇器珍怪徙藏满之。令匠作机弩矢，有所穿近者辄射之。以水银为百川江河大海，机相灌输。上具天文，下具地理。以人鱼膏为烛，度不灭者久之。”⑤目前秦始皇陵并没有发掘，究竟是否如是尚不得而知，但始皇陵的高大封土、横亘陵墓南侧的防水大堤，已清楚表明千古一帝对墓葬防护设施的重视，这都为汉初统治者改进和提升墓葬的防盗水平提供有益的借鉴和参考。徐州地处黄淮平原，居南北交流之要冲，连接东西的关键节点，文化交流十分频繁，早在新石器时代，长江流域的良渚文化与黄河流域的大汶口文化就在这个区域产生激烈的碰撞，产生了具有南北交

---

① 河北省文物研究所：《譽墓——中山国国王之墓》，文物出版社，1996年。

② 郭宝钧：《山彪镇与琉璃阁》，科学出版社，1959年。

③ 徐艳娜：《论述郭庄楚墓的发掘与探索》，《大众文艺》2012年第1期，第217、218页。

④ 侯毅、渠川福：《太原金胜村251号春秋大墓及车马坑发掘简报》，《文物》1989年，第9期，第59—86、97—106页。

⑤ （西汉）司马迁：《史记·秦始皇本纪》，中华书局，1959年。

融特点的花厅文化[①]，春秋战国时期，楚国不断北上，楚人在娄林将徐国打败，齐人随后出兵帮徐复仇，楚国退出后，吴国又北侵徐国，吴徐之战又在今天邳州境内发生，吴国公子季札出使经过徐国，回程时将宝剑赠送徐君，至今徐州尚有季札挂剑台，吴、齐、楚、徐等国在此拉锯不断，徐州成为南北文化的走廊，各种思想习俗在此碰撞交流，作为古人政治经济社会生活中的大事，墓葬的修筑技术方法，无疑也会相互影响。

第一代楚王刘交，秦时曾去曲阜学习，后来随刘邦起事，先后"西攻南阳，入武关，与秦战于蓝田。至霸上，封交为文信君，从入蜀汉，还定三秦，诛项籍"[②]。其行动足迹遍及三秦大地，耳闻目睹不少前朝旧事，不能不知始皇陵墓未竣工而奴隶反的历史，尤其是战争期间，诸侯各国君墓被盗掘现象时有发生，也应该有所了解，其四世孙刘向曾言："逮至吴王阖闾，违礼厚葬，十有余年，越人发之。及秦惠文、武、昭、严襄五王，皆大作丘陇，多其瘗臧，咸近发掘暴露，甚足悲也。……自古至今，葬未有盛如始皇也，数年之间，外被项籍之灾，内离牧竖之祸，岂不哀哉！"[③]指出战国诸王墓无不被盗掘的事实，上书建议成帝薄葬。第一代楚元王刘交生活在战国末期与西汉初期，对于盗墓现象当然比刘向有更清醒的认识，他自己修墓时，当然首先考虑墓葬的防护问题。雄踞一方的楚王刘交，飨国时间长，国力丰厚，具有建造高大陵墓的经济实力，同时又是当时硕学大儒，经历丰富，视野开阔，他曾经独著《元王诗》，文帝即位时，多次提到刘交，称其"阅天下事理多也"，当刘交营建自己的墓葬时，天下事物已尽入其胸中，他便有了创新的冲动，杂糅南北，综合东西，在关中土洞墓和徐、吴、楚等地竖穴崖坑墓的基础上，吸收北方墓葬的防盗技术，南方墓葬的防水技术，综合运用到墓葬营建之中，创新葬式葬法，新式的横穴崖洞墓遂在徐州地区产生，并经过历代楚王不断改进，日益复杂完善。

一般而言，先进的生产技术总是最先运用到兵器制作中，但是由于"事死如生"理念支配，在和平时期最新科学技术在规模宏大的墓葬建筑中也优先得到使用，因此研究古代墓葬防护技术，就是研究古代科学技术的发展盛况。长期以来，统治者对于墓葬修筑问题一直讳莫高深，正史文献很少有记载，徐州楚王墓内却有幸留下完好的防护设施，本文以该批墓葬为基础，对墓葬防护问题做一初步探讨，借此希望能够推动对汉代建筑工艺技术发展状况的研究。

［原刊于《淮海文博》（第1辑），科学出版社，2019年］

① 南京博物院：《花厅——新石器时代墓地发掘报告》，文物出版社，2003年。

② （东汉）班固：《汉书·楚元王传》，中华书局，1962年。

③ （东汉）班固：《汉书·楚元王传》，中华书局，1962年。

徐州东洞山汉墓相关问题研究

徐州地区西汉楚王墓发现较多，前期墓葬规模大，随葬器物丰富，引起学者普遍关注，研究较为深入，基本搞清序列和墓主问题[①]。但是对中后期楚王墓研究则相对偏少，有些认识尚模糊不清，发现于东洞山的3座墓葬，是一处3座横穴洞室并列的楚王（后）墓，且墓内出土具有纪年意义的“明光宫”铜器，这在楚王墓中十分罕见，准确认定东洞山墓主和时代，对于中后期楚王墓的分期断代研究，具有重要借鉴意义。为此，笔者在已有研究的基础上，对东洞山3座墓之间关系和“明光宫”铜器相关问题重新认识，结合东洞山在楚王墓中排列顺序的讨论，澄清过去一些错误认识，以求进一步确定墓主时代。

一、三座墓之间关系和入葬先后顺序

东洞山汉墓位于徐州市金山桥开发区东洞山西北麓，共计3座，编号分别为M1、M2、M3，皆坐西朝东，三墓基本平行排列，M1居中，M2、M3分别位于M1北、南两侧，间距约10米（图一）。M1在明正统《彭城志》有载，称“仙人洞”，且云不知开凿于何时。M2在1982年发现清理，M3于1997年发掘。M1全长61、最宽处16.5米，斜坡状露天墓道长4.2米，甬道长46、宽1.2米，墓室主要有耳室、侧室、主室等构成，室内有墓柱。M2长约25米，墓道已毁，情况不明，甬道长约20、宽1.1米，有墓室1间，平顶。M3与M2形制相同，只是规模更小。M1与M3出土器物甚少，M2随葬器物多，10件“明光宫”铜器较为重要。

由于发掘时间早晚不一，对于三墓之间关系认识，有一个逐渐深入和明确的过程。1982年发现清理M1、M2时结论是：“一、二号墓相距仅10米，联系两墓的随葬品及铭文‘宦君’‘王后’来判断，两墓主当为夫妇，即某楚王和王后。但是，由于两墓规模悬殊，二号墓又不出玉衣，与王后身份不甚相符，也不排除二号墓为其他女性陪葬墓的可能。”[②]随后发掘者之一李银德先生对其观点作了修正，指出“一、二号墓相距仅10米，联系两墓的随葬品及铭文‘宦君’‘王后’来考察，为某楚王和王后墓，则大体可以确定”[③]。1997年发掘的M3，是

---

① 刘照建：《徐州西汉前期楚王墓的序列、墓主及相关问题》，《考古学报》2013年第2期。

② 徐州博物馆：《徐州石桥汉墓清理报告》，《文物》1984年第11期。

③ 李银德：《徐州出土“明光宫”铜器及有关问题探释》，《徐州文物考古文集（一）》，科学出版社，2011年，第462页。

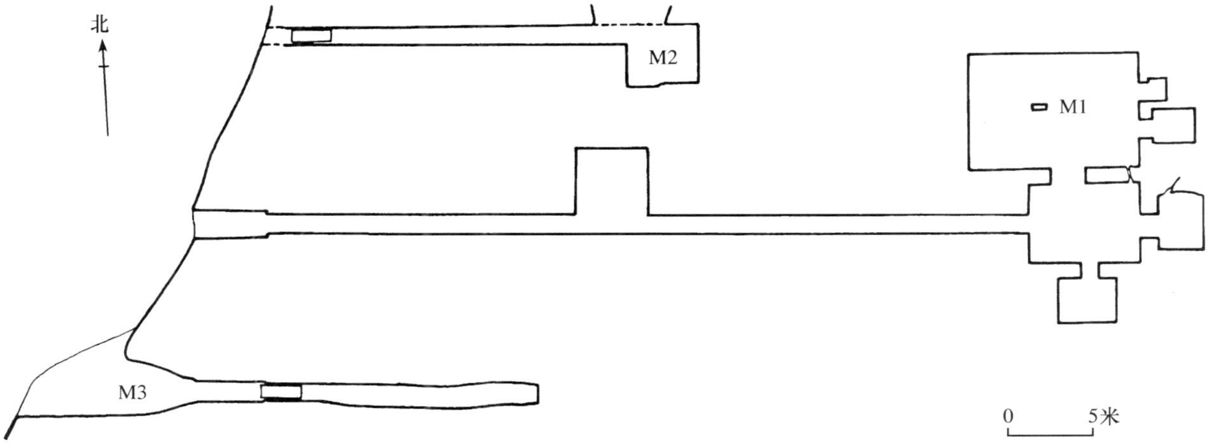

图一　东洞山M1—M3相对位置图

一座未完工的墓葬，发掘者结合第八代楚王刘延寿谋反的历史，遂直接认定“东洞山汉墓为西汉中期第八代楚王刘延寿及其两位王后的墓葬”[①]。当然，也有学者认为汉代帝陵之中，两个皇后墓分列帝陵左右的是汉元帝渭陵，如果定该墓时代早于渭陵多年，认为“似乎不太可能”[②]。然而研究表明，一夫二妻合葬现象在周代已有出现[③]，人的寿命长短不齐，无论是帝王还是普通百姓，都可能存在两个配偶，考虑三墓之间距离和规模大小，三墓墓主当是一王二后关系，应该没有疑义。长期以来，多数学者关于三墓墓主研究也均在一王二后层面展开，一般认为居于中间的为楚王，左右两侧分别是楚王的两个王后，右侧入葬早于左侧。但是仔细考察两墓的位置关系，两位王后的死亡和入葬的先后顺序可能并非如此，而弄清楚左右两位王后的埋葬先后顺序，对于墓主时代的认定具有十分重要的意义。

左右位置安排是中国文化礼仪中重要一环，在中国人的社会生活中具有举足轻重的意义，不同时代、不同地域呈现不同的特点，汉代左右尊卑关系一直变化，即使在同一时代同一地方，不同场合左右尊卑排列也不一样，笔者仅就徐州地区西汉中期陵墓的左右排序进行讨论。徐州地区楚王陵墓发现众多，均以夫妻合葬形式出现，虽然距离远近不同，但男女墓主身份清晰，呈现左右排列规律也很明显，一般以时代明确的龟山汉墓为界[④]，分为前后两个阶段，

① 孟强：《徐州东洞山三号汉墓的发掘及对东洞山汉墓的再认识》，《东南文化》2003年第7期。

② 刘尊志：《西汉晚期楚王（后）墓葬浅探》，《中原文物》2007年第1期；刘尊志：《徐州两汉诸侯王墓研究》，《考古学报》2011年第1期。

③ 刘洁：《周代的夫妻合葬墓》，《青岛大学师范学院学报》2009年第2期。

④ 南京博物院、铜山县文化馆：《铜山龟山二号西汉崖洞墓》，《考古学报》1985年第1期；尤振尧：《〈铜山龟山二号西汉崖洞墓〉一文的重要补充》，《考古学报》1985年第3期；徐州博物馆：《江苏铜山县龟山二号西汉崖洞墓材料的再补充》，《考古》1997年第2期。

左右尊卑之别呈现明显不同，西汉前段的狮子山[①]、北洞山[②]和驮篮山[③]三处楚王墓，均墓道南向，右侧为王，左侧为后；相反中期的龟山和南洞山两处楚王墓[④]，虽然墓向不同，但是无一不是左侧为王，右侧为后。由此可以清晰地看出，西汉楚王墓前期奉行“以右为上”，中期则是“以左为上”。这与学者在汉代官制变化研究中，认为“汉初都尚右，武帝以后皆改向左”结论相一致[⑤]。过去也有学者注意到王墓与后墓之间的左右关系，但是却认为两者左右位置并不是体现王位尊贵的必要因素[⑥]，笔者委实不敢苟同，在墓葬形制、随葬器物等重要因素体现墓主身份高低的同时，最能体现尊卑关系的就是墓葬排列左右顺序，汉人不是简单率意为之，否则不会呈现如此明显的规律性。

就东洞山汉墓形制而言，与龟山、南洞山几乎相同，学者在分型分期中也均将三墓放在一起[⑦]，因此三墓大致处于相同时代，其安排墓位高下尊卑的理念无疑相同，龟山、南洞山是研究东洞山三墓高下顺序的最好参照坐标。东洞山三墓并列，M1墓葬规模最大，是居中的男性墓主，M2、M3分别在左右两侧，墓主为M1的两位王后，如同汉元帝渭陵，为一王二后的关系。按照“以左为上”的原则，M3在排列方位上应高于M2，即M3为楚王的第一位王后，死亡时间早，安排在左位，M2则为继任之王后，死亡时间较晚，所以安葬在右位[⑧]。过去周学鹰先生也注意到三墓高下关系，认为从方位关系看，按传统礼制，M3规格应该高一些，M2则可能是其他女性[⑨]，但囿于发掘者提出M2时代早的既定结论，没有能够说明M3规格高的原因。

长期以来发掘者依据M3未完工，认为M2时代早，M3时代晚，即M2为第一位王后，M3为继任的第二位王后，进而认定墓主是第八代谋反之王刘延寿，这几乎是从未被质疑的结

---

① 狮子山楚王陵考古发掘队：《徐州狮子山西汉楚王陵发掘简报》，《文物》1998年第8期；韦正、李虎仁、邹厚本：《江苏徐州市狮子山西汉墓的发掘与收获》，《考古》1998年第8期。

② 徐州博物馆、南京大学历史学系考古专业：《徐州北洞山西汉楚王墓》，文物出版社，2003年，第180页。

③ 邱永生、徐旭：《徐州市驮篮山汉墓》，《中国考古学年鉴（1991）》，文物出版社，1992年，第173、174页。

④ 南洞山汉墓位于徐州市云龙区段山南麓。徐州博物馆曾于20世纪80年代早中期先后对该墓进行考古调查。资料现存徐州博物馆。

⑤ 晁中辰：《秦汉官制尚左尚右考辩》，《中国史研究》1990年第1期。

⑥ 刘尊志：《汉代诸侯王墓研究》，社会科学文献出版社，2012年，第82页。

⑦ 周保平：《徐州西汉楚王墓序列及墓主浅说》，《两汉文化研究》（第二辑），文化艺术出版社，1999年，第221页；梁勇：《从西汉楚王墓的建筑结构看楚王墓的排列顺序》，《文物》2001年第10期；刘照建：《徐州地区大型崖洞墓初步研究》，《东南文化》2004第5期。

⑧ 今天在徐州地区农村流行的传统葬法中，一夫二妻埋葬方式有两种：男主，大妻右一，二妻右二，名为顺葬。男主中，大妻左，二妻右，名为夹葬。东洞山属于后一种，为三墓并列的夹葬，其夫妻排位应为左高右低。今天流行的葬法可能与汉代有某种渊源关系，有学者认为：“后世传承虽然俭省，却几乎未离汉之窠臼，丧礼中几乎都能看到汉代的影子。”艮迪：《汉代流传至今的徐州丧俗》，《楚王梦：玉衣与永生：徐州博物馆汉代珍藏》，江苏凤凰美术出版社，2017年，第86—89页。

⑨ 周学鹰：《徐州汉墓建筑——中国汉代楚（彭城）国墓葬建筑考》，中国建筑出版社，2001年，第123页。

论。然而，两墓主人同为王后，墓内没有表明时代先后的器物，更没有相关文献记载，孰早孰晚根本无法判断。未完工原因可能是墓主突然死亡，但是墓主突然死亡原因很多，疾病、灾害、祸乱、谋反、诛杀等都可能导致，不能简单地与谋反画等号。如果是谋反之王，刚刚即位即反，墓葬确实不能完工，但是如果在位时间长，即使谋反也可能修造完毕，参加“七国之乱”的第三代楚王刘戊，兵败自杀后葬地是狮篮山，却是一座精美绝伦、全部竣工的陵墓[①]，因此未完工和墓主谋反与否不具有必然的因果关系。从当时尚“左”而言，一王二后，左高右低，恰恰是M3地位高，M2地位低，三墓的尊卑顺序依次为M1、M3、M2。根据这个顺序，M3应为第一位王后，M2是第二位继任王后。如果认定M2为后死之王后，关于墓主问题将重新讨论。

二、“明光宫”铜器反映问题

东洞山M2未被盗掘，出土随葬器物较多，铜器有100余件，其中“明光宫”铜器10件，携带重要的历史信息，对这些信息进行仔细甄别，将有助于准确断定东洞山三座墓的时代和墓主。

明光宫在汉长安城内，考古工作者对长安城遗址钻探勘测时，根据城门、街道和区间情况，推定在城东部宣平门至清明门地段为明光宫遗址。据文献记载，其始建时间是太初四年（前101年）[②]，消失时间则说法不一，有至始建国元年（9年）和元始元年（1年）两种观点[③]，说明其存在110年或102年。明光宫铜器纪年意义主要是探讨墓葬的上限，消失的具体时间并不影响对M2年代的讨论。东洞山M2出土“明光宫”铜器曾为宫中用器，从而确定M2年代的上限不会早于明光宫始建之年，即公元前101年，这应该是“明光宫”铜器传达的最准确信息，需要特别指出的是，这仅仅是M2自身的年代上限，而不涉及M1和附近其他各墓。

早在1982年发掘清理东洞山M2之初，发掘者依据墓内出土“明光宫”铜器，认定M2年代上限不会早于明光宫始建之年，即前101年，对于M1则没有给出明确结论，只是认为两墓的墓主当为某代楚王和王后。后来发掘者之一李银德先生根据M2时代，结合各位楚王在位具体时间（表一），直接将太初四年以前楚王排除，认为“一号墓为刘延寿、二号墓为其妻后的可能性较大”[④]。梁勇先生也认为在此期限内的楚王有刘纯、刘延寿和刘嚣，其中刘纯似可排除（第七代楚王刘纯在位时间是前116—前101年），指出从明光宫始建到铜器的出现，再到铜

---

① 张玉、刘照建：《西汉楚国叛王刘戊葬地考辨》，《东南文化》2013年第5期。

② （东汉）班固：《汉书》卷六《武帝纪》，中华书局，1962年。

③ 依据文献记载，明光宫存在有109年和102年两种观点。《汉书》卷九十九中《王莽传》记载“至始建国元年，改明光宫为定安馆”，明光宫前后存在110年。而《汉书》卷十二《平帝纪》则载，元始元年“罢明光宫及三辅驰道”，按这条记载，明光宫则存在102年。

④ 李银德：《徐州出土“明光宫”铜器及有关问题探释》，《徐州文物考古文集（一）》，文物出版社，2011年，第462页。

表一　西汉楚国中期四王世系年表

序号	楚王	在位年限	在位时间	谥号
1	刘注	12年	武帝十三年（元朔元年）—武帝二十四年（元狩六年）（前128—前117年）	襄王
2	刘纯	16年	武帝二十五年（元鼎元年）—武帝四十年（太初四年）（前116—前101年）	节王
3	刘延寿	32年	武帝四十一年（天汉元年）—宣帝五年（地节元年）（前100—前69年）	无
4	刘嚣	26年	宣帝二十三年（甘露三年）—成帝八年（河平四年）（前50—前25年）	孝王

器流传到楚国，要有一段时间，如果墓主是刘纯，则把时间限定在一年之内，似不合情理①。李、梁二先生此时将王的死亡时间和王后等同，将两者墓葬年代画等号，这是一个明显的错误。在实际生活中，夫妻二人同时死亡的可能性较小，史书明确记载的就有多位皇（王）后，如汉高祖刘邦、汉文帝刘恒、汉景帝刘启之皇后，驾崩时间均比皇帝本人晚若干年；第一代楚王刘交之王后也相当长寿，与其孙刘戊同时代生活很久，在刘交死后20余年仍然在世②；在梁孝王去世后，其王后李后尚生活了21年之久，因夺樽事件而在史上留名③。这只是因发生历史事件而记入史册的皇（王）后，没有记载的皇（王）后乃至普通人更是不计其数。墓主死亡有先后，女主晚于男主的不是孤例，不能将王后与王墓的埋葬时间混为一谈，这其实是一个无须论述的常识问题，因此“明光宫”铜器出土，只能认定M2不早于明光宫始建之年，其下限则不可知，但是M1时代则另当别论。

“明光宫”铜器是明光宫存在110年或102年的宫中之物，如何辗转流入楚国，又入葬东洞山M2，学者有不同观点，有学者认为“这批器物由皇帝直接赐给楚王的可能性较大”④，还有学者认为“或是赵姬（楚国王后）从都城长安嫁到楚国时带来的；或是明光宫的赵姬送给楚国王后的”⑤。然而，考虑到墓内还有中宫、灵平宫等其他宫中器物，则不属于明光宫赵姬支配，因此笔者认同第一种观点，这批器物由皇帝直接赐给楚王的可能性较大，然后又在楚王安排下将器物放入M2。

既然这批器物由皇帝赐给楚王，不是所谓赵姬带来，赵姬与墓主的关系要重新考虑，墓主可能并非赵姬。仔细分析留存铭文的特征，则进一步支持以上结论。根据报告介绍：该墓出土明光宫铜器10件，带“明光宫”铭文7件，包括铜鼎4件、铜锺1件、铜勺2件，其他3件是“明光宫赵姬锺”铜锺1件、“赵姬家”铜灯1件、“赵姬沐盘”铜盘1件（表二）。总体来看，

① 梁勇：《汉楚王墓群若干问题的思考》，《汉代陵墓考古与汉文化》，科学出版社，2016年，第99页。

② “（刘戊反）休侯惧，乃与母太夫人奔京师。”（东汉）班固：《汉书·楚元王传》，中华书局，1962年，第1924页。

③ 刘瑞：《河南永城保安山柿园汉墓墓主考》，《考古学集刊（18）》，科学出版社，2010年。

④ 李银德：《徐州出土“明光宫”铜器及有关问题探释》，《徐州文物考古文集（一）》，科学出版社，2011年，第462页。

⑤ 刘尊志：《西汉晚期楚王（后）墓葬浅探》，《中原文物》2007年第1期；刘尊志：《徐州两汉诸侯王墓研究》，《考古学报》2011年第1期。

“明光宫”三字铭文出现8次，带“赵姬”之名的“赵姬□（□）”出现3次，其中“赵姬家”仅仅出现1次，“明光宫”和“赵姬”同时出现1次（图二）。以打磨痕迹有无可将这些器物分为两组，有打磨痕迹器物是4件铜鼎，其打磨方式以保存完好M2：1为例，上腹一侧卧刻“明光宫”三字，另一侧刻有“□□家”，已被磨去，留有痕迹。无打磨痕迹的共6件，种类较多，2件铜锺之一“明光宫赵姬锺”，铭文在圈足底部外侧，另一件铜锺有“明光宫”“明”两处铭文，也在圈足底部外侧；铜勺2件，在勺柄背部有“明光宫”铭文；铜灯1件，在口沿外附叶形柄背面刻“赵姬家”三字；铜盘1件，腹部阴刻铭文“赵姬沐盘”。

表二 “明光宫”铜器统计表

器物名称	铭文内容	铭文数量/处	铭文位置	打磨情况
铜鼎	“明光宫”“□□家”	2	上腹两侧	“□□家”，已被磨去，留有痕迹
铜鼎	“明光宫”“□□家”	2	上腹两侧	“□□家”，已被磨去，留有痕迹
铜鼎	“明光宫”“□一□家”	2	上腹两侧	“□一□家”，有打磨痕迹
铜鼎	“明光宫”“□□□”	2	上腹两侧	一侧刻铭磨灭殆尽
铜勺	“明光宫”	1	柄部背面	未打磨
铜勺	“明光宫”	1	柄部背面	未打磨
铜灯	“赵姬家”	1	柄部背面	未打磨
铜锺	“明光宫赵姬锺”	1	圈足底部外侧	未打磨
铜锺	“明光宫”“明”	2	圈足底部外侧	未打磨
铜盘	“赵姬沐盘”	1	腹部一侧	未打磨

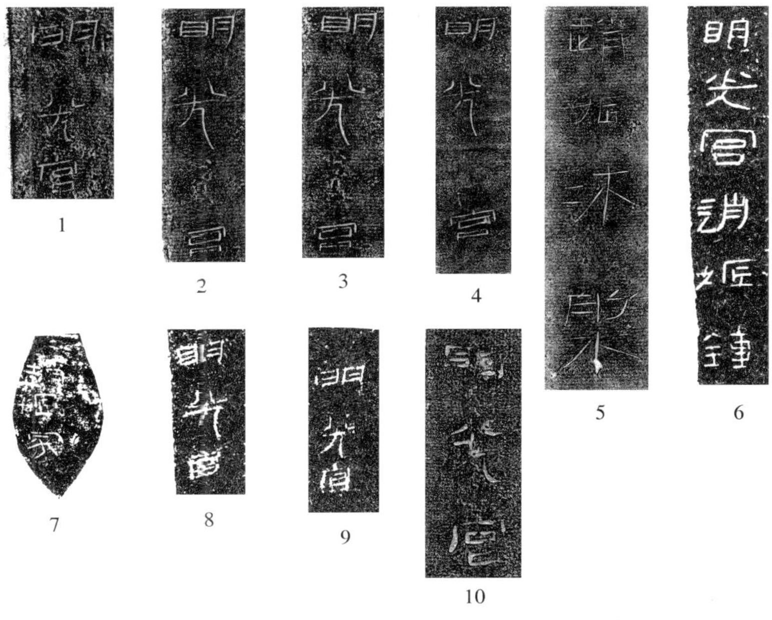

图二 明光宫铜器铭文

1—4. 鼎 5. 盘 6、10. 锺 7. 灯 8、9. 勺

对比分析两组器物，打磨掉铭文的铜器，共同特征是上有“明光宫”“□□家”两处铭文，“明光宫”表明使用处所，“□□家”表明使用者身份，已被磨掉两字的“□□家”，但中间“姬”犹可辨认，结合“赵姬家”铜灯推测，如无意外“□□家”当为“赵姬家”三字。未打磨掉铭文的铜器，多数只有一处铭文，且处于隐蔽位置，如铜锺圈足底部、灯柄和勺柄背部，唯有“赵姬沐盘”铭文位于显眼位置。当然不是所有两处铭文均磨掉一处，有“明光宫”“明”两处铭文的铜锺，均表明使用处所，不是使用者身份，位置在圈足底部外侧，并没有做任何处理。

这些铜器铭文的打磨特点和保留位置，表现出规律性如此明显，说明在入葬前或在使用时经过人为的统一处理。铭文两处的打磨掉一处，打磨掉的是所有者名称，保留原来使用处所名称，一方面是刻意去除所有者“赵姬”痕迹，另一方面又保留彰显器物高贵出身的符号，取舍之间，表明这批器物改变了主人，已经脱离赵姬家。皇帝赐予的宫中器物，对于拥有者而言，当然是荣耀之事，一定倍加珍惜，不过毕竟不再属于“赵姬家”，而是辗转来到楚国，因此打磨掉“赵姬家”，保留“明光宫”实属必然。至于“赵姬沐盘”，只有一处铭文，没有“明光宫”字样，因此“赵姬沐盘”四字是这件器物的身份和档次的象征，虽然处于显著位置，也不愿打磨掉，就像今人买了名牌产品，将商标一直保留一样。当然，如果铜盘还有“明光宫”铭文，参照铜鼎做法，“赵姬沐盘”也会打磨掉。诚如是，铜器铭文被打磨原因，将得到合理解决。

其实，由于赏赐、赙赗和交换等原因，墓内随葬非本人或本国器物现象并不是孤例，为表明改变了拥有者，最后拥有者除采用打磨方法外，还有用加刻的处理方式，如河北满城汉墓出土的长信宫灯就是在“阳信家”铜器上加刻的①，因此不能简单依据“赵姬家”铜器，而认定墓主为赵姬；况且赵姬铭文毕竟不是印章，不是表明墓主身份的铁证，即使今天也从未有人命名赵姬墓。至此，明光宫、赵姬、楚王、王后这四者之间相互关系，我们与以前学者有了不同理解，从铜器本身携带信息来看，该批铜器确实曾经为明光宫专门生产，且为赵姬所有，后因某种原因，这批铜器最终归属某一代楚王后，但是赵姬不是某一代楚王后，二者之间缺乏有效证据链。

一旦认定M2主人并非赵姬，过去对墓主的断定也需要重新认识。前文已有论述，李银德先生认为“一号墓为刘延寿、二号墓为其妻后的可能性较大”②；参加东洞山M3发掘的孟强先生指出“三号墓的发掘证明了这一判断是准确的”，并从M3未完工的角度对东洞山墓主问题再认识是：东洞山汉墓为西汉中期第八代楚王刘延寿及其两位王后的墓葬，其中二号墓墓主为赵姬，赵姬从明光宫嫁至楚国为刘延寿王后，刘延寿在位期间赵姬先卒。赵姬卒后，刘延寿又立王后，是为三号墓墓主。但是三号墓墓主成为新王后不久，即发生刘延寿谋反事件，导致三号墓尚未建成就匆匆入葬③。孟论表面上顺理成章，但仔细探究，则存在两个问题，首先，

① 秦进才、张玉：《由“长信宫”灯铭文说“阳信家”铜器的最初所有者问题》，《文物春秋》2005年第4期。

② 李银德：《徐州出土“明光宫”铜器及有关问题探释》，《徐州文物考古文集（一）》，科学出版社，2011年，第462页。

③ 孟强：《徐州东洞山三号汉墓的发掘及对东洞山汉墓的再认识》，《东南文化》2003年第7期。

从孟文列举的史料来看[①]，在谋反事件涉及人物中，刘延寿的后母弟是赵何齐，其岳父是赵长年，这只能说明第八代楚王王后姓赵，但是上文已经证明东洞山M2墓主并非赵姬，因此考古发掘和文献材料不能相互佐证，二者之间只是一种偶合现象。其次，按照孟论M2时代早、M3时代晚的观点，其排列的高下顺序应是M2居左，M3居右，而不是今天我们看到的M3居左、M2居右，M3不能后来居上，左右安排不合常理。文献记载和发掘结果无法相互印证，左右高下顺序不能合理解释，因此以往研究认为M1墓主是第八代楚王刘延寿的结论值得怀疑。明光宫铜器的意义，只能说明M2墓主入葬是在太初四年（前101年）之后，考察楚国历史，这个时期在位楚王有第八代至第十二代楚王，这是常规理解，但是根据三墓的排列方位和高下顺序，M2应为后死之王后，而王后与王死亡时间并不等同，如果认定其是第七代楚王刘纯之王后，其晚死于第七代楚王，与其子第八代楚王刘延寿共同生活多年，墓内出现明光宫器物，也能得到合理解释。

三、从东洞山汉墓形制看墓主时代

过去对于东洞山墓主和时代的认识主要有三种观点，一是墓主为第八代楚王刘延寿；二是认为可能是刘纯或刘延寿之墓；三是墓主为第九代楚王刘嚣。当彻底搞清楚三座墓修筑的先后顺序，重新认识“明光宫”铜器携带的历史信息后，对东洞山汉墓时代和墓主问题有必要进行再讨论。

持第一种观点墓主刘延寿说学者较多[②]，主要依据墓内出土的“明光宫”铜器和M3未完工，但是前文已有论述，“明光宫”铜器断代意义只能说明M2不早于明光宫始建之年，M3未完工也与墓主兵败自杀没有必然联系，因此刘延寿说应重新考虑。

黄展岳、孙波先生则认为东洞山（石桥）二墓稍晚于刘注墓，有可能为后于刘注的刘纯或刘延寿夫妇墓[③]；刘振东、谭青枝先生提到该墓时则用模糊语言，称“某代楚王夫妇墓”，不

① “宣帝即位，延寿以为广陵王胥武帝子，天下有变必得立，阴欲附倚辅助之，故为其后母弟赵何齐取广陵王女为妻。与何齐谋曰：我与广陵王相结，天下不安，发兵助之，使广陵王例，何齐尚公主，列侯可得也。因使何齐奉书遗广陵王曰：愿长耳目，毋后人有天下。何齐父长年上书告之。事下有司，考验辞服，延寿自杀。立三十二年，国除。”（东汉）班固：《汉书·楚元王传》，中华书局，1962年。

② 李银德：《徐州出土“明光宫”铜器及相关问题探释》，《江苏省考古学会论文·1984—1985合集》；孟强：《徐州东洞山三号汉墓的发掘及对东洞山汉墓的再认识》，《东南文化》2003年第7期；梁勇：《从西汉楚王墓的建筑结构看楚王墓的排列顺序》，《文物》2001年第10期；葛明宇、王恺：《徐州西汉楚王陵墓考古发掘与相关问题研究》，《汉代文明国际学术研讨会论文集》，北京燕山出版社，2009年，第245—255页。

③ 黄展岳：《汉代诸侯王墓论述》，《考古学报》1998年第1期；孙波：《西汉诸侯王墓的发现与研究》，《汉代考古与汉文化国际学术研讨会论文集》，齐鲁书社，2006年，第200页。

具体指明墓主时代①。以上学者实际上已经有疑问，对墓主时代现有观点并不认可，并已指明墓主有刘纯之可能，惜均未展开讨论。

刘尊志先生根据M1墓道南侧发现盗后孑遗有铜釜、玉衣片、玉璧、玉剑饰等物，以及M2出土器物丰富的特点，指出这些器物档次高，品种和数量众多，与刘延寿谋反自杀的事实不符，认为东洞山M1当为孝王刘嚣之墓②。其认识到M3未完工不应该与谋反之王画等号，相对于刘延寿说是一个巨大进步，但拘泥于明光宫始建之年的限制，又将墓主向后推至第九代楚王刘嚣。然而，刘嚣即位与刘注入葬相距67年，中间相隔第七、八两代楚王，且第八代楚王谋反与第九代楚王即位，中间尚有20年断档，导致其墓葬形制发生变化，已经与龟山汉墓有明显不同③，故刘嚣说距墓主真相更远，没有得到学者响应。

东洞山三墓情况各异，M1早年被盗，墓内没有发现随葬器物，M2随葬器物多，但只能证明墓葬的上限，M3出土器物数量少，没有发现纪年器物，研判东洞山墓主归属确实是一个学术难题。但是搞清楚三墓入葬的先后顺序以及明光宫铜器反映历史信息后，结合墓葬形制特点，准确认定该墓在楚王墓序列中顺序，墓主问题最终还是能够解决。东洞山汉墓与龟山、南洞山等墓相似度高，为便于比较研究，下面笔者简单介绍二墓的基本情况。

（1）龟山楚王（后）墓。位于徐州市西北9千米处的龟山西脚下，由南北并列的两墓构成，两墓均西向，结构大体相同，墓室呈不对称开凿，但结构较为完善，有前室、寝室、耳室、厕所、厨房、水井、车房（图三）。北墓有墓室5间，南墓与北墓平行，间距约15米，有墓室10间。主墓室高度达到4米，还出现边长1米的高大墓柱。墓顶结构复杂多样，有平顶、拱顶、两面坡顶、四角攒顶和盝顶。墓室内排水设施完善。两墓之间还有一曲尺形门相通，是一处典型的夫妻“同茔异穴”合葬墓。两墓均被盗，但仍出土不少陪葬器物，重要的有表明墓主身份的龟纽银印。

（2）南洞山楚王墓。位于徐州市东南10千米处的南洞山南麓。两墓均南向，相距约7米，大致平行，建筑面积约230平方米（图四）。一号墓总长80米，墓道长9、宽3.4、高7.5米，末端内收呈喇叭形；甬道长约40、宽1米。共有5间墓室，中部有一侧室，甬道尽头有前、后两间墓室，后室为主室，高2.5米，平顶，中有墓柱，该室又分出两个小耳室。二号墓位于一号墓左侧，长约30米，墓道比一号墓窄而略长，与甬道成直角内收，墓室三间，后主室为穹隆顶，并有斜甬道与一号墓侧室相通。该处是已知墓葬中盗掘最为严重的一处，未留下任何遗物。

关于东洞山与龟山、南洞山三墓之间先后顺序，目前研究者一致认为龟山在前，东洞山居中，南洞山在后，但是对于三墓之间是紧密相连还是中有间隔，则又有不同看法。有学者在仔细分析墓葬形制、方向、室数、总长和面积大小后，指出南洞山、东洞山与龟山存在明显差

① 刘振东、谭青枝：《关于河南永城保安山二号墓墓主问题》，《考古与文物》2001年第4期。

② 刘尊志：《西汉晚期楚王（后）墓葬浅探》，《中原文物》2007年第1期；刘尊志：《徐州两汉诸侯王墓研究》，《考古学报》2011年第1期。

③ 刘照建：《徐州楚王山汉墓时代和墓主考》，《中国国家博物馆馆刊》2012年第10期。

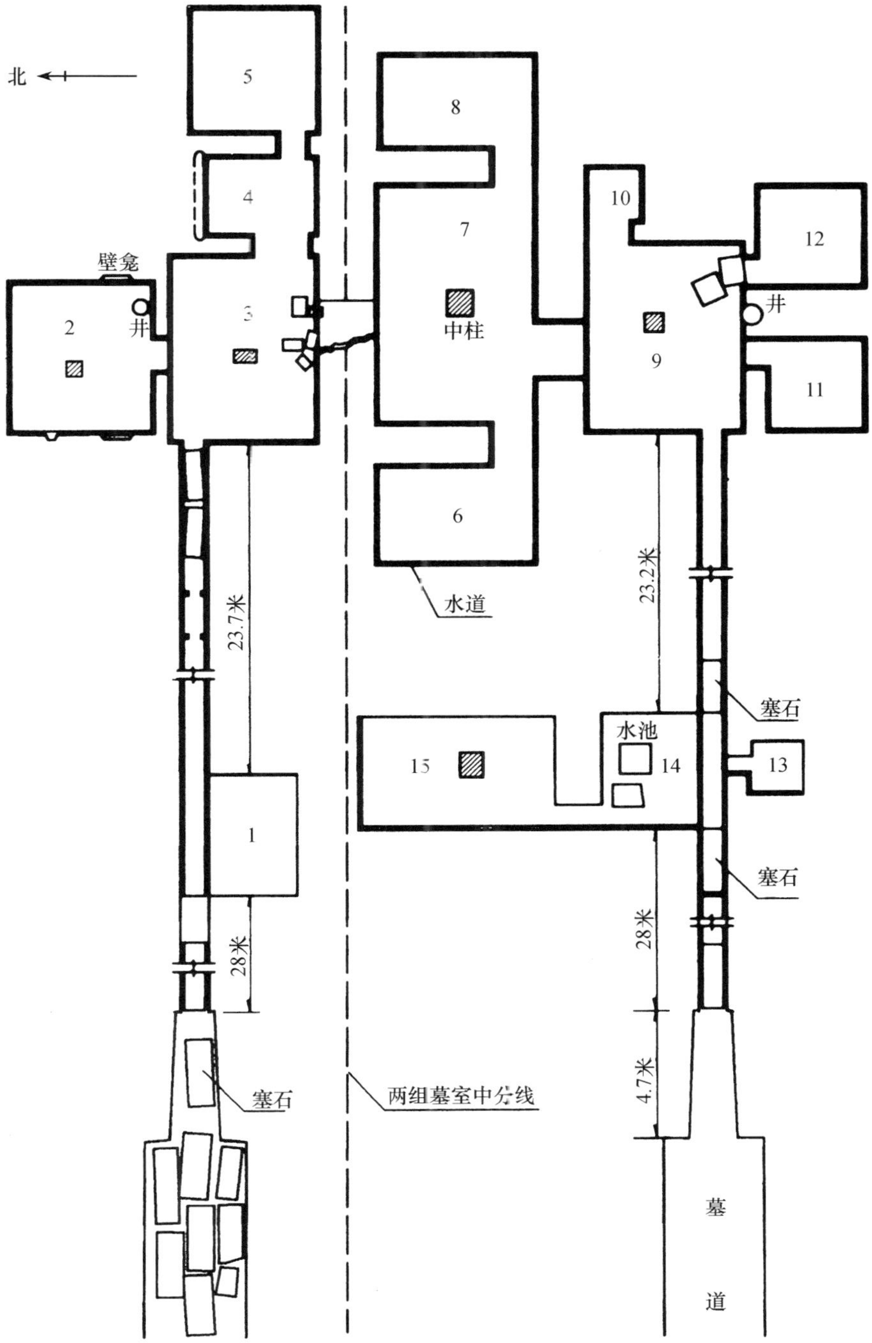

图三　龟山楚王（后）墓平面图

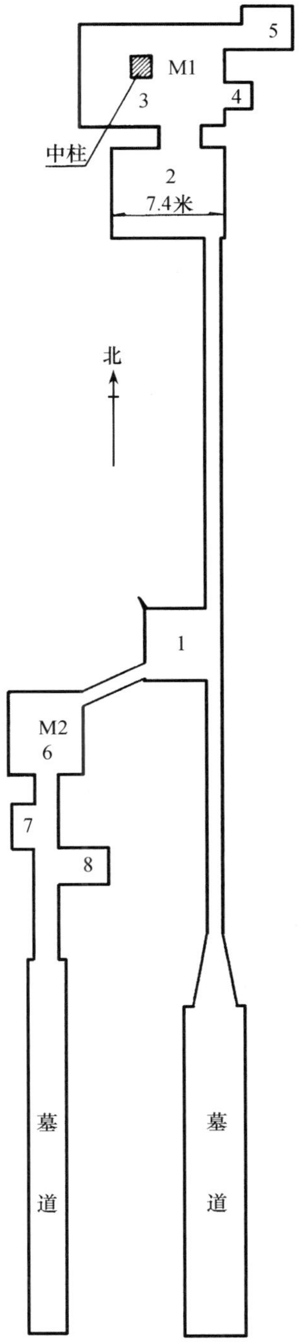

图四　南洞山楚王墓平面图

别，这当为一种在前期墓葬基础上发展形成的新型墓葬形制，突出特点是规模缩小，尤其是后墓与王墓的长度相差明显，认为三处楚三（后）墓同属一式，似乎范围过大，并将三墓分为两种类型[①]。笔者认为其分型依据值得探讨，首先，对于崖洞墓而言，墓葬规模大小变化不是变

① 刘尊志：《西汉晚期楚王（后）墓葬浅探》，《中原文物》2007年第1期；刘尊志：《徐州两汉诸侯王墓研究》，《考古学报》2011年第1期。

革和创新，这是由墓主的财力大小以及墓葬修筑时间长短所决定的，而不是时代发展变化所导致。其次，徐州地区楚王与王后墓之间的大小比例关系，已有学者做过统计①，王后墓一直小于王墓，即使在西汉前期也是如此，这几乎是普遍规律，因此东洞山王后墓面积小于王墓并不意外，放在西汉中期政治经济生活环境中，完全符合实际，不宜将三墓分为两种类型。下面笔者从三墓在选址、平面布局、形制结构等方面异同进行比较研究，以求进一步确定三墓之间的关系。

三墓之间相同点很多，主要有以下七个方面：一是选址特点相同，三墓的王与后均同在一座山体一个山头下，且山体逐渐增高，海拔一般在80米左右，王与后墓之间距离较小，中间或有或无甬道相通，属“同茔异穴”；二是墓室平面布局相同，三墓均以墓道、甬道的中轴线布局墓室，但是不再追求左右对称，而是以实际需要增减墓室，墓（甬）道两侧耳室剧减，主墓室周围侧室保留并增多，主墓室分前室、后室，甚至出现前、中、后三室的结构；三是室顶式样相同，有平顶、两面坡顶、四角攒尖顶、盝顶、拱形顶等形制，墓柱在墓室内广泛使用，墓柱均是在开凿墓室时提前预留，在原生岩体上凿成，而不是从其他地方预制后移入；四是墓室形制结构相同，三墓均墓道短、甬道长，甬道宽度变为1米左右，墓道平面均呈前宽后窄喇叭口状，塞石单层单列，呈“日”字形封填；五是墓室开凿技术相同，墓壁粗糙，没有打磨装饰，普遍有粗大凿痕；六是墓葬防护设施发达，墓室内普遍存在利用地面高差向墓外排水的设施；七是墓室外部特征相同，墓室顶部不见封土，周围未发现陪葬坑。

比对东洞山、南洞山与龟山三墓建筑特点，三墓之间有如此之多共同点，说明三墓关系紧密，时代较为接近，在分型分式上应属同一种形制，将其分成两种形制委实过于牵强。事实上，三墓主体特征相同，这是一个普遍认识②，有学者从建筑形态和观念背景分析，认为自武帝时始建的东洞山一、二号墓虽然都未竣工，但是据两墓的位置关系不难看出其初始规划也沿用了龟山汉墓的模式③。

比较三墓共同特点之后，再从三墓间的两两相似性进行比对，以求进一步确定三墓之间的关系。首先东洞山与龟山之间，除了三墓共同点之外，相同之处还有墓道方向相同，均为西向，开口均在山体底部，墓室布局均为前后结构，墓柱均呈四棱抛物线状；其次东洞山与南洞山的相同之处颇多，两墓规模缩小，墓室减少，仅有两个主室，中室取消，不见水井等附属性墓室，排水设施简化，王后墓长度仅占王墓的一半，耳室减少到一个，且设在甬道一侧，不再设置短过道相连。但是，南洞山相对于龟山汉墓，除三墓共同点之外，两墓之间则再没有共同之处，相反还表现出许多新的特点，墓道开口不在山体底部，而是上移至半山腰，墓室不再左

① 梁勇、梁庆谊：《西汉楚王墓的建筑结构及排列顺序》，《两汉文化研究》（第二辑），文化艺术出版社，1999年，第200页。

② 周保平：《徐州西汉楚王墓序列及墓主浅说》，《两汉文化研究》（第二辑），文化艺术出版社，1999年，第221页；梁勇：《从西汉楚王墓的建筑结构看楚王墓的排列顺序》，《文物》2001年第10期；刘照建：《徐州地区大型崖洞墓初步研究》，《东南文化》2004年第5期。

③ 王磊：《山石不朽——西汉崖洞墓的建筑形态和观念背景》，中央美术学院硕士学位论文，2014年。

右布局，而是前后布局，室顶出现穹隆结构，墓柱弧度更大，中间部分显得更加纤细。

从三墓共性以及两两之间的相似性看，龟山与东洞山相同之处最多，与南洞山相同之处偏少，这表明龟山与东洞山时代接近，而南洞山与龟山汉墓时代偏远。东洞山既与龟山多有相似，同时也与南洞山相同之处颇多，体现了承上启下的特点，说明东洞山处于龟山、南洞山之间，是一座承前启后的楚王墓，三墓实际是前后紧密相连的关系。龟山汉墓出土刘注印章，明确表明墓主为第六代楚王，东洞山、南洞山墓主只能是第六代刘注之后的楚王，而最新研究成果表明，楚王山一号汉墓墓主为第九代楚王[①]，又将东洞山、南洞山时代卡在第六代和第九代之间，因此两墓墓主分别应为第七、八代楚王，即东洞山墓主为第七代楚王刘纯，南洞山墓主为第八代楚王刘延寿。

一旦认定墓主为第七代楚王刘纯，结合三墓高下排序以及明光宫铭文，对第七代楚王和两位王后之间关系有了新的认识，第七代楚王刘纯从元鼎元年至太初四年（前116—前101年）在位，一生娶了两位王后，第一位王后早亡，墓葬未及修好，只能草草安葬，此即为M3。随后，刘纯又立新王后，新王后较为长寿，去世时间晚于第七代楚王，又与第八代楚王刘延寿共同生活一段时间，作为刘纯的王后，此时已经上升为王太后，其地位更加重要，作为其子的第八代楚王刘延寿，在王太后墓葬位置已经确定的情况下（居M3之下位），在其入葬之时，为表达孝顺之心，将中央朝廷赐予楚国的系列宫廷用器放入其母后墓室，当在情理之中。

四、余论——东洞山汉墓缩小原因

东洞山汉墓墓主为第七代楚王刘纯，在位16年，比第六代楚王刘注在位时间长4年，两者同处于鼎盛的汉武帝时代，为何墓葬规模反而比龟山汉墓小，这是一个不能回避的问题。如果只有东洞山汉墓如此，可能系早亡未完工所导致，但时代相近的南洞山汉墓同样也急剧缩小，说明东洞山形制缩小是有意为之。如果放在西汉中期政治背景下，与汉代中央朝廷采取的措施以及楚王处境结合起来考察，将得到合理解释。

汉武帝统治时期，对外用兵不断，对内管控加强，尤其是针对诸侯采取的系列政治措施，改变诸侯王国发展轨迹，导致诸侯王国地位急剧衰落。在第六代楚王时期，发生两件大事，一是武帝元朔二年（前127年）实行“推恩令”，二是元狩元年（前122年），武帝颁布“左官律”和“附益法”，这两件事对诸侯王打击很大，从此诸侯王“惟得衣食租税，不与政事”[②]。但是这些措施对楚国影响并不大，因为在第三代楚王刘戊谋反后，楚国已经被削薛郡、东海，在前154年，即“七国之乱”次年，景帝封刘交子刘礼为楚王，以奉元王宗庙，先于其他诸侯王国理顺与中央朝廷关系，楚国早早进入一个相对稳定的发展时期，所以龟山第六

① 刘照建：《徐州楚王山汉墓时代和墓主考》，《中国国家博物馆馆刊》2012年第10期。

② （东汉）班固：《汉书·诸侯三表》，中华书局，1962年。

代楚王在第四、五代基础上继续发展，能够修筑像龟山汉墓这样规模宏大的陵墓。

然而第七代楚王刘纯在位期间（前116—前101年），汉武帝在经济领域采取措施却对楚国产生重要影响。一是元鼎二年（前115年）武帝以桑弘羊为大农丞，建立筦盐铁和均输、平准制度，增加国家财政收入，使政府获得巨额丰厚利润，满足边境连年用兵和防御军费开支，虽然《史记·平准书》谓之“民不益赋而天下用饶”，但是《盐铁论·力耕篇》却云：“山泽之财，均输之藏，所以御轻重而役诸侯也。”[①]表明其真实目的，也是进一步加强对诸侯的掠夺和控制。二是统一货币，汉武帝从即位之初的建元元年（前140年）开始统一币制改革，直到元鼎四年（前113年）取消郡国铸钱权利，铸行“上林三官五铢”时，才称得上是最后成功，汉武帝元鼎四年下禁令：“悉禁郡国毋铸钱，专令上林三官铸。钱既多，而令天下非三官钱不得行；诸郡国前所铸钱皆废销之，输入其铜三官。”[②]这项改革要求各郡国以前铸钱一律销毁，所得铜料输给三官，这使得诸侯王国财富化为乌有。三是“酎金夺爵”事件，这个事件发生在第七代楚王即位的第5年，汉武帝元鼎五年（公元前112年），武帝要列侯献酎金助祭，以所献酎金分量不足或成色不好为借口，废列侯106人，其目的是敲山震虎，使得诸侯在酎金的分量和成色上，不敢有丝毫马虎，“酎金夺爵”进一步加强中央集权，加大了搜刮诸侯财富力度。由此可见，第六代楚王刘注时期的“推恩令”“左官律”和“附益法”推行，只是政治上打击诸侯王国，经济上相对能够独立发展，而第七代楚王刘纯时期，武帝在经济领域推行的系列削弱诸侯措施，则从经济上严重打击了诸侯王国的发展势头，进一步将财富向中央集中，尤其是后段对诸侯的管控明显加强，楚国在经济上已完全衰落，即使刘纯在位时间比刘注长，但也无力营建像龟山汉墓那样的大墓了。

另外，从刘纯谥号可观其品性和生活习惯。谥号是死后所封，对古代帝王一生的综合评价，用词讲究且简单，《礼记·乐记》云：“闻其谥，知其行也。”“节”在《逸周书·谥法解》云：“好廉自克曰节。”既然谥号不是简单随意命名，刘纯死后谥“节”，称楚节王，这说明其生性节俭，因此墓室规模缩小，与其品行正相符合。况且他有两位王后，需要修建两座王后墓，耗资更大，也迫使他不得不减小墓室规模。

长期以来，多数学者认为东洞山汉墓墓主是第八代楚王刘延寿，今天重新考察墓葬形制和随葬器物，准确认识彼此之间高下关系和入葬时间早晚，仔细甄别“明光宫”铜器反映信息，结合墓葬排序综合考察，并对东洞山汉墓规模缩小的原因做出合理解释，从而认定该墓墓主应是第七代楚王刘纯。

（原刊于《中国国家博物馆馆刊》2019年第3期）

① （西汉）桓宽：《盐铁论·力耕第二》，上海人民出版社，1974年。

② （东汉）班固：《汉书·食货志》，中华书局，1962年。

文物研究篇

略论徐州汉代画像石的艺术特色

汉画像石是我国古代重要的艺术形式之一。它和商周的青铜艺术、唐宋的陶瓷艺术一样，都达到了它们各自所处时代的艺术顶峰。汉画像石最深刻地体现了汉代深沉宏大的艺术特色。

目前，全国发现汉画像石的地方很多，比较集中的有四个地区①，其中山东、苏北属一个区域。关于山东画像石的艺术特色，有些学者已进行了较为深入的研究②；有关徐州汉画像石的艺术特色，仅见于一些零散的论述。本文拟从徐州汉画像石的创作手法、布局结构以及形与神关系的把握等方面入手，探讨徐州汉画像石的艺术特色，以求正于方家。

一

雕刻技法是反映汉画像石优劣的重要标尺之一。“艺术匠师以刀代笔，在坚硬的石面上，创作了众多精美的图像，因此作品兼具绘画雕刻两种因素。”徐州汉画像石雕刻技法多种多样，常见的是“弧面浅浮雕”，即“物象轮廓外剔地，物象轮廓凿成凸突的弧面，物象轮廓内用阴线刻划细部”③。有些画像石剔地很深，轮廓圆滑，使画像的各部分呈弧形，这种画像石尤给人以雕刻之美。

徐州汉画像石弧面浅浮雕技法已发展到炉火纯青的地步，但画像石的主要“意趣”还是绘画。因为线条在其中起着决定性的作用，即线条是主要的雕刻语言。例如，铜山县洪楼汉画像石墓出土“百戏图”④，上面千姿百态的表演形象全是由线条组成的，而且线雕的技法相当纯熟。再如“狩猎图”⑤，只寥寥几笔，就把狩猎者的神态刻画得栩栩如生。

从徐州汉画像石的刀法运用来看，可谓是方圆兼济。有时刀锋毕露，如“车马出行

① 宋治民：《战国秦汉考古》，四川大学出版社，1993年，第124页。

② 李发林：《山东汉画像石研究》，齐鲁书社，1982年。

③ 武利华：《徐州汉画像石研究综述》，《徐州博物馆三十年纪念文集（1960—1990）》，北京燕山出版社，1992年，第133页。

④ 徐州博物馆：《徐州汉画像石》，江苏美术出版社，1985年。

⑤ 徐州博物馆：《徐州汉画像石》，江苏美术出版社，1985年。

图”[①]；有时圆润流畅，如睢宁县九女墩汉画像石墓东门扉上的汉画像石[②]，无论是四周的仙草云气，还是羽人凤凰，都是曲折盘旋；特别是两个托盘钵缓步而行的人，刻画得更是圆润婉转。其用刀之圆，由此可见一斑。还有诸如徐州十里铺汉画像石墓外发现的一块“建筑图”画像石[③]，画面的物象依其具体情况而该方则方，宜圆则圆。方者骨力劲健，折如曲铁；圆者婀娜多姿，行云流水。

早期的画像石，刀法雕刻相对拙劣。例如，徐州万寨汉画像石墓出土的画像石，属于西汉晚期之作，刻划简单而粗糙。到了东汉中期，雕刻技法渐趋成熟，并达到相当高的水平。特别是方圆兼济的刀法，传神地表现了各种物象的意趣。

二

下面，我们来看看画像石的布局结构。所谓布局结构，也就是画像的“空间组合”[④]。徐州汉画像石的布局结构，最明显地表现了这一地区画像石的艺术特色。徐州汉画像石一般都是将整个石面进行分格（有的还分行），再把各种物象分别安置于其中。而且图案布局繁密，较少留白，常把不同题材的画面结聚在一起，这一点和南阳汉画像石的表现手法恰恰相反[⑤]。例如，邳州征集的“仙人、渔猎图”画像石[⑥]，该石共分两格，上格是仙人等物象，下格是渔猎的图像。上格的仙人图，描绘了一个奇妙的虚幻世界。而下格的渔猎图，则展示了一幅活生生的人间世界，一虚一实，相映成趣。单就下格的渔猎图来说，其物象的布局组合也是别具匠心的：渔者驾着鱼鹰，手持鱼叉；猎者持矛，正在向野兽刺去；上方又刻一只猎犬，大小相宜。整个画面疏密而有序。尤其是两猎者相对的位置布局，确有那种把最动感的瞬间定格下来的感觉。而渔和猎两种景象共刻于一幅画上，相得益彰，平添了几分情趣。在徐州汉画像石中，这样分格设置物象的情况是很多的，多是一格为想象的绮丽世界，一格为现实的人间万象。有些画像石虽然不分格，也常是两个世界交织在一起，给人一种亦真亦幻的感觉。因此，徐州汉画像石在构图上具有“聚复性”和“二重性”（也就是在同一幅画面上展现了二重的世界）。这一方面反映了汉代“天人合一”的思想和对“天”的亲和，另一方面也表现了他们独特的审美观念。

此外，徐州汉画像石构图饱满，一般在画像主体部分之外的空白处都缀以各种物象。比如

---

① 徐州博物馆：《徐州汉画像石》，江苏美术出版社，1985年。

② 徐州博物馆：《徐州汉画像石》，江苏美术出版社，1985年。

③ 徐州博物馆：《徐州汉画像石》，江苏美术出版社，1985年。

④ 武利华：《徐州汉画像石研究综述》，《徐州博物馆三十年纪念文集（1960—1990）》，北京燕山出版社，1992年。

⑤ 徐州博物馆：《徐州汉画像石》，江苏美术出版社，1985年。

⑥ 徐州博物馆：《徐州汉画像石》，江苏美术出版社，1985年。

铜山县苗山汉画石墓出土的一块画像石[①]，主体部分是二人比武，旁边有观者及奏乐者。但在空白处还有几只鸟雀，特别是下面的一只小鸟，正在“全神贯注”地向上观望，十分有趣。可以说，这一点缀简直是神来之笔，确是尽得天真烂漫之意。

在画面四周装饰花纹，也是经常使用的表现手法。装饰花纹样式繁多，不一而足，有云纹、菱形纹、锯齿纹、连弧纹等，有时又是多种花纹组合在一起。这些花纹镶在画像的四周，不仅本身就具有一种图案美，而且对于整幅石面，也起到了极好的装饰作用。比如黄山汉画像石墓出土的一块画像石[②]，在这幅画像上，中间是十字穿璧，外面饰有几层花纹，有菱形纹、连弧纹和锯齿纹，这些组合在一起的花纹，增强了整幅画像的装饰性。

徐州汉画像石在布局上还有一个特点，就是较注重形式美，这主要表现在画面的对称、呼应、连续等构图法则上。在徐州汉画像石中，经常出现的二龙穿璧、二鸟交颈等物象[③]。在处理这类画像时，一般是将画面分左右两部分，中间铺首衔环，上下饰以瑞鸟和鲤鱼，整幅画像全部是对称的。再如睢宁九女墩汉画像石墓出土的一块画像石[④]，画面上格中间刻一神鼎，两旁刻凤凰、神兽也是左右对称的。再如该墓中室正中立柱上的一块画像石[⑤]，一青龙咬住白虎之尾，这正是构图的一种呼应。还有二龙穿璧首尾相接的画像，也都很注意构图的呼应。

下面再来谈谈徐州汉画像石在构图上的“对比”或者说“比衬”。这里包括“大”与“小”的对比、“简”与“繁”的对比、“动”与“静”的对比等。总的来说，徐州汉画像石的构图是“繁缛的，二重的”，但也有一些画像石构图是“简洁的”。实际上，仅就徐州汉画像石构图的“二重性”而言，主要表现在内容上，而不仅仅是形式上。形式上的二重表现只是汉代人思想意识的“二重”性在艺术上的折射。例如，徐州利国汉画像石墓的一块画像石[⑥]，左下方刻有一人形，右上方刻一人首蛇尾者，也就是伏羲或女娲的形象。这是构图在内容上的“二重性”最简单的一个例证。

徐州汉画像石在处理“简”与“繁”的对比关系方面也是颇有章法的。下面试举几例加以说明。比如邳州燕子埠汉画像石墓前室西壁的一块画像石[⑦]，画面的左侧是表现贵族骑马乘车郊游狩猎的情景；右侧是楼宇人物形象。左边的骑马乘车郊游狩猎图密不透风，表现了贵族生活的铺陈张扬、奢靡华丽；而右边的楼宇却用笔简单，且有大片的留白。这一“繁”一“简”，互相映衬，产生了极佳的艺术效果。再如“青龙戏璧图”[⑧]，左侧是一玉璧，右侧是一青龙，整个画面造型简洁。但相比较而言，左侧的玉璧为“简”，右侧的青龙为“繁”。又

① 徐州博物馆：《徐州汉画像石》，江苏美术出版社，1985年。
② 徐州博物馆：《徐州汉画像石》，江苏美术出版社，1985年。
③ 徐州博物馆：《徐州汉画像石》，江苏美术出版社，1985年。
④ 徐州博物馆：《徐州汉画像石》，江苏美术出版社，1985年。
⑤ 徐州博物馆：《徐州汉画像石》，江苏美术出版社，1985年。
⑥ 徐州博物馆：《徐州汉画像石》，江苏美术出版社，1985年。
⑦ 徐州博物馆：《徐州汉画像石》，江苏美术出版社，1985年。
⑧ 徐州博物馆：《徐州汉画像石》，江苏美术出版社，1985年。

是一“简”一“繁”意从这两者对照中自然流出。

再来看“大”与“小”的对比。所谓“大”与“小”，是指画面上物象的“大”与“小”。这种“大”与“小”的对比，主要是意趣上的比照。比如铜山县茅村征集的一块画像石[①] 画面上刻一俯首执盾的亭长和一拥彗的门卒，一“大”一“小”，确有一番意味。这里需要指出的是，徐州汉画像石的“大”与“小”都是一种变形和夸张，它不是写实性的，并不按照西方美术的透视法则按比例缩小远景。例如，在很多建筑人物画像上，都是人物充满了建筑物的内部空间，而这绝不是按照真实情况刻划的。

最后我们来看徐州画像石的“视点组合”问题。有很多学者认为，中国传统绘画中存在着一种不同于西方的“焦点透视”的“散点透视”。但也有人认为，中国传统绘画根本就不存在所谓的“散点透视”[②]。实际上，汉画像石的构图处理常常是几个视点的组合，而这些视点的选择，又都是因为能够以此来得到最具物象审美特征的形象结构。这种情况，在古代埃及的绘画艺术中就已经存在了。比如“（古埃及人）总是从最能显示每一细节之特征的角度来表现所有的细节……头部从侧面最易看清，于是浮雕（及绘画）上的人物的头像便被表现为侧面……人物的眼睛是被表现为正面的”[③]。在中国传统绘画中，特别是为数众多的山水画，严格地讲，其中并没有什么真正意义上的透视，即使是写实的工笔画家，也不是按照西方绘画模式那样去作画的，而较为普遍的是二维平面构图形式。因此，统观中国的传统绘画，严格的透视法则是从未被遵循的。而汉画像石作为绘画与雕刻的结合，也不能超出这个范围。也可以这样说，汉画像石的“透视”其实就是在一幅画像中视点的组合及其相互关系问题。

徐州汉画像石对于多视点组合的处理是很有艺术个性的。比如沛县所收集的散存画像石中有这样的一块[④]：画面的最下格中间刻一树，驾车的人在旁边用手扶树；而树上挂有饲料，旁边的马正在进食。这三种物象是侧面正视，但旁边停的一辆轺车，则是侧面正视。两个视点，两种视角组合在一起，使画面富于变化性，活泼而不呆滞。

一般来说，表现动态的物象，多是用侧面平视；而表现物象的沉静之美，则多是采用正面平视；在表现层层叠叠的建筑和气势浩大的活动物景时，则往往采用俯视和平视相结合的方法。总之，徐州画像石的作者并不在乎什么透视法则，而是怎样布置能获得最佳的艺术效果就怎样布置经营。他们总是根据最能显现物象之美这一根本法则来进行视点组合的。铜山县洪楼汉画像石墓出土的“迎宾图”[⑤]，最能体现这一特点：画面下部为迎宾场面，门前双阙、厅堂建筑等采用的是正面俯视法，而人物和车马则是侧面平视。前者表现了建筑物的宏大，而后者则传神地刻画了人物和车马的情态。这两种视点组合在一幅画面上，产生了很强的艺术效果。正像中国古代的绘画，在同一幅作品中，远山是仰视，近水是俯视，而近处的草木都是平

---

① 徐州博物馆：《徐州汉画像石》，江苏美术出版社，1985年。

② 徐州博物馆：《徐州汉画像石》，江苏美术出版社，1985年。

③ 徐州博物馆：《徐州汉画像石》，江苏美术出版社，1985年。

④ 徐州博物馆：《徐州汉画像石》，江苏美术出版社，1985年。

⑤ 徐州博物馆：《徐州汉画像石》，江苏美术出版社，1985年。

视；而这些视点错落有致地组合在一起，却产生了一种悠远的意境之美。另一幅“车马、捕鱼图”[①]，为了表现桥上车马连绵不绝的场景，画面采用了侧面平视的方法；而对于桥下的渔船和渔民，则是侧面俯视的。这既是因为在平面造型上不得不这样表现大致的空间关系，也是因为这样更能展现车马出行与河中捕鱼两种场景的各自特点，而结果是妙趣天成，意味深远。

总的来说，徐州汉画像石中的这种多视点的组合，是符合中国传统艺术的审美要求的，它体现了对于外界事物综合把握的中国艺术特色。

三

我们讨论一个徐州汉画像石的形与神的关系。徐州汉画像石对于形神关系的把握，既一脉相承于先秦艺术，又有它独特的地方。

在中国传统艺术中，各类艺术的相通性是由来已久的。中国艺术和所有的文化形式之间的融合性是相当强的。诚然，雕刻与绘画是两种不同的艺术形式，它们各有自己的语言、规律等，而画像石作为雕刻与绘画相结合的一种艺术形式，则更多地受到了绘画艺术的影响。吴曾德认为南阳汉画像石的艺术渊源是汉代壁画艺术，而其更悠远的源头则是楚画[②]。实际上，徐州汉画像石艺术也是深受楚文化影响，这不仅表现在地域上的邻近性，更表现在文化上的深层浸透。有人认为“汉代艺术精神来源于以秦楚两种文化为主体的融合”[③]，这表现在徐州汉画像石艺术上尤为明显。徐州汉画像石无论从历史角度来看，还是欣赏其原石，都可以感受到楚绘画艺术在其中的深深烙印。本文不打算深究徐州汉画像石艺术与楚绘画的历史渊源关系，仅以绘画艺术作为参照来分析一下徐州汉画像石的形神关系。

中国古代绘画艺术是“把绝大部分注意力均放在物体最关键部位——即揭示其恒常性结构的大大小小的轮廓线之上”的[④]。这就是中国绘画的最重要特点。它突出了线条在构成物象方面占据的最重要的位置，这是绘画艺术最基本的语言和手段。对于中国古代绘画艺术“神”的品位，谢赫在《古画品录》中提出了“六法”[⑤]，这六条理论对于绘画艺术的影响是深远的，尤其是“气韵生动”法。再者，汉代艺术理论提出了所谓“君形”说：“画西施之面，美而不可说；规孟贲之目，大而不可畏。君形者亡焉。”[⑥]这里的“君形”指的就是支配实在形体生命的生气，也即是神。《淮南子》中还有“画者谨毛而失貌，射者仪小而遗大”的论述[⑦]。

---

① 徐州博物馆：《徐州汉画像石》，江苏美术出版社，1985年。

② 南阳汉代画像石学术讨论会办公室：《汉代画像石研究》，文物出版社，1987年。

③ 袁济喜：《两汉精神世界》，中国人民大学出版社，1994年。

④ 胡东放：《中国画黑白体系论》，人民美术出版社，1991年。

⑤ 俞剑华：《中国画类编》，中国古典艺术出版社，1957年。

⑥ 陈广忠注释：《淮南子译注》，吉林文史出版社，1990年。

⑦ 陈广忠注释：《淮南子译注》，吉林文史出版社，1990年。

以上所列举的美学思想和画像石艺术有着内在的一致性，下面来看几个实例。铜山县茅村汉画像石墓门楣背面和中室北壁都是车马出行图[①]，两幅画像中马的形象十分突出：马足张开，正在向前飞驰，可谓是神采飞扬，确实让人感到了力量和速度之美。但这些马形象的刻划却是粗线条的，不予任何细部描绘，而且马身的比例也绝不合乎真实的情况。然而，正是这种粗线条的刻画，恣意的形象处理和位置经营，却产生了强烈的艺术感染力。看这些充满雄浑力量的画像，的确像是有一股气势在激荡着人的心灵。

再如贾汪白集汉画像石墓前室北横梁的一块画像石[②]。画像中舞者的飞扬神采，跪者的诚惶诚恐以及缓行之人的闲适，都由简单而富于变化的线条所构成的艺术形象表现出来了。还有十里铺汉画像石墓中前室横额正面的一块画像石[③]，中间的落荒而逃者身子向前急走，却又回首张望，更是十分传神。尽管这一物象的四肢比例都不符合实际，却丝毫不减其艺术魅力。

从以上分析可以看出，徐州画像石在处理形与神关系方面是自有其匠心的。它注重整体的简洁性，并且不以工细或形的准确性为其最高标准[④]，它更在意的是如何表现物象的内在神韵。徐州汉画像石并不在乎如何在真实性方面接近实物，它只要求物象具备最基本的“形似”[⑤]，最主要还是物象是否具有一种内在神韵。因为“艺术之所以为艺术的本质”乃是“传神”，“神是人与物的第二自然；而第二自然，才是艺术本身立足之地”。而“传神”完全“是由作者向对象的深入，因而对于对象的形相所给予作者的构脱性及其虚伪性得到解脱所得的结果”。[⑥]也就是说，只有超越现实的形象，而且“透入对象不可视的内部的本质（神）”[⑦]，才能真正获得艺术的精神内蕴，而徐州汉画像石艺术的重心神韵就体现在这里。它不拘泥于一人一物的象形与否，而是大胆的夸张、变形、铺陈，恣意刻绘，结果是把最具物象神韵的艺术形象展现出来，因而徐州汉画像石造型拙重却显得很有气势。这正是那些佚名艺术匠师们超越简单形式、追求内在神韵的结果。

汉代的徐州，生产力较为发达，思想文化活跃，孕育出大批技艺超群的艺术匠师。他们运用形式多样的艺术表现手法，创作出丰富多彩的画像石艺术。直到今天，面对这一块块石头，我们仍能感受到充满生气的汉代艺术。以画像石作窗口，我们可以领略到汉代艺术大气雄浑、粗犷拙重的神韵。因此，作为研究汉代艺术不可多得的实物资料，徐州汉画像石在中国美术史上确实是值得华章大书的一页。

［原刊于《两汉文化研究》（第二辑），文化艺术出版社，1999年］

① 徐州博物馆：《徐州汉画像石》，江苏美术出版社，1985年。

② 徐州博物馆：《徐州汉画像石》，江苏美术出版社，1985年。

③ 徐州博物馆：《徐州汉画像石》，江苏美术出版社，1985年。

④ 胡东放：《中国画黑白体系论》，人民美术出版社，1991年。

⑤ 徐复观：《中国艺术精神》，春风文艺出版社，1987年。

⑥ 徐复观：《中国艺术精神》，春风文艺出版社，1987年。

⑦ 徐复观：《中国艺术精神》，春风文艺出版社，1987年。

秦汉兵马俑形体差异探源

自1974年秦兵俑发现以来，关于秦兵马俑研究便有序展开，从秦俑头顶的发髻式样到足底的踏板作用，都有学者进行深入细致的研究，秦俑发掘与研究蔚为壮观，取得世人瞩目的成果，相比较而言，汉兵马俑研究相对滞后。目前，我国已发现陕西咸阳杨家湾、景帝阳陵，徐州狮子山汉墓陪葬坑等三处兵马俑，秦汉两代出现体裁相同的俑，自然引起学者的关注，有人从艺术风格、制作方法等对二者进行了比较研究，但是关于二者形体之间的巨大差异，迄今尚无专文著述。笔者不揣浅陋，在对秦汉兵马俑略作比较的基础上，将秦汉兵马俑放入当时社会的大背景中，通过对秦汉政治、经济、思想诸方面比较，对二者形体之间存在的巨大差异，提出自己一点不成熟的看法，不正之处，希望得到诸位专家同仁的指正。

一、秦汉兵马俑发现概况

（一）秦始皇兵马俑概况[①]

共发现兵马俑坑四个，一号坑1974年发现，二、三、四号坑于1976年发现，四号坑是一个未建成的兵马俑坑。一号坑东西长230、南北宽62、深4.5—6.5米，总面积14260平方米，埋藏兵马俑6000件左右。二号坑在一号坑东端北侧20米，平面呈曲尺形，面积6000平方米左右，埋葬大型陶马、陶俑1400件。三号兵马俑坑位于一号坑西端北侧25米处，面积为520平方米，埋藏1乘战车和68个卫兵俑，此坑是个指挥部。四号坑与一号坑相距20米，尚未建成。一、二、三号兵马俑坑，都是地下巷道式的土木结构建筑。俑坑内共藏陶俑7000余件，均为泥质红陶，火候高，质地硬，采用模塑结合的制作方法，俑头、躯干、手臂中空，腿、脚、手则为实心，制作工序是先做成脚和腿部，待稍干后用泥条盘筑法一层层地叠筑成躯干，接着再进行细部加工，如发髻用刀刻成细细的发丝，几乎与真人的毛发一样逼真，最后再敷以色彩，颜色种类多样，有绿、粉绿、朱红、粉红、紫蓝、中黄、橘黄、黑白、灰白、赭等色。陶人陶马皆形体高大，与真人真马相似。

① 秦俑考古队：《临潼兵马俑第一号坑试掘简报》，《文物》1975年第11期。

（二）汉兵马俑概况

共发现3处，分布于陕西咸阳和江苏徐州境内，兹分述如下。

（1）咸阳杨家湾兵马俑[①]：1965年发现于咸阳市北郊杨家湾，共发现随葬坑11个，俑坑呈竖穴土洞式。墓主可能为西汉初年的大将周勃、周亚夫父子，其陪葬坑出土兵马俑2548件，作五列四行排列，前三列六坑为骑兵俑，后二列四坑为人俑，俑类众多，有文官武士、舞乐杂役等体裁，皆通体彩绘，服式、铠甲、武器及头巾和发式都描绘得十分细致。马俑大者通高68、小者50厘米，兵俑也可分大小两种，大者高48.5、小者高34.3厘米。

（2）景帝阳陵丛葬坑兵马俑[②]：共发现24个俑坑，由东向西排列14行，行距20、坑宽为4米，个别坑也有宽10.5米的，深7—8米，长度不等，可分为长、中、短三级，长在120（K10）—291（K6）米的有8个，长在687（K2）—868（K19）米有3个，长在25.3（K22）—50（K20）米有13个，总面积为125 000多平方米。出土陶俑通高一般62厘米，躯体各部分合乎解剖比例，塑造逼真，阳物、肚脐、窍孔俱备。俑头形象各异，显出年龄、个性的区别。发均由额际中分，至脑后合拢，上折至头顶绾髻。俑烧后皆敷彩。颜面、躯干、下肢均绘橙红色，犹如肌肤，发眉、领、睛赭黑，陶俑身着丝绸衣物。其制作工艺流程大致经过成型→窑烧→绘彩→着衣四个阶段。

（3）徐州狮子山兵马俑[③]：1984年12月，徐州市砖瓦厂在东郊狮子山西麓取土时发现。共发现4条俑坑。俑坑系直接开挖在山坡上，为长方形竖穴形状。因受破坏，原坑深度不详，坑长均在28米左右，上宽下窄。现存上口宽约2、底宽1.5—1.7、坑底距现存地面深0.2—1米，东浅西深。俑坑的建造十分简易，挖好坑即放置兵马俑，后用挖出的土掩覆，俑的种类较多，有马俑、指挥俑、冠帻站立俑、发辫俑、跪坐俑、仪卫俑等，已出土兵马俑2300余件，探明总数在4000件以上，皆为泥质灰陶，陶质细腻而坚固，其烧成温度在1000℃以上，制作方法一般为合模制作，也有多模制作。除甲胄俑、陶马外，一般为身首分别制成后再粘接而成。因选用不同模具和制作方法，即便一模所制，形态也有一定差别。所有陶兵马俑皆彩绘，但侵蚀较为严重。俑体量较小，一般高度为27—43厘米，个别身份特殊，可能为指挥俑的高达53厘米。

---

① 陕西省文物管理委员会、咸阳市博物馆：《陕西省咸阳市杨家湾出土大批西汉彩绘陶俑》，《文物》1966年第3期；陕西省文管会、陕西省博物馆、咸阳市博物馆：《咸阳杨家湾汉墓发掘简报》，《文物》1977年第10期。

② 陕西省考古研究所、汉陵考古队：《汉景帝阳陵南区从葬坑发掘第一号简报》，《文物》1992年第4期；《汉景帝阳陵南区从葬坑发掘二号简报》，《文物》1994年第6期。

③ 徐州博物馆：《徐州狮子山兵马俑坑第一次发掘简报》，《文物》1986年第11期。

二、秦汉兵马俑形体差异

秦汉兵马俑皆是以泥土作为原料，运用模塑结合的手法，塑造成千上万的士兵形象，放置在陵墓附近专设的俑坑内，以军阵形式出现，皆为殉葬用的明器，由于规模庞大，数量众多，具有极强的军事色彩，故统称为兵马俑。但是因为时代不同，秦汉兵马俑又被赋予不同内容，表现在俑体塑造上也有很大不同。这一点许多学者已进行深刻论述，如秦俑写实，符合人体解剖原理，给人以逼真的艺术享受；汉俑写意，较为概括，身躯扁平，制造较为粗糙，但眉眼十分细致。另外，二者皆外敷色彩，但秦俑多用塑造的手法，汉俑则以描画为主，阳陵陶俑则裸体着衣，不同之处颇多[①]，不一一叙述。然而，在秦汉兵马俑诸多差异中，以形体差异最为明显，秦俑形体高大，几乎与真人真马相同，一般高1.7—1.9米，大者高过2米以上，而汉代兵马俑形体则剧然变小，一般0.5米左右，仅及秦俑1/3。既然“汉承秦制”，汉代陵园建筑确实也继承秦代特点，然而为什么作为陵园重要组成部分——殉葬兵马俑制作上，形体差异却如此之大，对此学者尚鲜有论及，即使提到也语焉不详，可是在秦汉兵马俑比较研究中，这实在是一个不容回避的问题。

三、秦汉兵马俑形体差异探源

秦汉时代盛行“事死如生”的丧葬思想，“凡生前所需之，死后亦需之”，在这种思想指导下，秦始皇发动70余万人在骊山北麓为自己营建大型陵墓，墓内情况据史书记载：“始皇初即位，穿治骊山。及并天下，天下送徒诣七十余万人，穿三泉，下铜而致椁，宫观、百官、奇器珍怪徙藏满之。”[②]而且又在周围设置许多个陪葬坑，使始皇能够像在生前一样，在地下统治江山，调遣军队，享万世之尊荣。汉代一脉相承，在陵园营建中，几乎原样照搬秦代样式，厚葬之风亦有增无减，《晋书·索林传》云：“汉天子即位一年而为陵，天下贡赋三分之一，一供宗庙，一供宾客，一充山陵。”这就是说要把每年贡献的1/3作为修筑皇帝陵的费用，而且陵墓内随葬珍宝数量更是惊人，如武帝茂陵“多藏金钱财物，乌兽鱼鳖牛马虎豺生禽，凡百九十物，尽瘞藏之”[③]。及至武帝死时，“陵中不复容物”[④]。即使地方上中小官僚地主，也是“厚资多藏，器月如生人”。然而，作为陵墓中重要组成部分的兵马俑，汉代却没有承袭秦

---

① 呼林贵：《秦代与西汉陶俑制作工艺浅析》，《文博》1987年第1期。

② （西汉）司马迁：《史记·秦始皇本纪》，中华书局，1982年。

③ （东汉）班固：《汉书·贡禹传》，中华书局，1962年。

④ （北宋）欧阳修、宋祁：《新唐书·虞世南传》，中华书局，1975年。

代的造型，仅及秦代的1/3，徒具象形罢了，这究竟是什么原因呢？

我们知道，汉代陶俑制作技术也并未失传，秦汉两朝沿袭痕迹十分明显，甚至汉代许多方面尚比秦代进步的多，对于此，已有学者进行专文论述①，诸如在艺术风格上，都是写实主义群体雕塑作品，形象上皆形神兼备，且刻画细腻，恰当地运用简约的概括，合理夸张的艺术手法，制作上均采用模塑结合的技术。另外，汉代俑在使用层面上也空前扩大，上至宫廷帝王，下至底层中小地主或贵族，皆发现陪葬俑现象，有的甚至还设置俑坑，如徐州地区近年发现的宛朐侯刘埶墓②、李窝汉墓③、顾山汉墓④。另外，汉俑在种类上也空前增多，出现了除兵马俑以外其他造型，如仪卫俑、舞乐俑、侍吏俑等形象，说明汉代以俑陪葬已深入人心，成为十分普遍的陪葬明器，但是秦代那种同真人真马大小的兵马俑却没有出现，实在令人费解。单纯从陶俑自身发展来看，个中缘由难以解释，如果我们将其放入当时历史环境中，对秦汉两代社会政治、军事、思想方面进行异同比较后，或可窥其庐山真貌。

秦汉兵马俑，虽然皆是殉葬用的明器，但同时又都是艺术品，是当时社会生活及政治生活的结晶，反映一个时代的文化精神风貌。对于秦兵马俑产生，王恺先生曾撰文认为：“这是秦代艺术大师们投其秦始皇‘好大喜功’的爱好而设计出来的浩瀚工程。”⑤此说我们不敢苟同。诚然，艺术是社会生活在艺术家头脑中的反映，这是艺术创作的普遍规律。但作为兵马俑却并非仅仅如此，因为它们又具有纪念性质，为帝王陵墓重要的陪葬品，其大小根本不能由匠师决定，它是当时统治者皇帝（也即墓主）自己所决定的。在秦汉时代，统治阶级关于丧葬礼仪已形成一整套严格有序的制度，如封土高低、陵园大小都有明确规定，有的在施工前还设计出蓝图，河北省平山县中山国墓葬即发现带有铭文的兆域图，铭文曰：“王命赒为兆乏（法）阔狭大小之制，有事者官图之，进退𢓊（违）法死无赦，不行王命者殃连子孙。其一从，其一藏府。”⑥甚至连下葬时所穿殓服也有严格规定，皇帝死后用金缕玉衣，诸侯王、列侯始封、贵人、公主使用银缕玉衣，大贵人、长公主使用铜缕玉衣，一般大臣或诸侯非经皇帝特赐不得用金缕，任何人不得僭越⑦。具体到陪葬俑应也不例外，其尺寸大小应有统治者事先制定，制作匠师只是依图画瓢，纯粹地进行机械塑造即可。如果有所发挥，也只能在统治者已经制定的框架内进行，譬如有的俑表情哀愁，有的喜悦，这就是制作者能够掺入个人感情自由发挥的表现。因此，探讨俑体大小变化，我们认为必须到统治者思想深处去寻找答案。

探讨兵马俑形体大小变化的问题，不能离开俑是殉葬品这一核心内容。回顾一下俑的发展历史，其产生之初就是以替代品的面目出现，孔子曾言：“始作俑者，其无后乎！”然

---

① 王学理：《秦俑专题研究》，三秦出版社，1994年，第465—469页。

② 徐州博物馆：《徐州西汉宛朐侯刘埶墓》，《文物》1997年第2期。

③ 资料现存徐州博物馆。

④ 资料现存徐州博物馆。

⑤ 王恺：《秦汉兵马俑的几个问题》，《文博》1987年第1期。

⑥ 河北省文物管理处：《河北省平山县战国时期中山国墓葬发掘简报》，《文物》1979年第1期。

⑦ （南朝宋）范晔、（晋）司马彪：《后汉书·礼仪志》，中华书局，1965年。

而，相对用人殉葬，历史确实又前进了一大步。我们注意到，俑从产生到消亡的漫长过程中，除秦始皇兵马俑形体高大，与真人真马相仿外，其他时代的所有陶俑皆形体较小，因此我们认为探讨秦汉兵马俑形体差异的产生原因，首先应搞清楚秦代兵马俑为何如此高大，这样秦汉两代俑体差异的原因将迎刃而解。

秦兵马俑是秦始皇征战六国的秦军在地下的缩影，表现了强大的秦帝国蓬勃发展的精神状态，此说学者一般没有异议。偏处西陲的秦国，采纳商鞅的建议，开始走上变法强国之路，后经秦惠文武昭诸王的经营，秦国遂成为战国七雄之一。前246年秦王嬴政即位，“奋六世之余烈，振长策而御宇内，吞二周而亡诸侯，履至尊而制六合，执敲扑而鞭笞天下，威振四海”。开始大规模的兼并战争，先后灭掉韩、赵、燕、魏、楚、齐六国，百越之地的桂林、象郡，也纳入秦国的版图，中国实现了历史上第一次大统一。前221年，秦王嬴政定都咸阳，建立了第一个封建专制的统一国家，为显示秦的统一功绩，秦王嬴政下令朝议帝号：“寡人以眇眇之身，兴兵诸暴乱，六王皆服其辜，天下大定。今名号不改，无从称成功，传后世，其议帝号。”[①]于是，兼采传说中三皇五帝称号，始称自己为皇帝。然后摒除周代以来封国制度，代之以郡县制，加强了中央对地方的控制。又整顿制度，在全国范围内颁发统一的度量衡、文字、货币，为经济文化的发展提供了便利条件。另外，为加强其统治，在文化思想方面焚书坑儒，军事上使蒙恬北筑长城。整个秦帝国处于蓬勃发展、蒸蒸日上的势头，正如贾谊《过秦论》所言：“是时也，始皇之心，自以为关中之固，金城千里，子孙帝王万世之业也。”如此历史背景之下，制造形体高大的兵马俑，来表达其“包举宇内，并吞八荒”豪情，当在情理之中。“世有非常之人，才有非常之功”，兵马俑的制造，如同铸金人、北修长城的壮举一样，是秦始皇个人意志的物化。他通过一系列的壮举张扬其文治武功，然而铸金人、筑长城，即可达到如此效果，为什么后来又在自己的陵墓附近设置庞大兵马俑坑陪葬呢？对此，王学理先生的解释是“兵马俑之所以在陵园中出现，其前提是秦始皇对军队的偏爱”[②]。笔者甚为赞同，但是对于尺寸大小的问题尚不能解释，我们在前文中提到俑是殉葬的明器，因此我们探讨一下秦国人殉的历史，将有助于问题的解决。

众所周知，人殉制度盛行于商代，西周开始衰落，到东周列国依然存在，但未形成制度。考古发掘资料表明，关中地区人殉墓发现最多，秦国地处偏远的西隅，相对文化发达的齐、楚、燕、韩、赵、魏诸国，其文治教化还非常落后，商周制度的残余影响还十分强大，殉人时有发生，已发掘凤翔雍城秦公陵园一号大墓[③]，填土中就有6名殉葬的男女奴隶。南指挥秦公陵园的八旗屯，在春秋早中期10多座秦墓中，大约半数的墓用人殉葬。1974年发掘的西安户县宋村三号墓，亦发现4名男性殉葬者。尤为严重的是，前621年，穆公死，“从死者百七十人”，秦国人赋“黄鸟”反对之。即使在秦灭三晋后，还在侯马乔村发现10座共殉38人的墓葬，可见

① （西汉）司马迁：《史记·秦始皇本纪》，中华书局，1982年。

② 王学理：《秦俑专题研究》，三秦出版社，1994年，第5页。

③ 陕西省雍城考古队：《凤翔马家庄一号建筑群遗址发掘简报》，《文物》1985年第2期。

人殉制度在秦国的流行程度。但是秦始皇统一六国之后，社会生产力得到空前发展，人在社会生产中的作用日益增强，统治阶级不能再任意以活人殉葬。尤其是战国时代百家争鸣中，以墨子为代表的墨家坚决反对人殉制度，一度形成“天下之学不归杨即归墨”的局面，墨子学说影响如此深广，统治者不可避免受其影响，重新审视人殉制度的野蛮落后，杜绝活人殉葬亦成为历史之必然。然而，这种社会风俗虽然改变，但是统治者的个人心理习惯却不容易一下扭转，于是制造与真人真马大小相同的兵马俑作为人殉替代品在社会上出现了。因此，我们认为秦代兵马俑形体高大，实质是人殉制度在当世的翻版。本来陶俑早已出现，但形体较小，显然不能符合始皇之要求，于是为追求其逼真效果，表现始皇帝雄视天下的气魄，便将明器的俑放大，成为陶俑制作史上的巅峰之作。即使如此，始皇陵内还是坑杀了许多工匠，据史书记载是人类历史上规模最大的一次人殉，可见人殉制度流毒之深。

史书云“汉承秦制”，秦代兵马俑形体高大，汉代兵马俑的制作却没有步其后尘，其中有深刻的历史原因，下面我们将就汉代统治者所处的政治、经济、社会环境进行深入剖析。

虽然历史上秦汉并提，但是秦的开拓精神到汉初则丧失殆尽，汉代统治者思想上趋于守成，气势上内敛许多，这主要由汉初统治者所面临的内外交错矛盾所决定。翻阅汉代史书可知，以刘邦为首的统治集团虽然取得了天下，但内部六国贵族及异姓诸侯王的存在，严重威胁中央政权的稳定，时有动乱发生。外部北地相邻的匈奴日益强大，不断入侵扰边。如此内外交困的局面，使得汉代统治者虽然有“事死如生”的想法，以及再造大型兵马俑的愿望，但也力不从心，况且刘邦得天下用的是谋略而非单凭武力，因此没有秦始皇对军队的偏爱，制造大型兵马俑的念头自然也不会产生。

另外，汉代统治者对秦代的灭亡心有余悸，尤其是秦始皇兵马俑四号坑未修完而天下反，汉初统治者不能不引以为鉴。正如陆贾论说秦失天下原因时，指出秦代“事逾烦天下逾乱，法逾滋而奸逾炽，兵马益多而敌人逾多。秦非不欲为治，然失之者乃举措暴众而用刑太极故也”[①]。因此，统治者必须轻徭薄赋，爱惜民力才能长治久安。针对这种情况，汉初统治者以黄老思想为指导，实行与民休息的政策，况且惠文景诸帝皆崇尚节俭，譬如惠帝时几次发动农民修筑长安城，每次为期不过一月，且都是冬闲时进行。文帝统治期间，宫室苑囿，车骑服御，都无所增益，还为节省百斤黄金而罢建露台[②]，他说：“百金，中人十家之产也，吾奉先帝宫室，常恐羞之，何以台为！”对于陵墓的修筑当也极力减少工程量。我们知道秦始皇陵墓修筑有70余万人，可谓费时费工，至于兵马俑的制作究竟需要多少人尚不好确定，但是根据发掘材料，在一号兵马俑坑南30米处，有一片修建兵马俑的工人所住的基址，面积近两万平方米，可以想象参加修建兵马俑的工人数量是十分可观的。汉代统治者对生死已有清醒认识，文帝曾在遗诏中说：“朕闻之，盖天下万物之萌生，靡不有死。死者天地之理，物之自然，奚可

① （西汉）陆贾：《新语·无为篇》，中华书局，1954年。

② （东汉）班固：《汉书·文帝纪》，中华书局，1962年。

甚哀，当今之世，咸嘉生而恶死，厚葬以破业，重服以伤生，吾甚不取。”[①]且营建陵墓时，规模已减小不少，长宽仅414米×400米，面积仅有秦始皇陵的1/12，这说明汉代统治者在葬事上已极为收敛，为减小工程量，仅造一些象征意义的小兵马俑也是顺理成章之事。但是，这只是形式上降低规格，墓内随葬品规格却没有降低，这也许只是统治者障人耳目的骗局。

综上所述，我们认为秦代兵马俑体形高大，是受人殉制度影响，汉兵马俑体形矮小，则是吸取亡秦之教训，减小工程量的结果。当然，二者之间大小差别，尚与秦汉文化渊源不同有关，我们将在以后研究中，继续进行深入探讨。

（原刊于《秦汉文化比较研究》，三秦出版社，2002年）

---

① （东汉）班固：《汉书·文帝纪》，中华书局，1962年。

江苏邳州纪年东汉墓出土铜人造像考辨

江苏邳州纪年东汉墓出土的铜人造像，经陈永清、张浩林二先生撰文考证①，确认为铜佛造像。目前，此铜像正在徐州博物馆展出，笔者得以仔细观察，窃以为此铜人不是佛教造像，而是以汉代说唱艺人为造型的压席之物——镇。

大约西汉末年，佛教传入我国，并在东汉桓灵时期有所发展，但是“那时，起于中国本土的神仙思想和早期道教，占据着宗教信仰的主要位置，佛教还处于附庸状态”②。故未形成如司魏晋时期普遍存在的佛教造像，仅在我国部分地区留下一些，诸如南京博物院藏四川彭山崖墓出土的佛像陶插座③，江苏连云港孔望山摩崖石刻④，陕西城固出土的钱树造像⑤，四川乐山麻浩、柿子湾崖墓造像⑥，绵阳何家山1号墓钱树干佛像⑦（钱树干佛像发现较多，不一一列举）。这批佛教造像发现地域不同，时间跨度较大，这批造像为早期佛教造像，已得到学者一致认同，成像特点是除摩崖造像外，多附在其他器物上，独立或单体的佛像尚不见。其共同特征是：高肉髻，有头光，着通肩衣，一手施无畏印，一手握衣角，结跏趺坐。确定其是否为早期佛教造像，大致离不开以上几个要素。反观邳州出土的铜人造像，是否具备以上基本特征呢？原文介绍说：“以铜作人，衣以锦彩，右手示无畏，左手触地，高肉髻，眉毛上翘，嘴角古月，都显示佛教造像的特征。”笔者认为以上诸语除“右手示无畏，左手触地，高肉髻”是佛教造像特征外，其余诸特征皆不能说明其为佛教造像。下面笔者将就文中所述为佛教造像特征的诸语细加分析，以确定该铜人是否为佛教造像。

诚然，该铜人右手上举，左手抚膝（并非文中描述触地），与佛教造像中示无畏印相似，但是佛教造像无畏印的特征是五指并拢，屈手上举于胸前，手指自然舒展，掌心向外。而此件铜人造像则四指并拢，拇指与其他四指分开，整个手臂扬起，手臂高举过肩（甚至过耳），且掌心略向上，似手托一物，与佛教造像示无畏印相去甚远。还有文中“高肉髻”的

---

① 陈永清、张浩林：《邳州纪年东汉墓中出土的鎏金铜佛像考略》，《东南文化》2000年第3期。

② 俞伟超：《东汉佛教图像考》，《文物》1980年第5期。

③ 南京博物院：《四川彭山汉代崖墓》，文物出版社，1991年，第36、37页。

④ 连云港博物馆：《连云港市孔望山摩崖造像调查报告》，《文物》1981年第7期；阎文儒：《孔望山佛教造像的题材》，《文物》1981年第7期。

⑤ 罗二虎：《陕西城固出土的钱树佛像及其与四川地区的关系》，《文物》1998年第12期。

⑥ 唐长寿：《乐山麻浩、柿子湾崖墓佛像年代新探》，《东南文化》1989年第2期。

⑦ 何志国：《四川绵阳何家山1号东汉墓清理简报》，《文物》1991年第3期。

说法也不尽然。“肉髻”是佛教造像中三十二相之一，名“顶髻相”，特征是佛发自然成螺卷状，顶上隆起一块肉如髻形。而此铜人造像在头的顶部绾圆丘形发髻，绾结痕迹犹清晰可辨，根本不是“肉髻”，而是秦汉之际常见的束发作髻而不加饰的“露髻”。另外，此铜人造像坐姿也非佛教造像的“结跏趺坐”，而是双膝着地的“跽坐”。综上所述，邳州纪年东汉墓出土的铜人造像，任何能够认定其为佛教造像的特征皆不具备，因此笔者认为此铜人不是佛教造像，依其手势和面部表情，定为说唱艺人则较为恰当。

以说唱艺人为题材的陶质或铜质造像，在我国四川新津、郫县、金堂、成都①及江苏扬州②、河北满城③等地皆有发现，这些造像或站或立，或袒胸或着衣，或击鼓说唱或手舞足蹈，种类繁多，造型各异，突出特点是面部表情生动夸张，肢体语言丰富。与邳州铜人造像最为接近的是河北满城汉墓出土的铜人，满城汉墓的铜人造像（M1：49）作坐姿，头戴圆帽，高髻，身披错金锦纹衣，袒胸露腹，跽坐，右手上举，左手置于腿上，高7.8厘米。二者相同之处颇多，区别仅是满城汉墓铜人造像头戴小帽，面部表情十分夸张，表现的是青年说唱艺人的形象。而邳州铜人造像头未戴帽，面部表情略显收敛，表现的是老年说唱艺人的形象，但是其眉毛立起，双眼圆睁，嘴巴紧闭，嘴角下拉的形象，俨然是作拍袒之戏优伶的翻版，变形的五官，生动得不可名状，诙谐之情溢于言表，显然与满城铜人造像有异曲同工之妙，应皆为供上层贵族娱乐的倡优形象。

至于以说唱艺人为题材的铜人造像用途，笔者依据铜人造像的体量推测可能为人形镇。汉代人就座时，在长方形榻或比榻还小的正方形枰上铺席，为避免起身落座时折卷席角，在席四角放置的压席之物，称之为“镇”。随葬时如放在死者袖口，称压袖；如放在墓内幔帐四角，则称压帐。镇的造型为虎、豹、辟邪、羊、鹿、熊、龟、蛇等。为避免牵挂衣物，此类器物一般呈半球形轮廓，动物常用盘踞姿势，体积一般不大，一般通高3.5—7.5、底径6—9厘米，重600—800克④。而邳州出土的这件铜人造像，造型恰接近扁圆的半球形，通高7、底径5.4厘米，重560克，符合汉镇的一般特征。尤需指出的是，该铜人底部有一直径3.1、深0.4厘米的凹槽，可清晰看出造像体内灌铅，这也是汉代制镇时为增加重量的常见做法，因此笔者认为邳州铜人造像当为人形镇。本为日常生活普通用品的镇，制造者以说唱艺人的诙谐形象入题，遂创造出一件韵味十足的艺术品，摆在榻或枰的四隅，能使汉代单调的室内布置，增加不少活泼的气氛，直到今天仍给人们以极真实的艺术感受。

汉镇一般以动物造型较为居多，人物造型较为少见，且一般一组四枚同出，而江苏邳州纪年东汉墓出土的汉镇以人物形象为造型，目前在徐州地区仅出土一件，以致陈永清、张浩林二

① 高文：《汉代说唱俑考》，《四川文物》1998年第5期。

② 扬州博物馆、邗江县文化馆：《扬州邗江胡杨汉墓》，《文物》1980年第3期。

③ 中国社会科学院考古研究所、河北省文物管理处：《满城汉墓发掘报告》，文物出版社，1980年，第100页。

④ 孙机：《汉镇艺术》，《文物》1983年第6期。

先生误读为佛教造像。其实随着近年来考古发掘工作的进展，此种人形镇在河南义马[1]、江西南昌[2]、甘肃灵台[3]、广西西林县[4]皆有发现，且一组四枚同出，邳州铜人造像与这些造像除细部特征不同外，造型皆大致相同，进一步印证了邳州铜人造像的性质。

［原刊于《青铜文化研究》（第6辑），黄山书社，2009年］

---

① 洛阳市第二文物工作队：《义马新市区5号西汉墓发掘简报》，《文物》1995年第11期。

② 江西省博物馆：《南昌东郊西汉墓》，《考古学报》1976年第2期。

③ 灵台县文化馆：《甘肃灵台发现的两座西汉墓》，《考古》1979年第2期。

④ 广西壮族自治区文物工作队：《广西西林县普驮铜鼓墓葬》，《文物》1978年第9期。

徐州地区西汉陶俑的发现及初步研究

陶俑，顾名思义是指用陶土制作的各种俑人形象，为中国古代殉葬明器中重要组成部分。但是长期以来，关于陶俑概念范围尚不明晰，有的学者将人俑及各种模制的动物俑统称陶俑[①]，有的学者则认为严格意义上的陶俑应指具有人物形象的陶制明器[②]，我们赞成后一种说法，故本文所讨论的陶俑也均指人物俑。俑的使用历史十分悠久，它产生于殷商时代，直至明代陵墓中尚有发现，但是西汉一代则为陶俑大规模发展的时期，其数量之多、形制之繁是任何朝代都不能企及的，徐州地区也是如此，因此我们研究徐州地区的陶俑也仅限于西汉一代。

目前，在全国范围内，西汉陶俑发现众多，呈现出以现代陇海铁路线为中心的条带状分布特点，向南向北皆渐减少，其中以咸阳地区发现最多，这可能是深受秦帝国影响所致，如汉景帝阳陵的陪葬俑坑、咸阳杨家湾的兵马俑群，皆举世瞩目，研究工作也极为细致深入。而徐州地区近年来也考古发掘出土了大量陶俑，陶俑数量仅次于咸阳地区，这些陶俑的发现，对于研究汉代楚国历史具有重要意义，然而研究工作则未能有效开展，迄今为止尚无专文对徐州地区陶俑发现情况作全面论述，甚至有些重要陶俑的简报资料也尚未公布，有的学者虽然意识到徐州地区陶俑研究的重要意义，但囿于材料，也仅能就陶俑某一个案进行研究[③]。鉴于此，我们对近年来徐州地区陶俑出土情况作较全面的整理总结，并就陶俑相关问题略作讨论，不正之处，希望得到学界同仁指正。

一、徐州地区西汉陶俑发现概况

徐州位于苏鲁交界地区，下辖邳、睢、铜、丰、沛、新沂六县，西汉时期为楚国封地，楚王世代相传十二代，死后皆葬于徐州周围山上。目前，考古发掘出土的陶俑的墓葬，大多分布在今徐州市区周围10千米以内，其他地区少有发现，即使有零星出土，也未进行正式发掘，因此我们所指的徐州地区主要是现代徐州市区范围。

近年来，在徐州市区范围内发现陶俑众多，有众所周知的狮子山兵马俑坑、北洞山彩绘仪

① 曹者祉、孙秉根主编：《中国古代俑》，上海文化出版社，1996年，第1页。

② 呼林贵、刘恒武：《替代殉葬的随葬品——中国古代陶俑艺术》，四川教育出版社，1998年，第4页。

③ 邱永生：《徐州汉兵马俑研究》，《徐州师院学报》1987年第2期。

仗俑，还有大量各类中型墓葬中出土的形制多样的陶俑，这些陶俑按照埋藏形式可分为俑坑和墓葬两种，现分别予以介绍。

（一）俑坑

（1）狮子山兵马俑坑。1984年12月至1985年在徐州市东郊狮子山西麓下坡发现，是继秦始皇陵兵马俑和咸阳杨家湾兵马俑之后第三次重要发现。经初步勘察证实，共有四个俑坑，已发掘一、二号坑，藏俑计2700件左右，俑坑系直接开凿在山坡上，为长方形竖穴形状，建造比较简易。兵马俑直接放入坑中，再用土掩覆，没有发现其他保护设施[①]。俑的种类较多，有步兵俑、车兵俑、骑兵俑、跪坐俑，以军阵的形式出现，这是汉之京城以外的地方首次发现的兵马俑坑。

（2）刘埶墓俑坑。1993年1月发现于徐州市北郊簸箕山北坡，东南距刘埶墓28米。俑坑呈长方形，坑底较平整，坑上盖以石板。该俑坑早年经盗扰，清理前又遭破坏，俑多被取出，原位置及排列情况不明。共出陶俑25件，皆灰陶质，多残，分男、女俑两种[②]。

（3）顾山俑坑。2000年1月附近村民在挖药材时发现，俑坑距山顶汉墓约30米，位于山西北坡，呈长方形，四壁有用石块补砌的现象，坑内出土陶俑60件，多为泥质灰陶，少量为泥质红陶，皆为男俑，模制，立姿，高度为11.15—50厘米[③]。

（二）墓葬

（1）北洞山汉墓。位于徐州市区北10千米处，墓葬规模庞大，因山开凿，上面夯筑高大的封土堆，墓主为西汉前期某代楚王，1986年发掘，共出土陶俑422件，200余件出土于墓道两侧小龛内，其余则发现于墓室内。墓道小龛内的皆为彩绘男仪仗俑，因未扰乱，保存十分完好，墓室内出土的多半残破，且因受过盗扰，色彩脱落严重，墓室内出土的可分男侍俑、女侍俑和抚琴俑3种，立俑一般高50厘米左右[④]。

（2）龟山汉墓。龟山汉墓位于徐州市区西北约7千米龟山的西坡，1981—1987年曾三次发掘，此墓因发现第六代楚王刘注印章，而确定为刘注夫妻合葬墓，陶俑出土于南墓甬道的耳室中，共出陶俑5件，均为男俑，可分为二式。有跪姿和立姿，高29—55厘米[⑤]。

（3）江山汉墓。1973年清理，该墓位于九里区拾屯乡江山上，该墓由竖穴和洞室两部分组成，随葬陶俑均在洞室南北两端，南端多、北端少，计30件，皆为头身分制。部分俑体

---

① 徐州博物馆：《徐州狮子山兵马俑坑第一次发掘简报》，《文物》1986年第12期。

② 徐州博物馆：《徐州西汉宛朐侯刘埶墓》，《文物》1997年第2期。

③ 资料存徐州博物馆。

④ 徐州博物馆、南京大学历史系考古专业：《徐州北洞山西汉墓发掘简报》，《文物》1988年第2期。

⑤ 徐州博物馆：《江苏铜山县龟山二号西汉崖洞墓材料的补充》，《考古》1997年第2期。

彩绘，但剥蚀严重[①]。

（4）驮篮山汉墓。驮篮山汉墓位于徐州市东郊中王庄村东，两墓东西并列而葬，墓主为西汉前期某代楚王和王后，两座汉墓均受严重盗扰，随葬品残缺不全，唯有陶俑保存较为完好。两墓共出陶俑247件，其中M1出土72件，M2出土175件，俑的形制多样，分男女立俑、跪坐俑，其中以乐舞俑最为有名，乐舞俑有抚琴、吹奏、打击等姿势，跪俑高30、立俑高约50厘米[②]。

（5）铜山县李屯汉墓。1991年初，在徐州市区西北7千米的李屯村发现，该墓在石灰岩山体上凿成，由竖穴与洞室两部分组成。陶俑皆出于洞室中，计27件，该墓陶俑种类较多，共计8种，男俑4种，女俑4种，有立俑、骑俑、舞俑、跪坐俑等，而且刻划细致，除两种无发丝外，其余皆满头青丝，清晰可辨[③]。

（6）韩山汉墓。位于徐州西郊韩山，1992年发掘，共2座，均为竖穴石坑墓。M1出土陶俑21件，有男侍俑和女侍俑两种。M2出土女立俑10件，皆模制，双手拱于胸前，彩绘眉眼衣领，高18厘米左右[④]。

（7）东甸子汉墓。墓葬位于徐州东甸子村北，编号为M1，为长方形竖穴石坑墓。竖穴的东、北两侧各有一个长方形龛，陶俑放置于东侧龛内，共计47件，皆模制，立姿，双手拱于胸前，有男、女两种，脸呈倒三角形，有彩绘，男俑高约19、女俑高约17厘米[⑤]。

（8）后楼山汉墓。后楼山位于徐州市区北10千米大运河北岸洞山村，此墓为竖穴式，由墓道和东西墓室组成。陶俑放在东室，陶俑皆面西而立，男俑在南部，女俑在北部，皆模制，立姿，形状无甚变化，共14件。男俑4件，皆模制，立姿，形状相同，头戴冠，倒三角形面庞，鼻凸起，唇涂朱，身着双层右衽交领长衣，内衣红色，外衣领、袖、衣缘以红、黑绘成点状绢锦图案。女俑10件，皆模制，立姿，形状相同，头发后梳，结垂髻，顶部两侧作尖角状翘起。头发涂黑彩，脸呈倒三角形，唇涂朱。身着双重右衽长衣。笼手，衣袖宽博。内衣红色，外衣领、袖、衣缘皆绘红粉。下身作喇叭形，衣背下缘有圆弧形挖缺。高18厘米左右[⑥]。

（9）米山汉墓。米山位于徐州市区以北6千米，1986年与1991年相继发现4座汉墓，均为竖穴石坑墓，其中M1、M3、M4内发现陶俑，共计31件，分男俑、女俑两种。俑皆为模制，立姿，彩绘，体量有所变化，高有18和33厘米两种，俑的脸形有倒三角形和近圆形。时代为西汉早期偏晚[⑦]。

（10）子房山西汉墓。1976年徐州市东郊子房山西麓发现两座汉墓，均为竖穴崖洞墓，其

① 江山秀：《江苏省铜山县江山西汉墓清理简报》，《文物资料丛刊》第1期，文物出版社，1977年。

② 资料存徐州博物馆。

③ 徐州博物馆：《江苏省铜山县李屯西汉墓清理简报》，《考古》1995年第3期。

④ 徐州博物馆：《徐州韩山西汉墓》，《文物》1997年第2期。

⑤ 徐州博物馆：《徐州东甸子西汉墓》，《文物》1999年第12期。

⑥ 徐州博物馆：《徐州后楼山西汉墓发掘报告》，《文物》1993年第4期。

⑦ 徐州博物馆：《江苏徐州市米山汉墓》，《考古》1996年第4期。

中M2随葬陶俑150件，皆放在竖穴东侧主洞室内，陶俑皆为模制，形制相同，颈后有握髻、垂辫，立姿，两手交置腹前，为女侍的形象。通高35厘米[①]。

另外，在徐州市郊的火山子汉墓[②]、凤凰山汉墓[③]、拖山汉墓[④]皆出土一定数量的陶俑，俑体量较小，高度皆在18厘米左右，与以上汉墓所出小陶俑形制基本相同。

二、徐州地区西汉陶俑的形制

到目前为止，据统计徐州地区陶俑出土已达6000件[⑤]，这些陶俑大小不等，形制多样，考古报告中分类和称谓不一，缺乏统一标准，显得十分混乱，有的依据陶俑着装进行分类，有的依据陶俑姿势进行分类，还有的依据陶俑的职务和身份进行分类。以上分类皆抓住陶俑某一特征进行命名，但不能全面概括陶俑的性质和内涵。我们认为以陶俑性质来分类，则能准确表达其内容和实质，因此，依此标准，我们将徐州陶俑分为兵俑、乐舞俑、仪仗俑、侍俑四种形制。

（一）兵俑

兵俑主要见于狮子山楚王陵陪葬俑坑中，以军阵形式出现，其他墓葬中只有少量的发现，按兵种又可分为步兵俑、车兵（辔手）俑、骑兵俑三种。

（1）步兵俑。以狮子山陪葬俑坑为代表，其次徐州北郊李屯汉墓也有少量发现。此种俑多呈立姿，身穿双层紧袖长襦，外罩圆齐腰短袖衣，足登齐头履，背负箭箙。左臂自然下垂握拳，拳向前斜出。右臂屈曲置于右前方，右手半握而内勾，作把握状，似作一手握兵器、一手执盾的姿势，或双手把拳置于腰际，作执器械状。高40厘米左右。

（2）车兵（辔手）俑。狮子山兵马俑坑，驮篮山M2、龟山汉墓等均有发现。分御者、乘者两种，均呈跪式，两臂下垂，双手前伸，左手向下半握，呈按物状，右手握拳中空，原似持有武器，有的着风字盔或箕形冠，身背箭箙，额头宽阔，眉眼清晰，高27厘米左右。

（3）骑兵俑。在狮子山已发现兵马俑坑西北有骑兵俑坑，但被施工破坏，骑俑特征不清。

---

① 徐州博物馆：《江苏徐州子房山西汉墓清理简报》，《文物资料丛刊（4）》，文物出版社，1981年。

② 资料存徐州博物馆。

③ 资料存徐州博物馆。

④ 资料存徐州博物馆。

⑤ 边策：《试谈徐州地区出土的西汉陶俑》，《两汉文化研究》（第一辑），文化艺术出版社，1996年，第300页。

（二）乐舞俑

分乐俑和舞俑两种，在北洞山汉墓、驮篮山汉墓、李屯汉墓、江山汉墓均有发现。

（1）乐俑。主要见于北洞山汉墓、驮篮山汉墓。俑的表情专注，似乎正专心于乐器的演奏中，按照乐器不同，刻画出抚琴、吹奏、打击等各种不同的姿势。其中驮篮山M1乐俑组合清晰完整，为4件抚琴，4件吹奏，2件打击，俑均呈坐式，留鹊尾髻。

（2）舞俑。有单袖、双袖舞俑两种，着双重右衽长衣，头发后梳成鹊尾状，均为立姿，上体前倾，腿微屈，整体身段扭成“S”形。双袖舞俑双袖抛后，单袖舞俑则左臂下垂附于体侧，右臂上举与额前齐。

（三）仪仗俑

此类俑在狮子山四号坑、北洞山汉墓墓道两侧小龛、驮篮山汉墓中均有发现，俑的面貌各异，神情皆端庄严肃。其共同特点是：皆为立姿，足登尖翘首履，戴帽或束发着冠，着双层右衽外衣，外衣彩绘繁复，尤其袖口衣领处显著，从俑的姿势看，多持笏板或佩剑，双手握拳者，少数拳眼中尚有长条状漆木残迹，有的俑后还背箭箙，高50厘米左右，此类俑色彩艳丽，造型简洁，栩栩如生，堪称徐州地区陶俑制造的典范之作。

（四）侍俑

此类俑数量多，随葬范围广，不单是大型楚王陵有发现，在徐州地区的中小型汉墓中均普遍存在。俑的形制较为单一，均为模制立姿拱手状，头戴冠或发向后挽，结垂髻，身着双重右衽长衣。内衣红色，外衣领、袖、衣缘皆绘彩，脸呈倒三角形或椭圆形，衣皆下缘有圆弧状凹缺，俑高10—40厘米。

徐州地区西汉陶俑形制复杂，以上四种形制仅是大略区分，尚不能完全概括真实面貌，其实任何一种俑，又可分为若干形制，但限于篇幅，不再一一细分。

三、徐州陶俑演变特点及艺术风格

徐州地区陶俑发现众多，多发现于楚王及其家族成员墓葬中。但是，从徐州陶俑发展情况来看，并没有与西汉楚国政权相始终，表现出很强的阶段性特点，我们结合徐州汉墓的分期断代对陶俑的演变特点略作探讨。

徐州地区已发掘的汉墓上千座，有的学者依据墓葬形制及出土文物将其分为早、中、晚三期[①]，参照此序列，我们认为徐州陶俑流行于西汉早中期。不过，在西汉初年，以俑随葬现象在徐州地区并未出现，如拖龙山汉墓[②]、凤凰山汉墓[③]，此二墓均为竖穴洞室墓，开凿于山顶居中位置，用巨石层层封堵，根据墓葬特点可以认定其时代在西汉初年，墓主身份显然较高，且拖龙山汉墓墓主为楚国王室成员，如此等级的墓葬，应随葬陶俑，但没有发现，充分说明西汉初年陶俑随葬尚未流行。到目前为止，最早出现陶俑的墓葬为李窝汉墓[④]，该墓葬出土陶俑形象粗鄙，比例不协调，显然技法拙劣不成熟，而且随葬品均具有战国特征，因此李窝汉墓陶俑当为徐州地区发现最早的陶俑。此外，东甸子汉墓、凤凰山汉墓皆开始陪葬小陶俑，从墓内出土能够断定时代的钱币看二墓时代应在文帝初年，因此我们认为徐州陶俑出现时间为文帝初年。

陶俑出现以后，便取得巨大发展，按照墓葬序列，可分为西汉早中两期。西汉早期陶俑发展又可分为前后两段，前段有李窝汉墓、凤凰汉墓、东甸子汉墓、韩山汉墓，这一时期俑的表情近乎一致，形制简单，以拱手俑为主体，呆板生硬，俑体较小，一般不超过20厘米，脸形为上宽下窄的倒三角形。风格简约，仅塑出人形，眉眼也不甚清晰，相貌近乎一致，呈概念化倾向。西汉早期后段有米山汉墓M1、M4，俑基本特征未变，但俑的脸形开始出现近圆形，大型陶俑数量增多。西汉中期的龟山汉墓、李屯汉墓，陶俑体型高大，高在50厘米左右，脸形均丰满而近于肥胖。从整体上看，陶俑发展轨迹十分清晰，大致经历体形由小到大、脸形由倒三角形向椭圆形发展的过程，但是中期以后，陶俑在徐州地区大中型墓葬中均突然消失，个中原因值得深入研究。

关于汉代陶俑制作方法，已有学者进行详细论述，徐州陶俑作为一个重要组成部分，其制作方法基本相同，但也有鲜明的地方特色，我们在修复徐州博物馆陈列展出的陶俑时，对徐州地区陶俑制作方法有了较为深入的了解。

徐州陶俑一般以泥质灰陶、泥质红陶为主，也有少部分夹砂灰陶。在制作前，一般先对陶土进行淘洗沉淀，然后采用手制、模制的方法制作成型。手制，主要是指一些异形俑体，用手一次捏制而成，早期部分实心陶俑或形制特殊的陶俑多采用此种方法。模制则是先将陶俑分成头、躯干、双臂、双腿、手、足等部分，分别用模具制成后，在未干前用黏泥将它们全粘一起。这种俑皆空心，俑头与身体相连，俑头插入腹腔内，结构甚为独特。当俑晾干后，再入窑以800℃—1000℃高温焙烧。为保俑体不变形、不燥裂，俑体上多用尖锐器物穿成小孔，以利于散热透气。出窑后最后一道工序是彩绘，由于陶俑多为模制，形制基本相同，彩绘成为造成面貌各异的关键环节。彩绘颜色一般为红、黑、白三色，但北洞山彩绘陶俑则多达七种颜色，

① 李银德：《徐州汉墓的形制与分期》，《徐州博物馆三十年纪念文集（1960—1990）》，北京燕山出版社，1992年，第109—115页。

② 资料存徐州博物馆。

③ 资料存徐州博物馆。

④ 资料存徐州博物馆。

且色调搭配和谐，色泽鲜艳如初，成为不可多得的艺术珍品[①]。

徐州陶俑虽然为地方诸侯国王的陪葬明器，但其艺术水平很高，它在继承秦俑艺术的基础上又有新的发展。从整体上看徐州地区陶俑写实倾向明显，同时也开始追求内在的神韵，力求达到形神俱备的效果。

徐州陶俑造型多样，有兵俑、仪仗俑、乐舞俑、侍俑等形象，展现楚国军队组成、宫廷生活情况，它们均是以现实生活为原型，且制作也合乎人体比例，其五官衣着均有章可循，说明汉代陶俑艺术风格是写实的。虽然陶俑体量较小，仅有秦俑1/5—1/3，这是由于汉代吸取秦之教训，减少工程量的结果[②]，不能因此而否认汉俑的写实性，对此王学理先生曾指出："作为写实主义的雕塑艺术品，同大的模拟属于写实，而超大或缩小比例者也不脱此。关键在于它是否忠实地刻画和表现了对象。"[③]从这种意义上，我们认为徐州陶俑属于写实主义作品。当然，徐州陶俑在追求写实的基础上，也开始致力于"神"的刻画，追求形神俱佳的效果，如驮篮山舞俑高度扭曲的肢体，几乎达到人体的极限，生动刻画出汉代乐舞的高超水平，成为陶俑制作的经典。这种情况的出现，与徐州地区历史文化传统有密切关系。徐州在战国末期为楚地势力范围，楚文化影响深远，汉初统治者均深受影响，因此可以说徐州汉俑是秦楚文化交融的产物，秦韵楚风都在徐州汉俑身上留下深刻的烙印。

徐州地区陶俑数量众多，形制复杂，且集中分布于楚国范围内，流传时间也限于西汉早中期，蕴藏了大量的学术信息，对西汉楚国政治、经济、文化研究具有重要意义。

（原刊于《东南文化》2002年第11期）

① 邱永生、茅玉：《徐州北洞山西汉三陵考略》，《徐州师范学院学报》1989年第3期；邱永生、茅玉：《徐州北洞山西汉王陵考略（续）》，《徐州师范学院学报》1989年第4期。

② 刘照建、张玉：《秦汉兵马俑形体差异探源》，《秦汉文化比较研究》，三秦出版社，2002年，第181页。

③ 王学理：《秦俑专题研究》，三秦出版社，1994年，第453页。

徐州狮子山兵马俑坑出土跪坐俑名实考

狮子山兵马俑坑位于徐州市区东部狮子山西麓，发现于1984年，是我国继陕西临潼秦始皇兵马俑、咸阳景帝阳陵兵马俑之后又一重要发现，引起学者广泛关注。多年来，学者对徐州狮子山兵马俑的性质、特点、艺术风格进行了较为深入的研究，得到一些较为一致的认识，但是我们注意到，狮子山兵马俑坑出土的一类较为特殊的跪姿陶俑，原报告定名为跪坐俑不尽合理[①]，后来研究者也称谓不一，对其性质内涵尚缺乏统一认知，有进一步讨论之必要。为此，笔者拟对这类陶俑名实进行考辨，并在明确其性质的基础上，兼就狮子山兵马俑坑反映的内容，对西汉楚国军队构成情况作初步探讨，不正之处，希望方家读后有以教我。

一、跪坐俑的名称和性质

位于徐州市区东部的狮子山兵马俑坑，为西汉初期某代楚王的陪葬坑[②]，共发现俑坑四座，编号分别为一、二、三、四号，前三座俑坑皆东西走向，且大致平行，四号坑位于一、二、三号坑的东侧，呈南北走向，四座坑除三号坑未发掘外，一、二号坑已正式发掘，四号坑也进行了初步清理，一、二号坑内均发现了跪坐俑。

据原报告介绍，一号坑分前后两段，前段长15米，中间有长1.8米间隔，后段长10.35米，跪坐俑均发现于此，其中甲胄俑105件，跪式俑195件，皆西向排列。二号坑长27.5米，此坑中间有一段长2.3米岩石裸露，故也分为前后两段，俑也西向排列，但疏密不均，各排数量也不一致，前段长13米，排列陶俑830件，其中跪坐俑107件，皆排在前段最后。后段长11.8米，残存陶俑424件，其中跪式俑247件，甲胄俑69件，有的一排5件，有的一排8件（图一）。

根据形制和装束的不同，发掘者在报告中将狮子山兵马俑坑出土陶俑分为六型十四式，跪坐俑被定为第五型并分为两式，Ⅰ式命名为跪式俑，高27厘米，特征是两臂下垂，双手前伸，左手向下半握，呈按物状，右手握拳中空，原似持有器械（图二、图三）。Ⅱ式命名为甲胄俑，从身体姿态看，似应作跪式，双手前伸呈持物状，左手握而中空，右手作抓握状，手心有直径1.2厘米的圆孔，身背箭箙（图四、图五）。

---

① 徐州博物馆：《徐州狮子山兵马俑坑第一次发掘简报》，《文物》1986年第12期。

② 狮子山楚王陵考古发掘队：《徐州狮子山西汉楚王陵发掘简报》，《文物》1998年第8期。

图一　徐州狮子山兵马俑二号坑后段出土跪坐俑

图二　狮子山兵马俑坑出土的跪式俑

虽然报告依据着衣和形态将跪坐俑分为两式，Ⅰ式以俑的形态命名跪式俑，Ⅱ式则以俑的着衣命名为甲胄俑，但这两类陶俑其实均呈跪坐姿势，两者区别只是着装的不同，这种命名和分类方法存在较大问题，命名上未抓住陶俑的本质，没有准确反映陶俑的真实内涵；分类上没有用一个统一标准进行分类，分类的标准不具备排他性，彼此之间出现交叉，根本未将二者区分开来。分类上的混乱，以至后来研究者也命名不一，即使发掘者在后来研究时，在对徐州狮子山兵马俑分类时，也还是标准不统一，将陶俑分为指挥俑、冠

1　　2　　3

图三　狮子山兵马俑坑出土跪式俑
1. 前侧面　2. 侧面　3. 侧背面

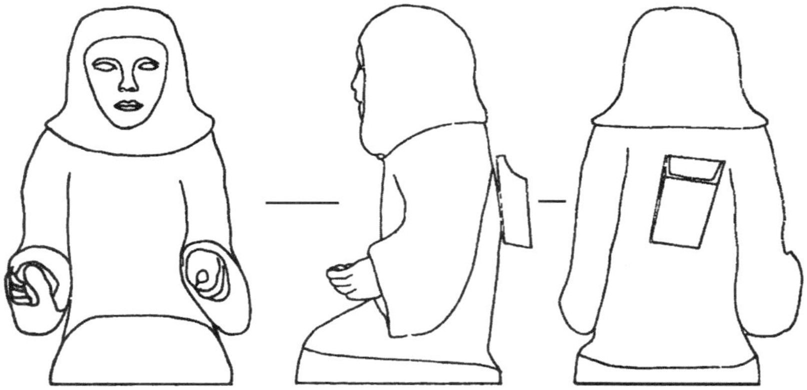

图四　狮子山兵马俑坑出土甲胄俑

1　　2　　3

图五　狮子山兵马俑坑出土甲胄俑
1. 正面　2. 侧面　3. 背面

帻站立俑、发髻俑、发辫俑、跪坐俑、仪卫俑等6种类型，其中指挥俑和仪卫俑是以内容和性质来定名，而冠帻站立俑、发髻俑、发辫俑、跪坐俑等则以形态、发型和服饰来命名[①]。然而仅仅以某一方面的特征来命名，尚不能准确地反映陶俑的真实内涵。这涉及陶俑的分类和命名的方法问题，一般在陶俑研究中，分类和命名的方法多种多样，有的以形制来分类，有的以着装来命名，但是都没有抓住陶俑的根本特点，容易产生混淆，如果以陶俑自身体现的内容和性质来分类和命名则较为科学[②]，如仪卫俑、侍俑、乐俑、舞俑，这样一目了然，不会产生混淆。

关于徐州陶俑研究较多，就报告定名为跪坐俑而言，有的研究者称之为坐俑，或笼统称之为步兵俑[③]，后来有人认为两类陶俑的组合应是表示当时军队编制中的战车情况[④]，已经比较接近历史的真实，不过仍然未提出车兵俑的概念，也有一些研究者将其定名为车兵俑[⑤]，但未展开论述，以至今天关于狮子山兵马俑中是否有车兵尚未有定论。鉴于此，笔者结合狮子山兵马俑坑出土跪坐俑的特点，与全国各地发现的同类型陶俑进行比较，以求进一步明确徐州狮子山兵马俑坑出土跪坐俑的内涵和性质。

狮子山兵马俑坑出土的Ⅰ式陶俑为跪式着袍俑，其双手前伸，左手向下半握，是握缰绳的造型，右手心向左呈半握姿势，中有小孔，不是持有器械，而是原持马鞭，这种造型与陕西秦始皇陵铜车马坑中出土铜车马的驭手俑几乎相同（图六），另外，这种形制的陶俑在徐州其他汉墓如龟山汉墓（图七）、驮篮山汉墓中也有发现，均出土于车马室中，且有大量的车马器同出，因此这说明第一种跪式着袍俑实际是驭手俑。至于Ⅱ式甲胄俑的性质，从装扮形态则可以看出应为车上的甲士，Ⅱ式甲胄俑头戴风字盔，盔垂及肩，仅露面部，上宽下窄，仅露出不足20平方厘米的面庞，防护功能显著增强，如此全副武装的甲胄俑，摆在驭手俑附近，与御手俑一样呈跪坐姿势，显然应为车上的甲士。甲士是战车上的主要乘员，一般为三人，驾车甲士（驭手）居中，左方甲士（车左）是车长，持弓箭，主射，右方甲士（车右）主格斗，携带的武器有戈、矛、戟等，Ⅱ式甲胄俑双手前伸呈持物状与甲士特征相吻合。

需要说明的是，在行进的行伍中，却有如此多的陶俑跪坐，排列在立俑后面，高度比前面立俑低，视线完全被阻挡，根本不能发挥远距离射杀敌人的作用，实在是不可思议。但是如果我们将其定为车兵则非常好理解，以秦代战车为例，战车的车舆至地面高度约为80厘米[⑥]，大约是人身高之半，当车兵跪坐在战车上，如此高度自然不会存在阻挡视线的问

① 邱永生：《徐州汉兵马俑研究》，《徐州师范学院学报》1987年第2期。

② 张玉、刘照建：《徐州地区西汉陶俑的发现及初步研究》，《东南文化》2002年第11期。

③ 王恺：《秦汉兵马俑的几个问题》，《文博》1987年第1期。

④ 张玉：《徐州汉兵马俑的再认识》，《考古与文物》2002年增刊。

⑤ 王恺、李春雷：《徐州狮子山汉兵马俑辨析——与黄震云、蒋成德同志商榷》，《淮海文汇》1993年第5期；张玉、刘照建：《徐州地区西汉陶俑的发现及初步研究》，《东南文化》2002年第11期；中国国家博物馆、徐州博物馆：《大汉楚王：徐州西汉楚王陵墓文物辑萃》，中国社会科学出版社，2005年，第90页。

⑥ 袁仲一：《秦始皇陵兵马俑研究》，文物出版社，1990年，第82页。

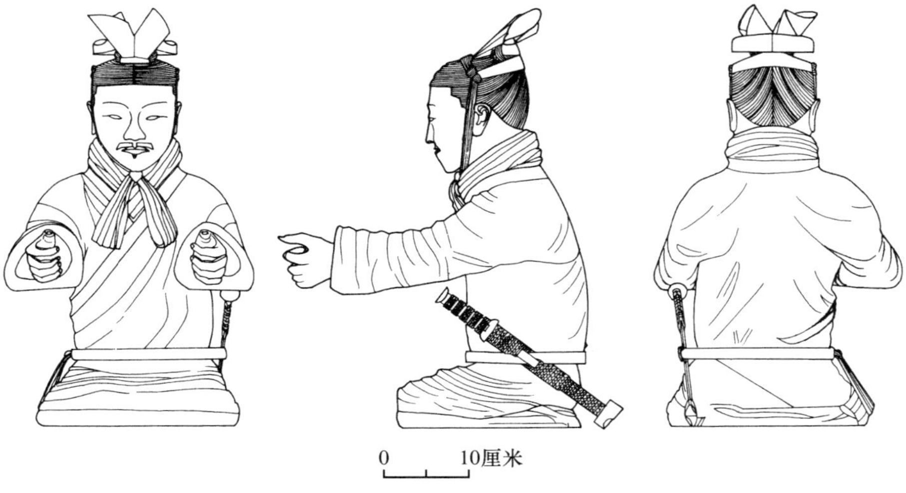

图六　临潼秦始皇陵二号铜车的铜俑

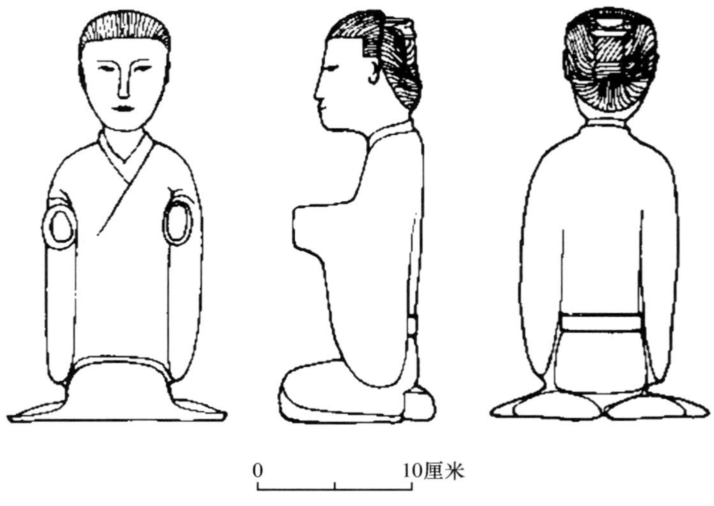

图七　徐州龟山汉墓出土的跪式俑

题。由于汉代手工制造业的进步，甲胄制作水平更加先进，防护能力大为提高，使得车兵坐在车上成为可能，同时坐在车上还能解决身着甲胄的车兵行动不便的问题。另外，这种车兵（弓箭）在后、步兵（矛、戈）在前的排列，也与战国以来兵法布阵原则相符合，《孙膑兵法·陈忌问垒》曾言："长兵次之，所以救其隋（隳）也。从□次之者，所以为长兵也。短兵次之者，所以难其归而徼其衰也。弩次之者，所以当投几（机）也。"即根据兵器、兵种特点配置兵力，以长兵器、次长兵器、短兵器和弩机的顺序，梯次布置兵力，使之各尽所长、相互配合，构成一定的层次和纵深、分工配合的防御阵容。在《司马法·定爵》也有记载"右兵弓矢御，芟矛守，戈戟助。凡五兵五当，长以救短，短以救长。"在河南汲县山彪镇出土一件战国水陆攻战纹鉴下层的一组图案中，两个近距离相搏杀的人手持短剑、短戟（短兵器），两侧正在抵御敌人的手持长戟，由于弓箭的射程较远，则配置在最后，用以射杀敌人并掩护前面的人（图八）[①]，就像我们今天战争中远程武器大炮放在阵地后面一样，因此手持弓箭的车兵放在队伍后面符合战斗实际需要，这也进一步证明跪坐俑实为车兵俑。当然，与秦始皇铜车马坑相比，狮子山兵马俑坑未出土战车，车兵俑阵容显得不整齐，摆放也没有秦车兵俑那样车左、车右分得清清楚楚，这说明汉代车战的形式和春秋战国时期相比已经发生了很大变化，虽然狮子山兵马俑坑的布置形式与秦不同，但是并不能改变其为车兵俑的客观事实。

图八　河南汲县山彪镇出土战国鉴下层图案水陆攻战图

长期以来，没有将跪坐俑定名为车兵俑的重要原因，一方面是陶俑定名混乱，掩盖了车兵俑的真实存在，另一方面是跪式俑周围没有出现战车，这也是发掘者非常谨慎的重要原因。其实兵马俑坑的设置，仅仅是西汉军阵的象征，并不是真正的写实，况且以典型器物代表某种事物在秦汉墓葬中经常出现，譬如以马具代表随葬马，或以车马器表示随葬车的现象也很常见，在河南永城保安山二号墓及一号陪葬坑出土的车马器中，有2件当卢、2件马衔及众多的马饰，说明每辆车至少代表着有两匹以上的马，但坑中明显不见马骨及其遗迹[②]。与之相似的情况在陕西咸阳杨家湾也有发现，在战车坑中没有马俑和兵俑，仅放置车马器[③]。因此对于狮子山兵马俑坑只出车兵俑，未出战车的现象，合理的解释是以车兵俑表示车兵军阵。这从秦俑的考古发现中能得到印证，即使是写实的秦俑也是具有很大的象征性，如车兵不坐车，骑兵不骑马，秦俑的研究者王学理先生就认为：秦俑的艺术性在写实性的基础上，有着新的发挥，在主题表现上，有实有虚，虚实相生，从而收到视觉上最佳效果[④]。狮子山兵马俑无疑也继承了秦俑的表现手法，且有了进一步发展。因此，经过比较分析，笔者认为报告中将跪坐俑定名和分类为跽式俑和甲胄俑是不准确的，其实这两种俑应为军阵中的车兵，其中Ⅰ式是驭手，Ⅱ式是车士，宜统称为车兵俑较为恰当，如果以此方式定名，这样就与骑兵俑、步兵俑等关于兵马俑的称谓统一起来，有助于对狮子山兵马俑性质和内涵的准确

---

① 郭宝钧：《山彪镇与琉璃阁》，科学出版社，1959年，第19页。

② 河南省商丘市文物管理委员会、河南省文物考古研究所、河南省永城市文物管理委员会：《芒砀山西汉梁王墓地》，文物出版社，2001年，第43页。

③ 杨家湾汉墓发掘小组：《咸阳杨家湾汉墓发掘简报》，《文物》1977年第10期。

④ 王学理：《秦俑专题研究》，三秦出版社，1994年，第429页。

把握和进一步研究。

二、西汉楚国军队的构成情况

过去一些学者认为，随着社会的发展和兵器的进步，战争形式也发生较大变化，一般春秋时期战争形式是以车战为主，到汉代逐步由进攻速度快、动作灵活的骑兵代替，由于汉兵马俑坑中出土战车较少，以致引起一些学者的错觉，认为汉代战争形式主要是步、骑兵相结合，车辆除用于指挥和运输给养外，大部分则用于出行代步的交通工具了[①]。事实并非如此，当对徐州狮子山兵马俑坑出土的跪坐俑名实进行正确认定后，我们对车兵制在汉代发展情况有了新的了解，尤其是对汉代地方诸侯国军队的构成、装备和编制情况有了进一步认识。

战国时期，车兵广泛存在，形容秦国兵强马壮、军事力量强大时，尚用“带甲百万、车千乘、骑万匹”，说明战车应用范围非常广泛，一般没有异议，但是对汉代车兵发展情况则认识模糊。其实西汉初年车兵仍然广泛应用，前202年汉高祖刘邦打败项羽，建立汉朝后，在大力加强的军备建设中提到四类兵种即有车兵，《汉官仪·卷上》记载：“高祖命天下郡国选能引关蹶张、材力勇猛者，以为轻车、骑士、材官、楼船，常以立秋后讲肄都试，各有员数，平地用车骑，山阻用材官，水泉用楼船。”这说明车兵仍然占有重要地位。在吴楚七国之乱中，桓将军向吴王献策曾言：“吴多步兵，步兵利险，汉多车骑，车骑利平地。”[②]另外，文献记载汉朝中央军队还设有轻车都尉、轻车将军、轻车校尉等车兵职官，进一步说明车兵尚未退出历史舞台。西汉楚国地理环境较为优越，以平原为主，适合车兵作战，因此与中央一样，也存在大量车兵，在狮子山汉墓出土了“楚轻车印”[③]，虽然未出土与中央车兵职官相同名称的职官，但把战车称为轻车，与西汉中央的称谓完全相同。因此我们认为由于战车作为一种进可攻、退可守的重要武器装备，具有强大冲击力和机动能力，在广阔的平原还是大有用武之地，在西汉初年不但未退出历史舞台，而且一度还发挥重要作用。

在楚汉战争中，汉高祖刘邦打败项羽，建立汉朝，第一个以布衣之身登上帝位，但是面临严重的内忧外患，为巩固国家政权，高祖刘邦采取一系列措施，刑白马而盟曰：“非刘姓而王者，天下共击之”，大封同姓诸侯王，镇守在首都以外的全国各地，分封的诸侯王承担着藩屏汉室、拱卫京师的重任，因此各诸侯国都拥有一支独立的军事力量。作为刘邦的同父异母弟刘交，被分封为楚王，“王薛郡、东海、彭城三十六县”[④]，是当时“跨州兼郡、连城数十”的大国，军事实力更是超出一般小国，早在高祖十一年（前196年）淮南王黥布谋反时，刘交发

① 王恺：《秦汉兵马俑的几个问题》，《文博》1987年第1期。

② （东汉）班固：《汉书·荆燕吴传》，中华书局，1962年。

③ 耿建军：《试析徐州西汉楚王墓出土官印及封泥的性质》，《考古》2000年第9期。

④ （东汉）班固：《汉书·楚元王传》，中华书局，1962年。

兵迎击于徐僮间，后来由于刘交“分军为三”错误用兵方法而导致失败。虽然楚国兵力史无记载，但是同在平黥布之战中，却记载了参战的齐国军队情况，《史记·曹相国世家》云：“黥布反，参以齐相国从悼惠王将兵车骑十二万，与高祖会击黥布军，大破之。”①齐相曹参发车骑十二万，明确说明齐军的兵力和构成，为研究楚国军队构成提供了重要参考，因为同为东方大国的齐、梁、楚，其兵力及构成情况相去不远。另外，在近年来考古发掘中，徐州地区的西汉楚王陵墓出土了多种记载楚国军队职官名称的印章和封泥，如楚都尉印、楚骑尉印、楚营司马、楚候之印、楚骑千人等②，楚候之印甚至达百枚之多，这都说明楚国有一支实力雄厚、数量庞大的地方部队。然而由于文献记载少，多年来人们对于诸侯国的军队情况知之甚少，徐州狮子山兵马俑坑的发现，则向我们清晰展示了楚国军队的真实面貌。尤其是当我们确定徐州狮子山兵马俑坑内车兵俑的存在后，我们对西汉诸侯国的军队编制构成有了较为全面的认识和了解。

1984年发现于徐州市区东部的狮子山兵马俑坑，共发现俑坑四座，这是众所周知的，另外，早在1981年，当地砖瓦厂取土时，还发现两座俑坑，编号为五、六号坑③，距离前四坑西北125米左右，出土骑俑200余件，俑坑已被毁坏，骑俑排列组合情况已不可知。因此事实上徐州狮子山兵马俑坑共发现俑坑6座，出土陶俑总数有4000余个。

从6座俑坑布局来看（图九），一、二、三号坑为主俑坑，居于中心位置，是左、中、右三军的象征，目前一、二号已正式发掘，出土陶俑以车兵俑和步兵俑为主，据统计一号坑有车兵俑300个，步兵俑620个；二号坑有车兵俑413个，步兵俑723个，两坑合计车兵俑713个，步兵俑1343个，车兵俑占步兵俑一半稍多，二者比例大概在1：2。三号坑尚未发掘，估计情况应与一、二号坑相似。根据车兵俑和步兵俑的排列位置，可知当时车兵和步兵混合编队，说明西汉初年楚国的军队中步兵和车兵为主要兵力，车兵仍然占有重要地位，但是我们看到车兵布局已不像春秋战国那样在军阵前方，而是在队伍后边，说明车兵和车战已不占主导地位，地位已不如步兵重要，步兵数量则显著增加，且位置也发生巨大变化，不是跟随在战车之后，而是在战车之前，说明步兵除护卫战车外，已经逐渐发展成为战场的主力。战车由于体量大、不灵活，受地形限制较多，特别是由于战争形势和新式武器的不断运用，战车在战争中数量呈不断减少之势头，不如春秋战国时期应用广泛，这也是不争的历史事实。四号俑坑在一、二、三号俑坑东端4米处，俑坑为南北方向，与一、二、三号俑坑垂直分布，处于整个军阵的最后，破坏较为严重，原来排列和数量不清，结合残存的十余件陶俑不着盔甲、长

① （西汉）司马迁：《史记·曹相国世家》，中华书局，1959年。

② 吴荣曾：《从西汉楚国印章封泥看王国中央官职》，《大汉楚王：徐州西汉楚王陵墓文物辑萃》，中国国家博物馆、徐州博物馆编，中国社会科学出版社，2005年，第22—27页。

③ 狮子山兵马俑五、六号坑的具体位置就是今天徐州汉文化景区的水下兵马俑馆，据了解，当年在取土的过程中，该地出土大量骑兵俑，有些是尚未组装的构件，有人据此认为五、六号坑是兵马俑的组装车间，但是如果是组装车间，应该是各类陶俑都有，而不应该仅仅有骑兵俑，因此在正式报告未公布前，本文姑且定为骑兵俑坑。至于今天在原址上复原陈列的骑兵俑，则是当地管理部门为吸引旅游者的眼球而臆造，与当年历史原貌不符。

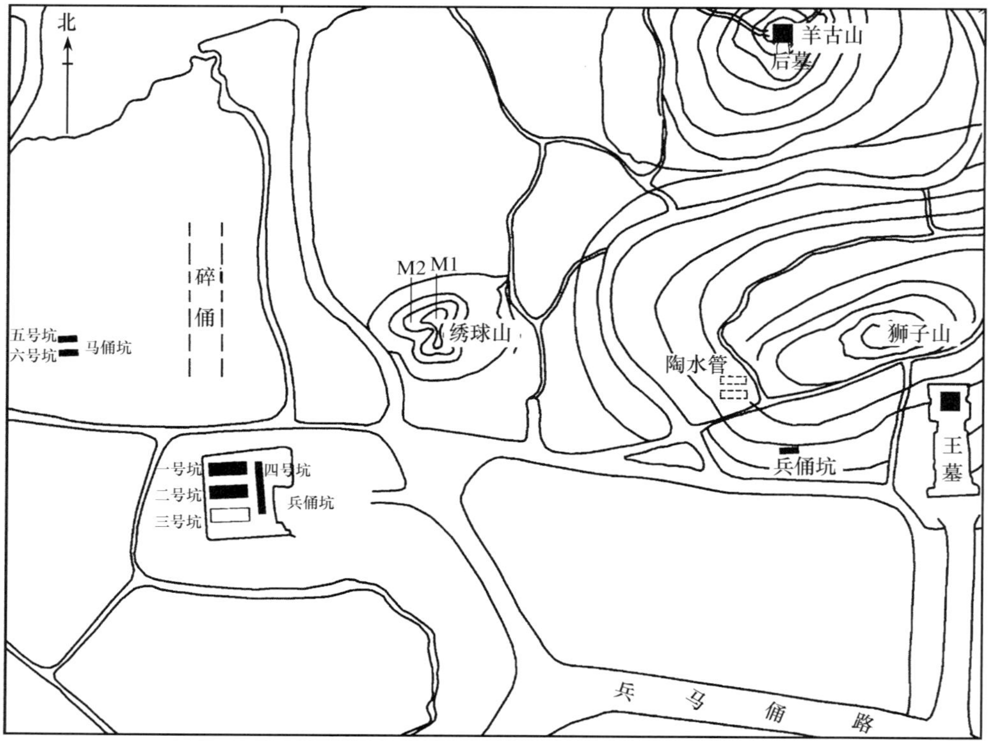

图九　狮子山兵马俑坑分布示意图

衣及地的特点，四号坑不可能是过去一些学者所说的“警卫部队”①，而应是象征管理和监督军队行动的机构。五、六号坑由于已被取土破坏，骑兵俑排列组合和数量已不得而知，但根据调查了解，两座俑坑内出土的均为骑兵俑，是一处单独设置的骑兵俑坑，表明楚国骑兵部队已经从车兵、步兵中独立出来，成为独立的作战部队，不过数量不是很多，尚未成为战场的主力，从其位于主力部队西北前方百余米位置来看，这支骑兵部队可能是主力部队的先锋部队“兴军”②。

作为军事题材的徐州狮子山兵马俑坑，是西汉楚国军队编制的真实情况在地下的反映，随着车兵俑、步兵俑和骑兵俑身份的界定，西汉楚国军队构成情况已初步显现庐山真貌，西汉楚国军队由车兵、步兵和骑兵三个兵种组成，是一支编制完整、规模可观的地方部队，其中步兵发展快，数量最多，是战场上绝对主力，车兵尚未退出历史舞台，与步兵混合编队，仍然发挥重要作用，骑兵也有很大发展，已经从其他兵种中独立出来，成为一支单独作战的先锋部队。在吴楚“七国之乱”中，楚是仅次于吴的重要诸侯国，指挥平叛的周亚夫言“楚兵剽悍，难与争锋”，由此可见楚兵之强。当然后来由于中央王朝考虑到诸侯王对皇权的威胁，文帝开始“与郡守为铜虎符、竹使符”③，景帝时推行更加严厉的“削藩”措施，诸侯王的权力受到削

① 王恺：《秦汉兵马俑的几个问题》，《文博》1987年第1期。

② 刘仲平：《尉僚子今注今译》，台湾商务印书馆，1975年，第225页。

③ （东汉）班固：《汉书》卷四《文帝纪》，中华书局，1962年。

弱和剥夺，诸侯国不能再拥有军队，“七国之乱”后，徐州地区楚王陵墓再也未发现以军阵形式随葬兵马俑群的现象，狮子山兵马俑亢随葬现象遂成为西汉楚国之绝响。

由于材料的限制，本文研究得出的结论仅仅是初步的认识，但是希望通过本文的研究，能够推动汉代车兵制以及诸侯王国军队构戍情况的研究工作进一步开展。

（原刊于《中国国家博物馆馆刊》2013年第12期）

保护利用篇

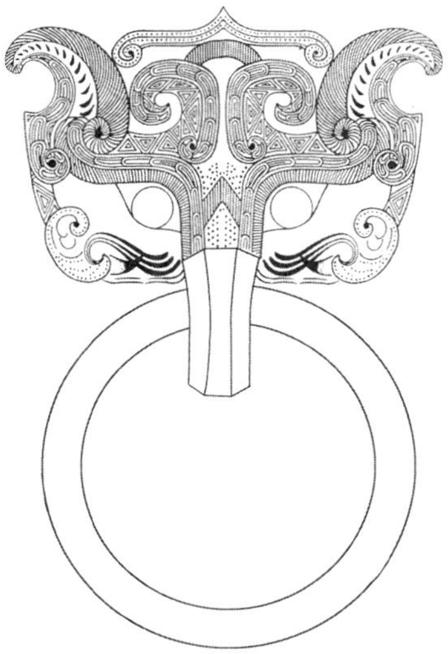

关于徐州汉墓申报世界遗产问题的思考

到2004年为止，中国被列为世界遗产的文化和自然景观已达30处，但是自古列为九州之一的徐州，有着2600余年建城历史的国家级历史文化名城，却还没有一处世界遗产，甚至连报送世界遗产中心待批的“预备名单”也未列入，这实在与徐州丰富的历史文化资源极不相称。现在随着2004年度世界遗产大会在苏州召开，全国各地掀起一股申报世界遗产的热潮，已有100多个城市向大会提交了申报报告，徐州的有识之士也纷纷呼吁，要求启动徐州汉墓的申报世界遗产工作，甚至有人还对申报主体的名称和申报计划都做了构想[①]，这体现了当前社会各界对世界遗产的热情。但是世界遗产的申报工作是一项复杂的系统工程，对申报条件有严格要求和明确规定，徐州汉墓是否已具备世界遗产相应水准呢？现在申报时机是否已经成熟呢？过早或过晚申报都将对徐州汉墓的长远发展造成不应有的损害。鉴于此，笔者拟在世界遗产视野下对徐州汉墓发掘保护状况做一次全面考察，力求对徐州汉墓现状和未来做出科学预测和合理定位，并就徐州汉墓发展思路提出几点建议，期望能为有关部门决策提供有益的借鉴。

一、徐州汉墓保护现状

近年来，经过考古工作者的努力，在徐州境内先后发现发掘了8处15座大型汉墓，它们分别是：楚王山2座、狮子山1座、驮篮山2座、北洞山2座、龟山2座、东洞山3座、南洞山2座、卧牛山1座。这8处15座墓葬的墓主身份及时代较为明确，据记载，汉六年（前201年），刘邦封其弟为楚王，都彭城（今江苏省徐州市），辖东海、彭城、薛郡等三郡三十六县，世代相传十二代，中间支系虽有变化，但均为刘姓楚王，按照汉制，诸侯有封地者，死后葬于封地，因此，这8处15座大型墓葬是西汉时期分封于徐州楚王的墓葬及陪葬墓，墓主是十二位楚王刘交、刘郢（客）、刘戊、刘礼、刘道、刘注、刘纯、刘延寿、刘嚣、刘文、刘衍、刘纡中的8位，墓葬时代从文帝元年（前179年）到初始元年（8年）。

这些大型汉墓均分布于徐州周围的山上，一般不超出距现代徐州市10千米范围，墓葬特点以一山一二墓居多，墓上或有封土或无封土，均为“凿山为葬，斩山为廊”的大型崖洞墓，

① 关于徐州汉墓申报世界遗产的申报主体，许多人有不同观点，其实在徐州汉墓申报为国家级文物单位时已有争论，最后国务院审批为徐州西汉楚王陵墓群，这样较为科学全面，因此徐州申报世界遗产主体还是以“徐州西汉楚王墓”为宜，本文中所提到的徐州汉墓，如无特殊说明，也均指徐州西汉楚王墓。

修筑方式是先选择山腰或山麓面对山岗横向腹内开凿，然后在山体里模仿地面建筑布局营造洞室。墓葬由墓道、甬道、墓室三部分构成，面积在100平方米以上，墓室数量众多，有20余间，整个墓室既有墓主生活起居的主室，又有武库、仓库、乐舞厅、凌阴、厨房、水井、柴房、厕所等配套设施，墓顶形式多样，有平顶、拱顶、券顶、两面坡顶、四面攒尖顶，墓壁凿刻规整，有的经过二次打磨，有的以石粉、黄泥拌成的黏合土涂抹平整，外髹漆涂朱砂，甚至还出现了完美的防水、防盗系统，如同是一处搬到地下的宫殿建筑，再现了当年汉代建筑的形制式样。另外，这些墓葬还出土了大量精美文物，如狮子山汉墓出土文物2000余件（套），精美玉器有200余件，钱币17万余枚，当年即被评为全国十大考古发现之一①。

为有效保护西汉楚王墓，徐州市根据“保护为主，抢救第一，有效保护，合理利用”的文物工作原则，累计投入上亿元资金，先后建立了四座遗址性博物馆，1985年建立汉兵马俑博物馆，1989年建立北洞山汉墓陈列馆，1991年兴建龟山汉墓陈列馆，1995年建立狮子山楚王陵陈列馆，这四处陈列馆均以汉墓（或兵马俑坑）为依托，直接搭建仿汉式样的亭堂，既作为保护汉墓（兵马俑坑）设施，又作为陈列展览室，展出与之相关内容文物或文物复制品，这在当时历史条件下，对于有效保护汉墓本体和方便游人参观，确实发挥了重要作用；与之同时，对那些不具备开放条件的西汉楚王墓，则采取措施封山育林，最大程度恢复原始环境，单是为保护楚王山汉墓即关掉采石厂20余家，并安排了文保员专职看护。经过多年努力，徐州西汉楚王墓已得到有效保护，并初步形成规模，在海内外已具备一定影响。尤其值得一提的是，1996年8处15座大型墓葬作为整体被国务院列为全国重点文物保护单位，体现国家层面对徐州汉墓巨大价值的认可，但是徐州汉墓是否能够问鼎世界遗产呢？下面我们将徐州汉墓放在世界遗产框架内略作比较研究。

二、徐州汉墓与世界文化遗产标准之比较

在20世纪90年代末，人们对世界遗产还缺乏认识，当笔者提出徐州汉墓应积极申报世界文化遗产时②，甚至曾遭到业内人士的讥笑，认为将徐州汉墓与世界遗产相提并论是夜郎自大，个中原因是一方面对汉墓的价值认识不足，另一方面就是对“世界遗产”的意识还十分淡漠。其实国际社会成立世界遗产组织的初衷就是保护全人类的共同遗产，而且评定世界遗产的专家与国际机构是独立的专业机构，不受任何政治人物或国家关系所左右，其公正性、科学性和信誉度有口皆碑，只要具备条件，任何缔约国家和城市都可以自由申报。关于遗产的定义和具体标准，联合国教科文组织成员国于1972年倡导并缔结的《保护世界文化和自然遗产公约》（以下简称《公约》）中这样规定：

---

① 蒋迎春：《九五年、八五期间十大考古新发现分别揭晓》，《中国文物报》1996年2月18日第1版。

② 刘照建、张宏伟：《徐州汉文化发展前瞻性探析》，《两汉文化研究》（第三辑），文化艺术出版社，2004年，第260—262页。

文化遗产的定义有三条：

一、文物：从历史、艺术和科学的角度来看，具有突出价值的建筑物雕刻和绘画、具有考古意义的部件和结构、铭文、洞穴、住区及各类文物组合体。

二、建筑群：从历史、艺术和科学角度看，在建筑形式、统一性及其与环境景观结合方面，具有突出的普遍价值的单独或相互联系的建筑群体。

三、遗址：从历史、美学、人种学或人类学的角度来看，具有突出的普遍价值的人造工程或自然与人类结合工程以及考古遗址的地区。

同时《公约》要求列入《世界遗产名录》的文化遗产应具有以下任何一种特质：代表一种独特的艺术成就，一种创造性的天才杰作；在一定时期内或世界某一文化区域内，对建筑艺术、城镇规划或景观设计方面的发展产生过重大影响；能为一种现实的或为一种消逝的文明或文化传统提供一种独特的或至少是特殊的见证；可作为一种类型建筑物或建筑群或景观的杰出范例，展示人类历史上一个或几个重要阶段；可作为传统的人类居住地或使用地的杰出范例，代表一种或几种文化，尤其在不可逆转的变化之下容易毁损的地点等。

徐州地区发现发掘的8处15座楚王汉墓，即是文献记载的“因山为陵”的大型横穴崖洞墓，中国从新石器时代以来，一直流行竖穴土坑墓，直到西汉楚王才开始使用“因其山，不起坟”[①]的崖洞墓，这种墓葬以高大山岭作依托，不需要垒筑高大坟丘，节省了大量人力物力，但是在当时条件下，没有现代施工机械，仅仅凭借匠人手中锤子和錾子凿刻而成，且墓室布局巧妙，功能完善齐全，因此，这些崖洞墓是汉代先人心血和智慧的结晶，完全可以称之为一种创造性的天才杰作。徐州汉楚王墓这种葬制既充分满足当时“深埋厚藏”的防盗要求，又极尽模仿地面建筑之能事，因此一经出现，便得到广泛认同，并迅速被全国各地诸侯王所袭用，所以横穴崖洞墓首先兴起于徐州地区后并向全国传播的，就是当时汉文帝，也是在楚王的影响下才产生“以北山石为廓，用纻絮斫陈其间，岂可动哉”的念头，产生于徐州地区的横穴崖洞墓，对汉代及其以后陵墓建筑技术的发展产生了重大而深远的影响。

这种大型崖洞墓目前在江苏、山东、河南、河北均有发现，但徐州地区崖洞墓发现数量最多（15座），占全国已发现数量一半以上，延续时间最长，从文帝元年至初始元年（公元前179—公元8年），贯穿西汉一代始终，且形制最为复杂，凿刻最为精美，如位于金山桥开发区内的驮篮山汉墓，规模恢宏壮观，结构奇特，被考古学者喻为“崖洞墓典范之作”，墓道凿山落差最深有16米以上，墓室布局疏密有致，有前室、后室、厕所、浴间等，真实体现汉墓建筑“前堂后室”“前朝后寝”的布局特点，且墓室内防盗机关设置巧妙，防排水系统完备，整个墓葬是楚王生前华丽的宫殿建筑的缩影[②]。龟山汉墓两条甬道几乎平行，要到1000千米以外西

① （东汉）班固：《汉书·文帝纪》，中华书局，1962年。

② 孙厚兴、吴敢：《徐州文化博览》，文化艺术出版社，2003年，第9、10页。

安才能相交，是目前世界上开凿精度最高的墓道。另外，楚王墓在设计手法上也富于多变，打破了轴对称观念，平面布局的处理手法十分成熟，石柱在墓内出现，说明汉代徐州工匠对山体力学已有充分认识。

总之，徐州地区大型崖洞墓产生的时间最早，延续时间最长，发现数量最多，开凿最为精美　形制最为复杂，是汉代建筑技术高度发达的见证，是社会生产力高度发达的体现；还有墓内出土的金、银、铜、铁、陶、玉等质地的精美文物，更是艺术与技术的结晶，徐州汉墓和墓内文物充分展示汉代楚国社会生活的各个方面，代表崖洞墓建筑的最高成就，可作为西汉墓葬建筑的杰出范例，完全与《公约》要求列入《世界遗产名录》的文化遗产应具有的特质相符合。因此，较之世界文化遗产的定义和具体标准，就徐州汉墓本体而言，确实已达到世界遗产相应水准，长期从事世界遗产——秦兵马俑研究的袁仲一先生就说“狮子山汉墓在国内外考古学的地位是无可比拟的，墓本身就是一个重要发现”①，奥地利雷欧本市博物馆琼泰斯馆长面对汉墓也曾感叹“完全可以与埃及金字塔相媲美”，在百年百项考古重大发现评比中，徐州汉墓也名列其中，这些评价都体现了社会各界对徐州汉墓价值的高度认同。但是，是否能说徐州汉墓已具备申报世界遗产条件呢？

三、徐州汉墓与世界文化遗产的距离

诚然，徐州汉墓规模庞大，结构复杂，数量多且无一雷同，具有非同寻常的历史文物价值和无与伦比的旅游观赏价值，较之世界文化遗产对文物的定义和评价标准，就徐州汉墓本身的价值而言，确实已达到世界文化遗产相应水准，但因此说徐州汉墓已具备申报世界文化遗产的条件，则显然对世界遗产的申报过程、评审条件认识不足，世界遗产除对文物本体要求很高外，还有许多其他的要求，因此我们认为徐州汉墓与世界文化遗产之间还存在较大的差距。

第一，世界遗产要求最大限度保护文物外部环境的完整性和真实性。我市8处15座楚王陵墓除汉墓本体保护相对较好外，外部环境已遭到很大破坏。例如，狮子山楚王陵、龟山汉墓缺乏必要规划，其建设性破坏已造成无法挽回的影响，墓前宽阔的公路、墓口硕大无比的建筑都在很大程度上削弱了汉墓的真实性和完整性。而位于金山桥开发区的东洞山西汉楚王墓，金山桥寄宿学校大楼几乎就建在汉墓上，其他几处汉墓由于开山采石等原因，也使得汉墓原始风貌毁坏殆尽，极不符合《国际古迹保护与修复宪章》对文物保护的要求。国际社会评定世界遗产对这方面有严格的要求，因此徐州汉墓如果申报世界遗产，必须花大力气投入巨额资金整治周围环境，如1999年被批准为世界文化遗产的武夷山，当地政府投入2亿元，洛阳龙门石窟投入1亿元，安徽黟县的小村庄也为整治环境投入600万元，杭州西湖打算申报世界遗产，为整治环

① 狮子山楚王陵考古发掘队：《狮子山楚王陵出土文物座谈会纪要》，《文物》1998年第8期。

境计划投入60亿元[①]。如此庞大的开支，以徐州市目前财政收入，显然不足以支付。

第二，对汉墓和出土文物资料整理研究不够深入，是我们申报世界文化遗产的一个重要障碍。多年来，经过考古工作者不懈努力，汉墓的发掘研究已取得了一定成绩，但是我们遗憾地看到，8处15座汉墓的考古报告迄今尚未全部整理出版，关于汉墓的相关研究也没有发表在海内外学术界有分量有影响的论著。而世界遗产申报文本具体要求十分严格，内容包括文字、图纸、幻灯、胶片、录像或光盘等，强调对遗产的价值要有全面而科学的认识评估，但学术研究的严重滞后，使得汉墓整体价值在申报上难以作出科学的定位；资料尚未整理，也无法向国际社会提交一份完整的正式的申报文本。

第三，申报世界遗产时，不仅要对遗产本身价值有深入的认识，还要具备极高的管理水平，其管理方法和手段要与世界管理水平相接轨。目前，我市文物管理法规条例不完善，尤其是汉墓管理始终没有纳入有序良性发展的轨道。姑且不论多处汉墓尚处于无保护状态，即使是已成立管理机构的龟山汉墓、狮子山楚王陵，其管理水平与世界遗产的要求也相距甚远，这主要体现在管理体制不尽科学和管理人员专业结构失衡两个方面。

两座汉墓均不是由专业文物保护部门进行管理，这与世界遗产保护宗旨相违背，也严重违反了《中华人民共和国文物保护法》，国家文物局为此两次发出通知，要求立即纠正擅自改变文物保护单位的管理体制，特别是要彻底遏制由旅游企业开发经营的行为。而龟山汉墓、狮子山楚王陵目前的管理运作方式，如果不申报世界遗产尚不会扩大影响，还将在一定范围内继续以不合理方式存在；一旦申报，必将引起国家主管部门关注，根本无法通过预审。因为世界遗产申报工作的业务主管部门是国家文物局，向国际社会申报世界遗产，必须由国家文物局报请国务院批准。

管理人员专业结构失衡，除狮子山楚王陵有两名专业人员外，龟山汉墓目前没有一名专业人员，显然与国家级文物保护单位的地位极不相称，遑论世界文化遗产。由于专业人员缺乏，使得汉墓管理如同乡镇企业的经营，仅仅是保证日常开放，获取门票收入而已，这显然不能得到国际社会的认同。因此，要申报世界遗产，必须首先加强专业培训，改善管理者素质，改变文物单位的管理体制。

第四，申报世界遗产淘汰率高，全球范围内每年申报世界遗产淘汰率近一半（30%—50%），一般而言，申报世界遗产的单位首先应是国保单位，1996年全国第四批重点文物保护单位公布以来，我国国家级文物保护单位达750处，其中仅有16处为世界遗产，仅为2.22%[②]，可见徐州汉墓申报世界遗产的成功率有多少。尤其是随着申报单位年年增多，但国际评审委员会的控制越来越严，鼓励没有或较少遗产的国家申报，呼吁已有相当数量遗产的国家放慢速度，申报标准逐渐提高，以前列入《世界遗产名录》的遗产，只要符合世界文化遗产六条标准的任何一条即可，现在有些标准已不能单独引用，必须和别的标准结合才行。因此申报世界文

① 曲冠杰：《世界遗产，教会了我们什么》，《新华文摘》2001年第7期。

② 王莉：《思量世界遗产》，《中国文物报》2000年6月28日第6版。

化遗产，不能有任何功利心理，更不能仅仅看到巨大的回报，事实上天下没有免费的午餐，投入巨大的物力人力也许换不来世界遗产这块金字招牌。

四、徐州汉墓申报世界遗产工作思路

基于上文四点差距，徐州汉墓申报世界遗产工作不要操之过急，不能把不成熟的东西提交给国际社会，否则只会增加不良影响，导致失败的结果，而失去一次机会，也许永远就失去了机会。因此，我市目前应踏实做好基础工作，为申报世界遗产做好前期准备。

（1）首先要完善一套能体现我市人民和政府保护热情的法规和措施，特别是制定各项关于保护汉墓的专项法规、规划，划定8处15座汉墓的保护范围和建设控制地带，从立法上对汉墓周围环境控制起来，保证只拆不建，逐步达到恢复汉墓原始风貌的目的。

（2）加强基础工作，推动学术研究的新进展。徐州市文物行政主管部门要充分发挥主管作用，制订科研规划，组织人员实施，推动学术研究，要打破部门界限，将徐州专业人员最大限度集聚整合，力求在学术研究上有较大突破，改变长期以来重发掘、轻研究的局面，出版徐州汉墓系列专著或论文。

（3）根据《中华人民共和国文物保护法》的规定和国务院通知的精神，落实纠正擅自改变的汉墓管理体制，建立文物行政部门管文物的正常局面。

（4）加大引进和培养人才的力度。针对汉墓管理人员文博知识缺乏的现状，开办形式多样的培训班，提供学习培训的机会，充分发挥现有专业人员特长，改变人才不合理使用的局面，引进一批学有专长的高层次人才，形成与我市人才与文化事业的发展相适应的格局，只有拥有一流人才，才能发展一流事业。

（5）加大宣传力度，使整个社会对汉墓遗产有明确认识，充分调动政府和人民群众保护汉墓的积极性，当地政府和人民群众保护遗产的积极性是评审遗产时一个重要审评要素。

申报世界文化遗产是一个漫长而严格的过程，它实际上是对文化遗产保护整修的过程，当前市委、市政府正积极进行徐州汉文化资源整合，狮子山汉墓、龟山汉墓的二期规划也均已经启动，这无疑是加强和改善汉墓保护环境的有力举措，也是我们向世界遗产之路迈出的关键一步。其实世界遗产距离我们并不遥远，只要我们按照国际公约的要求认真做好准备工作，相信总有一天，我们会叩开世界文化遗产的大门。

（原刊于《淮海文汇》2004年第6期）

徐州汉文化发展前瞻性探析[①]

历史文化名城徐州，地上地下文物古迹众多，汉代遗存尤为丰富，即使滔天故黄河水，也不能湮没汉代徐州昔日的辉煌。具有远见卓识的徐州人，充分开发和利用了这些文物资源，时至今日在国内外已产生一定影响，但是与徐州汉文化资源潜在的巨大价值相比，徐州汉文化在海内外影响还远远不够。国家旅游部门统计资料表明，徐州是温点而非热点旅游城市，这从一个侧面说明徐州汉文化知名度较低，以汉文化景点为主打的旅游城市形象尚未完全凸显。如何进一步发展徐州汉文化，将潜在的资源优势转化为今天的品牌优势，许多学者都有专文论及。笔者不揣浅陋，从徐州汉代文物资源开发利用现状入手，对徐州汉文化今后发展作一前瞻性探析，愿方家读后有以教我。

一

近年来，经过考古工作者的努力，徐州已经发掘数百座汉代墓葬，其中尤以西汉楚王陵墓最为引人注目。西汉初年，高祖封其弟刘交为楚王，共有十二代，他们死后均埋葬在徐州周围山上，到目前为止，已发现发掘8处15座西汉楚王及其陪葬墓，它们分别是：楚王山2座、狮子山1座、驮篮山2座、北洞山2座、龟山2座、东洞山3座、南洞山2座、卧牛山1座。这些墓葬均因山为陵，斩山为廓，制式独特，规模庞大，数量众多且无一雷同，体现了汉代高度发达的开山劈石工艺，具有重要的历史文物价值，1996年11月国务院公布徐州汉楚王墓群为全国重点文物单位。此外，较为有名的汉墓还有宛朐侯刘埶墓、火山刘和墓、拉犁山汉墓等一大批中小型墓葬。这些汉墓发掘后，大量精美的汉代文物重见天日，充分展示了汉代徐州社会发达的盛况，富有代表性文物当数汉玉、汉兵马俑、汉画像石。徐州出土汉玉质量高、数量多、种类繁，仅狮子山汉墓就出土200余件玉器，有玉衣、玉棺、玉璧、玉玦、玉璜等，目前均收藏于徐州博物馆。汉兵马俑为狮子山楚王陵的陪葬俑，是继秦始皇兵马俑、咸阳杨家湾兵马俑之后第三次重要发现，共有四个俑坑，已发掘一、二号坑，藏俑3000件左右，俑的种类繁多，规模

① 文化是人类在社会历史发展过程中所创造的物质财富和精神财富的总和，考古学上的文化则指同一个历史时期的不以分布地点为转移的遗迹、遗物综合体，本文所提的徐州汉文化则是两汉时期在现代徐州境内发现的墓葬和文物的总称。

庞大，排列严整，具有极强的军事色彩，一经发现便引起国内外广泛关注[①]。汉画像石目前已发现1500余块，画像内容丰富，题材多样，生动反映了汉代社会生活的各个方面，被称为“绣像的汉代历史”。徐州汉代墓葬和文物共同构成了徐州汉文化的基本要素，是进一步发展徐州历史文化的物质基础。

徐州市根据“保护为主，抢救第一，合理利用，加强管理”的文物工作方针，先后投入上亿元资金，建立汉代遗址博物馆、专题博物馆等。一是以汉代遗址为依托，建立了北洞山汉墓博物馆、茅村汉画像石墓陈列馆、白集汉画像石墓陈列馆、汉兵马俑博物馆和龟山汉墓陈列馆，这一系列遗址性博物馆的建立，有效保护和利用了汉墓。二是为更好展示和保存汉代文物精品，又分别兴建和扩建汉画像石馆、徐州博物馆，以汉文化为展示内容的场所累计已达8处。尤其是徐州博物馆，是近年来徐州汉文化建设的点睛之笔，投资7000万余元，占地36亩，建筑面积1万余平方米，内设7个展厅，成为展示徐州汉文化的一个重要窗口。应该说徐州汉文化保护利用的势头良好，已经初步形成历史文化名城徐州的文化特色。南京市文化（文物）考察团来徐参观后曾对此高度评价：近年来徐州在汉文化开发利用方面有气魄有力度，能够充分发挥自身优势，把汉文化特色充分展现出来，足以证明汉文化在徐州的地位。

二

诚然，经过多年努力，徐州汉文化开发利用确实已取得了显著成绩，在一定范围内已具有较大影响。但是，与徐州汉代文物资源的巨大价值相比，其开发和利用远未形成规模，尚存在许多问题和不足。随着人们生活水平的提高，人们对精神生活的要求也越来越高，现状还远远不能满足人们的需求。如果先人留给我们的汉文化资源是一棵枝繁叶茂的大树，那么今天开发利用现状只能是一朵小小的花。随着徐州汉文化景点逐渐增多，有识之士为扩大徐州汉文化景点影响，提出“秦唐文化看西安，两汉文化看徐州”的口号，对此我们不敢苟同。“秦唐文化看西安”当然是不争之事实，可是“两汉文化看徐州”之说，则难免有徐州人自言自语之嫌，撇开无法量化的指标不谈，单是门票收入一项即可看出二者差距有多大，徐州所有汉文化景点门票收入总和不足千万元，不抵西安一个秦俑馆的1/10，这说明徐州汉文化景点规模较小，知名度较低，并未形成“两汉文化看徐州”的盛况。在调查汉文化景点参观人员自然状况时发现：外国游客少、国内游客多，主动参观少、被动参观多（即参观者多系来徐出差办事顺带看一下，不是专程来游）。这么好的文物古迹，却未能产生广泛影响，专家纷纷为之把脉。中国社会科学院新闻研究所的专家说，连他们这些研究新闻传播的人都不知道，认为徐州宣传得太不够。其实，这只道出问题的一个方面，更为重要的是，徐州汉文化景点自身存在一些缺

① 徐州博物馆：《徐州狮子山兵马俑坑第一次发掘简报》，《文物》1986年第12期。

陷：景点规模太小、且过于分散。徐州目前已经建成8处汉文化景点，除汉画像石馆与徐州博物馆距离较近外，其他景点分别散落在铜山县茅村、贾汪区白集、云龙区狮子山、九里区龟山等地，距离之远达25千米，有的景点仅仅是依托汉墓建立的一个小型陈列馆，没有配套游购设施，交通上也不便利，彼此之间又缺乏必要的联系，游客在参观这些景点时，在视觉上形不成整体印象，在心理上也不能产生强大的冲击力和震撼力。本来博大精深的汉文化，其文化气质就是一个“大”字，而目前徐州汉文化建设，缺乏全盘规划，发现一处建设一处，使得大气雄浑的汉文化影响力在无形中消解了。

辉煌的汉代帝国，在全国范围内留下数量众多的汉文化遗存，如河北满城汉墓、广州南越王墓、长沙马王堆汉墓及河南永城梁孝王陵，这些地方政府皆投入巨额资金，倾力打造本地汉文化景点，使之成为当地旅游业的拳头产品。广州南越王墓面积仅100余平方米①，不足徐州楚王陵的1/8，但是与之配套设施完善齐全，且皆精心设计，使游客参观之余，尚可休闲娱乐，充分满足游客各方面的需要，吸引各地游客纷至沓来。2000年以来，山东洛庄汉墓精品迭出，北京老山汉墓强势宣传，使得两地汉文化异军突起，更有挟帝王之尊的陕西咸阳，将来如打开任何一座陵墓，都将产生巨大影响，到那时，徐州汉文化将淹没在满天繁星中，一点不耀眼，甚至可能慢慢被人们遗忘。如果我们早些年趁全国各地汉文化影响不大时，本着可移动文物向不可移动文物靠拢的原则，建设成连片的大景区，那么汉文化发展的局面早就今非昔比了。然而，历史无法假设，机遇不能重来，我们必须立足现状，对汉文化景点的建设做出科学论证和合理规划，才能将徐州汉文化景点推向一个新的发展阶段。

三

在新的形势下，如何做大做强两汉文化，是徐州文物旅游界长期共同探索的重要课题。如果我们跳出文物旅游的小圈子，将目光转向我们身边的大社会，关注一下其他行业的发展状况，或许能给我们一些有益的启发。

近年来，中国高校改革大潮涌动，短短几年，中国数百所高校走向合并。现代社会发展表明，当事物发展到一定阶段，联合做大是必然趋势，正像未来学家托夫勒所言，“集中化”和“大型化”是“工业化浪潮”的基本概念。在外部条件一定的情况下，规模化无疑是扩大影响、提高效益的有效手段，徐州汉文化景点建设当亦如此。布局分散、各自为政的诸多汉文化景点，所发挥的影响也十分微弱，如果将它们重新整合，打造出一艘汉文化景点的“航母”，无疑将是提高徐州汉文化在国内外知名度的最佳途径。

当然，由于徐州汉文化景点分散，条块分割严重，有的属区里，有的属市里；行政隶属不

① 广州市文物管理委员会、中国社会科学院考古研究所、广东省博物馆：《西汉南越王墓》，文物出版社，1991年，第8页。

同，有的归旅游部门，有的归文物部门。合并又没有现成的模式可以遵循，具体操作时肯定困难重重。我们的设想是成立一个松散型联合体，如组建专门行业管理协会（为有效保护文物，协会必须由文物行政部门主管），将所有景点纳入“汉文化”这面大旗下，统一进行策划包装，在宣传上打一个品牌，讲解中声气相通，交通上设立旅游专线，使所有景点串联到一起，这样“汉文化”形成一个概念上的整体，容易在游客心理上营造“大”的感觉。

不过，这种联合的汉文化景点仅仅是一种形式上的扩大，所有景点内涵及质量并没有升级换代，因此必须在初步联合的基础上，再注入资金将汉文化景点规模提升，配套设施完善。但是由于资金有限，不可能将所有景点都做大，应选择一处有开阔发展腹地的汉墓作依托，建设一个大型汉文化景区，在景区内严格按照古代陵园的原有规模形制进行恢复，将参观入口前移，使游客有充分心理铺垫，因为古人拜谒时须经过一段路程才能到达墓门，而现代参观者的小车一直开到近前，这在心理上无法体会汉代王室陵园的森严气派。正如我们登泰山赏风景，如果没有历经九曲十八盘的磨难，又哪里会有“会当凌绝顶，一览众山小”的心境呢？所以科学的复原陵园是做大的前提。在不影响整个景区历史风貌的前提下，兴建配套设施，展现汉代先民生产生活和饮食娱乐场景，诸如依照汉代风格式样设立茶坊酒肆，举办投壶宴饮等活动，甚至还可以兴建汉代特色旅馆，全面复原汉代社会生活的各个方面。这样一座大型景区，既可满足专业学者研究之需要，又可满足普通观众休闲娱乐的愿望。当然景区在做大时，必须紧扣两汉文脉，绝不能搞纸糊草扎的应景之作，即使在景区内建一个小亭子，也要请有关专家论证，因为百年以后，景区内哪怕一砖一瓦都将成为名胜古迹的一部分。

四

经过如此整合的汉文化景点，硬件建设应达到了一个较高水平，而软件建设也要随之跟上，只有扩大宣传，才能进一步提高汉文化景点的影响。当今世界，任何一种新生事物知名度的提高，都要以强大的宣传作后盾，所谓“酒香也怕巷子深”，因此必须想方设法加大宣传力度，主要从学术研究和大众普及两个方面着手。加强学术研究，能够为汉文化资源价值做出准确定位，为汉文化在国内外学术圈扩大影响奠定基础。目前，徐州发掘汉文化遗存不少，但整理及研究深度不够，正如徐州市原副市长丁养华在1997年徐州市第二届两汉文化学术研究会所言：“目前研究工作还处于基础阶段，研究的深度、力度还不够。我们发掘了那么多有价值的汉墓，目前还没有一部专著；我们出土了那么多汉代文物珍品，至今还见不到一本拿得出手的图册……”[①]这种现状使得徐州汉文化仅限于徐州本地有影响，而外地（国内外）却知之甚少。由于工作关系，笔者常接触一些来徐考察的学者，他们看完徐州汉文化景点后常感叹不

① 丁养华：《加强两汉文化研究　促进学术繁荣》，《两汉文化研究》（第二辑），文化艺术出版社，1999年，第2页。

已：想不到徐州汉文化景点这么多，想不到徐州汉文化这么好。举世闻名的秦兵马俑，一方面固然由于秦俑本身价值重大，但是“秦俑效应”的深层影响，首先是考古工作者公布了秦俑坑出土文物和研究成果，以后研究者的视线以秦俑为出发点而旁及秦代的政治、经济、军事、科技、艺术，几乎涉及秦国社会的各个方面①，正是由于秦俑研究这样的学术氛围，才使得秦俑闻名遐迩。其实徐州汉文化景点博大精深，“西安秦朝俑，徐州汉代墓”完全可以并称为陇海线上东西两颗明珠。因此下一步应加强基础研究工作，推动学术研究的新进展。徐州有多个研究机构，如徐州师范大学汉文化研究所、徐州市两汉文化研究会、徐州博物馆、徐州汉画像石艺术馆、徐州汉兵马俑博物馆等均有一批汉文化研究者，将徐州市所有研究人员集聚整合，最大限度地发挥他们的作用，才能在学术研究上有较大突破，改变长期以来研究滞后的局面，出版徐州汉文化系列研究专著或论文，徐州汉文化终将在国内外学术界广为人知。

汉文化研究水平提高，虽然为汉文化发展提供了强大理论平台，但其影响仅限于学术圈以内。因此，还要将汉文化学术成果转化为大众能理解和接受的知识，即加强汉文化的普及工作。徐州是汉文化的发祥地，汉文化遗存丰富，如果社会大众对此一无所知，那么远离了普通人的汉文化，即使再辉煌也会变得暗淡无光。

提到汉文化普及工作，人们自然会想到报纸、广播、电视台等新闻媒体，媒体受众广、信息量大，与社会联系密切，是宣传普及汉文化的有力工具。近年来徐州各新闻媒体确实也刊播了大量汉文化信息，对于普及汉文化已经发挥重要作用。其实科普读物对汉文化普及也十分重要，建议广大文物工作者在学术研究之余，积极撰写科普文章，以便于社会大众进一步了解汉文化。汉文化研究专业性强，考古学报告有特定的编写程式，显得枯燥乏味，普通人不易接受，科普读物则可以弥补这一缺憾。考古工作者以重大考古发现过程中亲身经历的逸闻趣事为主线，运用轻松活泼的笔调，生动有趣的文字，将自己的研究及发现介绍给大众，这种不同于专业学术文章的知识性科普作品浅显易懂，面向一般读者，很容易为广大读者所接受。国家文物局原局长张文彬先生就十分重视文物科普工作，他说：“考古报告只印两千本，并且是写给少数专业人员看的，如果单单依靠报告，我们怎能让社会认识我们？而失去群众的了解和支持，我们的事业又怎么能充满活力地向前发展？”②每个汉文化的研究者都应该重视这一问题，了解汉文化发展的时代需求，自觉投身到汉文化普及工作。大量具有科普性质的汉文化读物的出版，将在普通人与汉文化之间建立一座沟通桥梁，会引起越来越多的人对汉文化的关注，徐州汉文化也会获得越来越多的理解和支持。

另外，积极将徐州汉文化遗存申报为世界文化遗产，也是进一步发展汉文化的关键。世界文化遗产是国际社会依据《保护世界文化和自然遗产公约》所定的标准和指导方针在全球范围内审定的具有重大历史、文化价值的文物、遗址和古建筑群，中国目前已有29处。近年来，世界遗产的申报越来越受到社会各界的关注，许多拥有优秀文化遗产和自然景观的地方政府和公

---

① 田静：《秦史研究论著目录》，陕西人民教育出版社，1999年，第1页。

② 张文彬：《在“世纪之交中国考古学精品战略研讨会”开幕式上的讲话》，《考古》1997年第10期。

众渴望把自己家乡的骄傲推向世界，铭刻在《世界遗产名录》上。而徐州汉代文化遗存，尤其是8处楚王陵墓，规模庞大，结构复杂，数量多且无一雷同，具有非同寻常的历史文物价值和无与伦比的旅游观赏价值，较之世界文化遗产的定义和评价的标准，徐州汉墓本体确实已达到世界文化遗产的相应价值，如果徐州汉文化（哪怕是部分）申报成为世界文化遗产，对徐州汉文化发展必将产生重大推进作用。

世界遗产的申报过程就是文物保护的过程，世界遗产有严格的评选标准，申报单位必须花大力气保护文物和整治周围环境，才有可能入选。近年来申报成功的世界遗产所在地政府，均投入巨额资金，彻底改善文物周围的环境①。目前徐州汉文化资源周围环境较差，整治难度大，如果以申报为契机，一方面加大整治力度，近期内只拆不建，逐步恢复历史原貌，另一方面早日制定《徐州汉文化发展规划》《徐州汉墓保护条例》等，将汉文化发展纳入规范有序的发展轨道，为汉文化发展打造良好的外部环境。

申报世界遗产，能够迅速有效地扩大徐州汉文化的影响。徐州汉文化本身资源价值巨大，但如前文所述其产生影响却不足以道，如果申报成功，必将一举成名天下知，徐州将以汉文化之城形象屹立于世界城市之林，汉文化将不仅是徐州人的汉文化，而将成为天下人的汉文化。以山西平遥为例，其申报前，它只是在专家中有名，申报成功后，在当年国庆旅游周，游客即达20万人次。当然，世界遗产淘汰率高，申报标准也越来越高，评委的控制也越来越严，所以申报世界遗产时，在认识到巨大机遇的同时也要看到巨大风险，巨大投入也许换不来金字招牌。但是即使申报不成功，也是在世界舞台上一次宣传展示徐州的绝佳机会。考虑到徐州汉文化遗存周围环境、研究水平和管理体制等原因，申报工作要慎重操作，绝不能将不成熟的东西提交给国际社会，因为失去一次机会，也许将永远失去机会。当前只要我们按照国际公约要求，认真踏实做好前期准备，相信世界遗产距离我们并不遥远，总有一天，我们会叩开世界文化遗产的大门。

通过不懈努力，徐州汉文化的发展必将拥有一个辉煌的未来，但是具体建设徐州汉文化，则是一个复杂的系统工程，它涉及园林、规划、建设、文物等诸多部门和多个学科的专家。本文仅是从文物角度对汉文化发展作一初步探析，借此希望能引起全社会关注，以期推动徐州汉文化向更高层次和规模发展。

［原刊于《两汉文化研究》（第三辑），文化艺术出版社，2004年］

① 王莉：《思量世界遗产》，《中国文物报》2000年6月28日第6版。

徐州汉文化发展战略研究

当前徐州市提出“舞动汉风”文化发展战略，作为一个长期从事汉文化研究的学者，面对市委、市政府的重视，感到由衷的高兴，但笔者同时认为，必须对“汉风”性质和内涵有清醒的认识和准确的定位，才能真正有效地舞动“汉风”。现在人们常说“吴韵汉风”，风格气韵并提，意义基本相同，即是说苏南的苏州、无锡等地具有吴文化的气韵，苏北的徐州则具有汉文化的风格，言简意赅地概括了两地的文化风貌。不过具体比较而言，两地文化又具有各自鲜明的地域特点，我们应该看到，今天苏、锡、常等地的人们，依然生活在吴侬软语之中，生活在小桥流水的环境之下，吴文化依然是人们的日常生活之中常态存在，可以说吴文化是连续发展的文化，直到今天依然生机勃勃。而今天徐州的风俗习惯与2000年的大汉王朝已没有多少联系，与周围城市文化、语言特点相似，不具有唯一性，因此活态的汉文化已经消亡，徐州汉文化是断裂的文化，是消亡的文化。但是徐州有众多的汉代文物古迹遗存，再现了汉文化的风采，凸显出城市的个性特征，两地文化呈现断裂和连续的两个截然不同的特点，“吴韵汉风”的提法，正是基于徐州汉文化资源的丰富遗存而言。因此，徐州要发展汉文化，不能按照吴地的做法，而是结合徐州实际，深度开发利用当前的汉文化资源。过去我们提出“两汉文化看徐州”，是一个一厢情愿的美好愿景，尚未得到社会各界的真正认可，今天的“舞动汉风”，实际就是将徐州历史上留存下来的汉文化发扬光大，放大和加强汉文化的概念和符号，丰富和提升汉文化内涵，做大做强徐州两汉文化景点，提升汉文化影响力和知名度，从而推动今天徐州的经济社会发展进步。为此，笔者谨就汉文化研究、普及、开发和宣传等方面，略抒一管之见，希望对徐州汉文化资源的开发利用提供有益的参考，对推进“舞动汉风”这一宏大的文化建设工程略尽绵薄之力。

一、汉文化学术研究专业化

从20世纪50年代以来，学者们筚路蓝缕，发掘汉墓数千座，发表研究论文数百篇，出版专著十余部，为“两汉文化看徐州”提供坚实的理论支撑。但是我们还应该看到，当前汉文化研究还存在一些问题、尚未将汉文化潜在的巨大价值深度发掘，距离学术研究专业化尚有一定距离。一是学术研究的空白太多，关于徐州汉文化诸多历史之谜没有破译。以徐州地区遗存的

12处楚王陵墓而言，到目前为止，除龟山汉墓出土墓主印章外[①]，其他11处楚王陵墓尚未明确断定墓主归属，至于楚王陵墓的开凿方法、巨石运载手段和崖洞墓的起源、消失原因等问题均尚未解决。二是学术成果质量普遍不高。当前已经出版学术成果特点是以编撰为主，文物图录多，原创性学术研究太少，即使有些学者经过苦心孤诣的研究，取得重大学术成果，但是由于没有经费支持，也不能如期出版或发表。三是基础研究严重缺环。当前徐州已经发现发掘了12处楚王陵墓，但是只有北洞山出版了考古发掘报告[②]，其余的11座均未出版，尤其是狮子山楚王墓，被评为当年的十大考古发现，出土文物2000余件（套）[③]，备受世人关注，遗憾的是发掘报告迄今尚未整理，甚至一度被国家文物局列入督查项目，这使得与之相关的深入研究受到巨大限制。

深入研究的严重缺位，使得汉文化影响大打折扣，要改变这种局面，真正做到“舞动汉风”，必须走学术研究的专业化道路，这是“舞动汉风”之源头和抓手。具体而言，笔者以为应从以下三个方面努力。

首先，打破地域和体制的界限，建立一支高水平、专业化的学术研究队伍。应该说，学者研究热情很高，在体制内外都有一批学者在从事汉文化研究工作，然而缺乏必要的整合引导，尚未形成研究合力。体制之外的学者固然是一盘散沙，即使在体制之内的学者，也是单打独斗，没有形成团队优势，生产的学术成果与徐州丰富的汉文化资源不成比例。笔者一次接待中国社会科学院历史研究所原所长李学勤先生，参观徐州博物馆的展厅时，李先生对徐州汉代历史文物赞不绝口，遗憾的是好多都没有整理发表，如果不来徐州他都不知道徐州有这么多的好东西，同时提出希望派出他的学生与徐州学者一起合作研究，这实际是委婉的批评，也是对徐州的殷切期待。徐州这块土地应该是出大学者的地方，如果汉文化底蕴深厚，却没有与之相称的学术大家，徐州的影响力自然也大打折扣。当然大学者的出现，不只是学者个人的努力，更需要政府相关部门的扶持。今天我希望能够在政府主管部门的主导之下，打破体制和地域，建立一个灵活的研究机制，走培养和引进相结合的道路，将国内外从事汉文化研究的学者整合到徐州汉文化研究的学术大旗下，共同开展研究，将多年来未完成的工作完成，还清历史旧账，促进汉文化的学术研究专业化。

其次，启动系列研究，推出高质量的学术成果，力争在国家顶尖刊物刊出或出版。多年以前，在两汉文化学术研讨会上，当时分管文化副市长丁养华先生曾经指出“目前研究工作还处于基础阶段，研究的深度、力度还不够。我们发掘了那么多有价值的汉墓，目前还没有一部专

① 南京博物院、铜山县文化馆：《铜山龟山二号西汉崖洞墓》，《考古学报》1985年第1期；尤振尧：《〈铜山龟山二号西汉崖洞墓〉一文的重要补充》，《考古学报》1985年第3期；徐州博物馆：《江苏铜山县龟山二号西汉崖洞墓材料的再补充》，《考古》1997年第2期。

② 徐州博物馆、南京大学历史学系考古专业：《徐州北洞山西汉楚王墓》，文物出版社，2003年。

③ 狮子山楚王陵考古发掘队：《徐州狮子山西汉楚王陵发掘简报》，《文物》1998年第8期。

著；我们出土了那么多汉代文物珍品，至今还见不到一本拿得出手的图册……”[①]应该说，时至今日这种状况改变不大，与汉文化景点不断做大做强相比，汉文化学术研究却日显萎缩，成立于1995年的徐州市两汉文化研究会，曾经一度红火，先后出版《两汉文化研究》三辑，为推动徐州汉文化研究发挥重要作用，然而2000年召开了第四次学术讨论会后，10余年来，就从此销声匿迹，《两汉文化研究》第四辑夭折于襁褓之中。我们号称“汉代三绝”的汉墓、汉兵马俑、汉画像石，国内外可谓闻名遐迩，但是在学术研究上却浅尝辄止，汉画像石出版了图录，汉墓仅仅出版一个墓的报告，汉兵马俑迄今为止连图录也未面世，学术空白太多，学术空间很大，必须下大力气改变这种局面。建议设立汉文化研究基金，编制汉文化研究课题，面向全国发布，采取招投标的方式，选择有能力的学者，给予一定经费支持，开展汉文化研究工作。同时成立专门的督查小组，跟踪检查既定的目标任务落实情况，如果不能完成，则追回课题经费，如果顺利完成，则予以重奖。制定科学的奖励措施，凡是在国家核心期刊发表的关于徐州地区两汉文化研究的论文，不论作者的地域和单位，均予以重奖，鼓励全国各地的学者将学术研究中心向徐州两汉文化研究倾斜，打造汉文化学术研究的政策洼地。经过若干年的努力，待成果积累到一定数量后，以学科或者以学者为单位，出版系列研究汉文化丛书，必将扩大汉文化在海内外的影响力和知名度。

最后，定期举办汉文化国际性学术研讨会，将徐州打造成中国汉文化的研究中心。我们说的是汉语，写的是汉字，汉文化是全民族的共同话题，徐州是汉高祖刘邦的故乡，是汉文化的集萃地，徐州与汉文化有千丝万缕的关系，我们常说“两汉文化看徐州”，然而汉文化的研究中心却不在徐州，这是令人遗憾的现实。没有人会否认，秦文化的研究重镇是西安，楚文化的研究中心在湖北，经常性举办的秦文化或楚文化的国际学术研讨会便是最好的说明。相对于楚文化和秦文化的研究盛况，我们组织学术研讨活动太少，到目前为止，徐州一次都没有举办过以汉文化为主题的国际学术研讨会，在2003年汉文化国际学术研讨会上，中国社会科学院考古所的黄展岳先生也直言不讳地提出批评，指出徐州学者应该加快基础材料的整理工作，尽快将已经发掘的楚王陵墓的原始材料公布，为全国各地学者跟进研究做好前期准备，真正的汉文化学术研讨会应该在汉文化发源地徐州召开。这诚然不谬，目前徐州举办经贸洽谈会已经成为品牌，如果将汉文化研究学术讨论会套入其中，每2年或3年召开一次，邀请国内外汉文化方面的专家齐聚徐州，共同研讨徐州两汉文化，发布徐州汉文化研究的宣言或共识，将徐州的汉文化品牌在国内外真正打响，架起一座沟通徐州与世界的桥梁。徐州理所当然是汉文化研究之乡，如果我们将汉文化研究学术讨论会办成全国的知名品牌，来徐的学者研究徐州汉文化，不断发表关于徐州汉文化的言论文章，徐州的知名度和影响力也随之不断扩大，而举办这样的一个学术会议，所需要的花费并不太多，但产生的效果却是巨大而无形的，这是一条提升徐州汉文化影响力和知名度的简单而又高效的手段。

① 丁养华：《加强两汉文化研究　促进学术繁荣》，《两汉文化研究》（第二辑），文化艺术出版社，1999年，第2页。

如果汉文化是一艘航母，那么汉文化的基础研究，就是一个巨大的平台，汉文化的影响力大小受限于研究水平的高低，目前我们欠历史的旧账实在太多，我们搞不清家底，认不清汉文化的巨大价值，宣传流于形式，甚至讲解也不知其然，无异于源头活水消失，汉文化影响力的扩大也就无从谈起。一旦我们围绕以上三个方面做好学术研究工作，将徐州汉文化内涵和价值搞清楚，为徐州汉文化的开发利用提供强有力的学术支撑，徐州汉文化必将走向世界。

二、汉文化普及教育社会化

与汉文化学术研究的专业化相比，汉文化普及教育也是当务之急，当前在相当层次的相当大的一部分人，对徐州汉文化究竟具有怎样的价值还知之不多，甚至是错误的认识，我们自己都不了解，怎么能去有效的宣传和推介呢？目前社会对汉文化认识陷入两种误区，一是认为徐州汉文化就是一种墓葬文化，在旅游开发上文化价值不大。其实墓葬与文化的关系密切相连，一座保存完好的墓葬，就是一座埋藏在地下的博物馆，文化是人类在社会历史发展过程中所创造的物质财富和精神财富的总和，而墓葬是文化的载体，是文化的物质表现形式，墓葬内容丰富，本身也是一种文化，集中反映了当时人们的宗教信仰、礼仪和风俗习惯，通过对墓葬本身和墓内出土文物的研究，能够了解当时社会生产力发展状况和科学技术发展水平，因此不能因为徐州汉墓发现众多，而简单地将汉文化与墓葬画等号。其实埃及金字塔是法老的陵墓，早已成为尼罗河文明的象征和符号，不会有人说看到的仅仅是埃及王墓而已；参观秦始皇兵马俑，人们领略的是秦帝国的千年风采，没有人仅仅把俑看作始皇陵墓的陪葬品。就徐州汉墓而言，这些汉墓实际是徐州历史的物化形式，展现了汉代徐州兴旺发达的经济社会发展盛况，因此关键是我们的引导和宣传。

二是认为汉文化是地方性文化，不具有广泛性，其实只有民族的，才是世界的，这是一个基本常识。然而，一些人恰恰陷入常识的误区，必须做好汉文化的普及教育工作，消除认识上的误区，对待徐州汉文化的态度，不能全国人民当宝，唯有我们自己却当草，我们重视程度和汉文化资源本身固有的价值远远不成比例。过去当笔者提出徐州汉墓应申报世界遗产时[①]，受到一些人的质疑和不解，其实这绝非是笔者囿于狭隘家乡情结的偏见，而是在出于对汉文化深刻认识基础上的准确定位。

徐州汉文化资源丰富，在淮海经济区没有一个城市能够与徐州相比，在全国范围内也没有一个城市能与徐州比肩，即使是汉代都城现在的西安，由于大型帝王陵墓没有发掘，目前能够参观的汉文化资源也不如徐州丰富。但是西安市在秦俑考古发现上做足了工作，到今天为止，秦俑已经属于世界，汉墓却仅仅属于徐州，这是陇海铁路上的两颗明珠，要秦俑、汉墓并提，

① 刘照建、张宏伟：《徐州汉文化发展前瞻性探析》，《两汉文化研究》（第三辑），文化艺术出版社，2004年，第260—262页。

不能让世人只知道秦俑，而不知汉墓。虽然江苏文化品牌是“吴韵汉风”并称，但“汉风”明显弱，在省内也未广为人知，虽然徐州汉文化底蕴深厚，但是由于我们的投入少，研究不力，宣传不够，以致汉文化影响力明显逊色于吴文化。过去笔者曾经提出徐州汉文化影响小，感叹《汉文化何日看徐州》①，并呼吁加大开发力度，一些学者居然说我是给徐州抹黑，正是这些人的认识不清，未能对汉文化的现状和影响力做出恰当的评价，导致政府投入逐年减少，汉文化成为滚不大的雪球，因此当前必须做好汉文化的普及教育工作，让全社会都对汉文化有深入的认识。

汉文化普及教育的形式多样化，笔者以为最科学可行的方式是走专家和政府、社会相结合的道路。一是文化主管部门举办汉文化大讲堂，依托徐州图书馆或博物馆，在全国范围内邀请在汉文化研究中有深厚造诣的专家学者，以专题的形式，定期举办汉文化讲座，讲座对徐州市民免费开放，让徐州市民经常接受汉文化的熏陶，天长日久让徐州汉文化广为人知。二是考古学者撰写科普读物，由于考古发掘报告编写程式固定，专业术语晦涩难懂，使得社会各界无法享受人类文明成果。相反考古科普读物发行量大，传播范围广，易于接受和认可，因此考古学者应发挥积极主动性，在做好学术研究的同时，投身到科普读物的撰写中去，大量出版科普读物，将在普通人和考古学之间架起一座沟通桥梁，会吸引越来越多的普通大众对汉文化的关注，汉文化的发展也会获得越来越多的理解和支持。三是文博单位积极主动，采取有效措施，吸引越来越多的人们进入文博场馆，充分发挥文博场馆的宣传教育作用。目前我市正在推进文博场馆的免费开放工作，作为已经免票开放的单位，应该做好跟进服务，让进来参观的游客真正享受到免费开放的大餐；未免票开放的单位，抓紧进行敞园改造，争取早日实现免费开放。人类文化遗产应该属于全体人民，只有免费开放，让社会每一个个体能够近距离地接触汉文化，才能够起到宣传普及的效果。四是扩大对在徐高校大学生优惠政策，让每个大学生在徐学习期间，都能够免费进入汉文化场馆，领略两汉文化的魅力，这些大学生来自五湖四海，每一个个体后面都有一个群体，他们回去后将带回对汉文化的认识和印象，他们是最好的宣传员，通过他们的口耳相传，无疑将进一步扩大汉文化的影响力和知名度。同时扩大汉文化的普及宣传参与人群，启动诸如志愿者计划、小导游行动，志愿者计划开辟汉文化爱好者参与的途径，小导游行动则从娃娃开始学习普及汉文化的相关知识。五是社会上相关单位也要积极行动起来，参与到汉文化的宣传普及工作中去。如果汉文化真正的“火”起来，得到收益的将是整个徐州市，因此各个部门都应该参加进来，旅游部门抓住汉文化核心，进行旅游宣传推荐，新闻媒体开设汉文化专栏，开展汉文化的研究宣传，天长日久，汉文化必将深入人心，影响深远。值得一提的是，市教育部门已经编印了《楚汉文化》，作为中小学生的课外读物，对于普及汉文化发挥了重要作用。如果社会上各个单位都能自觉主动投入到汉文化的宣传普及中去，汉文化的影响力和知名度将日益扩大，最终将真正形成“两汉文化看徐州”的盛况。

---

① 刘知白：《汉文化何日看徐州》，《徐州日报》2003年7月7日第7版。

三、汉文化资源开发纵深化

有着巨大的文化资源优势的徐州，迄今尚未成为旅游热点城市，这是令人痛心而又不得不面对的事实，主要原因是当前我们对汉文化的开发利用，仅仅是初级的原始利用，没有打造为成熟完美的旅游产品。如同农民种庄稼，出售仅仅是麦子，连馒头都不是，而人家做的是精美的糕点，利润当然不可同日而语。因此面对丰厚汉文化资源，应该研究整合深度开发，向汉文化旅游产品的上游和下游延伸，一方面是丰富汉文化的内涵，另一方面是拓展汉文化的外延，以汉文化资源为依托，打造出一流的文化产品。

一是在汉墓景区附近打造汉文化精品馆。一般而言，在景点开发建设中，多数依托景点建设一座出土文物陈列馆，展出当地墓葬或遗址的出土文物，这是当前所有景点开发的普遍做法，无须调研和论证。法门寺地宫发现后，当地政府部门不久就在附近为地宫内出土文物建立了博物馆，秦始皇兵马俑坑发现后，也在俑坑附近建立了出土文物陈列馆，四川广汉三星堆在多年后，文物也回到了原址，建立三星堆文物陈列馆。不用一一列举，这是一条简单而又可行的做法，然而徐州由于种种原因，诸多楚王大墓的出土文物没有发挥应有的效益，部分文物甚至一直在博物馆库房中沉睡，未能及时建立展馆展出，无疑严重影响汉文化的开发效果。事实上，徐州博物馆文物有2万余件，目前在馆内展出仅2000件左右，约占藏品的10%，如果能将部分藏品转化成展品，在汉文化景区内建一座汉代文物精品馆，在确定文物所有权不变的原则基础上（其实无论在哪里，文物归国家所有的权属不会改变），采取合作方式，比如可以加挂徐州博物馆分馆的形式，这将是一个双赢的举措，展出收入确定合理的分成比例，一方面增加徐州博物馆的经济收入，能够筹集到更多的资金保护文物；另一方面，更重要的是，充分发挥汉墓出土文物珍品的作用，扩大徐州汉文化的影响力和知名度。试想正常情况下，游客看完遗址后，在好奇心的驱使下，一般都会进一步参观出土的文物精品。相反，如果这些文物放在徐州博物馆，内在联系被人为切断，由于距离原因，除非专业人士，一般游客可能就望而却步了。

二是紧扣汉墓的历史文脉，建设古墓防盗设施陈列馆。徐州地区汉墓众多，单是国家级文物单位即有16处20余座，中小型的汉墓更是有1000余座，已经开放为旅游景点的有狮子山楚王墓、龟山汉墓、北洞山汉墓、白集汉墓，驮篮山汉墓和拉犁山汉墓也列入开放日程。然而仅仅修复开放是不够的，作为以墓葬为主题的景点，虽然单体形制不同，但题材相同，且布局分散，彼此之间距离较远，游客不会都去，只会选其一二前往，这样难免陷入同业竞争的困境。同时题材单一，空空的墓穴不能久留游客，如果我们在墓室附近，建立一座古墓防盗设施陈列馆，既紧扣墓葬的主题，又延伸古墓游的内涵，必将产生深远的影响。

对于文化景点的开发建设，文化立意必须要高，旅游的趣味要强，且具有独特性，建成全国或全世界最好，徐州龟山汉墓附近建设的圣旨博物馆运作成功，令我一直思考的一个问题，圣旨形式上观赏性也不强，事实上参观者对圣旨内容并不感兴趣，但是参观者趋之若鹜，其实道理非常简单，因为人们从书本或电视都知道圣旨，但是都没有看到具体的形态，圣旨博物馆建成开放，恰好满足了人们的猎奇心理。借鉴圣旨博物馆运作成功经验，在以徐州汉墓为主题的景点附近建立一座古墓防盗设施陈列馆，集合中国乃至世界范围内各种墓葬内的防盗设施，不具备实物展示条件的可以做出三维动画，或者文字说明，如果这样一座博物馆，不仅是全国唯一，即使是在世界范围内也是唯一的。常言说一招鲜吃遍天，对于古墓防盗设施陈列馆，既满足人们的猎奇心理，又增长知识和趣味，必将引起广泛的轰动效应。

三是打开陈列陪葬坑，复原陵墓的原生态。事实上汉代诸侯王陵一般都是规模庞大的陵园，墓穴地宫仅仅是整个陵园一小部分，徐州狮子山楚王陵附近就存在一个规模庞大的陵园。据考古调查，狮子山楚王陵园的中心区是狮子山楚王陵及其北侧的羊龟山王后陵，但在其周围还呈放射状分布着各种器物丛葬坑，以及王室家族成员陪葬墓、楚国贵族陪葬墓、王国属官陪葬墓地等众多遗迹，另外根据遗迹和遗存的分布，狮子山周围地表还建有大量的陵寝建筑。

然而，当前汉墓的开发利用主题是地宫，如龟山汉墓、北洞山楚王墓都是围绕地宫建设一个遗址博物馆，虽然狮子山楚王陵还开发了兵马俑陪葬坑，但是远远不是当时陵园的全貌。到目前为止，狮子山楚王陵虽然建成大型景区，但是景区内除了主墓和兵马俑坑外，更多的陪葬坑没有发掘，地面设施也没有复建，整个景区缺乏新亮点。相反，当前国家提倡进行大遗址公园保护规划，如果我们能够结合国家省市的要求，参照西方保护文物的先进做法，国际宪章对待文物保护的原则——最大程度保持文物的现状，对分布在狮子山北部的诸多陪葬坑进行考古发掘，按照原貌复原展示；恢复部分地面建筑遗址；另外，将陪葬墓恢复开放，充分挖掘狮子山楚王陵的内涵，经过以上三个方面的建设，将汉文化原汁原味地展现给世人。经过若干年努力，当一座规模庞大、遗存众多、埋藏丰富、层次分明、重点突出的西汉楚国王陵以景区的形式呈现在世人面前时，将对参观者产生的巨大冲击力和影响力，即使不用宣传，人们也会认同“两汉文化看徐州”的提法。

四是打造衍生产品，建立汉代民俗风情园。在文物的保护上用减法，但是在旅游景点的开发上则用加法，一个景点仅仅满足游客的知识需求还是不够的，旅游者还需要购、玩。譬如成都的杜甫草堂，三亚的大小洞天、南山佛教景区，成都武侯祠、杜甫草堂等都是成功的范例。这说明仅仅展出考古发掘出土的文物是不够的，必须依托汉文化景点，在不影响整个景区历史风貌的前提下，以现代先进理念为指导，运用高科技的方法手段，打造新型的配套设施，将汉文化的外延扩大，一方面在毗邻区域建立汉街或汉城，与之同时，兴建配套设施，展现汉代先民生产生活、饮食娱乐的场景，诸如依照汉代风格式样设立茶坊酒肆，举办投壶宴饮等活动，甚至还可以兴建汉代特色旅馆，全面复原汉代社会生活的各个方面。另一方面侧重新奇和趣味，将汉文化融入当代元素，将现代人的想象力淋漓尽致的发挥，全面运用高科技手段，制作出现代休闲娱乐节目，诸如制作动漫、3D节目，让游客在游览中得到知识的同时，还能收到娱乐的效果。

以汉文化资源为依托，像雪球一样越滚越大，建成这样一座真假相济、虚实相生的大型景区，既可满足专业学者研究的需要，又可满足普通观众休闲娱乐的愿望。经过如此整合的汉文化，形成以一处大景区作龙头，诸多中小景点作后盾的大型汉文化博览园，如果以“徐州汉文化”为整体向外推出，必将吸引海内外游人纷至沓来。我们相信到那时，徐州汉文化影响会大幅度提高，历史文化名城徐州将以汉文化之城的形象屹立于世界城市之林，徐州汉文化将不仅是徐州人的汉文化，而是天下人的汉文化。

徐州汉文化的发展面临重要战略机遇期，如何在现有成绩基础上再谱写新篇章，成为每一个徐州汉文化开发建设者不容回避的课题，只要我们脚踏实地做好汉文化研究和宣传普及工作，推动汉文化景点开发利用向纵深整合，徐州汉文化发展必将取得新的辉煌。

（原刊于《淮海文汇》2014年第1期）

徐州西汉楚王墓发展战略研究

——关于徐州西汉楚王墓的价值和保护途径的思考

历史文化名城徐州是汉高祖刘邦的故乡，大汉王朝的发祥地，两汉文物荟萃，最富有代表性当然是西汉楚王墓，这是刘邦分封其弟刘交及其子孙在徐州留下的丰厚遗产。时至今日，徐州市以楚王墓为依托，建立了汉墓遗址博物馆，吸引国内外游人纷至沓来，在国内外产生了较大影响，对于有效保护和合理利用这些文化资源，充分发挥汉文化在历史文化名城建设中作用具有十分重要意义。但是我们看到，在实际工作中，对西汉楚王墓的文化价值尚有认知上的误区，在保护的方法和理念上尚存在一些偏差，西汉楚王墓的保护尚有许多待完善的地方。如何在新的形势下做好保护工作，使其文化价值得到进一步彰显，从而扩大历史文化名城徐州在海内外的影响，成为目前保护工作中必须面对的问题，本文拟对西汉楚王墓的文化价值深入剖析，并就如何进一步做好西汉楚王墓的保护作初步探讨，希望能为今后保护工作提供有益的借鉴。

一、西汉楚王墓的文化价值

提到西汉楚王墓，有人认为不过是几座空空墓穴，没有多少文化可言，充其量不过是墓文化，其实是缺乏常识的误解，居所和陵墓是人类历史上意义深远而重大的发明，每筑造一座古墓，都凝聚人的信仰和智慧，无论是地上、地下构筑的各类设施，还是墓葬中种类繁多的随葬品，都有着时代烙印而各放异彩①。西汉楚王墓文化价值巨大，有学者曾指出狮子山汉墓“在国内外考古学的地位是无可比拟的，墓本身就是一个重要发现”②，它与埃及金字塔一样，是辉煌灿烂的文明象征，在建筑学、考古学、工程力学等研究方面具有重要的意义，一座座楚王墓，就是一座座埋藏在地下规模庞大的博物馆，全面展示西汉楚国恢宏壮阔的历史画卷，走进楚王墓，仿佛走入了2000年前西汉楚国的历史长河。

迄今为止，经过考古工作者的努力，在徐州地区已累计发现发掘8处16座楚王墓，占全国

① 黄晓芬：《汉墓的考古学研究》，岳麓书社，2003年，第1页。

② 李春雷：《狮子山楚王陵出土文物座谈会纪要》，《文物》1998年第8期。

已发现大型崖洞墓数量的一半以上，墓葬特点均为“凿山为葬，斩山为廓”的大型崖洞墓，一般以一山一二墓居多，墓上或有封土或无封土，这些崖洞墓产生时间早，延续时间长，个体建筑风格与建筑特点无一雷同，且集中分布于徐州地区，为全国所仅见，具有十分重要的学术意义，通过对徐州地区大型崖洞墓研究，能够揭示西汉一代大型崖洞墓的丰富文化内涵[①]。这些陵墓工程浩大，建筑技术高度发达，犹如一座营建在地下的宫殿，以北洞山汉墓为代表，整个洞室既有墓主生活起居的主室，又有武库、仓库、乐舞厅、凌阴、厨房、水井、柴房、厕所等配套设施，功能十分齐全，而且建筑采用几个平面逐次降低的设计方法，使这组庞大的地下建筑主次分明，层次清晰，主体建筑各室墙壁及顶部以石粉、黄泥等拌成的黏合土涂抹平整，外髹漆涂朱砂。西汉等级森严，统治者对墓葬形制大小、封土高低都有严格规定，只有楚王能有巨大的人力物力营建如此规模庞大的墓室，西汉楚王墓从萌芽产生之初，经历了一个发展完善的过程，是汉代地面建筑发展状况的缩影，陵墓建筑形制的变化与汉代建筑技术的发展密切相关，体现汉代社会经济发展状况。虽然发掘的楚王墓，多数曾被盗掘，但是仍然出土了许多珍贵文物，单是狮子山楚王墓即出土文物有2000余件套，三个陪葬坑出土陶俑4000多个，出土的玉衣是目前国内年代最早、玉片数量最多、玉质最好、制作工艺最精的玉衣，由2095块各式玉片镶嵌而成的玉棺被称为“中华第一棺”，其他银印、银鉴、玉龙、玉璜等国宝级文物数不胜数，这些浓缩着时代背景和丰富文化内涵的出土文物，对于解读楚王国当时的政治、经济、军事等提供了重要的依据[②]。

西汉楚王墓规模庞大，制式独特，具有非同寻常的历史文物价值和无与伦比的观赏价值，是徐州市首批被国务院公布的全国重点文物保护单位。这些楚王墓的发现发掘，对于复原研究西汉楚国历史具有十分重要的意义，“因山为陵”的选址特点反映楚国风俗理念、礼仪制度，“地宫”式墓葬建筑反映规划设计的先进，开山凿石体现冶铁技术和制造业的发达，出土的铜器、玉器、陶器、瓷器、竹木漆器等各类精美的文物，则是当时手工业生产力发展水平的生动写照。从西汉楚王墓的发掘，我们看到了一个立体的西汉楚国文化经济政治发展的全貌，正如中央电视台十频道《探索·发现》栏目所言：“如果把永远逝去的古代生活比作历史河流上的船，那么古墓就是这只船在水中的倒影，当地面的风物因天灾人祸而消失，幽暗的地下世界则为我们保存着祖先的生活和思想。”因此，通过考察和分析楚王墓的形制特点及发展演变规律，不仅可以了解当时的丧葬礼仪文化，还可以透过墓葬和随葬器物了解当时社会政治、经济、文化发展状况，真实具体地复原和再现当时人们的思想意识和文化面貌。所以从这种意义上来说，西汉楚王墓具有巨大文化价值，西汉楚王墓充分展现了汉代徐州的各个方面，墓葬文化仅仅是徐州汉文化的一个方面，决不能将墓文化等同于汉文化。

---

① 刘照建：《徐州地区大型崖洞墓初步研究》，《东南文化》2004年第5期。

② 中国国家博物馆、徐州博物馆：《大汉楚王——徐州西汉楚王陵墓文物辑萃》，中国社会科学出版社，2005年，第5页。

正是诸多楚王墓的发现和发掘，再现了西汉楚国辉煌的历史和灿烂的文化，丰富和扩展了徐州历史文化名城的文化内涵和外廷，形成“两汉文化看徐州”的盛况，西汉楚王墓如同名城的血肉和脉搏，是历史文化名城的载体和重要内容，使得徐州历史文化名城更加名副其实。西汉楚王墓是我们祖先智慧的结晶，见证了历史文化名城徐州的悠久历史，体现了徐州文化的个性和魅力，参观楚王墓，能够得到知识的熏陶和智慧的启迪，是今天进行爱国主义教育的鲜活教材，是取之不尽、用之不竭的传统文化源泉，对于今天弘扬优秀传统文化，凝聚民族合力，激发民族创造力，陶冶文化情操，提升市民文化素质都具有十分重要的作用。

二、西汉楚王墓的保护途径

有着巨大文化价值的楚王墓，如何从我们手中完整地传给后代子孙，这是一项艰巨而又神圣的工作，近年来徐州市进行了有益探索，并取得较大成绩，已经以三座墓葬为依托，建成三座遗址博物馆，目前保护工作已经初具规模，以此为基础，如何进一步做好保护工作，笔者从工作实际出发，认为需要从以下几个方面做好当前工作。

（一）科学规划和立法，建立健全监保措施，做好楚王墓本体和周围环境的保护工作

西汉楚王墓具有重要的历史文化价值，目前徐州市已经出台《山林保护法》，这对于保护楚王墓的山貌林相将起到重要作用，然而对于世界独一无二的楚王墓，却尚未从立法上予以保护，因此，当务之急是吁请立法部门出台西汉楚王墓大遗址保护的办法，制定一套能体现徐州市人民和政府保护热情的完备法规和措施，特别是要制定西汉楚王墓保护工作条例，建立一套行之有效的管理机制，将楚王墓的保护提高到规范科学的管理层面，诸如监测大气、土壤、降水等方面的变化对墓室的影响，以及游客人流量对墓室环境的影响，提前做好预警机制，只有未雨绸缪，才能防患于未然，让墓室从我们这一代人手里完整地传给下一代，让子孙后代在千年之后也能看到精美的文物。

另外，对西汉楚王墓保护不能仅限于本体的保护，还要保护好陵墓的周围环境，提前做好各项保护规划，《国际古迹保护与修复宪章》规定：“古迹的保护包含着对一定规模环境的保护。凡传统环境存在的地方必须予以保护，决不允许任何导致改变主体和颜色关系的新建、拆除或改动”，“古迹不能与其所见证的历史和产生的环境分离”，徐州市8处16座楚王墓除汉墓本体保护较好外，外部环境已遭到很大破坏。例如，狮子山楚王陵、龟山汉墓墓前宽阔的公路及墓口硕大无比的建筑都在很大程度上削弱了汉墓的真实性和完整性，而位于金山桥开发区的东洞山楚王墓一座大楼几乎就建在汉墓上，其他几处由于开山采石等，也使得汉墓原始风貌

毁坏殆尽，极不符合《国际古迹保护与修复宪章》对文物保护的要求[①]。因此我们在编制保护规划时，必须做好楚王墓周围环境保护的科学规划和立法，划定8处16座汉墓的保护范围和建设控制地带，从立法和规划的源头上控制起来，保证只拆不建，逐步恢复陵墓的原始风貌，从而达到保护周围环境的最终目的。

（二）理顺管理体制，提高管理机构级别，建立高水平的管理队伍

徐州市目前发现发掘8处楚王墓，分别分布在市区的云龙区、九里区、金山桥开发区及铜山县境内，按照属地管理的原则，管理部门多达5家，有的归市里管，有的归县区管，管理体制混乱，存在许多盲点和误区，出现不少问题，有市场价值的有人关心，无市场价值的无人问津。另外，已经开辟成为旅游景点的单位，也存在过度开发使用的问题，甚至一度出现严重损毁文物的现象[②]，因此纳入统一管理，理顺管理机制，提高专业管理档次，才能有效解决矛盾，同时纳入统一管理也是文物事业工作规律的内在需求，国家文物局和省文化厅也多次函告徐州市委、市政府，建议将全国重点文物保护单位——西汉楚王墓群统一划归文物部门管理。

长期以来，徐州市拟成立文物局，但是由于种种原因，一直未能实现。江苏省文物局根据省政府的意见，曾建议文物较多的市，特别是国家级历史文化名城应该成立文物局，目前我省的南京、苏州、扬州、淮阴等地均已经成立，如果徐州市能够成立文物局，将所有汉墓纳入统一管理，按照门票收入的高低，抽取一定比例的文物使用经费，用于补偿那些地理位置偏僻，旅游效益差，又亟须保护的墓葬，对于从长远规划保护文物也具有十分重要意义。当前国内已有部分地区针对文物景点的收入制定再分配政策，提取收入最高达到30%，目前徐州市利用楚王墓盈利单位尚未向文物部门上交一分钱，因此迫切需要纳入统一管理，合理抽取一定比例的文物占有使用费，用于所有西汉楚王墓的保护和维修，保证各墓都能得到有效保护。

管理人员素质相对偏低，且分布不均衡，多数从业人员不是正规文博专业出身，仅有部分专业人员集中在市博物馆，显然与楚王墓这一国家级文物保护单位的地位不相称，目前全国高校文博专业毕业生人数众多，就业相对紧张，可以抓住机会引进一大批学有所长的文博专业人员，大幅度更新管理人员，提高管理人员的素质，徐州市要建立世界一流汉文化景区，必须有一流的管理人员，否则无法与世界接轨，更不要谈对话。

（三）加大学术研究的力度，集中力量攻克西汉楚王墓学术难题

当前人们对于西汉楚王墓学术研究的意义认识不足，以致到目前为止，作为汉代楚王墓集

① 刘照建、钱国光：《关于徐州汉墓申报世界遗产问题的思考》，《淮海文汇》2004年第6期。

② 彭城：《保护名义下的文物大破坏》，《中国文物报》2001年2月21日第1版。

聚地的徐州，连一次以楚王墓为主题的有影响的学术研讨会都尚未召开过。诚然学术研究，一次投入可能短期内很难得到回报，但是从长远来看，学术上任何一点微不足道的投入，产生的效果却是巨大和无可比拟的，所形成的学术成果是对文物景点的最好宣传，是扩大影响最有效的途径和最有力的砝码，应该抓住时机举办一次国际学术研讨会。有人认为学术研究只是学者的个人行为，对楚王墓保护事业无补，对于学术研究缺乏应有重视，其实任何一个有影响的文物景点，都有一批学者在默默从事研究，秦俑之所以闻名遐迩，一方面，固然与秦俑独一无二的价值有关；另一方面，更为重要的是另一支“秦俑军团”——秦俑研究人员辛勤耕耘密切相连，正是他们多年来以出土秦俑和相关文物为出发点，对与秦俑相关的政治、经济、军事、文化进行深入细致研究，深刻揭示秦俑文化艺术内涵，才使得秦俑名满天下。由于徐州市汉墓研究的不足，对汉墓为代表的汉文化资源内在价值缺乏深入挖掘和细致剖析，使汉文化长期在圈内外没有产生与本身巨大价值相适应的广泛影响。

搞好楚王墓的学术研究，首先要做好基础材料的整理出版，组织一批同志做好原始材料的整理，将那些尚未整理的墓葬材料抓紧整理出来，尽快还清历史欠账，对发掘者本人和历史都是一个交代，《国务院关于加强和改善文物工作的通知》要求，发掘结束后三年内，必须写出发掘报告。一座墓葬发掘后，只有尽快将报告整理出版，才能保证报告的科学性，资料公布越晚，材料越可能遗失，学术意义和影响越小。徐州楚王墓发掘较早，但整理周期太长，错过出版黄金时间，国内一大批著名汉墓如湖南马王堆汉墓、广州南越王墓、河北满城汉墓、河南梁王墓等墓葬材料均出版在徐州之前，掩盖了徐州楚王墓的光华，以致一些高校秦汉考古的教科书对徐州汉墓只是一笔带过①，这是一个令人遗憾的事实。因此下一步要将墓葬整理提上重要日程，分清责任，明确到人，既可以单体墓葬为单位出版徐州楚王墓系列考古发掘报告，也可以合在一起出版一个大型综合的徐州楚王墓考古发掘报告。

在做好基础工作的同时，还要整合资源，推出高精尖的学术成果。徐州市目前从事汉文化研究的机构和人员众多，既有政府举办的学术机构，也有民间自发组建的学术团体，这些机构中有一大批有志于学、甘于寂寞的学者，主管部门应将他们进行整合，将一些学术研究能力强、业务实绩突出的优秀的研究型人才，放到适当位置，从冗杂的事务性工作中解放出来，发挥他们在学术研究中的领军作用。同时文物主管部门发挥主导作用，加强引导，做好学术规划，想法筹集资金，提供经费保证，采取课题制和招标的形式，定期发布学术研究重点，凡符合条件的重点扶持，集中出版一批在国内外有影响的学术成果，争取在3—5年内出版系列大型研究专著和高水平论文。

如果我们经过艰难的攻关，如同解剖麻雀一样将楚王墓进行全面系统研究，将其潜在的巨大价值研究揭露出来，将其独特性、唯一性彻底搞清楚，将楚王墓的学术价值准确定位，楚王墓的保护工作自然会推向更高水平，哪怕申报为世界遗产也是可能的。

① 宋治民：《战国秦汉考古》，四川大学出版社，1993年，第147页。

（四）做好宣传普及工作，吸引普通人关注的目光，将徐州楚王墓保护推向更广层面

正如所有楚王墓的发现，离不开普通人的支持一样，楚王墓保护也离不开社会大众的理解和支持，同样也需要全社会的参与，国家文物局前局长张文彬说过："即使再光辉的事业，如果离开普通人支持，也会变得黯然失色。"[①]因此做好普及宣传工作，在普通人和楚王墓之间架起一座沟通的桥梁，是做好楚王墓保护又一重要工作。

近年来，楚王墓管理者已经尝试做了大量的工作，尤其是狮子山楚王陵管理处组织编写了《2000天和两千年》[②]《楚天汉韵——徐州狮子山楚王陵发掘纪实》[③]《徐州狮子山楚王陵》[④]等系列科普读物，对于增进人们对楚王墓的了解发挥了巨大作用，然而我们注意到，这些科普书籍偏重介绍发掘的过程和发现的现象，但是对于楚王墓的巨大科学艺术价值缺乏深入剖析。另外，一些普及者为了吸引人们的眼球，却随意编撰离奇的情节，凭空杜撰出诸多故事，将观众引入歧途，楚王墓真正巨大的历史文化价值却被掩盖和忽略了，这实际是对保护工作的伤害。其实普及的目的是传播知识，而不是猎奇，因此出发点要正确，绝不能粗编滥造。

考古工作者应该承担这份责任，他们多数是科班出身，多年工作在一线，亲身经历楚王墓发现和发掘的全过程，具备撰写楚王墓科普读物的优越和便利条件，如果能将楚王墓的开掘技术、墓主之谜、防盗方法、巨大塞石封堵之谜，运用深入浅出的语言、生动有趣的文字、轻松活泼的笔调，将发现和研究成果介绍给大众，将楚王墓蕴含的巨大文化价值展示给世人，让世人认识到西汉楚王墓的巨大历史文化价值，必将引起人们的热情和兴趣，唤起社会各界对楚王墓巨大价值的认同。

楚王墓科普读物的撰写固然是考古工作者义不容辞的责任，但同时也需要社会各界的支持，尤其是文物主管部门应该出台正确的政策引导扶持，营造重视科普读物的氛围，改变长期以来视科普工作为"不务正业"的看法，诸如设立楚王墓宣传保护基金，为那些介绍楚王墓、宣传普及汉文化做出突出贡献的人们以适当的奖励，在国外关于奖励考古学科普工作的实例屡见不鲜，英国设立的创始俱乐部大奖就是授予能将考古学的成果贡献给社会，能使一般公众注意到英国文化遗产的重要性的考古学者。相形之下，国内文物部门在这方面几乎是空白。

做好楚王墓保护工作，不仅是政府和主管部门的责任，同时也是全社会共同的义务，文化遗产本身就是全人类共同财富，整个社会应该都来关注，宣传普及楚王墓的考古学知识，是文物工作的重要组成部分，每个文物工作者都要认真思考，自觉投身到科普宣传工作中去，将历

---

① 张文彬：《在"世纪之交中国考古学精品战略研讨会"开幕式上的讲话》，《考古》1997年第10期。

② 王恺、邱永生、郑刚：《2000天和两千年》，徐州狮子山楚王陵管理处，1999年。

③ 郑刚、李春雷：《楚天汉韵——徐州狮子山楚王陵发掘纪实》，中国三峡出版社，2000年。

④ 王恺、葛明宇：《徐州狮子山楚王陵》，生活·读书·新知三联书店，2000年。

史文化遗产转化为启迪教育市民的精神食粮，吸引越来越多的普通大众关注楚王墓，楚王墓保护事业也会获得越来越多的理解和支持，对于调动人们保护楚王墓的积极性和主动性，推动楚王墓保护工作开展将产生巨大的不可估量的作用。

（五）正确处理保护与利用关系，充分发挥旅游在徐州楚王墓保护中的作用

多年以前，为了调动旅游部门的积极性，尽快启动楚王墓保护工作，徐州市将一些效益较好的景点交给旅游部门经营，结果中间出现一些问题，现在有些人一谈到旅游，大有谈虎色变之态，甚至一些文博单位连对旅游部门要求加挂星级景点的牌子也拒之门外，其实这是对文物保护与旅游关系认识不足。文物保护的目的就是要将文物完好地传给后世子孙，同时能使文物为当代社会发展做出贡献，两个方面都不能偏废，而旅游是发挥文物作用的重要渠道，二者相互促进，相得益彰，正是大量的旅游者叩开文物场馆的大门，为文物保护注入源源不断的活力，推动了保护事业的发展。对于文物保护与旅游的关系，国家文物局原局长单霁翔同志在河南省考察文物工作时指出："保护文物与发展旅游没有本质的矛盾，没有文物，文物旅游就无从谈起；而没有旅游部门组织游客，也不利于博物馆之运行；文物保护要与旅游协同发展，相互促进。"[①]单局长用辩证的观点，阐明了文物保护与旅游的关系，同样也为徐州楚王墓的保护指明了方向。

虽然发展旅游可能有破坏文物的现象，但不能因噎废食，应该看到旅游业的发展对文物保护的促进作用，旅游与保护实际是文物工作的"一车两轮""一鸟两翼"，徐州西汉楚王墓能有今天这样局面，旅游业的确功不可没，尤其是我市提出和举办的汉文化旅游年和汉文化旅游节，极大提升楚王墓在海内外的影响。为此必须进一步发挥旅游业在楚王墓保护中的作用，加强文物和旅游两个部门之间联合，当然二者联合并不是合二为一，混为一谈，而是打通二者之间壁垒，建立一种两个部门之间的联动机制，在文物资源掌握在文物部门的前提下，将西汉楚王墓保护中的产业部分拿出来，交给旅游部门运作，形成文物保护与旅游开发相结合的新模式，实现西汉楚王墓最大程度的合理利用。旅游部门市场意识强，信息渠道畅通，旅游促销经验丰富，手段多样，如果能够在楚王墓促销上多下功夫，准确把握楚王墓文化价值和叫座的卖点，利用各种形式宣传推介楚王墓，让外地游客走进徐州，在欣赏文物之美的同时也了解徐州，扩大徐州城市的影响力和知名度。随着京沪高速铁路的开通，来徐的客人必然会越来越多，门票的收入也越来越多，从而为保护楚王墓也提供充足的资金，楚王墓的保护无疑将走上一条良性发展的道路。

① 吴志毅：《略谈乾陵文物资源优势的转化》，《中国文物报》2002年11月15日第3版。

三、余　论

徐州西汉楚王墓保护不是一个部门的行为，需要多个部门之间合作和社会各界的参与，不是一个短期的行为，需要付出长期的努力，不是讲求经济效益的产业，而是一项社会公益事业。随着社会的不断进步，政府投入得不断增多，楚王墓必将得到更好的保护，只要我们以专业的眼光、敬业的精神和高度的责任感，认真从以上几个方面做好当前工作，楚王墓的保护必将拥有一个美好的未来。

［原刊于《徐州智库2015》（五），中国矿业大学出版社，2016年］

略论“两汉文化看徐州”

近年来，徐州汉文化研究呈现前所未有的发展势头，考古工作者辛勤发掘，不断推出新的发现，学者潜心认真研究，高见宏论迭出，研究成果非常丰富，更有政府主管部门的高度重视，相继成立的研究机构有徐州市两汉文化研究会、汉文化研究所、沛县汉文化研究会等学术机构和团体，进一步推动徐州汉文化研究工作的全面开展，徐州汉文化品牌日益凸现。但是我们看到，由于种种原因，对徐州汉文化存在一些认知上的误区和偏差，甚至是错误的提法，而这些问题又十分重要，对于徐州汉文化下一步的开发具有重要意义，不搞清楚这些问题，恐怕再新颖的见解也是沙中堆塔，再宏大的理论也是空中楼阁，汉文化研究更不可能走向更高层面，为此笔者针对近年来常见的几种流行的说法作一讨论，不正之处尚望方家读后有以教我。

一、“徐州是汉文化发源地”质疑

当前较流行的提法是徐州为高祖故里、汉文化发源地，汉高祖刘邦出生于丰县，曾在沛县任泗水亭长，所以说徐州是高祖故里诚然不谬，这也早已得到一致认可，然而徐州是汉文化发源地一说则值得商榷。虽然汉代徐州经济文化发达，汉文化遗存十分丰富，但这与汉文化发源地不能画等号，要讨论这个问题，必须搞清楚汉文化和文化发源地这两个概念的基本内涵。

文化在考古学上的概念是专门指考古发现中可供人们观察到的属于同一时代、分布于共同地区、并且具有共同特征的一群遗存[①]。文化发源地指某一种文化在某一区域萌芽产生后，形成这一文化基本要素的内核，然后随着时间的推移，该文化向该区域以外的其他地方转移并扩散，一般把这种文化起初产生的地方称为发源地。这种提法原始社会末期到封建社会初期较常用，因为这一时期文化尚处于萌芽发展阶段。在石器时代，甚至以某一文化的最早发现地作为这一文化的命名，如周口店文化、仰韶文化、大汶口文化、河姆渡文化，较晚的文化一般则以族属来命名，这种常见的称呼如秦文化、周文化、楚文化、巴蜀文化、齐鲁文化、吴越文化等。即指一个民族在特定时期各方面的成就总和，包括物质文化以外的一切文字记录所提及的各个方面，这些文化具有鲜明的地域特点，以秦文化为例，秦原是甘肃陇东一带的民族，秦人在此生活生产，创造形成自己的军事、礼制，养成独特的风俗习惯，经过六世的经营，最后在

① 夏鼐：《关于考古学上文化的定名问题》，《考古》1959年第4期。

秦始皇时代统一全国，基于此，我们说甘肃陇东是秦文化的发源地，这一般没有疑义。周文化在周原形成，周原位于陕西省岐山、扶风两县的北部，《诗经·公刘》有详细记载，周人的首领古公亶父于公元前12世纪末或前11世纪初，自豳迁至此地，开始营建城郭，即使在公元前11世纪后半叶，周文王迁都于丰后，这里仍然是周人的重要政治中心，后来考古工作者在此发现宫殿、宗庙建筑遗址、手工业作坊、铜器窖藏、甲骨、墓葬等，学者一般都认同周原是周文化的发源地。因此，我们认为历史时期文化发源地一般是指一个王朝兴起于斯，或以此为据点，创造形成基本的文化雏形，诸如礼仪制度等一系列框架内核，然后向周围扩散传播文化的源头之地。

按照如此思路，我们看刘邦早期在徐州地区是否也创造了丰富的文化呢，尤其是汉文化的基本要素是否已经产生并形成了呢？刘邦在建立汉朝之前，在徐州的活动情况是："常有大度，不事家人生产作业。及壮，试吏，为泗上亭长，亭上吏无所不狎侮。"[①]甚至还有许多负面记载，如"沛公居山东时，贪于财货，好美姬"[②]。可见刘邦在徐州期间文化上并没有经营创新，几乎在文化上毫无建树，也尚未形成汉文化的基本内核，相反倒有不少关于刘邦对文化亵渎的记载，因此，徐州并不是两汉文化的源头，徐州只是汉王朝的发祥地或发迹地，这一时期刘邦结交的文人谋士、英雄豪杰，如萧何、曹参、王陵、周勃、樊哙、灌婴等在推翻秦朝统治和楚汉战争中发挥了重要作用，汉朝建立后，这些人多又成为其政权的核心人物，故现在沛县还有"五里三诸侯"的传说。综之，我们认为徐州是汉文化发源地之说不科学，但可以说徐州是汉王朝的发祥地或发迹地，则较为合乎实际。

事实上汉文化内涵丰富，有广义和狭义两个方面的内容，广义指中华民族所创造一切文化的泛称，狭义一般则指两汉期间遗存物质和精神文化的总和，它包括两汉都城西安、洛阳的京城文化和遍布全国的诸侯方国的一切文化。俞伟超先生对此曾有精辟论述[③]，汉文化构成和来源非常广泛，汉王朝建立之初，制度上承秦沐楚，深受楚文化和秦文化影响，囊括继承了春秋战国以来诸文化的总和。刘邦虽然建立汉朝政权，但是对文化的贡献更多的是整理归纳，拿来为自己所用，可以说在汉文化里，既有先秦中原文化的因素，也有楚文化的因素，当然还有其他文化的因素。今天发现于徐州地区的汉文化仅仅是西汉时期诸侯封国楚国、东汉时期彭城国的所创造的物质文化的总和，显然不能涵盖汉文化的全貌，只是狭义汉文化的一个组成部分，只能说是汉文化的区域文化，姑且称之为"徐州汉文化"，与当时其他封国梁、吴、齐、鲁等诸侯国所创造的文化一样，共同构成了博大精深的汉文化。因此无论广义和狭义上的汉文化，均不是在徐州地区萌芽产生，徐州是汉文化发源地的说法不准确。其实文化的发展过程，就是文化的继承和创新的过程，后来的文化都深深植根于前朝创造的文化之中，尤其进入封建社会后，文化面貌整体上逐渐趋同，一般不在提文化发源地这种说法，正如安徽凤阳人朱元璋建立

① （东汉）班固：《汉书·高帝纪》，中华书局，1962年。

② （西汉）司马迁：《史记·项羽本纪》，中华书局，1982年。

③ 俞伟超：《考古学中的汉文化问题》，《古史的考古学探索》，文物出版社，2002年。

大明王朝，但今人不会说安徽凤阳是明文化发源地。

当然由于徐州地处黄淮平原，地理条件优越，汉代城市人口众多，国力强盛，经济繁荣，创造了高度发达的文化，时至今日在徐州境内留下了丰富的汉代遗存，诸如汉墓、汉画像石、汉兵马俑，精美绝伦，誉满中外，被称为汉代三绝，数量规模十分可观，在全国具有很强的代表性，甚至有些新兴事物都是由当时楚国兴起，然后向全国传播的[①]，因此说“两汉文化看徐州”无可非议（下文将详细论述），但是不能说徐州是汉文化发源地。

二、徐州汉文化不是墓文化

当前一部分汉墓已被规划建设成旅游景点，吸引了海内外游人纷至沓来，徐州汉文化早已闻名遐迩，成为徐州历史文化名城的一张亮丽名片，然而就在徐州汉文化影响逐步扩大的时候，我们也听到许多不同的声音，如有些人所言：徐州汉文化不过是墓文化罢了，不值得大张旗鼓的宣传，对此我们委实不敢苟同。

文化是人类在社会历史发展过程中所创造的物质财富和精神财富的总和，墓葬与文化的关系密切相连，墓葬是文化的载体，是文化的物质表现形式，墓葬包含内容丰富，本身也是一种文化，一座保存完好的墓葬，就是一座埋藏在地下的博物馆，集中反映了当时人们的宗教信仰、礼仪和风俗习惯，通过对墓葬本身和墓内出土文物的研究，能够了解当时社会生产力发展状况和科学技术发展水平。由于古代人“事死如生”，在将死者埋入地下时，多随葬大量的各种物品，尤其是统治者特殊的地位，拥有支配一切的权力，在生前修筑精美的墓葬，死后将大量随葬品带入地下，今天我们看到的精美文物，绝大多数都是墓内出土。在大型遗址的考古发掘中，即使是专业人士也以能够找到墓葬为主要目的，一方面墓葬能够出土精美的文物，另一方面墓葬蕴涵信息丰富，能够充分展现当时社会的生产和生活原状。

徐州作为大汉王朝的发迹地，刘邦和一般文武大臣都从此走上历史舞台，徐州在西汉一代有其他地方不可比拟的优越性，自然享有其他地区所不具备的优越条件（如减免赋税）。由于徐州地处黄淮平原，地理位置优越，物产丰富，经济文化一度处于全国领先地位，汉高祖遂将同父异母弟刘交封于彭城，前201年高祖以韩信谋反为由，“废楚王信，囚之，分其地为二国。……立刘贾为荆王，王淮东五十二城；高祖弟交为楚王，王淮西三十六城”[②]。这样西汉时期徐州地区的封国就是以刘交为楚王的楚国，并世代延续相传12代，虽中间支系有变化，但均为同姓楚王。按照汉代制度，诸侯有封地者，死后葬于封地，这些分封于徐州境内诸侯王，均应该葬于徐州地域范围内，目前经过考古工作者的努力，已经发现发掘8处16座楚王及王后墓，它们分别是：楚王山2座、狮子山2座、驮篮山2座、北洞山2座、龟山2座、

① 刘照建：《徐州地区大型崖洞墓初步研究》，《东南文化》2004年第5期。

② （西汉）司马迁：《史记·荆燕世家》，中华书局，1982年。

东洞山3座、南洞山2座、卧牛山1座[1]。这些楚王陵墓制式独特，形成完整序列，出土文物精美，多处楚王陵墓的发现发掘，对于复原研究西汉楚国历史具有十分重要的意义，墓葬选址特点反映当时楚国的风俗理念、礼仪制度，墓葬建筑的规划、设计、开凿、防护等建筑技术反映生产力发展水平，出土的大批印章封泥，则清晰地反映楚国宫廷和地方的职官制度，尤其是出土的漆器、陶器、瓷器、玉器、竹木器等各类文物，更是当时手工业发展的生动体现。当文献记载不足和地面文物无存的时候，埋葬在地下的徐州汉墓则全面而深刻地体现了徐州汉文化内容，为我们了解汉代徐州开辟一个便捷之门，正如中央电视台《探索・发现》栏目所言："如果把永远逝去的古代生活比作历史河流上的船，那么古墓就是这只船在水中的倒影，当地面的风物因天灾人祸而消失，幽暗的地下世界则为我们保存着祖先的生活和思想。"这一系列楚王墓葬的发掘，我们仿佛看到了一个立体的西汉楚国政治、经济、文化发展的全貌，充分展现了汉代徐州的各个方面，所以墓葬文化仅仅是徐州汉文化的一个方面，决不能将墓文化等同于汉文化。

徐州汉墓是徐州汉文化的物质载体，是当时生活在这块土地上的先人们对我们的馈赠，一系列徐州汉墓的发掘，揭露了徐州2000年前的辉煌盛况，全面展示了经济社会发展全貌，因此到徐州看汉墓，实际上是进行一次汉代历史文化旅游，当我们进入墓室，看到精美绝伦的文物时，仿佛看到祖先智慧的灵光在闪耀，又怎能认为它仅仅是一座死气沉沉的墓穴呢。到埃及看金字塔，实际是法老的陵墓，但是我们看到是气象万千的尼罗河文明，不会有人说看到仅仅是埃及的墓文化而已。参观秦始皇兵马俑，人们领略的是秦帝国的千年风采，没有人说不过是几个泥人罢了。今天到徐州看汉文化，已经成为越来越多人的共识，汉文化已成为历史文化名城徐州的名片。

三、徐州汉文化开创者是楚王刘交

当对徐州汉文化定义有明确认识后，那么我们对徐州汉文化的来源及形成也就有了不同以往的解读。提到徐州汉文化，不能不提从古到今名气最大的徐州老乡——汉高祖刘邦。丰生沛养的刘邦，在秦朝末年风起云涌的农民起义中，芒砀山斩蛇起义，以布衣之身，提三尺剑取天下，他在长安登基后，不忘家乡父老，免除家乡赋税，刘邦对于汉代徐州的发展，给予政策上的优惠，但是真正对徐州汉文化起到开创作用的则是其弟刘交。

刘交是封在徐州的第一代楚王，系高祖刘邦同父异母少弟，与刘邦一起征战多年，与其关系十分密切，"交与卢绾常侍上，出入卧内，传言语诸内事隐谋"[2]。先被高祖封为文信君，汉六年又被封为西汉楚国第一代楚王，王薛郡、东海、彭城等三郡，同时高祖还封其从父弟刘

① 刘照建：《西汉楚王陵墓制度研究》，《徐州师范大学学报》2008年第6期。

② （东汉）班固：《汉书・楚元王传》，中华书局，1962年。

贾为荆王，后封其次兄喜为代王。然而，汉七年匈奴攻代，代王喜弃国自归，废为郃阳侯，孝惠二年薨；荆王贾立六年，被谋反的淮南王黥布军队所杀；唯有刘交一直担任楚王23年，历经高祖、惠帝、高后、文帝四朝，在分封的诸王之中，他辈分最高，年龄最大，享国时间最长，堪称资格最老的一代诸侯国王，在刘邦去世之后的汉初政治舞台上具有举足轻重的地位。在诛灭诸吕之后，朝中大臣想延请代王刘恒继任皇帝，刘恒没有想到皇帝桂冠会幸运地落到自己头上，让他着实惶恐，说了一句意味深长的话，“奉高帝宗庙，重事也，寡人不佞，不足以称。愿请楚王计宜者，寡人弗敢当”[①]。这话的意思是，这个皇帝不是你们让我当我就能当的，得问问国中大佬刘交是否愿意，先投石问路，想了解楚王的态度，由此可见楚王刘交在当时朝中的重要地位。

汉代初年，天下初定，徐州地区历经战争破坏，经济衰败不堪，楚地是高祖起兵之地，也是自己桑梓老家，此地稳定对于东方乃至全国的稳定具有重要意义，高祖刘邦尤为重视，特意委派其弟刘交到楚国为王。刘交不负其兄之托，抵达楚地后，采取系列措施，恢复生产，重建家园，将楚国建设成为东方大国，西汉楚国在政治经济、文化等方面取得全面发展，这一时期成为徐州历史上最好的时期。

刘交治理楚国期间，在政治上建立完善的官僚制度，为统治管理楚国奠定良好的政治基础，国家治理进入规范良性的发展轨道，虽然史书没有记载王国制度建立情况，但是据《汉书·百官公卿表》记载：“诸侯王，高帝初置，金玺盭绶，掌治其国。有太傅辅王，内史治国民，中尉掌武职，丞相统众官，群卿大夫都官如汉朝。”近年来，徐州地区楚王墓出土的系列反映王国职官的印章封泥，说明当时楚国确实存在一套完备的职官体系。楚国在经济上享有特权，作为高祖家乡免收租费，刘交就国后，知贤任能，重用申公等一批贤达，管理楚国各项事务，楚国经济驶入稳定发展的快车道，手工业得到长足发展。从近年考古发掘可以看出，大型工程如城墙、宫殿、墓葬的修筑，铁器、玉器的加工，第一件玉衣和玉棺发现，出土钱币种类之繁，数量之多，超过一般诸侯王国，生动展现西汉楚国经济发达的盛况，尤其是横穴崖洞墓的出现，更是刘交的创举，是生产力高度发达的标志，西汉楚国经济社会取得全面发展，楚国成为东方大国，彭城成为东方大都会。

最能体现刘交治理成绩的是楚国下辖县的数目激增。刘交被封为楚王时的辖县数目有32、36、40县（城）三说，其中36、40县（城）两种说法较为通行，由于没有记载，这些县（城）名称尚不确定，但是韦正先生根据文献史料和北洞山、狮子山汉墓新出的封泥印章，能够得出刘交楚国的最大县数为51，当然这不等于西汉早期楚王国的所有县数，较刘交始封新增了十几个县，楚王国辖境内的属县增加了近一半。属县增加原因，一方面是由于新增侯国，另一方面则是西汉楚国在刘交治理下，经济社会取得长足发展，人口迅速增加，导致不断增设新县，或从旧县中裂出新县[②]。

① （东汉）班固：《汉书·文帝纪》，中华书局，1962年。

② 韦正：《从出土印章封泥谈汉初楚国属县》，《考古》2000年第3期。

作为首位被封楚王，刘交不但在朝中地位显赫，而且个人修养极高，“好书，多材艺”[①]，用今天的话说，就是一个文化人，其“文治”水平远在刘邦之上。事实上他是一位经学大家，一位成绩卓著的大学者，当时就有《元王诗》产生广泛影响，《史记》《汉书》均有专门篇章记载，楚元王刘交颇爱儒学，早在秦焚书、禁私学之前，刘交便与鲁国申公等一起跟随名儒浮丘伯学《诗》。秦禁私学后，他不得已中止学业，但其向学之心未泯。其后他被封楚王，遂招当时儒家学者如申公、白生及穆生等来楚国为官，又派其子入长安向浮丘伯求学。由于楚王交多年推崇、倡导儒家之学，在楚王刘交的影响带动下，其家族之人都崇尚《诗》学，楚国儒学渐呈繁盛之势，徐州地区很快成为全国儒学的核心地区。南宋黄震曾云：“交以好学礼贤开国，故戊虽以叛诛，而辟疆、德、向皆世济其美，汉之宗英，于斯为盛。”鲁迅在《中国小说史略·汉文学史纲要》第八篇《藩国之文术》曾指出：“汉高祖虽不喜儒，文景二帝，亦好刑名黄老，而当时诸侯王中，则颇有倾心养士，致意于文术者。楚、吴、梁、淮南、河间五王，其尤著者也。”[②]并首论楚王刘交。

刘交在位的23年里，政通人和，国家处于蒸蒸日上的发展阶段，依托安定政治环境，大力推行文治教化，其子孙后代名人大家辈出。君子之泽，五世而斩，一般而言，王侯将相的后代不能延续前辈的光辉，其子孙不成器者常见，而刘交子孙则承继发展了家族的学术文化传统，其后代刘向父子竟然有那么多的建树，刘向奉诏习《穀梁春秋》，领校中秘群书，撰成《别录》，总结先秦西汉学术；刘歆参与校书，编成《七略》，倡立古文经学，为王莽新朝国师。父子二人对西汉的政治、学术以至整个古代学术文化产生了无可估量的影响。无怪章太炎说“孔子以后的最大人物是刘歆”，顾颉刚称他们是“学术界的大伟人”。另外，我们注意到一个很有意思的现象，主要管理皇室事务的宗正，西汉有文献记载的13人，6人来自楚元王支系，楚元王子有刘郢（客）、刘礼，三代孙刘辟强（休侯富之子）、四代孙刘德（刘辟强之子）、五代孙刘向（刘德之子）、六代孙刘庆忌（刘德之孙），西汉有世系可考的宗正多从刘交这一支系中选出，体现刘交的文治教化对子孙后代的影响[③]。

在我国沿海经济链中，淮海地区是汉初历史上是最富强的一环，而现在则是最薄弱的一环。早期海事不发达，沿海尚处于滩涂泥沼之中，而徐州地区由于依靠中原腹地，既有黄淮平原的地缘优势，又有刘邦故里的人和之利，靠近发达的中原文化圈，因此汉代徐州成一时之都会，远远超过今天的苏州。今天徐州是历史文化名城，主要就是两汉文化支撑和体现，过去汉代楚王陵墓没有发现之前，徐州文化空白很多，直到系列大型汉墓发掘，大量文物重见天日，使得徐州历史文化名城的地位得到凸显和提升，而这些文物古迹与刘交及其子孙密切相关，已开放为旅游景点的北洞山、狮子山和龟山三座墓，这些墓葬与刘交均有关系，龟山是第六代楚王刘注，为刘交第五代孙，北洞山是刘交之子第二代楚王刘郢（客），狮子山墓主存在争论，

① （东汉）班固：《汉书·楚元王传》，中华书局，1962年。

② 鲁迅：《中国小说史略·汉文学史纲要》，《鲁迅全集》第九卷，人民文学出版社，1981年，第395页。

③ 沈刚：《汉代宗正考述》，《社会科学战线》2002年第1期。

有二代、三代之说，但最大可能是刘交本人①。至于世人津津乐道的汉兵马俑，全国玉雕人朝拜的徐州博物馆的馆藏玉器，其文化之源都离不开第一代楚王刘交及其子孙，由此可知，徐州汉文化的来源是刘交，刘交是汉代徐州文化的奠基人和开创者，因此西安感谢秦始皇，徐州应该感谢的是刘交。遗憾的是，徐州人却缺乏应有的认识，对徐州历史文化贡献最大的刘交，却在城市建设中逐渐将其逐渐抹去，在徐州名人苑不见刘交身影，在学者编著《徐州历代名人评传》一书里②，刘交也未被列入其中。

四、关于"两汉文化看徐州"的讨论

关于"两汉文化看徐州"提法，近年来引起较大争论，一些学者出于对家乡文化建设的热爱关心，纷纷撰写文章，力求探讨清楚这个问题，这确实非常必要和急需，如果到目前为止我们还不清楚徐州历史文化特色是什么，我们在徐州历史文化建设中将失去目标和方向，在具体工作中将会对历史文化名城徐州造成不应有的毁坏和不必要的破坏，甚至有可能丢掉真的，保护的却是一些假的、无趣的东西。因此，笔者在此不吝笔墨对"两汉文化看徐州"提法的科学性略作讨论。

有人认为，徐州地区的汉文化不过是一个地方的文化，远不能与全国其他地方诸如两汉帝都的西安、洛阳相提并论，"两汉文化看徐州"提法，将会引起西安、洛阳等城市的不满③。其实这是一个缺乏常识的误解。一个地区文化遗存的多少，与该地区行政级别的高低和行政范围的大小不成比例，而与该地区历史上是否有丰富发达的文化，以及在历史长河中不被毁坏有密切关系，两者缺一不可，阿房宫、圆明园何其盛也，但是由于战争的破坏，今天留下的只有废墟，相反在偏僻边远的地区照样会产生像平遥、丽江古城这样闻名遐迩的世界遗产。即使唐宋以来建都于徐州，但徐州地区今天也不会有丰富多彩的唐宋文化呈现于世人面前，因为明清以来徐州多次受大水淹城，泥沙淤积达5米，所有遗存都深埋于地下，因此不能以行政级别的高低来衡量文化遗存的多寡。西安作为汉代都城，汉文化遗存虽然丰富，但埋在地下没有发掘，也许有一天，任何一座帝陵的打开，所发现的文物可能是徐州所有汉墓出土文物的总和，徐州汉文化将顿时黯然无光。但是就目前而言，徐州汉文化遗存的总量和规模都是全国领先，汉文化研究者认为，做汉代考古应该到徐州去，可见对徐州汉文化的推崇。

如果"两汉文化看徐州"提法有些勉强的话，那么我们试把"两汉文化看徐州"换成"两汉文化看某地"，放眼全国能否找到一个替代徐州的城市呢？陕西有大量的汉代文物遗存，单

---

① 刘照建：《徐州西汉前期楚王墓的序列、墓主及相关问题》，《考古学报》2013年第2期；邱永生、刘照建：《徐州狮子山西汉楚王墓墓主新考》，《南京博物院院刊》，生活·读书·新知三联书店，2013年，第219页。

② 杨绪敏、张登勤、王健等：《徐州历代名人评传》，中国矿业大学出版社，2000年。

③ 胡存英：《试论"楚汉文化看徐州"》，《徐州日报》2003年1月20日第7版。

是西汉帝陵就有11座[①]，座座高大巍峨，如果打开任何一座，都将令世界震惊，省会西安是帝都，汉文化肯定与西安的名字联系到一起，但是遗憾的是，西安甚至陕西境内，大量的汉代文物都埋藏于地下，人们无缘一见，11座帝陵无一座发掘，人们去陕西，仅仅看到11座巨大的黄土堆，没有什么观赏性可言，至于长安宫殿区遗址，外行人仅仅看到一堆黄土，如果没有专家讲解，人们根本看不出名堂，已经发掘的汉景帝阳陵陪葬坑，并建成陈列馆对外开放，但展出的主体是武士俑群和牛、羊、猪、鸡等陶质动物。国内其他汉文化集中和较有名气的地方，文物遗存的数量和质量和徐州也无法比拟，因此没有任何一个地方能够取代徐州。

我们说“两汉文化看徐州”着眼点是“看”，强调的是现实性和存在性，如果仅仅是文献记载或传说中有发达的文化，却津津乐道的话，那只能是回忆和自慰罢了，像阿Q那样只知道说我们祖先如何如何。“两汉文化看徐州”的着眼点是“看”，即现实存在的，而不是藏在地下，如果说汉文化“藏”西安，倒也合情合理，但是落实到“看”，西安确实逊色不少，值得一看的地方委实不多。笔者因为工作关系，曾经不止一次去西安参观考察，西安未开放和已经开放的汉文化景点，已发掘和正发掘的汉代考古遗存工地，我都看过不少，两相比较我认为“两汉文化看徐州”无可置疑。至于国内的马王堆汉墓、满城汉墓、广州汉墓、永城汉墓等多处影响较大的汉代墓葬，这些墓葬规模确实很大，但均为单体墓葬，有的墓内文物还被盗掘一空，都无法与徐州汉文化相提并论。徐州不仅有规模庞大、数量众多的汉墓［大型楚王（后）陵墓16座，中小型汉墓1000余座］，还有画像石、兵马俑，以及数不清的汉代文物精品，种类繁多，阵容庞大，构成灿烂多姿的汉文化，所有来徐州参观过的人，都会受到强烈的视觉冲击，对徐州汉文化留下深刻印象，不会有人怀疑“两汉文化看徐州”的说法。

在徐州诸多历史文化景点中，过去有人提倡应大力打造彭祖文化、东坡文化，可是彭祖园的彭祖像是虚无缥缈的想象，云龙公园关盼盼早已灰飞湮灭，苏东坡的黄楼也是后人重新建设的假古董，就是确实存在的东坡石床，有极强的文化象征意义，但是如果用来承载徐州历史文化显然有些欠妥，均不足以代表徐州。相反对于汉代相关的文物古迹，稍一列举，即数量众多，且囊括汉代文化之精华，具有无与伦比的观赏性，即使是项羽的戏马台，也应列入汉文化的范畴，因为此时项羽的西楚并非战国之楚，实际是已经进入汉，汉朝纪年开始于前206年。这自然引入下一个话题，也是人们长期津津乐道的话题，徐州的历史文化定位，究竟是楚汉文化还是两汉文化。

有人认为徐州两汉文化不具有代表性，在否定“两汉文化看徐州”后，进而抛出“楚汉文化看徐州”的提法[②]，甚至在“楚汉文化”的基础上，还有“三楚文化”的提法[③]，这些提

---

① 刘庆柱、李毓芳：《西汉十一陵》，陕西人民出版社，1987年。

② 胡存英：《试论“楚汉文化看徐州”》，《徐州日报》2003年1月20日第7版。

③ 陈树德：《汉文化楚汉文化三楚文化——关于徐州历史文化建设的思考》，《两汉文化研究》（第三辑），文化艺术出版社，2004年，第247—252页。

法都非常新颖，体现对徐州历史文化的关注和热爱，但是对楚文化源流却缺乏基本了解。楚文化是楚民族所创造的文化，发源于荆山一带，立国于周初，始封者是熊绎，经过二三百年的发展，才从氏族社会过渡到阶级社会，前8世纪崛起，成为春秋五霸和战国七雄之一，领土一度扩大到几乎南半个中国，东至江苏、浙江沿海，南至湖南南部，北至河南中部和中北部、山东南部，西至四川东部。楚建国800余年，在中国南方创造了高度发达的精神文化和物质文化，是中华传统文化的重要组成部分。博大精深、恢诡谲怪的楚文化是南方文化的表率，它与恢宏厚实、谨严端庄的中原文化，一南一北，交融互长，共同构筑了华夏文明的主旋律。近年来，在湖北的江陵、当阳、襄樊、宜城、黄冈发现发掘了大量楚墓，同时在河南的淅川、睢阳、固始，湖南的临澧、益阳、澧县、长沙、湘乡、资兴、溆浦，安徽的寿县、长丰等地也都发现一些重要楚墓[①]。学者在发现大量楚墓的基础上，提出了楚文化的概念，虽然在湖南、河南和安徽发现楚文化遗存较多，但是湖北是楚文化的发源地和中心，这是众所周知的事实。近年来，湖北发掘了5000余座楚墓，湖北省博物馆不仅是收藏楚文物最多的单位，而且是楚文化研究的重镇，为更好地宣传普及楚文化，展示荆楚文化的博大精深，湖北省博物馆特新建场馆举办楚文化展，全面展示楚文化的辉煌成就。相反到目前为止，徐州地区尚未发现一处楚墓，仅仅是有一点楚郢爰出土[②]，到徐州看什么楚文化呢。楚文化的中心在湖北形成和发展，如果提"两汉文化看徐州"引起洛阳、西安不高兴的话，那么再提"楚汉文化看徐州"，岂不是也引起湖北的不满么，因为楚文化因楚国和楚人而得名，与徐州一点关系也没有，徐州在历史上属楚的时间较短，即使存在楚文化也仅仅是楚之边缘文化。

相反，徐州近年来发现发掘了大中小型汉墓成千座，出土文物数以万计，墓葬结构复杂，墓内文物精美，具有无与伦比的观赏性，"两汉文化看徐州"可谓名副其实。我们从徐州博物馆的陈列展览中也能得到证实，徐州博物馆是一座综合性地方历史陈列馆，它以实物的形式，清晰展示了徐州历史文化发展的脉络，整个展览共有6个展厅，除去第一展厅展览的是汉代以前，最后一个展厅展览汉代以后的唐宋元明清外，其余4个厅全是汉代文物陈列，整个陈列呈枣核状，中间大，两头小[③]，中间大的是汉文化陈列，生动体现了汉文化是徐州历史文化主体，"楚汉文化看徐州"提法委实不当。

"两汉文化看徐州"一说，固然是提议者出于对家乡的热爱，但确实也是对客观现实的准确反映，要知道这句话当初并非是专业人士提出，而是民间人士所首倡，早在提出之日，甚至遭到专业人士的耻笑和反对，但正是非专业人士提出，恰恰才说明汉文化的影响力和普及程度，这说明汉文化的数量和规模在普通人心中产生的冲击力和震撼力，在事实上已经足以形成"两汉文化看徐州"局面，正是这种自发的而不是专家的话语，反映了社会公众的普遍认同，才是对汉文化状况的真实准确反映。遗憾的是这种认同范围小，我们应该想方设法让这种认同

① 郭德维：《楚系墓葬研究》，湖北教育出版社，1995年，第3页。

② 邱永生：《江苏徐州出土郢爰金币》，《中国钱币》1991年第4期。

③ 陈浩：《语言的编织——徐州博物馆陈列艺术漫谈》，《东南文化》2001年第5期。

扩大到全国乃至全世界。

当前，徐州汉文化已不具备唯一性，与世界文化遗产要求相比，显然存在巨大的不足，但是我们应该看到，徐州汉文化的典型性和完整性在全国范围内是无与伦比的，因此我们应着眼于将徐州汉文化做大做强，进而申报世界遗产，扩大徐州汉文化在海内外影响力和知名度，把汉文化打造成徐州名城的商标和名片，让徐州汉文化成为天下人之汉文化，让徐州以汉文化之城的形象从诸多钢筋水泥之城中脱颖而出。

［原刊于《徐州智库2016》（四），江苏人民出版社，2017年］

徐州汉文化做大做强之路探析

一、徐州汉文化的概念

“两汉文化看徐州”，这句响亮的口号，现在可谓家喻户晓。可是什么是汉文化，有什么内涵与外延，未必人人清楚。关于文化定义有近百种之多，具体就汉文化而言，有广义和狭义两个方面的内容：广义指以汉民族为主体的中华民族所创造一切文化的泛称；狭义一般则指两汉期间留存物质和精神遗存的总和，它包括两汉都城西安、洛阳和遍布全国的诸侯国、郡县的一切文化遗存。

徐州汉文化包含三重意思，一是徐州，这指的地域性，不仅指徐州市区，还包括丰、沛和睢宁县。二是汉，说的是时代性，我们认为徐州汉文化的时间，应从秦末农民起义楚怀王熊心自盱眙迁彭城起，历西楚霸王项羽定都、西汉楚国、东汉彭城国，直到三国时的徐州，前后约470年间的历史遗存。三是文化，说的是内涵，是指上述时间内徐州人创造的物质和精神文化总和。物质遗存，大家都能看到的并且耳熟能详的是汉代三绝；精神文化则是史实、传说、成语、典故、诗词、歌赋等。

徐州是大汉王朝的发祥地，有最值得我们骄傲的老乡——汉高祖刘邦。刘邦和他率领的丰沛集团从徐州登上历史舞台，创造了中国历史上第一个辉煌强盛的时代，奠定了中华民族的主体——汉族，汉语、汉字等泽被万世。因此徐州汉文化已经不仅仅是一个地域文化，更具有国家和民族的双重意义。

党的十九大指出，坚定文化自信，文化兴则民族兴。今天徐州正在建设淮海经济区中心城市，需要传统文化支撑，而徐州汉文化恰好呈现的就是“强汉盛唐”之汉代辉煌盛况，这里有民族复兴的精神源泉。我们谋划新时代的汉文化建设的各项工作，做大做强徐州汉文化特色品牌，向世界讲述徐州汉文化辉煌，就是以实际行动贯彻落实党的十九大精神，切实履行守护中华民族精神的光荣使命，助推中华民族伟大复兴，为徐州淮海经济区中心城市建设做出更大贡献。

二、徐州汉文化开发利用现状

有着2600余年建城历史的徐州，地上地下文物古迹众多，汉代遗存尤为丰富。多年来，徐州全力推进汉文化研究利用工作，汉文化研究成果丰硕，汉代文物资源切实得到保护和开发利用，初步使徐州汉文化成为国内外有影响的文化名片。主要表现在以下几个方面。

（一）发掘保护千余座汉墓，徐州汉文化的丰富内涵凸显

几十年来，经过考古工作者的不懈努力，徐州境内先后发现发掘了千余座汉代陵墓，其中包括两汉楚国、彭城国、下邳国的王（后）级大墓20余座。以西汉楚王墓最具特色，修筑方式是选择山腰向山腹内开凿，模仿地面建筑布局，营造数量众多洞室，既有象征楚王的宫殿，又有生活起居的配套设施，甚至还有完善的防水、严密防盗设施，宛如搬到地下的宫殿建筑。

墓葬出土了大量精美文物，仅狮子山汉墓出土文物达2000余件套，精美玉器有200余件，钱币17万余枚，当年即被评为全国十大考古发现之一。徐州汉墓内出土的金银器、铜铁器、陶俑、玉器、玺印封泥、铜镜乃至汉画像石，在海内外已具备一定的影响。

（二）建设一批保护展示汉文化的场馆景区

多年来规划建设了北洞山汉墓、徐州汉兵马俑博物馆、龟山民间博物馆区、汉皇祖陵、白集汉墓等一批汉文化主题项目。先后完成徐州博物馆、徐州汉画像石艺术馆及徐州汉文化景区、龟山汉墓等改扩建工程，使徐州汉文化开发利用进入高速发展的快车道。

（三）通过文物和文艺作品，向海内外展示徐州汉文化

认真贯彻落实习近平总书记关于传承中华优秀传统文化、让文物“活起来”等一系列重要讲话精神，以徐州博物馆为主体，精心策划推出“讲徐州故事、谱汉风新韵”汉文化系列外展。已先后独立在澳大利亚、奥地利、法国和英国举办徐州汉文化展览。2017年在境内外举（参）办系列文物展览6个，其中境外5个、境内1个。特别是在美国纽约、旧金山举办的汉代文物展览，引起较大轰动，进一步增强了徐州汉文化品牌的影响力和城市文化竞争力。

坚持以汉文化元素为核心要素，高起点策划实施“舞动汉风”文化建设工程，先后推出大型原创音舞诗剧《汉风华章》、功夫舞台剧《汉风武林》等根植徐州本土、思想内涵突出、彰显汉文化精神的优秀文艺作品；拍摄了电视连续剧《汉刘邦》《解忧公主》，正在拍摄《大风歌》《大帝刘邦》等，放大了徐州汉文化品牌效应。

（四）精心打造一批汉文化活动品牌

围绕“汉风舞彭城·放歌新徐州”主题，组织策划了“汉文化旅游节”“刘邦文化节”“动感彭城”“汉韵佳人”选秀等特色文化活动，举办“汉风大讲堂”“汉风读书月”等

品牌项目，在公共文化服务方面展现汉文化魅力。整合国内汉文化研究顶尖资源，实施“汉学大系”百卷系列丛书工程。

一系列大手笔大动作，汉文化已经成为徐州区别于其他城市的特色标识，成为江苏文化“吴韵汉风”的半壁江山。

三、徐州汉文化建设中存在的问题

虽然徐州汉文化资源的保护、开发和利用得到长足的发展，但是至今没有形成具有重大影响力的城市品牌，未真正形成“两汉文化看徐州”的盛况。截至2017年底，我国被列为世界遗产的文化和自然景观已达52处，但是自古列为九州之一的徐州，有着2600余年建城历史的国家级历史文化名城，却没有1处世界遗产，就连报送世界遗产中心待批的“预备名单”也没有，甚至没有国家级考古遗址公园，显然和徐州所拥有的丰富汉代历史文化资源极不相称，与其潜在巨大价值很不相称。在江苏的代表性历史文化中，与吴文化的开发利用相比也差距较大，确实是“吴韵很强、汉风较弱”。具体而言，表现在以下三个方面。

（一）对徐州汉文化资源的重要性和潜在巨大价值缺乏认识

缺乏对徐州汉文化资源重要性和价值的充分认识，尤其是对全市社会经济文化发展的促进、引领作用的认识不够。在徐州历史文化名城建设中，徐州的历史文化定位，除汉文化外，战争文化、彭祖文化、东坡文化、运河文化、山水文化等提法很多，当然这些都是徐州深厚历史文化的重要内容，但是在这些历史文化中，汉文化资源最丰富、最具影响力和最具特色，因此最能代表徐州历史文化特色的无疑是汉文化。然而由于认识和观点不同，导致在文化建设投入上出现偏颇，20世纪建设一批新的旅游文化景点，诸如西游记宫、世界奇观、别有洞天、观光索道等，虽然投入了大量资金，但缺乏长久的生命力，而汉文化保护建设却缺乏资金，失去做大做强的第一次历史机遇。

（二）对徐州汉文化缺乏顶层设计和规划

回顾徐州汉文化发掘、保护、建设的发展历程，从第一座汉墓的发现，到第一个景点的建立，再到汉文化节和实施“舞动汉风’工程，做了大量的工作。但是在汉文化开发利用的发展过程中，缺乏对徐州汉文化建设的顶层设计和规划，缺乏战略思考和全域发展目标。徐州的汉文化，我们认为在时间上，是从秦末农民起义楚怀王熊心自盱眙迁彭城，历西楚霸王项羽定都、西汉楚国、东汉彭城国、直到三国，前后约470年时间。在地域上不仅是市区，丰沛和睢宁古邳都有重要汉文化遗存，是徐州汉文化的重要组成部分和不可或缺的内容。在顶层规划设计上应全面统筹协调，错位互补，不应顾此失彼或各自为战。

（三）缺乏具有高度影响力的汉文化景点

任何具有影响力的城市品牌文化，都必须有拳头产品。但是综观徐州的汉文化，场馆虽然已普遍进行了升级换代，但是由于定位不准、研究不够深入，内涵价值没有凸显；资金投入不足，开发建设层次偏低，满足不了游客的需求。最具全国性影响潜力的狮子山楚王墓，定位并建设为景区，很多极具研究和观赏价值的陪葬坑、陵园建筑被填埋，没有得到展示，却展示很多与陵园完全无关的内容，冲淡了主题，造成不温不火的局面，迄今尚未形成旅游热点。展示徐州出土汉代珍贵文物的徐州博物馆，1999年扩建后在全国地市级博物馆创造了多个第一，硬件设施甚至超过了许多省级馆，成为淮海经济区最好的博物馆，吸引兄弟城市纷纷前来参观学习。但是时至今日全国博物馆有国家一级博物馆130家，我省已有7家博物馆纪念馆入选，但徐州却没有1家，这充分表明徐州文博事业纵向比有进步，但横向比则落后了。这些例子说明，徐州汉文化经过30余年发展，虽然汉文化资源丰富，但还是满天繁星没有月亮，缺乏高大上、具有引领作用的“明星”景点，长期以来尚未得到根本改变。

四、做大做强徐州汉文化特色品牌

对于资源丰厚的徐州汉文化，如何才能进一步做大做强？使徐州汉文化内涵更加丰富，个性更加鲜明，形式更加多样，从而彰显楚韵汉风、北雄南秀的文化特质，让江苏文化符号“吴韵汉风”比翼齐飞，充分发挥汉文化资源在淮海经济区中心城市建设中的作用，我们有以下几点建议。

（一）凝聚共识，加强徐州汉文化建设顶层设计定位

徐州汉文化要取得突破性、飞跃式的发展，必须重新审视过去发展中存在的问题，厘清思路，全市上下统一思想，方向明确，将汉文化做大做强放在全市文化建设的首位，放在全市社会发展的重要位置，上升到城市文化品牌战略层面，上升到江苏历史文化建设中“吴韵汉风”比翼双飞的层面。

要做好徐州汉文化发展战略规划。2017年国务院又批准了《徐州市城市总体规划（2007—2020年）（2017年修订）》，其中包括历史文化名城保护规划，徐州每一处楚王陵墓都有国家文物局批准的保护规划，但是我们更需要对汉文化整体建设发展的长远战略发展规划。值得关注的是，市委要求由市政协牵头，调研和起草徐州文化的发展战略，我们认为做大做强汉文化是发展战略的重要内容，徐州汉文化发展战略规划，首先是全面保护不可再生的现有汉文化资源，

统筹规划协调汉文化的保护与城乡建设。规划内容应涵盖指导思想、建设目标、实施办法、管理机构、景点建设、研究成果、开发营销以及保障措施等，规划出“时间表”和“路线图”，明确牵头部门和协作单位，明确各自的责任范围，并以文字的形式固定下来，使徐州汉文化建设行驶在规范有序的轨道上。

（二）加大研究和宣传力度，彰显徐州汉文化的价值

1. 加大科研力度，提供学术支撑

从20世纪50年代以来，学者筚路蓝缕，发掘汉墓数千座，发表研究论文数百篇，出版专著十余部，为“两汉文化看徐州”提供坚实的理论支撑。但是我们还应该看到，当前汉文化研究还存在不少问题，尚未深度诠释出汉文化潜在的巨大价值。

要打破地域和体制的界限，建立一支高水平、专业化的学术研究队伍。应该说学者的研究热情很高，在体制内外都有一些机构和学者在从事汉文化研究工作，如在文化系统之外，还有徐州市政协文史资料委员会、徐州市史志办公室、徐州社会科学院、江苏师范大学的汉文化研究院和历史文化与旅游学院、社会团体“徐州汉文化研究会”、民间组织“徐州两汉文化传承保护中心”等，需要进行必要的整合和引导，形成研究合力，启动系列研究，共同推动徐州汉文化的学术研究。应定期举办汉文化国际性学术研讨会，将其纳入全市年度招商活动的重要内容，邀请国内外汉文化方面的专家齐聚徐州，共同研讨徐州两汉文化，发布徐州汉文化研究的宣言或共识，逐步将徐州打造成中国汉文化的研究中心。

2. 加大宣传力度，让世界了解徐州汉文化

与汉文化学术研究的专业化相比，汉文化宣传普及教育也是当务之急。目前，社会对汉文化认识陷入两种误区：一种认为徐州汉文化就是一种墓葬文化，在旅游开发上文化价值不大；另一种认为徐州汉文化是地方性文化，不具有广泛性和代表性。

其实墓葬与文化的关系密切相连，一座保存完好的墓葬，就是一座埋藏在地下的博物馆，文化是人类在社会历史发展过程中所创造的物质财富和精神财富的总和，而墓葬是文化的载体，是文化的物质表现形式，集中反映了当时人们的宗教信仰、礼仪和风俗习惯，是当时社会生产力和科学技术发展水平的集中反映。埃及金字塔是法老的陵墓，早已成为尼罗河文明的象征和符号；参观秦始皇兵马俑，人们领略的是秦帝国的千年风采。徐州汉墓实际是徐州历史的物化形式，展现了汉代徐州兴旺发达的经济社会发展盛况，因此关键是我们的引导和宣传。

徐州汉墓是无与伦比的文化资源，即使是汉代都城现在的西安，由于大型帝王陵墓没有发掘，目前能够参观的汉文化资源也不如徐州丰富。徐州汉文化底蕴之深厚，不是吴文化能够相比，但是由于我们的投入少，研究不力，宣传不够，以致汉文化影响力明显逊色于吴文化，因此当前必须做好汉文化的普及教育工作，让全社会都对汉文化有深入的认识。汉文化宣传普

及形式要多样化，政府、社会、专家甚至全民参与。电视、广播和报纸等新闻媒体开设汉文化专栏，网站和自媒体应设专题。中小学应将汉文化纳入爱祖国爱家乡的教育内容。各类大讲堂应以专题的形式，定期举办汉文化讲座；文博单位应定期在徐州高校、中等专业技术学校举办汉文化专题讲座。旅游部门抓住汉文化核心，进行旅游宣传推介，达到汉文化宣传的全覆盖。举办汉文化系列外展，讲好徐州汉文化故事。聘请具有国际水平的摄制团队制作广告片和专题片，在国内外重要媒体上播出；设计出高水平的平面广告，在车站、机场、广场等公共场所张贴。编写精美汉文化图册和考古、文物科普读物。启动诸如志愿者计划、小导游行动，组织有关汉文化的摄影、散文、诗歌、小说征文和设计竞赛等，对社会上保护汉文化做出贡献者予以隆重表彰和奖励，并列为“徐州好人”候选人。

此外，我们还应该以汉文化精神元素精心设计城市标识，打造城市雕塑。将汉文化凝练为现代元素，融入城市建设发展空间，在规划设计、建筑样式、色彩控制、景观布局等方面充分体现徐州汉文化特质，形成有汉文化风格的建筑甚至建筑群，乃至建设汉文化小镇。命名名称与汉文化有关的社区、广场、街道、公园和园林绿地，甚至道路、桥梁，等等。只有这样，徐州汉文化的影响力和知名度才能日益扩大，最终真正形成“两汉文化看徐州”的盛况。

（三）设立徐州汉文化研究基金

毋庸讳言，汉文化的研究必须有经费作保证和支撑。作为徐州文化建设中的重中之重，为保证研究出版和宣传工作有计划、按步骤进行，设立汉文化研究会专项基金是完全必要的。梳理急需推进的汉文化研究课题，包括一些基础研究课题，采取面向全国招投标的方式，选择有能力的学者，给予经费支持。也可以特聘、委托外地学者参与研究；将国内外从事汉文化研究的学者整合到徐州汉文化研究的学术大旗下，向徐州两汉文化研究倾斜。

（四）加大建设力度，将徐州汉文化资源保护建设提档升级

1. 重点升级改造潜力巨大的景点

狮子山楚王陵是一个规模庞大的诸侯王陵园，墓室地宫仅仅是整个陵园一个组成部分，目前展示的远不是陵园的全貌。根据考古调查，楚王陵北侧的羊龟山为王后陵，绣球山有两座陪葬墓，陵园地表有大量的陵寝建筑遗存，分布着各种器物的陪葬坑。应复原陵墓的原生态，将已清理发掘过的陪葬坑重新打开，按原状陈列，将陵寝建筑基址也按原状展示，将陪葬墓修复开放。经过以上三个方面的建设，规模庞大、遗存众多、埋藏丰富、层次分明、重点突出的西汉楚国王陵景区呈现在世人面前，国内其他任何诸侯王陵墓无法比拟，必将在海内外产生不可估量的冲击力和影响力。

以汉文化为特色“四位一体”的徐州博物馆，在国内外都具有重要影响。但目前展览场所

面积仍嫌狭小，缺乏通史陈列，临时展厅偏小，功能性公共服务空间不足，专业用房如文物保护实验室、考古文物资料整理场所拥挤不堪，需要适时进行扩建或异地新建，或将陈列大楼内办公室迁出，将原用房改建为展厅，尽可能扩大展览面积，最大限度地展示徐州的汉文化。

2. 建设开放的新的汉文化场馆

将卧牛山汉墓、驮篮山汉墓列入开放日程。当然仅仅修复开放是不够的，毕竟墓葬单体形制大同小异，必须错位发展、特色陈列，重视观众的参与和互动。紧扣“汉墓”主题，挖掘深刻内涵，在其附近建立古墓防盗陈列馆，集中展出古代中国乃至世界范围内各种墓葬内的防盗设施，以及盗墓贼又是如何千方百计盗墓的，辅以三维动画展示，这将是全国唯一，甚至在世界范围内也是唯一的。营建这样的场所，既满足人们的猎奇心理，又增长知识和趣味，必将引起轰动效应。

3. 积极扶持建设民营汉文化博物馆

给予特殊政策，动员和支持徐州有实力的藏家举办汉文化博物馆。例如，徐州民间收藏汉镜、汉印、汉画像石等数量较多，可以成立“徐州汉镜博物馆”“徐州汉印博物馆”等，帮助现有民营博物馆提档升级；也可以吸引外地以汉文化为主题的藏家在徐州设博物馆，使徐州形成一系列高质量的汉文化博物馆。

（五）加大徐州汉文化资源向旅游产品的转化力度

有着巨大的汉文化资源优势的徐州，迄今尚未成为旅游热点城市，应依托汉文化资源向旅游产品的上游和下游延伸，拓展汉文化的外延，打造出一流的文化旅游产品，让游客来徐后能够留得下来，玩得高兴。

打造衍生产品，毗邻景区兴建配套设施，诸如建立汉代民俗风情园。建立汉街或汉城，或模拟汉代战争实景，或设立茶坊酒肆，举办投壶宴饮等饮食娱乐的场景，甚至还可以兴建汉代特色旅馆。运用高科技手段，侧重新奇和趣味，将现代人想象力发挥得淋漓尽致，制作出具有汉文化特色的现代休闲体验项目。

制作实景舞台艺术精品，呈现出多彩的徐州汉文化。我市已经打造了大型原创音舞诗剧《汉风华章》、功夫舞台剧《汉风武林》，可在此基础上，将楚汉相争、刘邦回乡、解忧公主等相关内容再次整合提炼，选择九里山为背景，打造一台大型实景室外大剧，运用现代视听技术，再现汉代战争场面、生活场景和风俗民情，让来徐州的游客在晚上也有丰富多彩的活动，能够深度体验徐州两汉文化。

研究整合推出徐州汉宴。徐州汉墓出土大量关于汉代饮食的实物材料，汉画像石中有丰富的庖厨宴饮场景，从锅碗瓢盆餐具到各种各样的食材，史书也有许多汉代饮食方面的记载，因此我们完全可以依托丰厚汉代文物资源，研发培育具有汉文化特色的“汉菜”，推出一批好吃好看、深受欢迎的名菜名宴，让外地来徐的游客在体验汉文化的同时，能够品赏汉代美食，观赏汉风华章，需求得到全方位的满足。

旅游部门应抓住汉文化核心，策划关于徐州汉文化标志性宣传标语，既简洁洗练，又形象顺口，如“好客山东”“常来常熟”等，在媒体刊登和播放，进行旅游宣传推广，久久为功，汉文化必将深入人心。以高铁东站为起点的徐州汉文化旅游应该提上日程，重新规划游览线路，将市区的狮子山楚王墓、市博物馆、汉画像石馆、龟山汉墓、戏马台等汉文化景点串联到一起，在市区开通汉文化旅游专线，推出汉文化一日游，方便游客参观汉文化；将丰县汉皇故里的金刘寨景区、沛县的歌风台景区，睢宁古邳的圯桥和白门楼，纳入汉文化游览线路，推出两天或三天的汉文化深度游。

总之，今天做大做强汉文化，就是必须将徐州历史上留存下来的汉文化发扬光大，放大和加强汉文化的概念和符号，丰富和提升汉文化内涵，扩大徐州汉文化景点影响力和知名度。当然做大做强徐州汉文化需要全市各部门的努力和社会各界的参与，不会一蹴而就，不能急功近利，需要付出长期的努力。只要我们以战略的眼光、敬业的精神和高度的责任感，脚踏实地地做好每一项工作，“徐州汉文化”必将走向全国，走向世界，历史文化名城徐州将以汉文化之城形象屹立于世界城市之林，徐州汉文化将不仅是徐州人的汉文化，也是天下人的汉文化。

（原刊于《大风起兮云飞扬——苏北汉文化调研文集》，学苑出版社，2019年）

后　记

——写在学术边缘的话

一本书编完了，总是要说点什么，否则给读者“有头无尾”之感，说说书名和写作动机吧。

徐州汉文化资源丰厚，长年考古发掘硕果累累，从墓葬形制到出土文物，可供研究的太多，真正是一座学术研究的富矿，在全国地级城市中十分罕见，这是在徐州的每一个文博从业者福分，历史学家李学勤先生生前来徐州博物馆参观，对徐州汉文化遗存赞叹不已，指出这些材料不整理出版太可惜了；其他外地同行参观后也感慨，研究汉代考古，非来徐州不可，对徐州汉文化推崇可见一斑。我们坐拥这些资源，如果不能及时整理呈现给社会，供学界同仁研究，实在有愧于祖先的丰厚馈赠，有愧于我们所从事的职业，一旦离开工作岗位，如同入宝山而空返，是多么遗憾而又无奈啊。我长期不在文博一线工作，只是利用一些公开发表的材料，写了一些微不足道的文章，这些成果与丰厚的徐州汉文化遗存相比，不过是大海里的一滴水，沙漠中的一粒沙，大山深处的一片云，因此取南朝梁简文帝《浮云诗》：“可怜片云生，暂重复还轻”，书名之《片云出岫》。同时，也表明一种心情，我写的这些东西，并非有意为之，不是为了评职称或拿学位，主要是因为一种喜欢，如同晋陶渊明所言“云无心以出岫”，所以取此书名。

我研究的心路历程，其实很简单，就是做了一件自己喜欢的事。世界上什么是幸福，我认为基本生活能有保障，个人爱好得到满足，此生足欤。高中毕业时，选择专业热门的是财会、金融和法律等等，有的同学所有志愿从上到下都是这些专业，但是我喜欢一个安静一点的工作，我对历史又比较感兴趣，就打算报考历史系。当时老师说学历史，毕业有可能当老师，给你填个考古吧，与历史也有关系。我一想，四年大学出校门再进校门，生活几乎就是原地踏步，于是听从老师的建议就报了考古。高考那年所有在江苏招生高校中，只有四川大学考古专业招生，便机缘巧合地进入了川大考古学专业。大学毕业之后，先是从事考古和文物管理工作，但是后来，很长一段时间，我的工作与所学专业毫不相关，冗杂而又单调，总不能就这样把日子混下去，于是我便着手搞点研究写点东西，给平庸的生活添加一抹亮色。莎士比亚的剧本《麦克白》中有句话：这个世界充满喧嚣，却毫无意义。我们活着，虽然不求闻达，但总要明白一些事情，活得有点意义。在学术研究过程中，长期思考一个问题，冥冥之中觉得到了门口，突然灵光一闪，一下子想明白了，像佛教顿悟大光明的感觉，浑身细胞都调动了，难以控制兴奋，真是人生的大欢喜，这样的活着就感觉特别真实和满足，也许这就是发现的快乐。常常是一个问题想清楚，一篇文章写出来，也许有二三知音欣赏，也许一直是无人喝彩，我已经乐在其中了。

白驹过隙，人生如寄。我们生活在这个世界，自己能够把握的是那样少，而欲望又无穷无尽，活着感觉就很不爽。其实不论贫穷还是富有，人人都喜欢过一种有趣的生活，因此必须有一二好玩的东西，否则人生太无聊了。学术研究就是我的爱好，我从来没有将学术视为生命，那样太累，我只是觉得有趣好玩，乐把时光“考古”玩。孔子说过：“饱食终日，无所用心，难矣哉!不有博弈者乎?为之犹贤乎已!”其实从事学术工作，就像别人喜欢下棋打牌喝茶饮酒一样，只是一种生活习惯，也不见得高尚。就辛苦而言，与农人种地何异，不过是另一种形式的劳作，但一路走来，汉文化研究给了我许多快乐，让我在困境中，依然能充满活力地前行。当然，由于三观不同，对于“有趣”的理解不同，也许有人认为我的生活没有趣味，那就只能是各言其志了。罗素曾言：所谓生活，必然是指安静的生活，只有在安静的氛围中，才能产生真正的人生乐趣。考古于我尤是如此。现在想来，我最快乐的一段时光，就是十多年前，住在城市边上，推开窗户就是青青的麦地，清风吹来飘过淡淡清香，躺在家中客厅沙发上，听着约翰·丹佛的《乡间小路带我回家》，天马行空的胡思乱想，兴趣来了就写一点，傍晚时候到田间遛弯，任凭夕阳把影子拉长，一切都很美好……里面有几篇文章就是对那段时光的最好怀念。

我写的这些文章，研究范围较小，仅限于徐州汉文化，中心是西汉楚王陵墓，可谓是螺蛳壳里做道场，论证某一观点时，难免使用相同的材料，但是期刊是有查重的，超过一定比例不可能采用，这本不需要我多说。常言道：是非审之于己，毁誉听之于人，得失安之于素。就我个人而言，长期做的是组织人事工作，从事学术研究，与那些长期在一线的学者相比，我只是个票友，几乎不参加任何学术活动，如同人家全身泡进浴池里洗澡，我只是从水盆里撩点水洗手。因此我这些成果，只是一个人闭门造车的独自享受，与学界同行相比，还有很大差距。道吾恶者是吾师，历史是学术最好的裁判，因此今天结集出版，个中观点对错，质量高低与否，供读者诸君批评指正。

李健在《向往》唱道：“我知道并不是，所有鸟儿都飞翔；当夏天过去后，还有鲜花未曾开放。”我非常感谢徐州博物馆，能提供这次出版机会，让我这个长期生活在学术边缘之人，在从事学术研究最好时光过去之后，也有一本文集出版。当然这些文章虽然以我“著”的形式发表，其实并非我一人之力完成，毕竟我不在文博一线，在资料查找上有难度，而考古是有一分材料说一分话，我曾经的同事们给我大量的帮助。没有与他们的合作和交流，我不可能在远离考古一线的时候还能保持在线的学术状态，他们在资料查找、文献补充、图片绘制和文字校对等方面做了大量工作，他们是梁勇、缪华、周波、陈钊、钱国光、邱永生、张玉、边策、赵赟等，在此表示诚挚的谢意，感谢你们的帮助和指引。至于文章最后发表，我和合作者署名有先有后，但是均为本人独立执笔完成。这里需要说明的是，我参与了《徐州西汉楚王陵墓形制研究》研究工作，最后则是周保平先生主要执笔，但是为保持我学术研究的连贯性，也一并收入。当然，还需要多说的一句话是文责自负，如果书中有什么问题，那都是应该由我个人负责，这是不能推脱的责任。

说了这么多，其实这本书，只是个人在学术边缘生活的一个阶段总结。感谢一路走来给我巨大帮助和支持的家人和朋友，没有你们，我不可能完成这些文字。

是为记。

2019年10月3日于云龙山下